Kognitiv anregende Fachkraft-Kind-Interaktionen
im Elementarbereich

Maike Tournier

Kognitiv anregende Fachkraft-Kind-Interaktionen im Elementarbereich

Eine qualitativ-quantitative Videostudie

Waxmann 2017
Münster • New York

D30

Bibliografische Informationen der Deutschen Nationalbibliothek
Die Deutsche Nationalbibliothek verzeichnet diese Publikation
in der Deutschen Nationalbibliografie; detaillierte bibliografische Daten
sind im Internet über http://dnb.d-nb.de abrufbar

Print-ISBN 978-3-8309-3544-5
E-Book-ISBN 978-3-8309-8544-0

© Waxmann Verlag GmbH, 2017
Steinfurter Straße 555, 48159 Münster

www.waxmann.com
info@waxmann.com

Umschlaggestaltung: Anne Breitenbach, Münster
Umschlagabbildung: © lordn – Fotolia.com

Gedruckt auf alterungsbeständigem Papier,
säurefrei gemäß ISO 9706

Printed in Germany

Inhalt

1. Einleitung

Seit Bekanntwerden von Ergebnissen vor allem der OECD[1]-initiierten Studien wie PISA[2] und Starting Strong (OECD, 2000a, 2000b, 2001, 2003, 2004a, 2004b, 2006, 2013) sowie aktuellen neurobiologischen Erkenntnissen zum besonders hohen Lernpotential von Kindern bis zum sechsten Lebensjahr (Casey, Tottenham, Liston und Durston, 2005) ist die Qualität der pädagogischen Arbeit in Kindergärten und damit die Qualität des pädagogischen Handelns der Fachkräfte vermehrt in den Fokus gerückt. Der Auftrag der Kindertageseinrichtungen, bestehend aus der Trias „Bildung, Erziehung und Betreuung", erhält daher eine Neuakzentuierung, indem ihr Bildungsauftrag verstärkt in den Blick genommen wird (Rauschenbach, 2002; Fthenakis, 2003; Stamm, 2010). Die Qualität pädagogischer Einrichtungen wird durch verschiedene distale (gesellschaftliche und kommunale Merkmale wie z.B. das Kindergartengesetz) und proximale Merkmale (z.B. Einrichtungsmerkmale, Merkmale der Kinder) bestimmt, die häufig über drei Qualitätsebenen erfasst werden (Smidt, 2012):

a) Die Prozessqualität: erfasst die realisierte Pädagogik. Dies umfasst z.B. eine qualitativ hochwertige Gestaltung der Lernumgebung ebenso wie eine qualitätsvolle Interaktion mit den Kindern. Die Erfassung der Prozessqualität kann global (allgemeine Indikatoren der Interaktionsgestaltung: z.B. ein für den kindlichen Entwicklungsstand angemessenes Verhalten; Bsp. ECERS-R[3]: Harms, Clifford und Cryer, 2005) oder bereichsspezifisch (z.B. in Literacy, Mathematik, Naturwissenschaften) erfolgen (Kuger und Kluczniok, 2008; Viernickel und Schwarz, 2009; Smidt, 2012; Hardy und Steffensky, 2014; Möller und Hardy, 2014; Wadepohl et al., 2014). Die Prozessqualität kann noch einmal in drei Unterbereiche unterschieden werden: 1) Unterstützung von Lernprozessen: kognitive Aktivierung; 2) emotionale Unterstützung: unterstützendes, schülerorientiertes Sozialklima und 3) Klassenführung: strukturierte, störungspräventive Unterrichtsführung (Ba-

---

1 OECD: Organisation für wirtschaftliche Zusammenarbeit und Entwicklung
2 PISA: Programme for International Student Assessment
3 ECERS-R = Early Childhood Environment Rating Scale

sisdimensionen guten Unterrichts: Klieme, Lipowsky, Racocy und Ratzka, 2006; CLASS[4]: Pianta, Hamre und La Paro, 2008; Wadepohl et al., 2014).

b) Die Strukturqualität: umfasst die räumlich-materiellen und sozialen Rahmenbedingungen und Ressourcen einer Einrichtung. Dazu zählen z.B. Aspekte wie die Gruppengröße oder die Qualifikation der Fach-kräfte (Kuger und Kluczniok, 2008; Viernickel und Schwarz, 2009; Smidt, 2012; Hardy und Steffensky, 2014; Möller und Hardy, 2014; Wadepohl et al., 2014).

c) Die Orientierungsqualität: erfasst normative Orientierungen, Leitvor-stellungen, Überzeugungen und Werte der Fachkräfte (z.B. ihre Ein-stellungen bezüglich kindlicher Lern- und Bildungsprozesse) (Kuger und Kluczniok, 2008; Viernickel und Schwarz, 2009; Smidt, 2012; Wadepohl et al., 2014).

Damit stellt die Gestaltung der Fachkraft-Kind-Interaktion eine Facette der Prozessqualität dar. Im Rahmen der vorliegenden Dissertation soll hinsichtlich der aktuellen Debatte um die kognitive Förderung der Kinder als einen spezifi-schen Ausschnitt der Fachkraft-Kind-Interaktionen die Gestaltung kognitiv anregender Fachkraft-Kind-Interaktionen betrachtet werden. Als eine besonders qualitätsvolle Form der kognitiv anregenden Fachkraft-Kind-Interaktion konn-ten Siraj-Blatchford, Sylva, Muttock, Gilden und Bell (2002b) sowie Sylva, Melhuish, Siraj-Blatchford und Taggart (2004) in ihren Studien Interaktionen im Sinne eines *Sustained Shared Thinking* herausarbeiten.

Mit Sustained Shared Thinking sollen sowohl instruktionale Momente des Scaffolding als auch ko-konstruktivistische Momente als bedeutsam für den Lernprozess der Kinder hervorgehoben werden. Auch Leuchter und Saalbach (2014) weisen darauf hin, dass in soziokulturellen, bzw. ko-konstruktivistischen Lernverständnissen verbale Unterstützungsmaßnahmen (z.B. Einforderung von Begründungen, Anregen von Vergleichen, Anregen von kognitiven Konflikten) eine hohe Bedeutung für den Wissensaufbau haben. Vor allem in der Unter-richtsforschung werden verbale Unterstützungsmaßnahmen als zentrale Mög-lichkeit der kognitiven Aktivierung aufgefasst, die auch für den Elementarbe-reich an Bedeutung gewinnen. Die aktive und konstruktive Auseinandersetzung mit einem Lerngegenstand soll auf diese Weise gefördert werden (vgl. auch

---

4 CLASS = Classroom Assessment Scoring System

Pauli, Drollinger-Vetter, Hugener und Lipowsky, 2008). Somit stellt die Herstellung von hochwertigen kognitiv anregenden Interaktionen, bzw. qualitätsvollen Interaktionen eine Aufgabe und Herausforderung in der Freispiel- und Angebotsbegleitung durch die pädagogischen Fachkräfte dar.

Siraj-Blatchford, Sylva, Muttock, Gilden und Bell (2002b), Hopf (2011) sowie Leuchter und Saalbach (2014) verweisen auf die guten Voraussetzungen, die vor allem Mathematik- und Literacyangebote sowie Angebote im naturwissenschaftlichen Bereich für eine hochwertige kognitive Anregung der Kinder bieten. So konnten Siraj-Blatchford et al. (2002b) bspw. in der REPEY-Studie aufzeigen, dass Interaktionen im Sinne eines Sustained Shared Thinking in Mathematik- und Literacyangeboten besonders häufig zu beobachten sind. Hopf (2011) konnte denselben Befund für die Gestaltung kognitiv anregender Interaktionen im Sinne eines Sustained Shared Thinking in naturwissenschaftlichen Bildungsangeboten aufzeigen.

Fragestellungen

Die Dissertation ist in das Verbund-Forschungsprojekt „Professionalisierung von Fachkräften im Elementarbereich" (PRIMEL) eingebettet, welches im Rahmen der Initiative „Ausweitung der Weiterbildungsinitiative Frühpädagogische Fachkräfte" (AWiFF) im Zeitraum von Dezember 2011 bis Ende März 2014 vom BMBF gefördert wurde.

Die vorrangige Forschungsfrage des Forschungsprojekts PRIMEL war, welchen Einfluss unterschiedliche Ausbildungen der pädagogischen Fachkräfte (fachschulische Ausbildung und akademische Ausbildung in Deutschland sowie akademische Ausbildung in der Schweiz) auf das pädagogische Handeln in der Fachkraft-Kind-Interaktion als Teilaspekt der Prozessqualität haben. Dazu wurden drei Bereiche des pädagogischen Handelns in den Blick genommen: die Lernprozessgestaltung, die Beziehungsgestaltung und Emotionsregulation sowie die Klassenführung (eine genauere Darstellung des Forschungsprojekts PRIMEL erfolgt in Kapitel 6).

In Anlehnung an die einleitend dargelegte Forderung einer kognitiven Anregung durch die Fachkräfte in Freispiel- und Angebotssituationen soll der Fokus der vorliegenden Studie auf einer Analyse der Qualität kognitiv anregender Fachkraft-Kind-Interaktion in Freispiel- sowie mathematischen und naturwissenschaftlichen Bildungsangebotssituationen liegen. Unter Qualität soll dabei zweierlei gefasst werden: 1. die durch die Fachkräfte erfolgten kognitiven Anregungen in der Freispiel- und Angebotssituation, weil dies als eine

Voraussetzung für eine kognitive Förderung der Kinder gesehen werden kann; 2., dass die Fachkräfte die kognitiv anregenden Interaktionen auf eine Weise gestalten, in der sich das Potential der kognitiven Anregung entfalten kann. Fragen, die sich hier stellen, sind z.B., ob die Interaktion im Sinne der Dokumentarischen Methode gelingt. Dies erscheint bedeutsam, da mit Nentwig-Gesemann und Nicolai (2014) davon ausgegangen werden kann, dass in Interaktionen, die oppositionell oder divergent verlaufen, die Aushandlung der Frage der Rahmungsmacht im Vordergrund steht und nicht die Herstellung einer Rahmenkomplementarität. Diese Interaktionen können als nicht gelingend gelten, da Fachkraft und Kind(er) dann nicht aufeinander eingehen und es unter Umständen zu einem Interaktionsabbruch kommt. Dies bedeutet für kognitiv anregende Interaktionen, dass auch die kognitive Anregung nicht gelingen kann, da Fachkraft und Kind sich nicht aufeinander einlassen. Umgekehrt kann jedoch nicht davon ausgegangen werden, dass eine kognitive Anregung stattgefunden hat, wenn die Interaktion zwischen Fachkraft und Kind(ern) gelingt.

Vielmehr kann ausgesagt werden, dass sich Fachkraft und Kind(er) dann gegenseitig auf ihre Impulse einlassen und das Potential für eine kognitive Anregung lediglich zur Entfaltung kommen kann.

Weiterhin sind unter dem Aspekt der Gestaltung kognitiv anregender Interaktionen auch Fragen danach relevant, wie die Fachkraft die Lernumgebung didaktisch aufbereitet, ob Interaktionen im Sinne eines Sustained Shared Thinking (Scaffolding und Ko-Konstruktion) ermöglicht und umgesetzt werden, in welcher Weise die kognitiven Anregungen umgesetzt werden, usw. Der Frage, ob die Kinder tatsächlich kognitiv angeregt wurden, kann in der vorliegenden Dissertation dagegen nicht nachgegangen werden, weil diese Facette der Qualität kognitiv anregender Interaktionen über die Methode der Beobachtung nicht erfassbar ist. Für die Analyse der Qualität kognitiv anregender Interaktionen zwischen Fachkraft und Kindern werden schwerpunktmäßig solche Interaktionen in die quantitative und qualitative Analyse einbezogen, in denen die Fachkraft die Kinder kognitiv anregt, da dies, wie zuvor aufgezeigt, als ein bedeutsames Element der qualitätsvollen Interaktionsform im Sinne eines Sustained Shared Thinking betrachtet werden kann.

Von Interesse ist im Rahmen der quantitativen Studie, wie häufig bestimmte kognitiv anregende Interventionen (Anregen zum Forschen und Explorieren, Anregen zum Formulieren eigener Gedanken und Überlegungen, Anregen zum Nachdenken innerhalb der Situation, Anregen zum Weiterdenken über die Situation hinaus) durch die Fachkräfte (in Abhängigkeit von ihrer Ausbildung) in den drei Settings im Vergleich zu weiteren Interventionen im Bereich der Lernprozessgestaltung beobachtet werden können.

Darüber hinaus interessiert, ob sich die Fachkräfte in dieser Hinsicht in Abhängigkeit von ihrer Ausbildung voneinander unterscheiden, da seitens Politik und Forschung große Erwartungen an die neuere akademische Ausbildung der Fachkräfte (zum Kindheitspädagogen in Deutschland ebenso wie zur Kindergartenlehrperson in der Schweiz) im Elementarbereich bezüglich einer kognitiven Anregung der Kinder gestellt werden. Bisherige Forschungsprojekte aus dem englisch- und deutschsprachigen Raum berichten hier von unterschiedlichen Ergebnissen (vgl. zusammenfassend Fröhlich-Gildhoff, Weltzien, Kirstein, Pietsch und Rauh, 2014), so dass von Interesse ist, diese Frage für die vorliegende Stichprobe ebenfalls zu prüfen.

Für die Beantwortung dieser Fragen wird auf die Kodierungen der Lernprozessgestaltung der Freispiel- und Angebotsvideographien des Forschungsprojekts PRIMEL zurückgegriffen.

Für die qualitative Studie sollen die quantitativen Kodierungen der genannten kognitiv anregenden Interventionen aus dem Bereich der Lernprozessgestaltung des Forschungsprojekts PRIMEL zum Ausgangspunkt genommen und die entsprechenden Fachkraft-Kind-Interaktionen einer Feinanalyse mittels der Dokumentarischen Methode unterzogen werden. Die Frage, die sich hier stellt, ist, wie Fachkraft und Kind(er) Interaktionen, in denen das Handeln der Fachkraft als kognitive Anregung identifiziert wurde, gestalten und welchen Einfluss das auf die Qualität kognitiv anregender Interaktionen hat. Angestrebt wird weiterhin eine Typisierung der Gestaltung der Interaktionen von Fachkraft und Kindern. Die Ergebnisse der quantitativen und der qualitativen Studie werden abschließend (inhaltlich und methodisch) diskutiert. Zu der Frage, wie Fachkraft und Kinder kognitiv anregende Interaktion gestalten und wie sie dabei aneinander Anschluss nehmen, mangelt es an entsprechender Forschung, vor allem mit Blick auf Interaktionen zwischen der Fachkraft und einem Kind, bzw. kleineren Kindergruppen (vgl. König, 2013). Ziel der vorliegenden Studie ist es, Hinweise diesbezüglich zu liefern.

Bei dieser Publikation handelt es sich um die überarbeitete Fassung der beim Fachbereich Erziehungswissenschaften der Goethe-Universität Frankfurt a. M. eingereichten Dissertation mit dem Titel „Qualität kognitiv anregender Fachkraft-Kind-Interaktionen in Freispiel- und Bildungsangebotssituationen".

Gliederung

Im Anschluss an die Einleitung wird in Kapitel 2 aufgearbeitet, was in der vorliegenden Dissertation grundlegend unter Interaktion verstanden wird, da die folgenden Ausführungen auf diesem Verständnis aufbauen. Im Anschluss wird das Lern- und Bildungsverständnis des Elementarbereichs dargestellt und diskutiert, welche Bedeutung dies für die Gestaltung kognitiv anregender Fachkraft-Kind-Interaktionen in Freispiel- und Angebotssituationen hat. Anschließend werden bedeutsame konstruktivistische Erkenntnis- und Lerntheorien vorgestellt und aufgezeigt, warum eine häufig vorgenommene Gegenüberstellung von konstruktivistischen Lerntheorien und Selbstbildungsansätzen sowie instruktionalen Ansätzen kaum zielführend für die Gestaltung kognitiv anregender Fachkraft-Kind-Interaktionen erscheint (Schelle, 2011; Reinmann und Mandl, 2006).

In Kapitel 3 sollen daraus folgend drei konstruktivistische Lehr-Lernansätze, die heute besonders häufig diskutiert werden, vorgestellt werden.

Diese drei Ansätze, die den sozialen Austausch zwischen Fachkraft und Kindern, bzw. zwischen den Kindern untereinander für eine kognitive Anregung der Kinder als bedeutsam beschreiben, sind: die „Förderung in der nächsten Zone der Entwicklung" nach Wygtosky[5] (Vygotsky, 1978), der Ansatz des Scaffolding nach Wood, Bruner und Ross (1976) sowie der Ansatz des „Sustained Shared Thinking" nach Siraj-Blatchford et al. (2002b). Damit zusammenhängend soll der Frage nachgegangen werden, was unter einer kognitiven Anregung in Fachkraft-Kind-Interaktionen verstanden werden kann und wie eine kognitiv anregende Lernumgebung (in Freispiel- und Bildungsangeboten in den Bereichen Mathematik und Naturwissenschaften) gestaltet werden kann.

Neben der Frage, in welcher Weise Kinder kognitiv angeregt werden können, stellt sich die Frage, wie eine lernförderliche Atmosphäre hergestellt werden kann, so dass sich Kinder auf Lern- und Bildungsprozesse einlassen können. Aus diesem Grund werden verschiedene aktuell diskutierte Faktoren, die zu einer lernförderlichen Atmosphäre beitragen, dargestellt.

In Kapitel 4 erfolgt eine Zusammenfassung der vorangegangenen Diskussion; Kapitel 5 geht auf den aktuellen Forschungsstand zu kognitiv anregenden Fachkraft-Kind-Interaktionen ein, um aufzuzeigen, welche Erkenntnisse bereits

---

5 Im Folgenden wird die Schreibweise „Wygotsky" verwendet, es sei denn es handelt sich um eine Literaturangabe oder ein englisches Zitat. In diesen Fällen wird auch die Schreibweise Vygotsky verwendet.

14

vorliegen, an die die Dissertation anknüpft. Es werden sowohl Studien beschrieben, die recht allgemein den Einfluss der Qualität der Einrichtung auf die kindliche Entwicklung betrachten als auch Studien, die den Einfluss der Fachkraft-Kind-Interaktion auf die kindliche Entwicklung im Allgemeinen berichten, sowie solche Studien, die speziell kognitiv anregende Fachkraft-Kind-Interaktionen analysieren. Aufgrund des quantitativ-qualitativen Designs der Studie sollen sowohl Ergebnisse quantitativer als auch qualitativer Studien aufeinander folgend berichtet werden.

In Kapitel 6 wird die eigene Forschung genauer dargestellt. Dazu wird die Dissertation zunächst innerhalb des Forschungsprojekts PRIMEL verortet und das Projekt genauer dargestellt. Darauf folgend wird zunächst auf die quantitative, sodann auf die qualitative Studie der Dissertation eingegangen. Es wird aufgezeigt, welchen Fragestellungen in der quantitativen, bzw. qualitativen Studie nachgegangen wird, auf welches Material dabei zurückgegriffen wurde, mit welchen Verfahren die Erhebung und Analyse erfolgte und auf welche Weise die Qualität der Daten sichergestellt wurde.

In Kapitel 7 werden die Ergebnisse der quantitativen und qualitativen Studie präsentiert.

Abschließend werden in Kapitel 8 die quantitativen und qualitativen Ergebnisse auf theoretischer wie methodischer Ebene diskutiert, und es wird auf zukünftige relevante Forschungen verwiesen.

2. Interaktions- und Erkenntnistheorien

In diesem Kapitel wird auf kognitiv förderliche Fachkraft-Kind-Interaktionen eingegangen. Dazu erfolgt zunächst eine Definition des dieser Dissertation zugrundeliegenden Verständnisses von „Interaktion". Darauf folgend sollen zwei im Elementarbereich gängige Lerntheorien vorgestellt werden, die einander häufig gegenübergestellt werden und für die Beschreibung der Rolle von Fachkraft und Kind(ern) in kognitiv anregenden Interaktionsprozessen von Bedeutung sind.

2.1 Kommunikation und Interaktion: Definition und Theorien

Kommunikation leitet sich vom lateinischen „communicatio" ab und meint so viel wie Mitteilung. Interaktion leitet sich von dem lateinischen „inter" (zwischen) und „actio" (Ausführung, Tätigkeit, Handlung) ab und bezieht sich in zwischenmenschlichen Interaktionen auf die wechselseitige Beeinflussung mindestens zweier Individuen (König 2006; Nolda 2000; Schelle, 2011). Die Begriffe Interaktion und Kommunikation umfassen demnach alle Vorgänge, die beim Kontakt zwischen zwei oder mehreren Personen erlebt werden oder stattfinden können. Nach Crott stellen auch symbolische Prozesse, wie z.B. das Denken, sofern dieses im sozialen Kontext eingebettet ist, Interaktionen dar (Crott, 1979). Dabei vollziehen sich Interaktionen sowohl sequenziell (zeitliche aufeinanderfolgende interaktive Aspekte wie z.B. Gesagtes oder Gesten), als auch simultan (Gleichzeitigkeit von z.B. Gesagtem oder Gesten) (Herrle, 2013). In Anlehnung an Graumann (1972) betont Crott (1979) darüber hinaus, dass das wissenschaftliche Verständnis beider Begriffe sehr weit gefasst ist. So wird der Begriff der Interaktion z.B. auch in der Statistik verwendet und darunter die wechselseitige Wirkung zweier Variablen A und B verstanden, die eine gemeinsame Auswirkung auf eine abhängige Variable haben.

Nolda (2000) weist darauf hin, dass nicht immer trennscharf zwischen Kommunikation und Interaktion unterschieden werden kann. Wird dennoch zwischen Kommunikation und Interaktion unterschieden, so wird Kommunikation häufig auf die verbale Mitteilung reduziert. Auf diesen Aspekt verweist auch Crott (1979), wenn er sagt, dass die Begriffe häufig deckungsgleich verwendet würden und die Abgrenzungsversuche der Begriffe Kommunikation und Interaktion sehr uneinheitlich seien. Mal wird der Begriff der Interaktion als der weitere und mal als der engere im Hinblick auf Kommunikation betrachtet. Homas (1960) sieht z.b. den Interaktionsbegriff als den weiteren, weil Kommunikation immer verbal ist, während Interaktion sowohl verbale als auch nonverbale Aspekte beinhaltet. Dies entspricht jedoch nicht mehr dem heutigen Verständnis von Kommunikation, da heute Einigkeit darüber besteht, dass Kommunikation ebenso sowohl verbale als auch nonverbale Aspekte umfasst (Crott 1979). Für Watzlawick, Beavon und Jackson (1969) ist dagegen Kommunikation der weitere Begriff, da Kommunikation das Senden einer einzelnen Mitteilung umfasst, während das wechselseitige Senden von Mitteilung als Interaktion bezeichnet wird[6] (Crott, 1979). Neben diesen beiden Auffassungen lassen sich weitere finden, die „Interaktion als die Entwicklung zwischenmenschlicher Beziehungen, die sich als Konsequenz kommunikativer Akte vollziehen, betrachten" (Crott 1979, S. 14).

Zu diesen zählt z.b. Cooley (1966), der Kommunikation als den Mechanismus betrachtet, durch den sich menschliche Beziehungen entwickeln und existieren. Des Weiteren können hier auch Bornewasser, Hesse, Mielke und Schmidt (1976) aufgezählt werden, die in der Interaktion

„die Beziehung zwischen zwei oder mehreren Personen, ihre Bewertung durch den Partner und die Übermittlung spezifischer Beziehungsqualitäten sehen, während Kommunikation Inhalte und Bedeutungen transportiert" (Bornewasser et al., 1976, S. 158, zitiert in Crott 1979, S. 14).

Eine weitere Form der Differenzierung zwischen Kommunikation und Interaktion wird vorgenommen, wenn Kommunikation auf der Informationsebene und Interaktion auf der Verhaltensebene angesiedelt werden.

„Beide so gefaßten Begriffe, Kommunikation und Interaktion, umfassen sowohl die Kontaktnahme mittels Zeichen (Sprache, Symbole) als auch die mittels Energie (Mimik, Gestik, Motorik). Jedes soziale Verhalten hat sowohl subjektive (kommunikative) wie objektive (interaktive) Komponenten" (Crott 1979, S. 15).

---

6 Die Kommunikations- bzw. Interaktionstheorie nach Watzlawick, Beavon und Jackson wird im Folgenden noch einmal aufgegriffen.

Vertreter dieser Unterscheidung von Kommunikation und Interaktion sind beispielsweise Newcomb, Turner und Converse (1965). Interaktion stellt ihnen zufolge beobachtbare Verhaltensweisen zwischen zwei Personen dar, sofern begründet vermutet werden kann, dass sich die Verhaltensweisen der beiden Personen aufeinander beziehen und aufeinander folgen. Dementsprechend stelle Interaktion ihrer Auffassung nach eine Sequenz von Verhaltensweisen dar (Crott, 1979).

In Anlehnung an Graumann (1972) hält Crott (1979) fest, dass Kommunikation und Interaktion schlussendlich kaum voneinander zu trennen sind. So zeigt sich beispielsweise in der Forschungspraxis, dass von Kommunikationsanalyse gesprochen wird, wenn der Inhalt eines Gesprächs von Interesse ist, während von Interaktionsanalyse dann die Rede ist, wenn die Häufigkeit von Sprechakten, Gesten, u.ä. betrachtet werden sollen. Tatsächlich wird in der Interaktionsanalyse jedoch auch die inhaltliche Ebene, also die Bedeutung des Gesagten, bzw. des Handelns mit analysiert, so dass an diesem Punkt auch in der Wissenschaft keine klare Trennung zwischen Kommunikation und Interaktion vorgenommen wird. Dies beruht nach Crott (1972) vor allem darauf, dass ein gleich erscheinendes Verhalten auf unterschiedlichen Intentionen beruhen kann und entsprechend unterschiedlich interpretiert werden kann.

Die Vielfalt von Kommunikations- und Interaktionstheorien sowie der Disziplinen, in denen diese diskutiert werden (z.B. Technik, Statistik, Psychologie, Soziologie, Pädagogik), ist ebenso weit, wie die Begriffe selbst. Im Folgenden sollen daher einige Kommunikations- bzw. Interaktionstheorien vorgestellt werden, die für Interaktionen in pädagogischen Zusammenhängen relevant geworden sind. Dabei wird zunächst auf eine technische Kommunikationsbzw. Interaktionstheorie einer Nachrichtenvermittlung nach Shannon und Weaver (1949) eingegangen, die für menschliche Kommunikations- bzw. Interaktionsvorgänge nützlich gemacht wurde.

Im Anschluss wird auf Kommunikations- bzw. Interaktionstheorien eingegangen, die auf zwischenmenschliche, soziale Interaktionen und im spezielleren auf pädagogische Interaktionen ausgerichtet sind.

2.1.1 Technische Kommunikations- bzw. Interaktionstheorien

Eine bekannte technische Kommunikationstheorie stammt von Shannon und Weaver, die 1949 als „Mathematical Theory of Communication" publiziert wurde. Diese im nachrichtentechnischen Bereich entwickelte Interaktionstheorie hat eine Überarbeitung in Hinsicht auf zwischenmenschliche Interaktionen erfahren, die hier im Folgenden vorgestellt wird.

2.1.1.1 Kommunikation als einseitige Nachrichtenübertragung

Shannon war Mathematiker und hatte zum Ziel, eine mathematische Beschreibung von technischen Prozessen bei der Nachrichtenübertragung zu entwickeln (Schäfer, 2005). Damit betrachtet er Kommunikation als technisches Problem und nicht als ein semantisches (die Bedeutung der Zeichen betreffend) oder pragmatisches (die Wirkung auf den Empfänger betreffend) zwischenmenschliches Problem. Shannon definiert Kommunikation auf technisch lineare Weise und geht in seiner Kommunikationstheorie von sieben Komponenten aus: 1. Nachrichtenquelle (z.B. Person A), 2. Botschaft (z.B. eine Einladung), 3. Sendegerät (z.B. Telefon), 4. Nachrichtenkanal (z.B. Telefonkabel), 5. Empfänger (z.B. Telefon), 6. Nachrichtenziel (Person B) und 7. die Störung (z.B. Wackelkontakt in der Leitung) (vgl. Abbildung 1; Schäfer, 2005; Crott, 1979). Aufgrund dieser Reduktion auf einen technischen einseitigen Ablauf sowie der Vernachlässigung des Aspekts, dass der Mensch Quelle, Sender, Empfänger und Ziel zugleich sei, wird die Kommunikationstheorie Shannons hinsichtlich zwischenmenschlicher Interaktion häufig kritisiert (Schäfer, 2005; Crott, 1979).

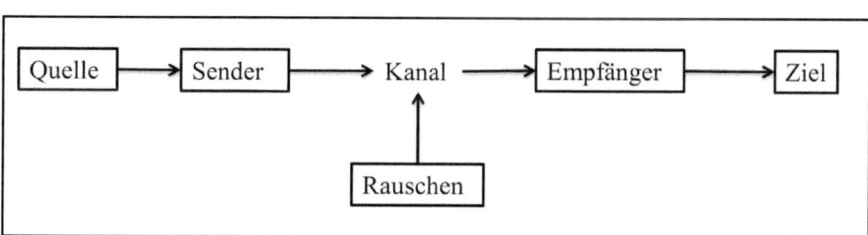

Abbildung 1:   Interaktionsmodell nach Shannon und Weaver 1949, in Anlehnung an Crott, 1997, S. 17

Die Kritik an Shannons Kommunikationstheorie wurde von Osgood und Sebe-ok (1965) aufgegriffen. In ihrer Interaktionstheorie wird Kommunikation daher als ein Prozess der Dekodierung und Enkodierung verstanden. Der Eingang wird als Reiz, der Empfänger als Rezeption, die Wahrnehmung als Ziel, die Quelle als Kognition, der Sender als motorische Organisation sowie Abfolge und der Ausgang als Reaktion betrachtet.

Der Aspekt der Wechselseitigkeit der Kommunikation zwischen mindestens zwei Personen wird hier jedoch weiterhin nicht berücksichtigt (vgl. Abbildung 2; Crott, 1979).

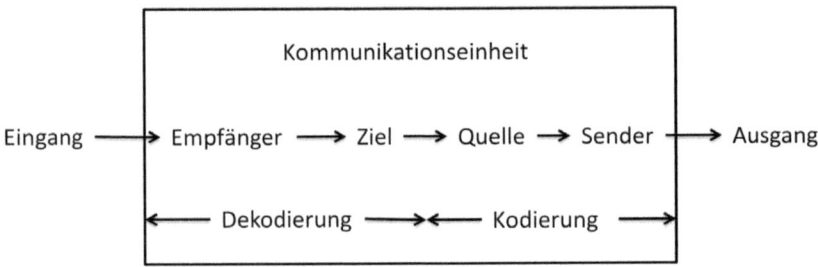

Abbildung 2:   Interaktionsmodell nach Osgood und Sebeok 1965, in Anlehnung an Crott 1979, S. 17

2.1.1.2   Kommunikation als zweiseitige Nachrichtenübertragung

Diese Kritik wurde wiederum von McCorsky (1968) aufgegriffen, der diese Kommunikationstheorie für eine Zwei-Personengruppe erweitert hat. So bringt Person A eine Meinung zum Ausdruck, die kodiert an Person B als Empfänger gesendet wird.

Person B als Empfänger dekodiert die Information, reagiert auf diese, indem er eine Meinungsbildung und Verhaltensselektion vornimmt, kodiert diese und übermittelt sie an Person A als Empfänger. Person A als Empfänger dekodiert nun die Information, reagiert ihrerseits auf die Information, indem sie eine Meinungsbildung und Verhaltensselektion vornimmt usw. (vgl. Abbildung 3).

Scherer (1970) kritisiert diese Kommunikationstheorien jedoch dahinge-hend, dass die Tatsache, dass sich Kommunikation auf mehreren Ebenen zugleich abspielt, nicht berücksichtigt werde. So werden z.B. para- und extralinguistische Symbole, wie z.B. Tonfall, Mimik und Gestik als weitere Informationsgehalte nicht betrachtet.

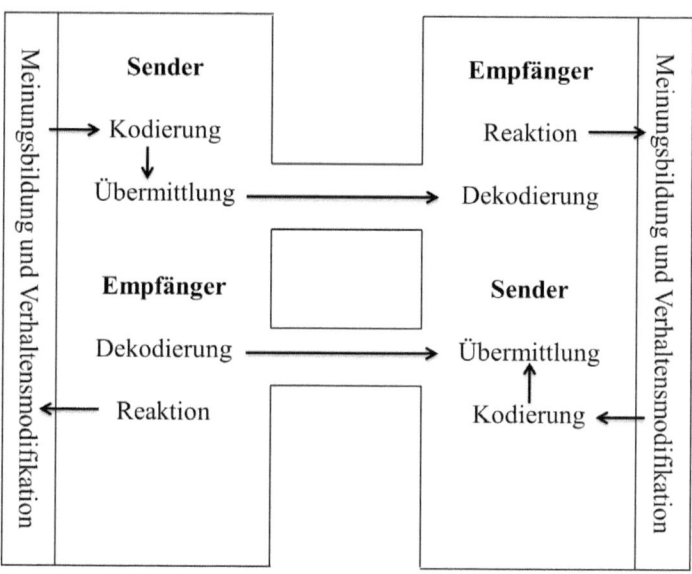

Abbildung 3:   Interaktionsmodell nach McCorsky 1968, in Anlehnung an Crott 1979, S. 18

2.1.2   Soziale Kommunikations- bzw. Interaktionstheorien

Crott (1979) hält fest, dass es ein Kennzeichen sozialer Interaktionen ist, dass sich das Verhalten mindestens zweier Personen nicht unabhängig voneinander beschreiben lasse, da das Verhalten aufeinander bezogen sei. Es bestehe also eine wechselseitige Abhängigkeit. Neben der wechselseitigen Beeinflussung durch die beteiligten Personen, müsse jedoch auch die Interaktionen der beteiligten Personen mit der Umwelt berücksichtigt werden, worauf Lewin bereits mit seinem Person-Umwelt-Modell hingewiesen hat (Magnusson, 1990; Lewin 1936; 1963).

Als eine bekannte soziale Kommunikations- bzw. Interaktionstheorie, die auch in pädagogischen Kontexten in Anteilen Anwendung gefunden hat, ist die Kommunkations- bzw. Interaktionstheorie nach Watzlawick, Beavon und Jacson (2011), die nachfolgend genauer dargestellt werden soll.

Kommunikation und Interaktion als Verhalten

Watzlawick, Beavin und Jackson (2011) unternahmen den Versuch einer Definition von zwischenmenschlicher, wechselseitiger Interaktion, die sie in fünf pragmatischen Axiomen ausformulierten. Watzlawick et al. befassten sich vor allem mit der Wechselwirkung zwischen dem semantischen und dem pragmatischen Gehalt kommunikativer Akte (Crott, 1979).

> „Während die Semiotik (Lehre von Zeichen und Sprache) unter Semantik vorwiegend die Vermittlung von Bedeutung versteht, bezieht sich die Pragmatik auf die Zeichen-Benutzer-Relation. Kommunikation beeinflusst das Verhalten der Kommunikatoren und dies ist ihr pragmatischer Aspekt. (…) Pragmatik ist damit zugleich die Lehre von den Wechselwirkungen menschlicher Beziehungen" (Crott, 1979, S. 23).

Dabei nehmen sie (wie Eingangs bereits erwähnt) eine Unterscheidung zwischen Kommunikation und Interaktion vor. Watzlawick et al. (2011) verstehen unter Kommunikation das Senden einer einzelnen Botschaft oder Mitteilung. Eine Interaktion meine dagegen eine Abfolge von Mittelungen, also das Senden und Empfangen von wechselseitigen Botschaften. Eine Interaktion beinhalte entsprechend mehr als eine einzelne Mitteilung, sei aber doch begrenzt. Sie finde ein Ende. Eine Interaktion stelle also ein komplexes Wechselspiel zwischen mindestens zwei Interaktionspartnern dar. Welcher Natur die Botschaften seien (z.B. positiv oder negativ, verbal oder nonverbal) sei dabei unerheblich. Auch bestehe eine Kommunikation bzw. Interaktion aus mehr als den gesprochenen Worten. So teile sich der Mensch auch über paralinguistische Ausdrucksformen (z.B. Lachen, schweres Einatmen, Tonfall) sowie nonverbale Signale (z.B. Körperhaltung, Mimik, Gestik) mit. Man könne sich also nicht nicht verhalten. Daher finde eine Interaktion auch dann statt, wenn von dem Interaktionspartner keine (beabsichtigte) Antwort erfolge (Crott, 1979; Watzlawick et al., 2011; Schäfer, 2005).

Das erste (metakommunikative) Axiom Watzlawicks et al. (2011, S. 60) lautet daher: „Man kann nicht nicht kommunizieren".

Ähnlich wie Watzlawick et al. (2011) das Axiom „man kann nicht nicht kommunizieren" formulieren, gilt für eine Interaktion in ähnlicher Weise „man kann nicht nicht interagieren". Denn auch das Nichtreagieren auf eine Botschaft oder Mitteilung eines anderen stelle eine Botschaft an diesen anderen dar. Eine Interaktion finde daher auch dann statt, wenn diese beispielsweise nicht absichtlich, bewusst oder erfolgreich sei, also ein gegenseitiges Verständnis nicht gelänge (Watzlawick et al., 2011). Die Begriffe Kommunikation und Verhalten würden, so Crott (1979), daher gleichbedeutend verwendet. Nicht nur Sprache, sondern auch Verhalten werde als Kommunikation bezeichnet.

Darüber hinaus beinhalte eine Interaktion immer zwei Informationen, einen Inhalts- und einen Beziehungsaspekt. Der Inhaltsaspekt stelle eine sachliche Information dar, die wahr, falsch, gültig oder ungültig, usw. sein könne. Neben dem vermittelten sachlichen Inhalt werde jedoch auch transportiert, wie die Information (auf der Beziehungsebene) verstanden werden solle. Der Sender definiere auf diese Weise seine Beziehung zum Anderen. Für die Interpretation der Botschaft sei darüber hinaus der Kontext der Interaktion bedeutsam. Ein und dieselbe Aussage mit derselben Betonung kann in unterschiedlichen Kontexten unterschiedlich interpretiert und als angemessen, bzw. unangemessen betrachtet werden. Für die Interpretation dessen, wie die Information aufgefasst werden soll, sind also die Art und Weise, wie es gesagt wird und in welchem Kontext, entscheidend (Crott, 1979; Watzlawick et al., 2011; Schäfer, 2005). Das zweite Axiom Watzlawicks et al. (2011, S. 64) lautet daher:

> „Jede Kommunikation hat einen Inhalts- und einen Beziehungsaspekt, derart, dass letzterer den ersteren bestimmt und daher eine Metakommunikation ist."

In der Interaktion müssten die Teilnehmer der Interaktion eine Struktur zugrunde legen. Diese Struktur wird als *„Interpunktion von Ereignisfolgen"* bezeichnet. Dabei seien die Ereignisse gleichzeitig Reiz, Reaktion und Verstärkung. Demnach reagierten eine Person A und eine Person B wechselseitig aufeinander, so dass durch die Interpunktion das Verhalten in der Interaktion organisiert werde und aus diesem Grund einen bedeutsamen Bestandteil der menschlichen Kommunikation darstelle (Crott, 1979; Watzlawick et al., 2011). Das dritte Axiom Watzlawicks et al. (2011, S. 69f.) lautet somit:

> „Die Natur einer Beziehung ist durch die Interpunktion der Kommunikationsabläufe seitens der Partner bedingt."

Interaktionen erfolgten des Weiteren digital und analog. Die menschliche Kommunikation, bzw. Interaktion sei dabei die einzige, die beide Formen vereine. Ein Objekt könne in zwei Weisen Gegenstand einer Interaktion werden: Durch eine Analogie (z.B. eine Zeichnung) oder digital (z.B. einen Namen). Dabei sei die digitale Kommunikation komplexer, vielseitiger sowie abstrakter. Viele menschliche Errungenschaften seien ohne die Fähigkeit zu digitaler Kommunikation nicht möglich gewesen. So sei diese vor allem für die Vermittlung von Wissen wesentlich. Auf Ebene der Beziehung sei dagegen vor allem die analoge Kommunikation von Bedeutung (Gestik, Mimik, Stimmsignale, u.ä.). Stehe die Beziehungsebene im Vordergrund, sei die digitale Kommunikation daher fast bedeutungslos (Crott, 1979; Watzlawick et al., 2011). Das vierte Axiom Watzlawicks et al. (2011, S. 78) lautet daraus folgend:

> „Menschliche Kommunikation bedient sich digitaler und analoger Modalitäten. Digitale Kommunikationen haben eine komplexe und vielseitige logische Syntax, aber eine auf dem Gebiet der Beziehungen unzulängliche Semantik. Analoge Kommunikationen dagegen besitzen dieses semantische Potential, ermangeln aber die für eindeutige Kommunikationen erforderliche logische Syntax.“

Watzlawick et al. (2011) deuten zuletzt darauf hin, dass die Strukturen einer Interaktion symmetrisch, komplementär, metakomplementär oder pseudosymmetrisch sein können.

Diese beiden Beziehungsformen, symmetrische und komplementäre Interaktionen, beruhten entweder auf Gleichheit oder Unterschiedlichkeit. Demnach sind symmetrische Beziehungen durch ein Bestreben nach Gleichheit und Verminderung von Unterschieden zwischen den Interaktionspartnern gekennzeichnet. Komplementäre Beziehungen beruhen dagegen auf gegenseitig ergänzenden Unterschieden (Crott, 1979; Watzlawick et al., 2011). In der komplementären Beziehung nehme der eine Interaktionspartner die superiore, primäre Stellung ein, der andere die inferiore, sekundäre. Komplementäre Interaktionen seien gesellschaftlich oder kulturell begründet (z.B. die asymmetrische Interaktion zwischen Fachkraft und Kindern im Elementarbereich). Oder sie fänden ihren Ausgang in idiosynkratischen Beziehungsformen zwischen zwei bestimmten Individuen.

Dabei sei es keineswegs so, dass der eine Interaktionspartner dem anderen die superiore, bzw. inferiore Position aufdränge. Stattdessen verhielten sich beide auf eine Weise, die das Verhalten des anderen voraussetze und bedinge (Watzlawick et al., 2011).

Watzlawick et al. (2011) benennen zwei weitere Beziehungsformen, in denen Individuum (Gruppe) A, das eigentlich die superiore Position innehat, Individuum (Gruppe) B eine bestimmte Rolle zuweist. Von einer Metakomplementarität wird dann gesprochen, wenn Individuum (Gruppe) A Individuum (Gruppe) B die superiore Position einnehmen lässt oder Individuum (Gruppe) B sogar dazu zwingt, diese einzunehmen. Wenn Individuum (Gruppe) A dagegen Individuum (Gruppe) B gestattet oder dazu zwingt, eine symmetrische Position einzunehmen, wird von einer Pseudosymmetrie gesprochen (Watzlawick et al., 2011). Das fünfte Axiom Watzlawicks et al. (2011, S. 81) lautet daher:

„Zwischenmenschliche Kommunikationsabläufe sind entweder symmetrisch oder komplementär, je nachdem, ob die Beziehung zwischen den Partnern auf Gleichheit oder Unterschiedlichkeit beruht."

Schäfer weist darauf hin, dass Watzlawick Interaktion zwar als wechselseitigen Prozess beschreibe, dabei die Interaktion aber vor allem auf das beobachtbare Verhalten reduziere. Die komplexeren kognitiven Prozesse sowie sprachliche Handlungen würden nicht genügend berücksichtigt. Dies sei ein wesentliches Kennzeichen des Behaviorismus, das den Menschen als Blackbox konzipiere.

Darüber hinaus sei zu bedenken, dass Watzlawick seine Kommunikationsbzw. Interaktionstheorie hinsichtlich therapeutischer Gespräche konzipiert habe. Dadurch werde die Gestaltung der Interaktion instrumentell vom Therapeuten her gedacht und einer Partizipation des Patienten wenig Raum gegeben. Schäfer (2005) weist bezüglich pädagogischer Interaktionen darauf hin, dass hier in der Regel genau andersherum gedacht werde. Hier würde in erster Linie an den Möglichkeiten, Fähigkeiten und Fertigkeiten der Kinder angesetzt und erst dann danach gefragt, wie der Pädagoge diese fördern könne. Aus diesem Grund sei Watzlawicks Kommunikationstheorie nie vollständig in pädagogische Theorien übernommen worden. Dennoch werde gerade in pädagogischen Kontexten häufig auf die ersten beiden von Watzlawick et al. ausformulierten Axiome zurückgegriffen (Schäfer, 2005). In den pädagogischen Kontext habe Watzlawicks Interaktionstheorie auch deshalb Einzug gehalten, weil er sich systematisch an konstruktivistischen Theorien ausrichtete und diese mit weiterentwickelte.

Auf diese Weise hat er Einfluss auf die heutige Debatte konstruktivistischer Erkenntnistheorien im pädagogischen Kontext genommen (Kricke und Reich, 2015).

Pädagogische Kommunikations- und Interaktionstheorien

Nach Perrez, Huber und Geißler (2006) können pädagogische Interaktionen generell als eine Teilmenge sozialer Interaktionen beschrieben werden. Pädagogische Interaktionen finden demnach in erzieherischen Situationen statt. Ulich (1979, S. 9) schreibt dazu: „Theorien pädagogischer Interaktion versuchen die Frage zu beantworten, wie Erziehung geschieht."

Ein zentrales Merkmal pädagogischer Interaktionen sei daher, dass eine oder mehrere Personen auf eine oder mehrere andere Personen erzieherischen Einfluss zu nehmen versuchten. Solche pädagogischen Interaktionen werden daher vor allem in Einrichtungen wie Kindergärten, Schulen, Weiterbildungsinstitutionen oder auch in Familien erwartet. Pädagogische Interaktionen gingen in diesen Einrichtungen mit einer gesteigerten gesellschaftlichen Erwartung einher, dass die Beteiligten sich etwas aneignen, etwas lernen (Herrle, 2013).

Daher gehe es in pädagogischen Interaktionen um die Strukturierung von Aneignungsprozessen. Die Beteiligten stehen als Lehrer und Lerner, bzw. Educans und Educandus zueinander. Diese Interaktion zwischen Pädagoge und Kind(ern) ist durch eine Komplementarität gekennzeichnet. So werden die Kinder als Personen mit einem Wissens- bzw. Könnensdefizit mit Blick auf bestimmte Aspekte adressiert, die gewillt sind, dieses Wissen, bzw. Können zu erlangen (Lernende). Der Pädagoge wird dagegen als kompetent adressiert, der das Ziel hat, die Kinder (bzw. Lerner) bei der Überwindung des Defizits zu unterstützen und anzuleiten. In pädagogischen Settings besteht also weiterhin eine Komplementarität bezüglich der Orientierungen. So verfolgten Pädagogen in der Interaktion didaktisch geprägte Orientierungen und Kinder andere, kindspezifische (vgl. dazu auch Dokumentarische Methode, folgend in Kapitel 2 und in Kapitel 6; Herrle, 2013; Nentwig-Gesemann und Nicolai, 2014). Dadurch seien pädagogische Interaktionen asymmetrisch strukturiert, es existiere eine ungleiche Verteilung von Einflussmöglichkeiten, wie Wissen, Erfahrung oder auch „Macht" (Perrez et al., 2006).

Das Konzept der sozialen Macht, so Ulich (1979) biete sich dann als erklärendes Konstrukt an, wenn es um Veränderungsprozesse im Verlauf sozialer Interaktionen gehe. So z.B., wenn es ums Lernen oder um Verhaltens- und Einstellungsänderungen im Erziehungs- und Unterrichtskontext gehe. Für „Macht" lägen vor allem in den Sozialwissenschaften unterschiedliche Definitionen vor, daher sei hier lediglich die von Ulich (1979) als klassisch bezeichnete Definition von Macht nach Weber (1956, S. 28, zitiert in Ulich 1979, S. 134) wiedergegeben:

„Macht ist die Chance, innerhalb einer sozialen Beziehung den eigenen Willen auch gegen Widerstreben durchzusetzen, gleichviel, worauf diese Chance beruht."

Dennoch könne das Kind in der pädagogischen Interaktion, auch wenn sie durch eine Asymmetrie gekennzeichnet ist, keineswegs als passiv bezeichnet werden. Vielmehr gestalteten die Kinder die Situation und das Lernen aktiv mit, z.b. durch selektive Aufmerksamkeit, situations- und personenspezifische Motivation sowie durch eine zielspezifische Verarbeitung der aufgenommenen Informationen. Des Weiteren verfügten auch Kinder über bestimmte Kontrollmittel, durch die der Erwachsene angesprochen werde (Perrez et al., 2006). Perrez et al. (2006) bezeichnen diesen Zusammenhang als Paradoxie pädagogischer Interaktionen.

An dieser Stelle sollen zwei Kommunikations- bzw. Interaktionstheorien vorgestellt werden, die in pädagogischen Kontexten besonders bedeutsam und dementsprechend bekannt geworden sind.

Dewey: Kommunikationstheorie als pädagogische Theorie forschenden Lernens

Dewey, gilt neben Peirce und James als einer der bedeutendsten Gründer des Pragmatismus und gilt als Vorreiter konstruktivistischer Erkenntnis- bzw. Lerntheorien (vgl. Kapitel 2.2). Dewey (z.B. [1916] (1993); [1986] 2002) entwickelte eine Kommunikationstheorie als pädagogische Theorie des forschenden Lernens. Als ein wichtiges Strukturmerkmal dieser Theorie beschreibt Dewey die Aufrechterhaltung des Zusammenhangs und die Kontinuität zwischen dem kognitiven Lernen und einer die Umgebung zweckvoll umgestaltenden praktischen Tätigkeit.

Dewey unterscheidet dabei das forschende Lernen in zwei Formen: die Kommunikation und die Interaktion, wobei er das forschende Lernen als einen Prozess betrachtet. Damit könne Deweys Kommunikationstheorie als eine pädagogische Kommunikationstheorie, bzw. als eine pädagogische Theorie forschenden Lernens aufgefasst werden (Schäfer, 2005). Dewey beschreibt Kommunikationsprozesse als sprachliche Prozesse, in die Denkprozesse eingebunden sind, die zum Ausdruck gebracht werden. Dewey begreift dabei Kommunikationsprozesse als einen sozialen Prozess, der immer kontextgebunden ist.

Der Begriff des Pragmatismus entlehnt sich dem griechischen „tó prágma", was so viel wie „Handlungen" meint. Dies weist auf das dem Pragmatismus zugrunde gelegte anthropologische Menschenbild hin, bei dem Dewey von einem Menschen als handelndem Wesen ausgeht. Aus diesem Grund werden im Pragmatismus unter einer Interaktion Handlungen verstanden, die den Handelnden mit der Umgebung verbinden. Die zweite Form des forschenden Lernens sind nach Dewey daher Handlungen, die er entsprechend als Interaktionen bezeichnet. Kommunikation und Interaktion erscheinen so zunächst losgelöst voneinander, was Dewey so nicht verstanden wissen möchte. Vielmehr sollen diese miteinander verbunden werden, so dass ein einheitlicher sozialer Zusammenhang entsteht. Sprechen und praktisches Handeln sollen damit in einem situierten, praktischen Handlungszusammenhang vermittelt werden (Schäfer 2005).

In Deweys Theorie forschenden Lernens ist aus diesem Grund der Begriff der Erfahrung (experience) von besonderer Bedeutung. „Experience" meint hier nicht schlicht subjektive Erfahrung einer objektiv gegebenen Wahrheit und ist auch nicht passiv zu verstehen. In Deweys Verständnis kennzeichne sich Erfahrung vielmehr durch Kontinuität und Interaktion aus. „Grundeinheit seines ‚experience'-Begriffs ist die Handlung als ein Zusammenhang von Tun und Erleiden, in deren Verlauf Bedeutung aktiv konstruiert wird" (Reich 2004, S. 14).

Dewey unterscheide dabei zwischen primären und sekundären Erfahrungen (primary und secundary, bzw. reflective experience). Primäre Erfahrungen (primary experience) seien geübte Handlungsverläufe in habitualisierten Erfahrungskontexten. Hier werde noch nicht zwischen Erfahrung und Gegenstand sowie Subjekt und Objekt unterschieden.

Es handle sich um eine ganzheitliche, unanalysierte Erfahrung, wobei die Ganzheit der Erfahrung aufgebrochen werde, wenn sich aus Sicht des Individuums ein Problem (bewährte Handlungs- und implizite Deutungsmuster versagen) ergebe. Die Erwartungen des Individuums würden dann durch einen Widerstand der Umwelt enttäuscht, wodurch die Tätigkeit unterbrochen werde. Dies eröffne einen Raum für neue Erfahrungen. Käme es in diesem Moment der Irritation zu einer Problemlösung auf gut Glück, verbleibe das Individuum auf der Ebene der primären Erfahrungen. Führe dies hingegen zu einer Reflektion möglicher Handlungskonsequenzen, indem experimentell nach Lösungen gesucht werde, und komme es damit zu einer Konstruktion neuer Bedeutungen, spreche Dewey von sekundären, bzw. reflexiven Erfahrungen (secundary oder reflective experience). Auf dieser Erfahrungsebene fänden dann Erkenntnisgewinn und Theoriebildung, losgelöst von alltäglichen Konfliktsituationen, statt (Reich, 2004; English, 2008).

Für Dewey sei daher nicht von der Praxis, bzw. dem Kontext losgelöstes Wissen von Bedeutung, sondern praktische interaktive Tätigkeiten, die von sprachlichen Kommunikationsprozessen begleitet und angeleitet würden. Die soziale sowie erzieherische Dimension sieht Dewey im Bereich der praktischen Interaktion und der sprachlichen Kommunikation verankert (Schäfer, 2005). Aufgrund dieser Gedanken, dass Bücherwissen nicht reiche, sondern im eigenen Handeln, in Interaktion mit der subjektiven und objektiven Umwelt, in sinngebenden Kontexten (echte Probleme, Bezug zum Alltag der Kinder) Wissen erworben werde, wird Deweys Pragmatismus als ein Vorläufer der Strömungen des Konstruktivismus angesehen, wie in Kapitel 2 genauer dargestellt werden wird (Reich, 2004).

Ein Ansatz, der pädagogische Interaktionen thematisch unterscheidet, bietet das Konzept pädagogischer Interaktionen nach Sylva, Roy und Painter, das im Folgenden vorgestellt wird.

Sylva, Roy und Painter (1980): Konzept pädagogischer Interaktionen durch Erwachsene

Sylva, Roy und Painter (1980) nehmen eine Klassifizierung der in pädagogischen Einrichtungen auftretenden Fachkraft-Kind-Interaktionen vor. So unterscheiden sie in ihrer Theorie pädagogischer Interaktionen zwischen mehr kognitiven Interaktionen und mehr sozialen Interaktionen.

Dieses Konzept wurde von Siraj-Blatchford et al. (2002b) innerhalb der kognitiven Interaktionen um Interaktionen im Sinne eines Sustained Shared Thinking erweitert (auf Interaktionen im Sinne eines Sustained Shared Thinking wird in Kapitel 3 genauer eingegangen).

Unter mehr sozialen Interaktionen begreifen Sylva et al. (1980) solche Interaktionen zwischen Pädagogen und Kindern, die sich mehr auf soziale Aspekte beziehen, wie z.B.:

a) Encouragement (Ermutigung): Dies beinhaltet Interaktionen, die darauf ausgerichtet sind, das Kind zu etwas zu ermutigen (z.B. etwas selbständig auszuprobieren).

b) Behaviour Management (Verhaltensregulation): hierunter fallen Interaktionen, die auf das Verhalten der Kinder ausgerichtet sind, wie z.B. Aufforderungen zum Stillsitzen oder zum Aufräumen sowie Ermahnungen.

c) Social Conversation (soziale Konversation): hierunter werden alle Pädagogen-Kind-Interaktionen gefasst, die sich nicht auf die Lehr-
Lerneinheit oder die aktuelle Aktivität des Kindes beziehen.

d) Physical Caring (physische Versorgung/Fürsorge): hierunter werden
alle Interaktionen subsumiert, die auf die physische Versorgung des
Kindes ausgerichtet sind sowie Bedürfnisse der Kinder erfüllen. Darunter fällt z.B., dem Bedürfnis nach Nähe nachzukommen und das
Kind auf den Schoß zu nehmen, die Emotionsregulation oder auch,
das Kind mit Nahrung zu versorgen (Siraj-Blatchford et al., 2002b,
S. 145).

Mehr kognitive Interaktionen zwischen Pädagogen und Kindern beinhalten
dagegen:

a) Monitoring (teilnehmende Beobachtung): Das Monitoring (Beobachten) beinhaltet, dass die pädagogischen Fachkräfte die Kinder aufmerksam beobachten und als Ansprechpartner zur Verfügung stehen
(Siraj-Blatchford et al., 2002b, S. 145).

b) Direct Teaching (direkte Unterweisung): Das Direct Teaching (direkte
Unterweisung) umfasst pädagogische Handlungen wie: Fragen stellen,
organisieren, die eigene Tätigkeit oder die Tätigkeit des Kindes
sprachlich begleiten, dem Kind vorlesen oder Aufgaben anleiten
(Siraj-Blatchford 2002b, S. 144).

c) Sustained Shared Thinking (gemeinsam geteiltes Denken): Nach Siraj-
Blatchford et al. (2002b, S. 8) ist Sustained Shared Thinking „an episode in which two or more individuals ‚work together‘ in an intellectual way to solve a problem, clarify a concept, evaluate activities, extend
a narrative etc. Both parties must contribute to the thinking and it must
develop and extend.“ (vgl. Abbildung 4).

Zusätzlich zu dem Aspekt, dass eine Interaktion neben einer inhaltlichen auch
eine Beziehungsebene beinhaltet (Watzlawick et al., 2011), unterscheiden
Sylva et al. (1980) damit auch auf inhaltlicher Ebene mehr kognitive Pädagogen-Kind-Interaktionen von mehr sozialen Pädagogen-Kind-Interaktionen.
Siraj-Blatchford et al. (2002b) weisen darauf hin, dass inhaltlich nicht immer
klar zwischen kognitiven und sozialen Interaktionen unterschieden werden
könne. Zum Teil würden sich diese Inhalte überschneiden. Dennoch sei es in
der Regel möglich, solche Interaktionen, in denen es primär um kognitive und
solche, in denen es vorrangig um soziale Inhalte gehe, voneinander zu unterscheiden. Diese Unterscheidung ist hilfreich, wenn die Frage nach kognitiv

anregenden Fachkraft-Kind-Interaktionen untersucht werden soll. Auf diesem Wege wird ermöglicht, solche Pädagogen-Kind-Interaktionen zu identifizieren, die vorrangig eine kognitive Anregung der Kinder zum Ziel haben und diese genauer zu bestimmen.

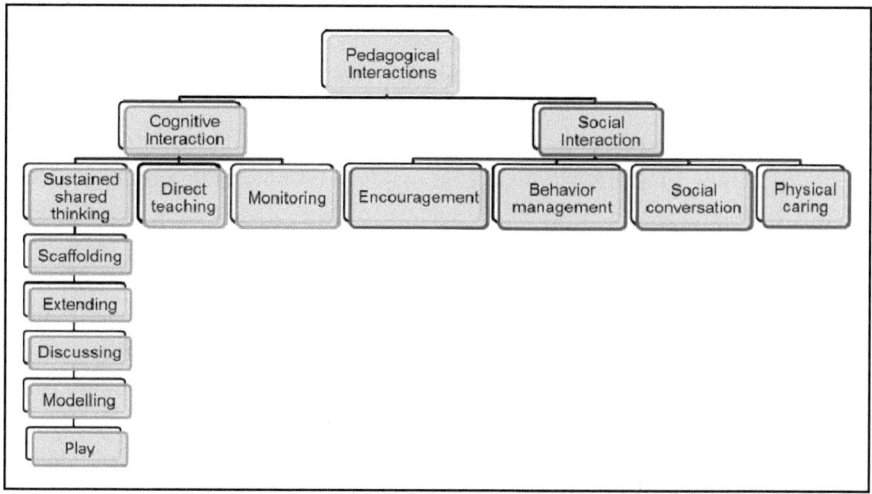

Abbildung 4:   Kategorien der „Pedagogical Interaction Scale" aus dem Target Child Observation (TCO) System (Nach Sylva et al., 1980), entlehnt aus der REPEY-Studie nach Siraj-Blatchford et al., 2002b, S. 50, ergänzt durch Michaela Hopf, 2011, S. 133).

Eine weitere Interaktionsdefinition stellt der symbolische Interaktionismus dar, der u.a. von Mead herausgearbeitet wurde. Diese bestimmt Interaktion stärker im Kontext der Sozialisation und wird nachfolgend beschrieben.

Symbolischer Interaktionismus als Sozialisationstheorie

Der Symbolische Interaktionismus ist durch G.H. Mead (1934; 1968), Rose (1967), McCall und Simmons (1974) sowie Lauer und Handel (1977) mit Rückbezug auf den Behaviorismus sowie den Pragmatismus ausgearbeitet worden. Im Gegensatz zu bisher geläufigen behavioristischen Interaktionstheorien wird im symbolischen Interaktionismus davon ausgegangen, dass „menschliches Handeln auf dem Hintergrund der mannigfachen Beziehungen des Individuums zu den Handlungen und Symbolen seiner sozialen Umgebung zu verstehen sei" (Crott, 1979, S. 26). Tzankoff (1995) beschreibt drei wesentliche Kategorien des symbolischen Interaktionismus: „Grundqualifikationen", „Interaktion" und „Identität".

Im Folgenden soll vor allem die Kategorie der Interaktion genauer betrachtet werden. Interaktionen stellen sprachlich vermittelte Aushandlungsprozesse stabiler Verhaltenserwartungen in vorgegebenen Situationsrahmen dar. Interaktion meint dann „das wechselseitige Aufeinanderbezugnehmen der Akteure durch Erwartungen an das Verhalten anderer und das antizipierte Erwarten von den Erwartungen an das eigene Verhalten" (Tzankoff 1995, S. 24).

Der Mensch stehe von Beginn an in einer Wechselwirkung zu seinen Mitmenschen sowie zu seiner Umwelt. Cooley (1926) nimmt eine, für den symbolischen Interaktionismus charakteristisch gewordene, Zweiteilung von Umwelt vor: die physische Umwelt (material conditions; Sachen, die den Menschen umgeben; die äußeren Kontakte; das mit den Sinnen Wahrnehmbare) und die soziale Umwelt (human or social conditions; Personen; innere Erlebnisse; Fragen der inneren Nähe und Distanz; physische Nähe). Entsprechend gibt es nach Cooley zwei Formen von Wissen: dingliches oder räumliches Wissen und soziales Wissen (Helle 2001). Das Bild, das sich der Mensch von sich selbst macht, gewinne er daher durch die Rückmeldung (Gesten, natürliche Zeichen) seiner (sozialen) Umwelt, die auf sein Verhalten reagiere.

Daher werde die Interaktionstheorie des symbolischen Interaktionismus häufig auch als Sozialisationstheorie angesehen. Später würden auch Symbole (Reize mit erlernter Bedeutung: z.B. Sprache) diese Funktion übernehmen. Die Werte und Bedeutungen von Symbolen würden dabei durch Lernen erworben. Sprache sei eins der wichtigsten symbolischen Kommunikationsmittel, da durch sie den Sinnen nicht ohne weiteres zugängliche Aspekte der Kultur und Gesellschaft mitteilbar gemacht werden können (Crott, 1979; Helle, 2001).

Für zwischenmenschliche Interaktionen spiele die Fähigkeit, eine Rolle einzunehmen (role making) sowie die Rolle eines anderen zu übernehmen (role taking), im symbolischen Interaktionismus eine große Rolle. Die Menschen lernten, sich in eine andere Person hineinzuversetzen, eine Rolle zu übernehmen. Beispielsweise lernten Kinder die Rollenübernahme im Rollenspiel. So ermögliche erst die Rollenübernahme eine Zusammenarbeit mit anderen (Crott, 1979; Tzankoff, 1995). Mit der Übernahme einer Rolle, könne es einer Person gelingen, seine Reaktionen zu kontrollieren. Im kooperativen Prozess könne eine Reaktionskontrolle gelingen, wenn jeder einzelne in der Lage sei, sich in die Rolle des anderen hineinzuversetzen. Daher mache aus Sicht des symbolischen Interaktionismus die Fähigkeit zur Rollenübernahme eine verständige Interaktion überhaupt erst möglich. Darüber hinaus führe die Rollenüberahme

> „zu einer Angleichung des Weltverständnisses der Mitglieder einer Symbolgemeinschaft. Das Erlernen einer Kultur (und von Subkulturen) erlaubt den Menschen in den meisten Fällen, ‚das Verhalten anderer vorauszusagen und sein eigenes Verhalten entsprechend einzustellen'" (Crott 1979, S. 27; zitiert nach Rose 1967, S. 224).

Kulturell bedeutsames Wissen entstehe also in symbolischer Interaktion (Helle, 2001). Ob es in kooperativen Situationen zu einer Übereinkunft komme, hinge jedoch auch von dem Grad ab, in dem eine Vereinbarkeit der Ziele möglich sei. Daher komme dem Begriff der Situation im symbolischen Interaktionismus eine besondere Bedeutung zu. Die Bereitschaft, sich in den anderen hineinzuversetzen, führe entsprechend zwar zu einem vertieften Verständnis, es resultiere daraus aber nicht zwingend eine konfliktfreie Interaktion (Crott, 1979). Da sich Menschen nicht nur freiwillig in Interaktion mit anderen befänden, sondern auch dazu gezwungen sein könnten (z.B. durch gesellschaftliche Normen und Rollenvorgaben), könne mit Habermas die Gesellschaft als eine Sphäre des Zwangs ebenso betrachtet werden wie als eine Sphäre der Intersubjektivität (Tzankoff, 1995).

Interaktion werde mit Habermas vor allem als kognitiv-sprachlicher Prozess gesehen. Nichtsprachliche Aspekte der Interaktion wie zum Beispiel Körpersprache sowie Emotionalität blieben eher unberücksichtigt. Darüber hinaus würden auch materielle Bedingungen gesellschaftlichen Lebens ausgeblendet. Diese Reduktion auf Sprache sowie die Ausblendung der materiellen Umwelt sei im erziehungswissenschaftlichen Kontext häufig kritisiert worden. Dennoch sei diese Theorie, vor allem hinsichtlich ihrer Ausführungen zum Konzept der „Identität", häufig aufgegriffen worden (Tzankoff, 1995).

Interaktionstheorie der Dokumentarischen Methode

Auch innerhalb des Verfahrens der Dokumentarischen Methode wird davon ausgegangen, dass mindestens zwei Personen miteinander interagieren. Dies geschieht sowohl sequenziell, indem bestimmte verbale und nonverbale Handlungen in einem zeitlichen Ablauf auf einander folgen, als auch simultan, indem bestimmte verbale und nonverbale Handlungen gleichzeitig stattfinden.

Daher stehen in der Dokumentarischen Methode sowohl die sequenziell aufeinander folgenden als auch die simultan geschehenden Handlungen im Fokus.

Des Weiteren wird davon ausgegangen, dass in der Interaktion Orientierungen der Interagierenden preisgegeben werden, die durch den Wissenschaftler aus der Art und Weise, wie die Personen mit einander interagieren, herausinterpretiert werden kann.

Das sogenannte Orientierungsmuster, das in der Interaktion preisgegeben wird, setzt sich aus zwei Wissensformen zusammen: a) den Orientierungsschemata und b) den Orientierungsrahmen (Kleemann, Krähnke und Matuschek 2009, S. 156; Bohnsack, Marotzki und Meuser 2011, S. 132f.). Orientierungsschemata stellen das Wissen um institutionalisierte, bzw. normierte Verläufe dar, wie z.B. geltende Umgangsregeln; es handelt sich um kommunikative Wissensbestände, die auch expliziert werden können. Orientierungsrahmen entwickeln sich aus eigenen in der Sozialisation gemachten Erfahrungen, bzw. sozial geprägten Denk- und Handlungsmustern. Hierbei handelt es sich um implizite, dem Handeln zugrundeliegende Werthaltungen, sogenannte konjunktive Wissensbestände, die nicht explizit verbalisiert werden können (Kleemann, Krähnke und Matuschek, 2009; Bohnsack, 2011; Bohnsack et al., 2011). Ziel der Dokumentarischen Methode ist es, nicht nur das „Was", also was zum Ausdruck gebracht wurde (immanente Sinngehalte), sondern vor allem das „Wie" der Gestaltung der Interaktion zu fokussieren, also wie das Thema zum Ausdruck gebracht wurde (Dokumentsinn; Bohnsack, 2011).

Dies erfordert, so Bohnsack (2011), einen Analysewechsel vom „Was" hin zum „Wie". Dieses atheoretische Wissen ist nur denen unmittelbar (ohne interpretieren zu müssen) verfügbar, die demselben konjunktiven Erfahrungsraum (Mannheim, 1980) angehören wie der Erforschte, da beide dann sozialisationsbedingt über das gleiche atheoretische Wissen verfügen (Bohnsack, 2011). Auf dieser Ebene liegt der Erkenntnisgewinn also in der Interpretation des habitualisierten, inkorporierten, impliziten Wissens. Dies ermöglicht es, kollektive Orientierungsmuster offenzulegen (unabhängig davon, ob sich die Personen kennen oder nicht) (Meuser, 2007).

2.1.3 Zwischenfazit

Bereits die hier dargestellten Interaktionstheorien zeigen das breite Spektrum unterschiedlicher Auffassungen von Kommunikation und Interaktion, dabei gibt es noch wesentlich mehr Interaktionstheorien, als hier dargestellt. Zu viele, um sie hier zu berücksichtigen. Für diese Arbeit wurden im Wesentlichen nur die Interaktionstheorien zugrunde gelegt, die im pädagogisch-erziehungs-wissenschaftlichen Kontext relevant sind.

Ein Anspruch auf Vollständigkeit wird aus diesem Grund an dieser Stelle nicht erhoben. Aus den hier vorgestellten Interaktionstheorien soll nun das der Dissertation zugrundeliegende Verständnis von Interaktion zusammengefasst werden. Dazu werden aus den oben genannten Interaktionstheorien jene Aspekte zusammengefasst, die für die vorliegende Dissertation für die Bestimmung des Interaktionsverständnisses relevant sind.

Unter Interaktion soll sowohl die verbale als auch nonverbale Mitteilungsebe verstanden werden. Interaktion wird weitergehend als eine wechselseitige Beeinflussung mindestens zweier Individuen betrachtet. Interaktionen vollziehen sich dabei sowohl sequenziell als auch simultan. Interaktion wird als im Interaktionskontext eingebettet verstanden. Die Interaktion der Personen mit der sozialen sowie dinglichen Umwelt hat Bedeutung. Darüber hinaus wird mit Watzlawick et al. davon ausgegangen, dass der Mensch nicht nicht interagieren kann und dass Interaktion neben einer inhaltlichen Ebene auch eine Beziehungsebene beinhaltet, die zum Ausdruck gebracht wird. Im weiteren Verlauf wird sich zeigen, dass für das in der Dissertation vorliegende Verständnis von Interaktion auch der Aspekt der Symmetrie, bzw. Asymmetrie, bzw. Komplementarität einer Interaktion von Bedeutung ist.

Ebenso wird in Anlehnung an das Interaktionsverständnis im Rahmen der Dokumentarischen Methode davon ausgegangen, dass in der Interaktion Orientierungsgehalte preisgegeben werden, die dem Forscher durch Interpretation der Interaktion zugänglich sind. Des Weiteren handelt es sich in der vorliegenden Dissertation um Interaktionen in einem pädagogischen, bzw. erzieherischen Kontext. Aus diesem Grund wird hier von einer pädagogischen Interaktion zwischen Educans und Educandus ausgegangen. Im spezielleren ist Interaktion hier nicht allgemein auf die Frage gerichtet, wie Erziehung gelingt, sondern spezifischer, wie kognitiv anregende Interaktionen in Anlehnung an Sylva et al. 1980 als ein Teilaspekt pädagogischer Interaktionen gelingen.

Neben der Klärung des Interaktionsverständnisses der vorliegenden Dissertation erscheint es für das Verständnis der Gestaltung kognitiv anregender Interaktionen notwendig, zu klären, welches Lernverständnis im Sinne des kognitiven Verarbeitungsprozesses von Sinneseindrücken aktuell

zugrundgelegt wird. Daher sollen im folgenden Kapitel verschiedene aktuell diskutierte konstruktivistische Erkenntnis- und Lerntheorien vorgestellt werden.

2.2 Erkenntnistheorien

Die Vorstellung davon, wie Kinder lernen und welche Rolle dabei dem Kind und der Fachkraft zukommt, wird durch verschiedene Faktoren beeinflusst, wie zum Beispiel durch Ergebnisse aus der Hirnforschung oder durch das von Erwachsenen, bzw. Pädagogen vertretene Bild vom Kind. Diese Vorstellungen können zusammenfassend als Kindheitskonstruktionen bezeichnet werden und dienen dazu, das pädagogische Handeln zu legitimieren (Scholz, 1994; Andresen und Diehm, 2006). Wurde das Kind in frühen instruktionalen Ansätzen als Objekt von Bildungs- und Lernprozessen betrachtet (Textor, 2000), wird das Kind im radikalen Konstruktivismus als Subjekt seiner Bildungs- und Lernprozesse angesehen (Gisbert, 2004). Seit Beginn des 20. Jahrhunderts setzt sich zunehmend ein Bild vom Kind durch, welches Kinder als Akteure, also als aktiv Teilhabende der Gesellschaft, betrachtet, die ihre eigene Entwicklung sowie ihren Sozialraum mitgestalten (Honig, 2010). Bildungs- und Lernprozesse werden zwischen Erwachsenen (Fachkraft) und Kindern interaktiv hergestellt. In diesem Sinne nehmen Erwachsene wie Kinder gleichermaßen Einfluss auf die Bildungs- und Lernprozesse der Kinder.

Diesem Bild vom Kind tragen Strömungen des sozialen Konstruktivismus Rechnung (Textor, 2000; Wygotsky, 1971; 1987).

In der heutigen Debatte um Bildungs- und Lernprozesse von Kindern werden konstruktivistische Erkenntnistheorien und ein Lern- und Bildungsverständnis im Sinne einer Selbstbildung sowie instruktionale Lehr-Lern-Theorien einander häufig konkurrierend gegenübergestellt. Daher sollen im Folgenden unterschiedliche Strömungen konstruktivistischer Erkenntnistheorien aufgearbeitet werden, auf die im Elementarbereich besonders häufig zurückgegriffen wird, ehe darauf folgend die Selbstbildungstheorie als eine bedeutsame Lern- und Bildungstheorie im Elementarbereich dargestellt wird. Des Weiteren wird diskutiert, weshalb eine Gegenüberstellung dieser Lehr-Lernansätze mit konstruktivistischen Ansätzen wenig sinnvoll erscheint.

2.2.1 Entstehung und Definition des Konstruktivismus

Vorläufer konstruktivistischer Erkenntnistheorien

Als Vorläufer konstruktivistischer Erkenntnistheorien wird z.b. die entwicklungspsychologische Arbeit Piagets gesehen.

Vor allem Glasersfeld (z.b. 1969; 1974; 1981) bezieht sich in seiner Ausarbeitung des radikalen Konstruktivismus auf die Arbeiten Piagets. Daneben hatte für den deutschsprachigen Raum die konstruktivistisch orientierte, systemische Familientherapie einen Einfluss auf die konstruktivistische Pädagogik und Didaktik, da die Beziehungsebene thematisiert wurde, was mit einer Hinwendung zu Kommunikation, Interaktion und Beziehungen im pädagogischen Kontext einherging. Hier spielten vor allem die Interaktionstheorien Batesons (1985, 1990) sowie von Watzlawick, Beavin und Jackson (1985; 2011 u.a.) – wie sie in Kapitel 2.1 bereits dargestellt wurden – eine entscheidende Rolle, da sich beide Theoretiker an konstruktivistischen Theorien ausgerichtet und diese vor allem mit weiterentwickelt haben. Wie ebenfalls in Kapitel 2.1 bereits angesprochen, werden vor allem auch Deweys pragmatische Theorien als Vorläufer konstruktivistischer Theorien angesehen.

Im Folgenden werden die radikal konstruktivistische Erkenntnistheorie Glasersfelds (1969) sowie ausgewählte neuere konstruktivistische Erkenntnistheorien (sozialer Konstruktivismus, soziokultureller Konstruktivismus, Ko-Konstruktivismus), die für den (elementar-)pädagogischen Kontext Relevanz gewonnen haben, vorgestellt.

Radikaler Konstruktivismus

Bekannte Vertreter des radikalen Konstruktivismus sind beispielsweise die Biologen Humberto Maturana und Franciso J. Varela (z.B. 1987) oder der Kognitionswissenschaftler Ernst von Glasersfeld (z.B. 1974; 1981; 1996).

Die Kernaussage des radikalen Konstruktivismus bezieht sich darauf, dass jegliches Erkennen seinen Ursprung im Individuum selbst hat. Es wird daher die Position vertreten, dass jegliche Wahrnehmung eine Konstruktion des Individuums ist. Jedem Subjekt ist damit zunächst nur die eigene Realität zugänglich, wobei sich Individuen kommunikativ über ihre Welt-Konstruktionen austauschen können. Über die individuellen Konstruktionen hinausgehende Erkenntnisse seien nicht möglich (de Haan und Rülcker, 2009). Glasersfeld (1996) bezeichnet dies als epistemischen Solipsismus.

Er geht dabei davon aus, dass nur das in das Gehirn vordringt, was aufgrund der neuronalen Strukturen wahrgenommen werden kann (Gehirn als operational geschlossenes System). Diesen Sinneswahrnehmungen weden dann durch Konstruktionsleistungen des Gehirns Bedeutungen zugeschrieben (de Haan und Rülcker, 2009). Es gebe daher kein Abbild der äußeren Realität, sondern ausschließlich innere Konstruktionen.

Damit könne nicht beurteilt werden, ob eine subjektive Konstruktion richtig oder falsch sei. Stattdessen wird von Glasersfeld (1996) der Begriff der Viabilität eingeführt. Die Konstruktion des Subjekts sei dann viabel, wenn sie zur Anpassung des Subjekts an die Gegebenheiten beitrüge (Glasersfeld, 1996; Gisbert, 2004; Brandes, 2008).

Glasersfeld (1996, S. 96) formuliert daher folgende Grundprinzipien des radikalen Konstruktivismus:

„1. (a) Wissen wird nicht passiv aufgenommen, weder durch die Sinnesorgane noch durch Kommunikation. 2. (a) Die Funktion der Kognition ist adaptiver Art, und zwar im biologischen Sinne des Wortes, und zielt auf Passung oder Viabilität; (b) Kognition dient der Organisation der Erfahrungswelt des Subjekts und nicht der ‚Erkenntnis' einer objektiven ontologischen Realität.“

In radikal konstruktivistischen Theorien steht daher das Individuum im Mittelpunkt. Es wird die Selbstentfaltung des Individuums betont. Dabei wird davon ausgegangen, dass psychische Strukturen, wie Denkweisen, Konzepte oder Wissen durch Reifung entwickelt oder durch Lernen eigenständig erworben werden.

Das Individuum eignet sich also aktiv Wissen an, im Gegensatz zu früheren Auffassungen, die einen Wissenserwerb ausschließlich durch Vermittlung für möglich hielten.

Um anhand des didaktischen Dreiecks diese beiden unterschiedlichen Annahmen des Wissenserwerbs darzustellen, wird zunächst das Verständnis der Instruktion und darauffolgend das Verständnis des radikalen Konstruktivismus vorgestellt.

Die Auffassung von Ansätzen, die einen Wissenserwerb durch Vermittlung für möglich halten, wird in Abbildung 5 mit Rückgriff auf das didaktische Dreieck dargestellt. Demnach geht die Vermittlung des Bildungsgegenstands nur über den Pädagogen an das Kind. Eine direkte Vermittlung des Bildungsgegenstands an das Kind ist dagegen nicht vorgesehen. Mit der Annahme des Solipsismus wird davon ausgegangen, dass ein Austausch über die subjektiven Konstruktionen des Weltbilds nicht möglich ist.

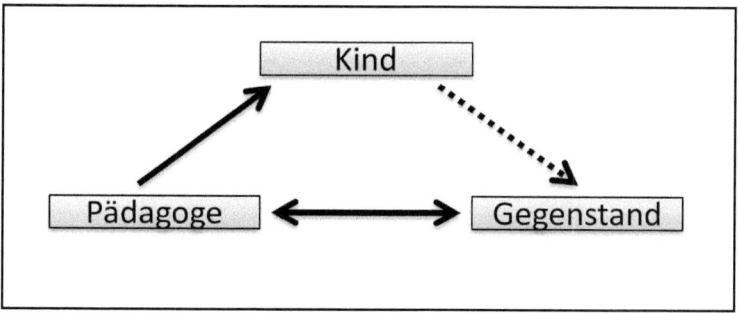

Abbildung 5: Didaktisches Dreieck: Instruktion (in Anlehnung an Kucharz, 2012)

Für eine Gestaltung von Lerngelegenheiten von Kindern im Elementarbereich vor dem Hintergrund radikal konstruktivistischer Erkenntnistheorien bedeutet dies, dass den Erwachsenen die Aufgabe zukommt, die Selbstentfaltung des Kindes zu begleiten und zu unterstützen. Dies bedeutet vor allem eine anregende Lernumgebung für die Kinder zu gestalten, so dass eine Selbstentfaltung (entwicklungsbedingt und aneignend) der Kinder möglich ist. Die Rolle der Fachkraft ist daher mit Blick auf die Interaktion mit dem Kind eher zurückhaltend und weniger Wissen vermittelnd (Textor, 2000).

In Abbildung 6 wird in Anlehnung an das didaktische Dreieck das Verständnis des Wissenserwerbs aufgezeigt. Eine Vermittlung durch den Pädagogen ist dieser Auffassung nach nicht möglich. Das Kind kann sich das Wissen über den Bildungsgegenstand nur durch Eigenkonstruktion aneignen.

2.2.2   Neuere konstruktivistische Strömungen

Sozialer Konstruktivismus

Der soziale oder auch als moderat bezeichnete Konstruktivismus führt auf die sozialpsychologischen Theorien (symbolischer Interaktionismus) von C.H. Cooley und G.H. Mead zurück (Gisbert 2004). Die Fokussierung von sozialkonstruktivistischen Erkenntnistheorien geht mit einem Perspektivenwechsel

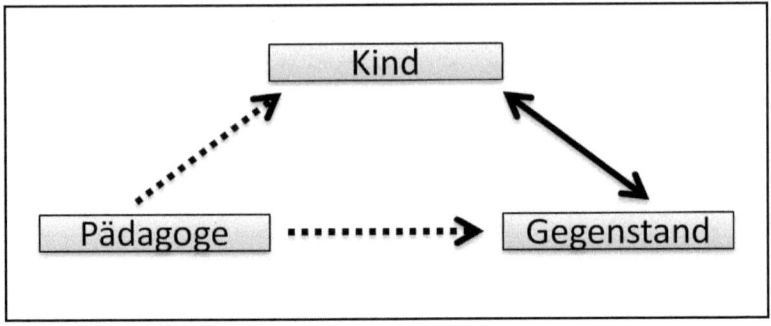

Abbildung 6:   Didaktisches Dreieck: Radikaler Konstruktivismus (in Anlehnung an Kucharz, 2012)

einher. Im Gegensatz zu radikalkonstruktivistischen Theorien wird in sozial-konstruktivistischen Theorien das Individuum nicht isoliert betrachtet. Stattdessen wird die Annahme vertreten, dass intellektuelle Fähigkeiten vor allem auch durch soziale Interaktion erworben und weiterentwickelt werden (Gisbert 2004). Nach Luckmann (1990) sowie de Haan und Rülcker (2009) wird Wirklichkeit im Prozess menschlicher Kommunikation gesellschaftlich konstruiert. Dabei gilt diese nicht als fest oder statisch gegeben, sondern als historisch und wandelbar. Wie auch im symbolischen Interaktionismus, wird Sprache als das bedeutsamste Medium, und zwar sowohl als Produkt als auch als Produzent menschlicher Wirklichkeit, angesehen (Meixner, 1997). Nach Meixner in Anlehnung an Baecker, Borg-Laufs, Duda und Matthies (1992, S. 121) sind entsprechend „Wahrnehmen und Denken über die soziale Interaktion gesellschaftlich geprägt" (Meixner 1997, S. 21).

Gerstenmaier und Mandl (1995) führten den Begriff des pragmatischen, moderaten Konstruktivismus ein, um sich von Strömungen des radikalen Konstruktivismus abzugrenzen und eine eher lerntheoretische Perspektive einzunehmen, die den Lerner als handelndes Subjekt in den Mittelpunkt stellt. Sie versuchen auf diese Weise an Deweys Ansätze anzuschließen, die, wie oben bereits gezeigt, als Vorläufer konstruktivistischer Ansätze gesehen werden (Möller, 2012).

Gemäßigter Konstruktivismus

Vor allem in der pädagogischen Psychologie wird der gemäßigte Konstruktivismus auch als wissensbasierter Konstruktivismus bezeichnet, wenn es um Lehr-Lern-Zusammenhänge geht. Dies ist darauf zurückzuführen, dass

> „im wissensbasierten Konstruktivismus [wird] Lernen als eine persönliche Konstruktion von Bedeutungen interpretiert [wird; MT], die nur dann gelingt, wenn eine ausreichende Wissensbasis zur Verfügung steht. Zum Erwerb dieser Wissensbasis kann auf instruktionale Anleitung und Unterstützung nicht verzichtet werden" (Resnick, Williams und Hall, 1998 zitiert in Reinmann und Mandl 2006, S. 638).

Im gemäßigten Konstruktivismus soll die Gegenüberstellung von Instruktion und Konstruktion relativiert werden (Reinmann und Mandl, 2006; Möller, 2012).

Soziokultureller Konstruktivismus

Wygotsky (1987) wird als ein bekannter Vertreter des soziokulturellen Konstruktivismus bezeichnet (Reich 2004; Gisbert, 2004). Wygotsky zielt mit seinem Ansatz des soziokulturellen Konstruktivismus auf „ein Verständnis der Art und Weise, wie soziale und kulturelle Faktoren den Lernprozess des Kindes und dessen Entwicklung beeinflussen" (Gisbert, 2004).

In seinen Theorien geht er, ebenso wie Ansätze des sozialen Konstruktivismus, davon aus, dass der Erwerb von Wissen durch den interaktiven Austausch zwischen Individuen erfolgt. Damit werden die psychischen Strukturen und kognitiven Fähigkeiten auf soziale Phänomene zurückgeführt, die vom Kind internalisiert werden.

Zum anderen ist für Wygotsky vor allem auch der kulturelle Kontext stärker von Bedeutung, weil in diesem die zur erfolgreichen Partizipation in der Gesellschaft notwendigen „kognitiven Werkzeuge" im interaktiven Austausch der Individuen miteinander vermittelt werden. Diese „kognitiven Werkzeuge" können kulturell bedingt verschieden sein (z.B. Sprache, Symbole, Zählweisen, u.ä.). Damit erhält neben dem sozialen Aspekt des interaktiven Austauschs vor allem auch der kulturelle Kontext der Individuen einen hohen Stellenwert für den Wissenserwerb (Wygotsky 1971; 1987; Gisbert, 2004; Hannover, Zander und Wolter, 2014).

Ko-Konstruktivismus

Der Ko-Konstruktivismus nach Youniss ist im Grunde dem sozialen Konstruktivismus zuzuordnen. Mit der Ko-Konstruktion versucht Youniss jedoch den sozialen Austausch von Ansichten zwischen Individuen stärker hervorzuheben. Wirkliches Verständnis und Kompetenz könnten nur erworben werden, wenn Zweifel geäußert, Fragen gestellt und Argumente geprüft würden.

Dazu sei der Austausch mit anderen von besonderer Bedeutung. Individuen ko-konstruieren auf diese Weise ihr Wissen (Krappmann und Oswald, 1994). Youniss (1994) weist jedoch darauf hin, dass zwischen ko-konstruktivistischen Interaktionen zwischen Kind(ern) und Erwachsenen sowie zwischen Kind und gleichaltrigen Peers unterschieden werden müsse. Zwischen Kind(ern) und Erwachsenen bestünde, wie im Zusammenhang mit der Definition von Interaktion nach Watzlawick et al. (2011) bereits benannt, ein asymmetrisches, hierarchisches Verhältnis (komplementäre Reziprozität/asymmetrisches Beziehungsverhältnis).

Der Erwachsene sei dadurch in der Position, dem Kind eine Verhaltensweise aufzuerlegen und verfüge bereits über bestimmte Erfahrungen. Dränge der Erwachsene dem Kind jedoch sein Weltverständnis einfach auf, bestehe die Gefahr, dass dem Kind die Erfahrungen und Regeln des Erwachsenen, als gegeben vermittelt würden. Das Kind habe dann kaum Gelegenheit, diese mitzuentwickeln und versuche vielmehr damit umzugehen und eine angemessene Rolle einzunehmen. In so einem Fall geschehe keine echte Ko-konstruktion zwischen Erwachsenem und Kind(ern). Vielmehr entstehe eine instruktionale Interaktion zwischen Fachkraft und Kind(ern). Zwischen einem Kind und gleichaltrigen Peers bestünde kein derartiges hierarchisches Beziehungsverhältnis (symmetrische Reziprozität).

Sie träfen zwar auch mit unterschiedlichen bisher gemachten Erfahrungen aufeinander, da aber keiner von beiden in der Position sei, dem anderen gegenüber Zwang auszuüben, käme es zu Aushandlungsprozessen, also zu Ko-Konstruktion (Youniss, 1994). Gleichaltrige, z.B. Freunde, brächten ihre individuellen Erwartungen in die Interaktion ein und stellten fest, dass sie unterschiedliche Ansichten oder Meinungen hätten. Es komme zu einem Aushandlungsprozess, der einen gemeinsamen Fortgang der Interaktion ermögliche (Krappmann und Oswald, 1994).

„Besonders günstige Möglichkeiten der Entwicklung sieht Youniss folglich in der Kooperation von Personen, die sich gegenseitig als Personen mit gleichen Rechten respektieren, vor allem, wenn sie am Wohlergehen des anderen interessiert sind und auf gemeinsame Erfahrungen aufbauen können. Daher hält Youniss insbesondere Freundschaft für eine Beziehung, die Entwicklungsmöglichkeiten erschließt, die andere Beziehungen nicht enthalten, nicht einmal die Beziehung zu den Eltern" (Krappmann und Oswald, 1994, S. 8).

Liegle (2008) geht daher davon aus, dass Ko-Konstruktion zwischen Erwachsenem und Kindern nur dann gelingen könne, wenn der Erwachsene sein festgelegtes Weltbild vergäße und sich dafür öffnen würde, mit den Kindern gemeinsam ein neues zu ko-konstruieren. Ansonsten sei es sinnvoller, die Kinder untereinander einer Ko-Konstruktion eines gemeinsamen Weltbildes zu überlassen, bzw. diese zu ermöglichen. Siraj-Blatchford (2002b) hält dagegen fest, dass Ko-Konstruktion zwischen Erwachsenem und Kindern vor allem dann gelingen kann, wenn beide Seiten über einen bestimmten Aspekt keine sehr guten Kenntnisse haben. In diesem Fall könne es zu echten Ko-Konstruktionsprozessen zwischen Fachkraft und Kindern kommen.

Mit Blick auf die Gestaltung von Lerngelegenheiten im Elementarbereich bedeutet dies, dass das Kind in diesen Strömungen des Konstruktivismus ebenfalls als sich Wissen aktiv aneignend gesehen wird. Dem Pädagogen wird hier aber eine aktivere und führendere Rolle zugesprochen als in radikal konstruktivistischen Theorien.

„In der Interaktion mit dem Kind und durch ausgewählte Aktivitäten, bzw. Aufgaben, werden ihm kulturelle Inhalte, Denkweisen etc. vermittelt und sein Lernen (gezielt) gefördert. Anleitung und Unterricht gehen der Weiterentwicklung von Kindern voraus" (Textor, 2000, S. 72).

Auch dieses Verständnis der Wissensaneignung wird in Abbildung 7 dargestellt. Vor allem für den gemäßigten Konstruktivismus gilt, dass sich das Kind sowohl durch Eigenkonstruktion das Wissen über den Bildungsgegenstand aneignet, zugleich kann aber auch durch den Pädagogen etwas über den Bildungsgegenstand vermittelt werden. Dennoch unterliegt auch das vermittelte Wissen schlussendlich den Konstruktionsleistungen des Kindes, so dass nicht vorhersehbar ist, welches Verständnis das Kind vom Bildungsgegenstand entwickelt haben wird.

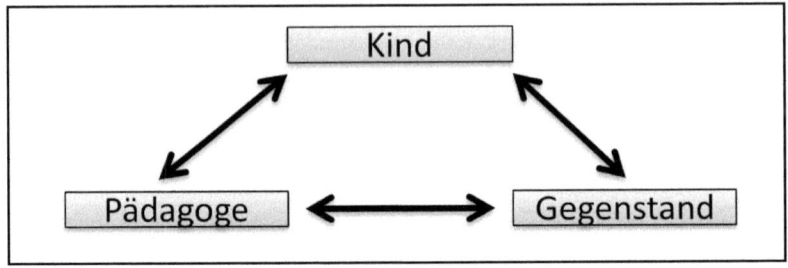

Abbildung 7:   Didaktisches Dreieck: sozial, soziokulturelle bzw. Ko-Konstruktivismus (in Anlehnung an Kucharz, 2012)

2.3 Zum Verhältnis von Selbstbildung und Konstruktion

In der Diskussion um Lern- und Bildungsprozesse im Elementarbereich werden das Bildungsverständnis als Selbstbildung und konstruktivistische Lernansätze einander häufig unvereinbar gegenübergestellt. Diese unvereinbare Gegenüberstellung betrachtet Schelle (2011) als wenig ertragreich. Um nachzuzeichnen, aus welchem Grund eine derartige unvereinbare Gegenüberstellung wenig sinnvoll erscheint, soll in diesem Kapitel das im Elementarbereich stark vertretene Verständnis der Selbstbildung genauer erläutert und anschließend aufgezeigt werden, weshalb eine unvereinbare Gegenüberstellung von Selbstbildung als Bildungsverständnis und Konstruktion als Lerntheorie wenig hilfreich ist.

2.3.1 Selbstbildung als Bildungsverständnis im Elementarbereich

Im Elementarbereich wird häufig ein Bildungsbegriff vertreten, der das Kind als ein sich selbst Bildendes betrachtet (Laewen, 2002a; b; Schelle, 2011). Dieses Verständnis der Selbstbildung entlehnt sich aus dem Bildungsverständnis Humboldts (Beginn des 19. Jahrhunderts), das durch von Hentig (1996, S. 40) wie folgt aufgegriffen wird:

> „Bildung ist die Anregung aller Kräfte eines Menschen, damit diese sich über die Aneignung der Welt in wechselseitiger Ver- und Beschränkung harmonisch-proportionierlich entfalten und zu einer sich selbst bestim-

menden Individualität oder Persönlichkeit führen, die in ihrer Idealität und Einzigartigkeit die Menschheit bereichere."

Aneignung von Welt meint in dieser Hinsicht, dass sich die Kinder über ihre Sinneserfahrungen und eigentätiges Handeln ein Bild von der Welt machen. Dabei wird davon ausgegangen, dass dies nur durch das Kind selbst erfolgen kann und ihm das von keinem anderen abgenommen werden kann. Daher der Begriff der Selbstbildung. Das bedeutet aber, dass Kinder in ihren „Welt-Konstruktionen" (Liegle, 2012, S.47) nur das einbeziehen können, was ihnen über ihre Sinne erfahrbar ist. Dabei wird nicht einfach ein Abbild der äußeren Wirklichkeit geschaffen, sondern vielmehr eine innere Realität selbst errichtet, bzw. konstruiert (Laewen, 2002a; Liegle, 2012).

> „Sie [die innere Realität; M.T.] zeichnet sich insbesondere dadurch aus, dass ihre Inhalte – die durch mit Gefühlswertungen versehene Bilder und andere Symbole repräsentiert sind – durch das Subjekt zueinander auch in solche Beziehungen gesetzt werden können, die in der äußeren Welt nicht vorkommen und ggf. auch gar nicht möglich sind" (Laewen 2002b, S. 53).

Das Kind nimmt damit also zum einen Bezug auf die reale Welt, was es handlungsfähig macht - Laewen (2002b) spricht hier vom Raum der äußeren Welt zum anderen enthält die Welt-Konstruktion des Kindes jedoch auch einen Raum des Möglichen. Also etwas, das in der äußeren Realität so (noch) nicht gegeben ist (z.B. Phantasien, Handlungsentwürfe).

> „Deshalb ist die Wahrnehmung des Kindes doppelbödig: Es sieht die Wirklichkeit ein wenig so, wie sie ist, und es sieht sie ein wenig so, wie sie ihm bedeutungsvoll erscheinen will. Es nimmt sie also nicht nur als etwas Außenstehendes wahr, sondern auch als etwas, das Gefühle, Gedanken, Vorstellungen in ihm anstößt, die über die Wahrnehmung selbst hinausgehen. Diese Doppelbödigkeit artikuliert sich in seinen Fantasien: Sie sind Wahrnehmungen der Wirklichkeit und Ausdruck der persönlichen Bedeutung dieser Wahrnehmung zugleich" (Schäfer 1999, S. 223f.).

Die Zuweisung von Bedeutung geschieht durch das Kind selbst, indem es seine Sinneseindrücke mit den eigenen Aktivitäten in einen Zusammenhang bringt und für sich ordnet. Damit wird auch nachvollziehbar, dass Bedeutung nicht vermittelbar ist. Vielmehr muss das Kind, selbst wenn ihm die Bedeutung erklärt wird, die Bedeutung von seinem eigenen Erfahrungskontext her selbst nachvollziehen. Da diese Erfahrung in einen sozialen Kontext eingebettet ist, geschieht Selbstbildung immer in einem Austausch mit der sozialen und materiellen Umwelt (Liegle, 2012; Schäfer, 2003; Schäfer, 2004). Roth (1996) beschreibt diesen Prozess der Sinnesverarbeitung aus neuronaler Sicht so, dass die Sinneszellen das, was in der Umwelt passiert, für das Gehirn übersetzen. Diese Übersetzung beinhalte chemische und elektrische Signale, die zunächst bedeutungsneutral seien. Das Gehirn erschließe dann aus diesen Signalen eine Bedeutung – es konstruiere diese also erst. Die Sinnesorgane seien damit nicht in der Lage, die Realität so abzubilden, wie sie wirklich ist. Das Individuum, bzw. das Gehirn konstruiere daher ein eigenes Weltbild.

> „Wir meinen dieses selbsttätige Bemühen des Kindes um Weltaneignung und Handlungskompetenz, wenn wir von Bildung als Selbstbildung im doppelten Sinn sprechen: Bildung durch Selbst-Tätigkeit und Bildung des Selbst als dem Kern der Persönlichkeit. Bildung – so verstanden – wäre also der Anteil des Kindes an seiner eigenen Entwicklung" (Laewen und Andres 2003, S. 61).

Selbstbildung ist, so Schäfer „der Anteil des Kindes, mit welchem es sich an der Erschließung seiner Wirklichkeit beteiligt" (2011, S. 65).

Wie oben bereits angedeutet, werden Selbstbildung als Bildungsverständnis und konstruktivistische Erkenntnis- und Lerntheorien häufig einander gegenübergestellt.

Dies, so Schelle (2011), erscheint wenig weiterführend, da es sich mit dem Verständnis der Selbstbildung um ein Bildungsverständnis handelt, das auf konstruktivistischen Erkenntnis- und Lerntheorien beruht.

Daher soll im Folgenden dargestellt werden, weshalb eine Gegenüberstellung von Selbstbildung und konstruktivistischen Erkenntnis- und Lerntheorien wenig weiterführend ist und in wieweit Selbstbildung und Konstruktion mit einander verschränkt sind.

2.3.2 Selbstbildung versus konstruktivistische Erkenntnistheorien?

Teilweise, so Laewen und Andres (2003) würde der Begriff der Selbstbildung abgelehnt und stattdessen der Begriff der Ko-Konstruktion bevorzugt. Schelle (2011) weist hier aber darauf hin, dass eine Gegenüberstellung von Selbstbildung und (Ko-)Konstruktion wenig weiterbringend ist, weil sich zwischen diesem Bildungsverständnis und konstruktivistischen Erkenntnistheorien eine Schnittmenge ergebe. Sowohl das Bildungsverständnis als Selbstbildung des Kindes als auch konstruktivistische Erkenntnistheorien gingen davon aus, dass sich das Kind über die Wahrnehmung von Welt in dieser handelnd ein eigenes Verständnis von Welt konstruiere. Dieser Prozess der Konstruktion könne, und darin bestehe Einigkeit, nur durch das Kind (Individuum) selbst geschehen. Des Weiteren werde sowohl bei der Selbstbildung, als auch in konstruktivistischen Erkenntnistheorien davon ausgegangen, dass der soziale Kontext für die Konstruktionsprozesse des Kindes bedeutsam sei.

Das meine, dass für die Konstruktion eines Bildes von der Welt sowohl die materielle als auch die soziale Umwelt der Kinder entscheidend sei (Schelle, 2011).

Daher, so Laewen und Andres (2003) würde die Unterscheidung von Selbstbildung und (Ko-)Konstruktion in der praktischen Bildungsarbeit kaum einen Unterschied machen. Vielmehr würde der Begriff der Selbstbildung einen Schwerpunkt auf die Aktivität der Kinder setzen, während der Begriff der (Ko-) Konstruktion den aktiven Anteil der Fachkräfte betonen würde. In beiden Verständnissen komme aber letztlich sowohl den Kindern als auch den Erwachsenen ein Anteil zu, wobei der Konstruktionsprozess nur durch das Kind selbst erfolgen könne. Laewen und Andres (2003) halten daher fest, dass, auch wenn nach dieser Betrachtungsweise Selbstbildung nur durch das Kind selbst geleistet werden kann, dies nicht bedeute, dass Kinder im Selbstbildungsprozess sich selbst überlassen werden könnten. Vielmehr sei es Aufgabe der Erwachsenen, den Selbstbildungsprozess der Kinder zu unterstützen.

So wird z.B. eine anregende Umgebung im Zusammenleben und in Interaktion mit Erwachsenen und Gleichaltrigen, mit denen sie gemeinsame Interessen verfolgen können, als bedeutsam für die Förderung von Selbstbildungsprozessen der Kinder angesehen. Es wird also davon ausgegangen, dass das, was sich die Kinder selbstbildend aneignen, von den Anregungen, Vorbildern, Tätigkeiten und Erklärungen abhängt, die ihnen in ihrer Umgebung angeboten werden. Die Förderung der Selbstbildung hat sich dabei auf die Konstruktion von Welt hinsichtlich der äußeren Realität ebenso auszurichten, wie auf die Konstruktion von Welt als „das Mögliche" (Laewen und Andres, 2003).

Dennoch, so Laewen (2002a; b), stellt sich die Frage, welcher Anteil am Bildungsprozess dem Erwachsenen in welcher Weise zukommt, wenn Bildung als Selbstbildung nur durch das Kind selbst geleistet werden kann. Um diese

Frage zu beantworten, nimmt Laewen eine (Neu-)Bestimmung des Begriffs „Erziehung" vor (Laewen 2002b). Laewen (2002a; b) nimmt rückblickend auf das Bildungsverständnis Humboldts zunächst folgende Unterscheidung vor: Die „Aneignung von Welt" ist die Aktivität der Kinder. Die „Anregung aller Kräfte" dagegen die Aufgabe der Erwachsenen. Damit erhält Bildung etwas Doppeltes. Wenn aber, so Laewen (2002a; b), Bildung als Selbstbildung bereits die Tätigkeit der Kinder ist, müsse die Tätigkeit der Erwachsenen, also die „Anregung aller Kräfte" neu beschrieben werden. Um diese Frage zu klären, nimmt Laewen (2002a; b) weiterhin eine Unterscheidung zwischen Erziehung und Bildung vor. Bildung meine dabei weiterhin die Selbstbildung als eine Aktivität der Kinder.

Erziehung sei dagegen die Aktivität der Erwachsenen. Erziehung so verstanden habe also keinen Einfluss darauf, wie Kinder ihre Welt konstruieren, so dass man den Kindern in dem Sinne nichts beibringen könne. Aber über Erziehung könnten Bildungsprozesse der Kinder ermöglicht und gefördert werden. Dies könne in zweierlei Hinsicht geschehen:

a) Erziehung kann die Umwelt des Kindes gestalten. Dies umfasst die Gestaltung der materiellen Umwelt, wodurch mitentschieden wird, welche Erfahrungen die Kinder machen können. Erziehung wählt also den Ausschnitt von Welt, den sich die Kinder konstruierend aneignen können. Darüber hinaus fällt hier auch die Gestaltung der Zeitstrukturen und Situationen hinein.

b) Erziehung kann die Interaktion zwischen Erwachsenen und Kindern gestalten. Erziehung entscheidet darüber, welche Themen den Kindern auf welche Weise für ihre Konstruktionen zugänglich gemacht werden (Zumutung von Themen und Beantwortung der Themen der Kinder). Als angemessene Form wird der Dialog betrachtet, bei dem beide Seiten Themen einbringen, die wechselseitig gehört und beantwortet werden (Laewen, 2002a; b).

Das bedeutet, dass Erziehung die Selbstbildung der Kinder (also deren Konstruktion von Welt) nicht direkt beeinflussen, diese aber anregen und herausfordern kann. Die Welt-Konstruktionen der Kinder können entsprechend nicht vorhergesehen werden.

„Bildung als Aneignungstätigkeit hätte keinen Gegenstand und keine Entfaltungschance, ohne die unterstützende und stimulierende Vermittlung vonseiten der Umwelt" (Laewen 2002a, S. 39).

Auf der anderen Seite müsste

„Erziehung als vermittelnde Tätigkeit [...] ins Leere laufen, könnte sie nicht auf die Aneignungsfähigkeit und Aneignungsbereitschaft der Kinder setzen" (Laewen 2002a, S. 39).

Entsprechend sei jede Anregung und Herausforderung zu Bildung wenig erfolgreich, wenn eine Bemühung zur Aneignung seitens des Kindes fehle; und die Bemühung einer eigenaktiven Aneignung von Welt im Sinne einer Selbstbildung sei seinerseits wenig erfolgreich ohne entsprechende Unterstützung durch Erziehung (Laewen 2002a; b). Laewen (2002 a; b) hält daher fest, dass Bildungsprozesse immer offen seien und zu dem Versuch führten, die Grenzen der konstruierten „Welt-Entwürfe" zu überschreiten. Erziehung könne Selbstbildungsprozesse jedoch auch behindern oder auf einem niedrigen Niveau halten, wenn den Kindern nicht genügend Raum für eigene Konstruktionsleistungen gegeben würde (z.B. durch Vorgabe vorgefertigter Weltverständnisse). In solchen Momenten würde es dazu führen, dass die Kinder sich auf die enger gefassten Grenzen einrichteten, Fassaden aufbauten oder versuchten, sich zu fügen. Dies misslinge meistens, so dass solche Situationen zu keinen fruchtbaren Bildungsprozessen führten, weil die Themen der Kinder nicht in den Dialog eingehen oder übersehen würden. Dies führe dazu, dass diese nicht richtig bearbeitet würden und auf einer niedrigen Stufe der Bearbeitung liegen blieben. Dennoch würden das Verhalten, Denken und Erleben der Kinder durch diese wenig bearbeiteten Themen beeinflusst.

Nach Laewen (2002a, S. 44) lautet der Bildungsauftrag von Kindergärten entsprechend:

„In den Kindertageseinrichtungen sollen Bildungsprozesse von Kindern durch Erziehung ermöglicht, unterstützt und herausgefordert sowie durch Betreuung gesichert werden."

Auch Liegle (2009) bezeichnet die Bildung als Selbstbildung und damit als aktiven Part des Kindes und Erziehung als Ermöglichung von und Aufforderung zu Bildung.

Erziehung als Aufgabe der Erwachsenen unterscheidet Liegle (2009) dabei in direkte und indirekte Erziehung. Direkte Erziehung meine, dass die Aufforderung zur Bildung explizit geschehe. Das Kind bemerke die Absicht der Aufforderung durch den Erwachsenen entsprechend und sei sich dessen bewusst. Es handle sich daher um eine gezielte Initiative durch die Fachkraft, dem Kind Sprache, Wissensinhalte, Fertigkeiten oder Kompetenzen zu vermitteln. Dies sei nicht als einseitiger Prozess zu verstehen, sondern als Dialog zwischen Erwachsenem und Kind. Werde Bildung als Konstruktionsleistung des Kindes verstanden, führe jede Vermittlung und Instruktion am Ziel vorbei, wenn diese nicht auf den Lernwillen und die Eigenaktivität des Kindes träfen. Eine direkte Erziehung erfordere entsprechend einen eigenaktiven Anteil beider Seiten (Liegle 2009).

Indirekte Erziehung ziele dagegen mehr auf eine Aufforderung zur Bildung durch die Gestaltung von Lern- und Spielgelegenheiten.

Die Kinder bemerkten die Absicht des Erwachsenen dementsprechend nicht und seien sich der Aufforderung zur Bildung demnach nicht bewusst. Indirekt sei hier jedoch nicht mit passiv zu verwechseln, sondern es gehe um eine bewusste, absichtsvolle Gestaltung der Lernumgebung (Liegle, 2009). Nach Liegle (2009) seien diese beiden Formen des erzieherischen Handelns der Erwachsenen jedoch nicht trennscharf und könnten einander überschneiden.

Diese Ausführungen zeigen zum einen, dass Selbstbildung als Bildungsverständnis und konstruktivistische Erkenntnistheorien als Lernverständnis Unterschiedliches beschreiben, was nicht unvereinbar sein muss. Selbstbildung stellt eine eigenaktive Tätigkeit der Welt-Aneignung in sozialen Kontexten durch die Kinder dar. Diese Annahme hat jedoch auch in konstruktivistischen Lernansätzen im Sinne einer kognitiven Verarbeitung von Sinneseindrücken Gültigkeit. Muss sich das Kind also im Sinne einer Selbstbildung aktiv in einen Bezug zu seiner Umwelt setzten um sich zu bilden, wird auch in konstruktivistischen Lernansätzen die Annahme vertreten, dass die Sinneseindrücke, die das Kind in seiner aktiven Auseinandersetzung mit der Umwelt sammelt, selbst, bzw. durch das Gehirn des Kindes verarbeitet werden müssen.

Beides, die aktive Auseinandersetzung mit seiner Umwelt als Selbstbildung als auch die eigenaktive Verarbeitung der gewonnenen Eindrücke, können dem Kind als Eigenleistung am Bildungs- und Lernprozess nicht abgenommen werden, wohl aber durch Erwachsene sinnvoll unterstützt werden. Daher ist es durchaus vereinbar, von einem Bildungsbegriff als Selbstbildung auszugehen und zugleich konstruktivistische Lerntheorien zu vertreten.

Ähnlich wie Selbstbildung als Bildungsverständnis und konstruktivistische Erkenntnis- und Lerntheorien oft einander unvereinbar gegenübergestellt werden, werden häufig auch instruktionale Lehrtheorien und konstruktivistische Erkenntnis- und Lerntheorien einander unvereinbar gegenübergestellt. Auch dies scheint wenig sinnvoll, weshalb im Folgenden dargestellt werden soll, in wieweit Instruktion und Konstruktion als miteinander verschränkt betrachtet werden müssen (Reinmann und Mandl, 2006). Dazu werden zunächst instruktionale und konstruktivistische Theorien dargestellt, ehe erläutert wird, inwieweit diese miteinander verschränkt betrachtet werden müssen.

2.4 Zum Verhältnis von Instruktion und Konstruktion

Instruktion läßt sich als Inbegriff jener Handlungen und Maßnahmen umschreiben, die darauf gerichtet sind, die Bedingungen, Prozesse und Ergebnisse des Lernens kollektiv, differentiell oder individuell zu optimieren; Instruktionsprinzipien sind dementsprechend grundlegende Aussagen darüber, was zu tun oder zu unterlassen ist, um Lernen in erwünschter Weise zu beeinflussen (Weinert, 1995, S. 37f.).

Es handele sich hierbei um eine instrumentelle Beziehung zwischen Lehrendem und Lernenden, die auf strukturierte Weise auf eine Wissensvermittlung abziele. Eine bedeutsame Aufgabe des Lehrenden stelle dabei die Gestaltung der Lernumgebung dar, weil hierdurch der Wissenserwerb und der Lernerfolg maßgeblich beeinflusst würden. Der Lehrende müsse dazu über verschiedene Methoden und Theorien verfügen, um die Lernumgebung an die Lernenden adaptiv anzupassen (Mandl und Kopp, 2005; Reinmann und Mandl, 2006). Nach Steiner (1995) geht es um das Auslösen, Aufrechterhalten und Abschließen von Lernprozessen sowie um das Evaluieren der entsprechenden Lernleistungen durch den Lehrenden.

Insgesamt kann mit Weinert (1995) zwischen direkter und adaptiver Instruktion unterschieden werden. Die direkte Instruktion bezeichne eine externale Steuerung des Lerngeschehens (z.B. durch den Lehrer, aber auch durch Computerprogramme). Hier lege der Lehrende (Instrukteur) angemessene Lernziele fest, gestalte überschaubare, strukturierte Lerneinheiten, führe fragend-entwickelnde Dialoge, stelle Probleme unterschiedlichen Schwierigkeitsgrades, sorge für Übung, kontrolliere die Lernfortschritte der Lernenden und gebe Hilfestellungen. Das impliziere aber nicht, dass den Lernenden hier eine ausschließlich passive, rezeptive Rolle zukäme. Es handle sich vielmehr um eine anspruchsvolle Instruktionsform, bei der sowohl der Lehrende, als auch der Lernende aktiv und konstruktiv arbeiten solle. Dabei werde die Expertise des einen (z.b. Lehrer) genutzt, um maximale Lernfortschritte des anderen (z.b. Lernenden) zu erreichen (Weinert, 1995).

Mit Formen der adaptiven Instruktion werde versucht, auf die Schwierigkeit des Lehrens und Lernens in heterogenen Leistungsgruppen einzugehen. Dabei ist „die didaktische Hilfe so auf die kognitiven, motivationalen und affektiven Unterschiede zwischen den Lernenden abzustimmen, daß alle möglichst optimal davon profitieren und jeder einzelne bestmöglich gefördert wird" (Weinert 1995, S. 31).

Unter Konstruktion wird dagegen, wie in Kapitel 2.2 ausführlicher beschrieben, der Aneignungsprozess des Lerners betont. Dieser Aneignungsprozess geschieht, indem den Sinneseindrücken durch Konstruktionsprozesse des Gehirns Bedeutung zugeschrieben wird und Lerner ihr Vorwissen auf diese Weise ausbauen (Renkl, 2010; Helmke, 2012).

2.4.1 Instruktion versus Konstruktion?

Häufig werden die Lehr-Lernansätze Instruktion und Konstruktion als Gegensätze einander gegenübergestellt. Eine derartige unvereinbare Gegenüberstellung dieser Ansätze sei jedoch wenig weiterführend (Reinmann und Mandl, 2006; Helmke, 2012). Dass der Eindruck erweckt werde, dass diese beiden Ansätze miteinander unvereinbar seien, sei unter anderem darauf zurückzuführen, dass die ersten instruktionalen Lehr-Lernansätze (sogenannte technologische Auffassungen) behavioristisch, kognitivistisch ausgelegt waren und von geschlossenen, gegenstandszentrierten Lernformen ausgingen.

Konstruktivistische Ansätze fokussierten hingegen auf offene Lernumgebungen, was zunächst widersprüchlich erscheine (Reinmann und Mandl, 2006). Im Folgenden soll daher dargestellt werden, in welchem Verhältnis Instruktion und Konstruktion zu einander stehen und weshalb eine unvereinbare Gegenüberstellung dieser beiden Ansätze wenig weiterführend erscheint.

Wie bereits genannt, gingen sogenannte technologische Instruktionsansätzen von geschlossenen, gegenstandszentrierten Lernformen aus. Dem Lehrenden komme hier eine aktive Rolle zu. Er vermittle und präsentiere die

Wissensinhalte und leite die Lernenden an, ihre Lernfortschritte zu überwachen. Daher bezeichnet Leinhardt (1993) die Rolle des Lehrers auch als „didactic leader". Ziel sei es demnach, den Lernenden einen bestimmten Lerninhalt, bzw. Lerngegenstand objektiv zu vermitteln. Den Lernenden komme dagegen eine eher passive, rezeptive Rolle zu. Es werde davon ausgegangen, dass der Lernende im Anschluss über ein ähnliches Wissen verfüge wie der Lehrende (Reinmann und Mandl, 2006; Lowyick, 1991).

Entsprechend seien technologische, instruktionale Lehr-Lernansätze vor allem darauf fokussiert,

„wie Unterricht geplant, organisiert und gesteuert werden muss, damit Lernende die präsentierten Wissensinhalte in ihrer Systematik verstehen und sich die Inhalte entsprechend dieser Struktur zu eigen machen" (Reinmann und Mandl, 2006, S. 619).

Dadurch werde ermöglicht, die Lernerfolge als Ergebnis des Lehrangebots entlang der Lehr-Lernziele zu evaluieren. Zu solchen technologischen Lehr-Lernansätzen werde beispielsweise das Instructional Design (ID) gezählt, das durch eine strikte und systematische Planung und Durchführung der Lehr-Lerninhalte gekennzeichnet sei. Im Instructional Design (ID) werde dem Lehrenden entsprechend genau vorgegeben, unter welchen Bedingungen welche Instruktionen und Lehrmethoden in welcher Weise einzusetzen seien (Reigeluth und Stein, 1983; Lowyick, 1991; Lowyick und Elen, 1991; Reinmann und Mandl, 2006).

Die zweite, neuere Generation des Instructional Design berücksichtige dagegen die mentalen Prozesse der Lernenden stärker, beziehe auch Erkenntnisse der Kognitionsforscher mit ein und nähme an Annahmen des gemäßigten Konstruktivismus Anschluss (Reinmann und Mandl, 2006; Klauer und Leutner, 2007).

Unter dieser Perspektive kann die im Elementarbereich bekannte, in Kapitel 3 beschriebene, „Förderung in der Zone der nächsten Entwicklung" nach Vygotsky (1978) und der in Anlehnung daran entwickelte Ansatz des Scaffolding nach Wood, Bruner und Ross (1976) als eine bestimmte Form der Instruktion betrachtet werden. Scaffolding beinhaltet, dass das Kind durch Anleitung auf bestimmte Weise beim Erwerb neuer Kompetenzen unterstützt wird. Die anleitende Rolle des Tutors wird dabei aber so sparsam wie möglich eingesetzt – also möglichst dann, wenn das Kind durch eigene Konstruktionsleistungen nicht weiterkommt. Dennoch gelten als Kritikpunkte an instruktionalen Ansätzen,

- dass empirische Befunde zu der Effektivität dieser instruktionalen Ansätze fehlten (Winn, 1993, zitiert nach Reinmann und Mandl 2006, S. 625),
- diese als reduktionistisch angesehen würden (Winn, 1993, zitiert nach Reinmann und Mandl 2006, S. 625),
- dass dem Lehrenden genaue Instruktionsvorgaben gemacht würden, die eine genaue Vorhersage der Wirkung einzelner Methoden erlaube, was so nicht zutreffe (Duffy und Jonassen, 1991, zitiert nach Reinmann und Mandl 2006, S. 625),
- dass eine ungleiche Rollenverteilung existiere, die zu einer Verminderung der Eigenaktivität und der Selbstverantwortung führe. Dies ziehe weitere Folgen nach sich, wie z.b. einen Motivationsabfall (Reinmann und Mandl 2006, S. 625),
- dass Instruktionsformen häufig träges Wissen nach sich zögen, weil das Gelernte in keinem Zusammenhang mit dem komplexen Alltagsgeschehen stehe. Dadurch gelänge eine Anwendung des erworbenen Wissens in Alltagssituationen oftmals nicht (Resnick, 1987; Renkl, 1996, zitiert nach Reinmann und Mandl 2006, S. 625).

Demgegenüber gingen konstruktivistische Lehr-Lernansätze von situierten, offenen Lernumgebungen aus. Es werde davon ausgegangen, dass der Lernende sich das Wissen durch Konstruktion in bedeutungsvollen, alltagsnahen Kontexten selbst aneignen müsse. Daher werde dem Lernenden hier eine aktivere Rolle zugesprochen.

Bezüglich der Steuerung und Kontrolle des Lernprozesses würden hier größere Anforderungen an die Lernenden gestellt. Die Rolle des Lehrenden sei es, sich damit zu befassen, wie Wissen konstruiert werde und in welchem Verhältnis Wissen und Handeln zueinander stünden, sowie die Lernenden, wenn nötig, zu unterstützen.

In extremen konstruktivistischen Ansätzen habe man sich, in Überschätzung der Autonomie der Lernenden, sogar gänzlich gegen eine aktive Rolle des Lehrenden ausgesprochen, vor allem was Anleitung, Hilfestellung und strukturierte Inputs angehe (Reusser, 2006). Ziel der offenen Lernumgebungen sei es, dass die Lernenden ihre Kenntnisse und Fertigkeiten flexibel anwenden können, kognitive Strategien entwickeln (z.B. Problemlösefähigkeit) und fähig sind, selbstorganisiert zu lernen (Leinhardt, 1993; Mandl und Kopp, 2005; Reinmann und Mandl, 2006).

Im Gegensatz zu geschlossenen, gegenstandszentrierten (technologischen) Ansätzen liege das Ziel einer Evaluation in konstruktivistischen Ansätzen nicht im Ergebnis des Lernerfolgs, sondern ziele vielmehr auf den Lernprozess ab (z.B. unmittelbares Feedback). Darüber hinaus würden „weder vergleichende Lernerfolgskontrollen noch Voraussagen von Lernergebnissen noch die Bildung von Rangreihen unter den Lernenden für wichtig gehalten" (Reinmann und Mandl 2006, S. 628; Helmke, 2012).

Als Vorläufer konstruktivistischer Lehr-Lerntheorien gilt der Pragmatismus John Deweys (vgl. Kapitel 2.). Wie bereits beschrieben, sieht es John Dewey für wichtig an, dass Lernen in bedeutungsvollen Kontexten geschehe, also ein Bezug zum Alltag gegeben sei. Lernen ist seiner Auffassung nach nur dann zu verstehen, wenn die historischen, kulturellen und institutionellen Kontexte Berücksichtigung finden. Daraus entwickelten sich verschiedene konstruktivistische Lehr-Lernansätze (Reinmann und Mandl, 2006).

Auch wenn hier dem Lernenden eine aktivere Rolle zugesprochen werde, würden einige Kritikpunkte an konstruktivistischen Ansätzen geäußert (Reinmann und Mandl 2006, S. 635f.; vgl. auch Möller, 2012):

- es fehle an einer empirischen Bestätigung der angenommenen Effekte,
- im Gegensatz zu Anwendungstests des Gelernten führten situierte Lernumgebungen bisweilen zu schlechten Ergebnissen in unmittelbar folgenden Wissenstests,
- fehlende Anleitung könne zu Desorientierung und Überforderung führen,
- konstruktivistische Ansätze seien sehr zeitaufwendige Vorgehen: schlechtes Kosten-Nutzen-Verhältnis.

Reinmann und Mandl (2006) zeigen damit auf, dass sowohl Instruktion als auch Konstruktion je Vor- und Nachteile aufweisen, als auch, dass die Effekte beider Ansätze empirisch nicht immer belegbar sind.

Insgesamt kommen Reinmann und Mandl (2006) zu dem Schluss, dass es wenig sinnvoll ist, instruktionale und konstruktivistische Ansätze einander unvereinbar gegenüberzustellen. Als Gründe dafür werden darüber hinaus genannt:

- dass fälschlicherweise mit einer instruktiven Lernumgebung ein aktiver Lehrender und ein passiver Lernender, mit einer konstruktivistischen Lernumgebung dagegen ein weniger aktiver Lehrender und ein aktiver Lernender verbunden werden. Dies, so Möller (2012, S. 38), suggeriere,

- „dass aktive Konstruktionsprozesse der Lernenden nur in einer ‚konstruktiven' Lernumgebung vorkommen, während eine aktive Lehrerrolle zwangsläufig mit Passivität der Lernenden verbunden ist",
- dass die Verwendung des Begriffs Instruktion als Kennzeichnung für „belehrenden" Unterricht zu einer Fehldeutung des eigentlichen Verständnisses von Instruktion führe, der eigentlich Prozesse des Lehrens und Lernens zum Ausdruck bringe (Möller, 2012),
- dass Lehren und Lernen zugleich stattfänden, so dass es günstiger sei, instruktive (lehrende) und konstruktive (lernende) Momente miteinander verwebt zu betrachten (Reinmann und Mandl, 2006). Demnach sei es weder sinnvoll, ausschließlich fertige Wissenssysteme nach festen Regeln (Instruktion) vermitteln zu wollen, noch könne ausschließlich auf die Konstruktionsleistung seitens der Lernenden vertraut werden.

Diesem Postulat, Instruktion und Konstruktion als integrierte Ansätze zu betrachten, käme ein gemäßigt konstruktivistischer Ansatz entgegen. Dieser könne in Zusammenhang mit Lehren und Lernen auch als wissensbasierter Konstruktivismus bezeichnet werden.

„Im wissensbasierten Konstruktivismus wird Lernen als eine persönliche Konstruktion von Bedeutungen interpretiert, die nur dann gelingt, wenn eine ausreichende Wissensbasis zur Verfügung steht. Zum Erwerb dieser Wissensbasis kann auf instruktionale Anleitung und Unterstützung nicht verzichtet werden" (Resnick, Williams und Hall, 1998).

Möller spricht auch von „Konstruktion DURCH Instruktion", womit betont werden solle,

„dass auf Seite der Lernenden Konstruktionsprozesse stattfinden müssen, auf der Seite der Lehrenden es dagegen um eine passende, Konstruktionsprozesse fördernde Instruktion geht" (Möller 2012, S. 43).

Dieser Abschnitt zeigt auf, dass eine Gegenüberstellung von Instruktion und Konstruktion vor allem deshalb wenig sinnvoll erscheint, weil Instruktion Annahmen über das Lehren beinhaltet, während Konstruktion Annahmen über das Lernen zum Ausdruck bringt. Diese sind aber in Lehr-Lern-Kontexten eng miteinander verwoben, so dass eine Integration instruktionaler und konstruktiver Moment sinnvoller erscheint, als eine unvereinbare Gegenüberstellung beider Annahmen (Reinmann und Mandl, 2006).

Im Elementarbereich kann als ein Versuch, instruktionale und konstruktivistische Momente zu integrieren, der Ansatz des „Sustained Shared Thinking" nach Siraj-Blatchford et al. (2002b) gesehen werden. Siraj-Blatchford et al. (2002b) heben dabei die Bedeutsamkeit instruktionaler (Scaffolding) und konstruktiver (Ko-Konstruktion) Momente hervor, um die Kinder in ihrer (Zone der nächsten) Entwicklung optimal zu fördern (vgl. Kapitel 3.).

2.5 Zwischenfazit

Unter dem Begriff Konstruktivismus werden verschiedene Strömungen verortet, die sich bezüglich der Tatsache, dass das Individuum sein Weltbild über seine Wahrnehmung selbst konstruieren muss, einig sind. Häufig wird in der elementardidaktischen Diskussion eine unvereinbare Gegenüberstellung des Lernverständnisses des Konstruktivismus mit dem Bildungsverständnis als Selbstbildung und dem Lehrverständnis der Instruktion vorgenommen, was in beiden Fällen als wenig weiterführend beurteilt werden kann. Dem Konstruktivismus als Lernverständnis und dem Bildungsverständnis als Selbstbildung liegt eine Schnittmenge zugrunde, die Aneignungsprozesse des Individuums als einen sozialen Prozess zu betrachten und der durch das Individuum selbst geschehen müsse. Auf die Konstruktionsleistungen kann von außen kein direkter Einfluss genommen werden, was so viel meint wie, dass man nicht sicher wissen kann, welches Verständnis das Kind von der Sache oder dem Gegenstand entwickelt. Eine Gegenüberstellung von Konstruktion und Instruktion macht ebenfalls wenig Sinn, weil es sich beim Konstruktivismus um ein Verständnis des Lernens und bei der Instruktion um ein Verständnis des Lehrens handelt, die miteinander verwoben gedacht werden müssen.

So kann die Fachkraft zwar nicht sicher sagen, welches Weltbild das Kind schlussendlich konstruiert, kann die Selbstbildung, bzw. sein Lernen als Konstruktionsleistung aber unterstützen. Dies kann zum einen in Form von ko-konstruktivistischen Interaktionen geschehen, aber auch durch Instruktion.

Daher sollten instruktionale und konstruktivistische Momente im Sinne eines gemäßigten Konstruktivismus in Form eines integrierten Ansatzes betrachtet werden.

3. Kognitiv anregende Fachkraft-Kind-Interaktionen

Im folgenden Kapitel wird es konkreter um die Gestaltung kognitiv anregender Fachkraft-Kind-Interaktionen gehen. Dazu werden im ersten Teilkapitel drei konstruktivistische Lehr-Lernansätze kognitiv förderlicher Fachkraft-Kind-Interaktionen vorgestellt, die aktuell an Bedeutung gewinnen. Dies sind der Ansatz der „Förderung in der nächsten Zone der Entwicklung" nach Wygotsky (Vygotsky 1978), der Ansatz des „Scaffolding" nach Wood, Bruner und Ross (1976) sowie der Ansatz des „Sustained Shared Thinking" nach Siraj-Blatchford et al. (2002b).

Vor allem in der Unterrichtsforschung wird mit Rückgriff auf jene soziokulturellen, ko-konstruktivistischen Lernverständnisse auf die Bedeutung einer kognitiven Aktivierung sowie der Gestaltung einer kognitiv anregenden Lernumgebung hingewiesen. Daher soll anschließend an die allgemeinen Ansätze kognitiv förderlicher Fachkraft-Kind-Interaktionen erläutert werden, was in der Unterrichtsforschung unter einer kognitiven Aktivierung verstanden und wie eine kognitiv aktivierende Lernumgebung gestaltet werden kann. Es soll weiterhin aufgezeigt werden, inwieweit dies auch für den Elementarbereich von Bedeutung ist und aufgegriffen wird. Da in dieser Arbeit Videographien aus mathematischen und naturwissenschaftlichen Angebotssituationen einbezogen wurden, soll in diesem Kapitel abschließend spezieller behandelt werden, wie mathematische und naturwissenschaftliche Angebote didaktisch aufbereitet werden sollten, um die Kinder in diesem Bereich kognitiv anzuregen.

3.1 Konstruktivistische Lehr-Lernansätze

3.1.1 Förderung in der Zone der nächsten Entwicklung nach Wygotsky

Fernyhough (2012, S. 35ff.) beschreibt insgesamt sechs bedeutsame Ideen Wygotskys: 1) Internalization, 2) The zone of proximal development, 3) Naïve participation, 4) Mediation, 5) Dialogic und 6) Enculturation.

Für die Frage nach bildungsförderlichen Interventionen durch die Fachkräfte ist vor allem die zweite Idee Wygotskys, die „Zone der proximalen Entwicklung" auch als „Zone der nächsten Entwicklung" bezeichnet, bedeutsam. Bodrova und Leontev (1996, S. 35) erklären Wygotskys Idee der Zone der proximalen Entwicklung wie folgt:

> „By describing the zone as proximal (next to, close to), he meant that the zone is limited by those behaviors that will develop in the near future. Proximal refers not to all possible behaviors that will eventually emerge, but to those closest to emergence at any given time."

Wygotskys Ansatz der Förderung in der Zone der nächsten Entwicklung (ZNE) stellt eine Beziehung zwischen Lernen und Entwicklung her und basiert auf einer soziokulturellen konstruktivistischen Annahme. Er umschreibt mit dieser Idee das, was das Kind von sich aus (seinem aktuellen Entwicklungsstand entsprechend) alleine leisten kann und vor allem, wozu es in der Lage ist, wenn es von einem Experten unterstützt wird (Vygotsky, 2003; Fernyhough, 2012, S. 35). Die „Zone der proximalen Entwicklung" beinhaltet nach Chaiklin (2003) daher zweierlei: a) die Fähigkeiten, die sich ontogenetisch innerhalb einer bestimmten Altersperiode entwickeln (objektiv), b) den aktuellen Stand der Entwicklung des Kindes in Relation zu den Fähigkeiten, die idealer Weise realisiert werden sollten (subjektiv).

Bei der Förderung in der Zone der nächsten Entwicklung spielt die soziale Interaktion zwischen dem Kind und einer kompetenteren Person (z.B. Fachkraft oder kompetentere Peers) eine große Rolle, da das Kind von diesen die Unterstützung erhalten kann, um Fähigkeiten zu entwickeln, die über seinen aktuellen Kompetenzen liegen.

Somit ist es nach Wygotsky Aufgabe des Tutors (z.B. der Fachkräfte) zu erkennen, wozu das Kind mit seiner Unterstützung in der Lage ist, und es in diesen Fähigkeiten zu fördern und nicht nur in den bereits vorhandenen und sichtbaren Fähigkeiten. Daher wird auch von der Förderung durch die Fachkraft in der Zone der nächsten Entwicklung der Kinder gesprochen (Chaiklin, 2003; Vygotsky, 2003).

Eine entsprechende Förderung, bzw. Unterstützung des Kindes durch einen Experten kann dabei nach Wygotsky ([1934] 1998, S. 202) wie folgt aussehen:

> „We show the child how such a problem must be solved and watch to see if he can do the problem by imitating the demonstration. Or we begin to solve the problem and ask the child to finish it. Or we propose that the child solve the problem that is beyond his mental age by cooper-

ating with another, more developed child or, finally, we explain to the child the principle of solving the problem, ask leading questions, analyze the problem for him, etc."

Wygotsky unterscheidet im Zusammenhang mit der Förderung in der Zone der nächsten Entwicklung zwei Formen der Imitation des gezeigten Lösungswegs durch das Kind: a) „Independent Performance" (selbstständige Imitation) und b) Assisted Perfomance" (unterstütze Imitation). Das niedrigere Level stellt dabei die „independent performance" dar, da es jene Fähigkeiten beinhaltet, die das Kind bereits alleine, bzw. selbständig anwenden kann. Dagegen wird die „assisted performance" als ein höherer Level der Imitation bezeichnet, weil das Kind hier die maximalsten Fähigkeiten zeigen kann, zu denen es mit Unterstützung in der Lage ist. Zwischen der niedrigsten und der höchsten Form der Imitation liegen Zwischenstufen der Imitation auf unterschiedlichem Level, die als „partially assited" bezeichnet werden (Bodrova und Leong, 1996).

Chaiklin (2003, S. 10f.) benennt mit Bezug auf Vygotsky ([1934] 1998), wie dieses Verständnis von Imitation dabei helfen kann, die Zone der proximalen Entwicklung zu erkennen:

„We can now consider how the concept of imitation provides a theoretical justification for how to assess a child's (subjective) zone of proximal development. ‚The area of immature, but maturing processes makes up the child's zone of proximal development' (Wygotsky, [1934] 1998 S. 202). For a given child, these maturing functions are more or less developed, but unable to support independent performance. Independent performance cannot provide evidence of what maturing functions are present. If the child already had developed adequate mental functions, then independent performance would be possible. In an interaction situation (collaboration), the child can only imitate that for which the maturing functions are present. If the child had no capability to imitate, then this would be taken as an indication that relevant maturing mental functions were not present. In other words, the child is only able to take advantage of that assistance for which the child can understand the significance. So, one determines ‚what the child is capable of in intellectual imitation if we understand this term as defined above'" (Wygotsky [1934] 1998, S. 202).

Nach Wygotsky ([1934] 1998) ist es einem Kind also nur dann möglich, eine selbständige Leistung ohne Unterstützung zu zeigen, wenn das Kind in der Lage ist, die Bedeutung oder den Sinn der Handlung kognitiv zu erfassen. Ist das Kind, trotz Demonstrierens des Lösungswegs nicht in der Lage, diesen im Anschluss selbständig nachzuahmen, liegt die geforderte Fähigkeit über der Zone der proximalen Entwicklung (man könnte beispielsweise einem Kleinkind zeigen, wie man bis zehn zählt, ohne dass es in der Lage sein wird, dies korrekt nachzuahmen, weil ihm z.B. die sprachlichen Fähigkeiten dazu noch fehlen).

Das Kind wird in so einem Fall daran scheitern, die Fähigkeiten selbständig umzusetzen oder diese unkorrekt umsetzen (Bodrova und Leong 1996). Bodrova und Leong (1996) weisen darüber hinaus darauf hin, dass sich die Zone der proximalen Entwicklung von Kind zu Kind unterscheide. Einige machten mit wenig Unterstützung größere und andere mit viel Unterstützung nur kleinere Entwicklungsfortschritte. Auch unterscheide sich die Spanne der Zone der proximalen Entwicklung zwischen den Entwicklungsbereichen. So kann die Spanne dieser Zone im sprachlichen Bereich z.B. größer sein, als im mathematischen oder motorischen. Das Maß und die Art der benötigten Unterstützung könnten dabei mit den bereits gemachten Entwicklungsschritten variieren. Die Zone der nächsten Entwicklung sei also nicht unbegrenzt, dem Kind könne nicht zu jeder Zeit alles gelehrt werden. Wie oben bereits genannt, ist die Leistung, die es mit Unterstützung zu erreichen vermag, der jeweils höchste Level seiner persönlichen Leistung.

Neben der Unterstützung durch kompetentere Personen in sozialen Interaktionen sieht Wygotsky auch in der Gestaltung einer stimulierenden Umgebung ein Potential für das Lernen in der Zone der nächsten Entwicklung.

Denn auch durch die Beschäftigung mit den in ihr bereitgestellten Materialien (Bücher, Konstruktionsmaterialien u.ä.) könne das Können der Kinder schrittweise erweitert werden (König 2013, S. 60). Daneben sieht Wygotsky auch eine große Bereicherung der Fähigkeiten der Kinder durch das Spiel an sich. Im Spiel würden die höheren psychischen Funktionen wie Denken, Abstrahieren, Erinnern und Kreativität gebildet. Vor allem im Rollenspiel entwickle das Kind eine Vorstellungswelt, die durch Bedeutungen geprägt sei. Das abstrakte Denken sowie die Kreativität würden daher im Rollenspiel gleichermaßen gefördert (Vygotsky, 1978). Weiterhin übten die Kinder im Rollenspiel oft Fähigkeiten ein, die sie im Alltag noch nicht in gleicher Weise ausübten. Sie nähmen beispielsweise eine Rolle ein, die sie im Alltag mit Blick auf ihr Alter sowie ihre gesellschaftliche Position noch nicht innehätten (z.B. Arzt, Mutter oder Vater).

Diese gingen häufig mit Fähigkeiten einher, die die Kinder erst noch erwerben müssten (z.B. wickeln, kochen, verarzten, pflegen). Auf diese Weise würden Fähigkeiten erworben, die ihrem Alter voraus und später von Bedeutung sein können. Dabei müssten sich die Kinder bewusstmachen, welche Erwartungen, Normen und Funktionen die jeweilige Rolle prägen, und so würden soziale Rollen, Normen und Leitbilder internalisiert (Vygotsky, 1978). Hier werde die Bedeutung des soziokulturellen Kontexts für den Kompetenz- und Wissenserwerb besonders deutlich, denn diesem entnehmen sie die entsprechenden Spielinhalte und Verhaltenskodexe (Textor, 2000).

Werde das (Rollen-)Spiel durch kompetentere Peers mitgestaltet, besitze dieses ein besonders großes Potential der Förderung in der Zone der nächsten Entwicklung. Die kompetenteren Peers könnten durch ihre Erfahrungen das Spiel bereichern (Vygotsky, 1978; König 2013).

Um die Kinder jedoch optimal, also in der Zone ihrer nächsten Entwicklung fördern zu können, muss diese identifiziert werden können. Indem die Fachkräfte, so Bodrova und Leong (1996), die Kinder während des Demonstrierens beobachteten, könnten sie erkennen, ob die gegebene Unterstützung in der Zone der nächsten Entwicklung liege. Scheitere das Kind, wie oben bereits angemerkt, bei der Anwendung der demonstrierten Fähigkeit oder wende es diese unkorrekt an, liege diese außerhalb der Zone der proximalen Entwicklung. Auf diesem Wege erhielten die Fachkräfte einen Anhaltspunkt, welche Hinweise, Impulse, Aktivitäten, kooperative Aktivitäten mit Peers usw. den gewünschten Effekt auf die Förderung in der Zone der nächsten Entwicklung hätten.

Fachkräfte sollten sich, so Bodrova und Leong (1996), nicht davor fürchten, zuversuchen, ein höheres Level der nächsten Zone der Entwicklung zu erreichen. Dazu müssten sie den Kindern jedoch zuhören und ihre Aufmerksamkeit auf die Reaktionen der Kinder richten, um zu erkennen, inwieweit es ihnen gelänge.

Es wird deutlich, dass eine Förderung der Kinder in der Zone der nächsten Entwicklung eine hoch anspruchsvolle Aufgabe an die Fachkräfte darstellt. Diese beginnt bei der Identifikation der nächsten Zone der Entwicklung.

Die Fachkräfte benötigen dazu gute Kenntnisse über die allgemeine und bereichsspezifische Entwicklung von Kindern und eine gute Beobachtungsfähigkeit. Mit Blick auf die Gestaltung der Interaktion mit Kindern benötigen die

Fachkräfte Empathie und Sensitivität. Sie müssen ein pädagogisches Gespür dafür haben, inwieweit ihre Unterstützung benötigt wird und inwieweit sie sich zurückziehen und das Kind selber tun lassen. Dabei ist bedeutsam, dass die Kinder zwar herausgefordert, aber nicht überfordert werden, da sich dies negativ auf die Motivation auswirken könnte.

Kritik und offene Fragen hinsichtlich Wygotskys Theorie der Förderung in der Zone der nächsten Entwicklung.

Wygotskys Theorie ist nicht unumstritten. Sigel (2000) fragt beispielsweise nach Einzelheiten in Wygotskys Lerntheorie. Er stellt fest, dass Piaget den Lernprozess mittels seines Ansatzes der Assimilation und Akkommodation beschreibt; eine ähnliche Beschreibung des Lernprozesses vermisse er bei Wygotsky. So würde beispielsweise nicht beschrieben, wie der Internalisierungsprozess konkret erfolge. Ihm fehle des Weiteren eine genauere Erläuterung, wie die Fachkräfte die Konstruktionen der Kinder anerkennen sollen. Seiner Erfahrung nach läge die Schwierigkeit gerade in der Frage, wie fruchtbare und authentische Dialoge zwischen Fachkraft und Kindern gelingen können. Hierauf biete, so Sigel, Wygotsky jedoch keine Antwort. Seiner Ansicht nach verrate Wygotsky ebensowenig etwas darüber, wie Gelegenheiten geschaffen werden können, um das Potential der Kinder bestmöglich auszuschöpfen und zum originellen, unkonventionellen Denken zu gelangen (Sigel, 2000).

Mit Blick auf kognitiv anregende Interaktionen scheint vor allem die Frage danach, wie die Interaktion zwischen Fachkraft und Kindern fruchtbar gestaltet und das Potential der Kinder im Sinne Wygotskys gefördert werden kann, zentral.

Diesen Aspekt greifen Wood, Bruner und Ross (1976) mit ihrem Ansatz des Scaffolding auf, das einen Versuch darstellt, Wygotskys Idee der „Förderung in der Zone der nächsten Entwicklung" als ein für Fachkräfte umsetzbares Programm zu formulieren.

3.1.2   Scaffolding nach Wood, Bruner und Ross

Der Scaffolding-Ansatz nach Wood, Bruner und Ross (1976) stellt eine Weiterentwicklung der soziokulturellen Theorie Wygotskys dar und weist daher eine große Nähe zu dem Verständnis der Förderung in der Zone der nächsten Entwicklung nach Wygotsky auf. Bruner (1985) schreibt dazu, dass er Wygotsky auf einem Kongress in Montreal im Jahr 1956 kennengelernt habe. Er sei mit Wygotsky ins Gespräch gekommen und habe durch ihn zum ersten Mal von seiner Idee der „Zone der nächsten Entwicklung" gehört.

Daraufhin habe er sich mit den Theorien Wygotskys auseinandergesetzt und viel über diese nachgedacht:

> „I have puzzled about this matter for many years, and I think I understand what Vygotsky might have meant. Or at least, I understand the matter somewhat as follows, and it is this point that I will want to develop. If the child is enabled to advance by being under the tutelage of an adult or a more competent peer, then the tutor or the aiding peer serves the learner as a vicarious form of consciousness until such a time as the learner is able to master his own action through his own consciousness and control. When the child achieves that conscious control over a new function or conceptual system it is then that he is able to use it as a tool. Up to that point, the tutor in effect performs the critical function of ‚scaffolding' the learning task to make it possible for the child, in Vygotsky's word, to internalize external knowledge and convert it into a tool for conscious control" (Bruner 1985, S. 24f.).

Jedoch habe Wygotsky nicht lange genug gelebt, um seine Ideen in Form eines Programms zu formulieren. Der von Wood, Bruner und Ross (1976) vorgestellte Ansatz des Scaffolding soll daher ein Verfahren der Förderung in der Zone der nächsten Entwicklung in Wygotskys Verständnis darstellen (Bruner 1985).

Auch hier geht es darum, dass eine kompetentere Person, die als Experte fungieren kann, ein Kind in der sozialen Interaktion fördert. Wood et al. (1976) weisen darauf hin, dass Scaffolding Prozesse aufgrund des Expertentums einer Person dadurch gekennzeichnet sind, dass einer der Beteiligten (der Experte) die Antwort(en) kennt und die Anderen nicht (Wood et al., 1976).

Wood et al. (1976) beschreiben dabei, ebenso wie Vygotsky (1998), den Kompetenzerwerb von Menschen als ein hierarchisches Programm, in dem „component skills" zu „higher skills" kombiniert werden und auf diese Weise neue, komplexere Aufgabenanforderungen erfüllt werden können. Nach Wood et al. (1976) ist dafür bedeutsam, dass

> „the child, faced with new challenges, must match means to ends, and it is this matching (and the correction of mismatching) that is at the heart of problem solving" (Wood et al., 1976, S. 90).

Die Problemlösung oder der Erwerb von Fähigkeiten werde in sozialen Kontexten oft in Form von Vormachen und Nachmachen diskutiert. Wood et al. (1976) weisen darauf hin, dass die Rolle des Experten, bzw. Tutors mehr beinhalte als das. Hier werde der Ansatz des Scaffolding bedeutsam, mittels dessen ein Kind befähigt werden könne, ein Problem zu lösen, eine Aufgabe, ein Ziel oder eine Herausforderung zu erreichen, was ihm ohne Unterstützung noch nicht gelänge (Wood et al., 1976). Nach Wood et al. (1976) könne daher eine Unterstützung (Scaffolding) im Sinne einer Förderung in der Zone der nächsten Entwicklung nach Wygotskys erfolgen. Ebenso wie Vygotsky (1998) weisen auch Wood et al. (1976) daraf hin, dass ein Kind in der Lage sein müsse, die Lösung eines Problems nachzuvollziehen, ehe es in der Lage ist, die einzelnen Lösungsschritte selbständig und ohne Unterstützung, durchführen zu können.

Nach ihren Studienergebnissen zeichnen sich Scaffolding-Prozesse dadurch aus, dass der Tutor (bzw. Experte) das Kind zunächst zu einem Tun verlocken, bzw. motivieren müsse (fading in). Der Tutor mache dann zunächst die Aufgabe vor, um zu zeigen, dass etwas Bestimmtes möglich sei und dass die Aufgabe interessant sei. Beginne das Kind selbst zu probieren, die Aufgabe zu lösen, gebe der Tutor Hinweise (scaffolded) und sobald das Kind in der Lage sei, selbstständig weiter zu machen, würden keine weiteren Hilfestellungen mehr durch den Tutor benötigt. Der Tutor ziehe sich zurück (fading out). Der Tutor diene dann vielmehr der Rückversicherung durch das Kind (Wood et al., 1976; Bruner, 1985).

Darüber hinaus solle ein effektiver Tutor nach Wood et al. (1976) über zwei theoretische Modelle verfügen, nach denen er sich richten solle. Zum einen eine Theorie über die Aufgabe des Problems und wie diese erfüllt werden könne. Zum anderen eine Theorie über die charakteristische Performanz der Lernenden. Ohne diese beiden Theorien, so Wood et al.:

> „(…) he can neither generate feedback nor devise situations in which his feedback will be more appropriate for this tutee in this task at this point in task mastery. The actual pattern of effective instruction, then, will be both task and tutee dependent, the requirements of the tutorial being generated by the interaction of the tutor's two theories." (Wood et al., 1976, S. 97)

Aus der Beobachtung der Interaktion zwischen Tutor und Lernenden in Scaffolding-Prozessen haben Wood et al. (1976) verschiedene Funktionen des Tutors in Scaffolding-Prozessen herausgearbeitet.

Rekrutierung (Recruitment): Dem Tutor müsse es gelingen, das Interesse der Kinder für die Aufgabe zu wecken. Weiterhin müsse der Tutor erreichen, die Kinder vom imaginativen Spiel mit dem Material (im Fall dieser Studie von Wood et al. (1976) Bausteine, die zu einer Pyramide zusammengefügt werden sollten) zu „entwöhnen".

Reduktion der Freiheitsgrade (Reducation of degrees of freedom): Die Aufgabe müsse einfacher gemacht werden, indem die Zahl der möglichen Akte zur Erreichung des Ziels reduziert würden. Zu viele Alternativen der Zielerreichung machten es dem Lernenden schwerer das Ziel zu erreichen. Bernstein (1967) weist daher auf die Bedeutung der Reduktion von Alternativen der Zielerreichung hin. Dies sei auch essentiell, um das Feedback während des Erwerbs der Fähigkeiten zu regulieren und für eine Korrektur nutzbar zu machen. Der „scaffoldende" Tutor führe dabei jene Handlungen aus, die dem Kind nicht gelängen, lasse das Kind aber jene Handlungen, die es nachzuahmen in der Lage ist, selber durchführen und so seine Fähigkeiten perfektionieren.

Aufrechterhaltung der Konzentration (Direction maintanance): Lernende ließen sich in ihrer Konzentration von anderen Dingen ablenken. Daher sei es die Aufgabe des Tutors, die Konzentration der Kinder für die auszuführende Aufgabe aufrechtzuerhalten und auf diese zu lenken. Um die Motivation des Kindes aufrecht zu erhalten, müsse es dem Tutor gelingen, das Kind „im Feld" zu halten, den Reiz für die Aufgabe aufrecht zu erhalten und Sympathie auszustrahlen. Oftmals würde die Aktivität selbst zum Ziel der Kinder und vor allem ältere Kinder nutzten, bzw. benötigten den Tutor nur noch, um ihre Handlungsschritte auf ihre Korrektheit gegenchecken zu lassen. Daneben sei ein weiterer Aspekt bedeutsam. Eine Aktion erfolge auf einen vorherigen Erfolg. Die Kinder führten daher lieber solche Aktionen aus, bei denen sie Erfolg erlebten. Dies seien häufiger die leichteren Handlungsschritte. Daher sei es auch Aufgabe des Tutors, das Kind dazu herauszufordern, einen nächsten Schritt zu komplexeren Handlungsschritten zu riskieren und dieses Risiko für das Kind lohnenswert zu machen.

Kritische Hinweise geben (Making critical features): Der Tutor müsse jene Funktionen einer Aufgabe akzentuieren, die relevant sind. Er müsse auf Diskrepanzen zwischen dem Lösungsweg des Kindes und der von ihm als richtige Lösung angestrebten hinweisen. Seine Aufgabe sei es daher diese Diskrepanzen zu interpretieren.

Frustrationskontrolle (Frustration control): Die Maxime laute: eine Problemlösung solle mit Unterstützung durch den Tutor weniger gefährlich und stressig sein als ohne. Dabei bestehe die Gefahr, eine zu große Abhängigkeit vom Tutor zu erzeugen.

Demonstration (Demonstration): Die Lösung einer Aufgabe zu demonstrieren, bzw. Zu modellieren, während das Kind die Ausführung beobachtet, unterstütze das Kind mehr darin, den Handlungsschritt korrekt auszuführen, als wenn das Kind schlicht in Gegenwart des Tutors handle. Der Tutor müsse einen nichtgelingenden Handlungsschritt vormachen und diesen erklären, in der Hoffnung, dass das Kind diesen im Anschluss in korrekterer Weise imitieren könne. Dies befähige das Kind zu einer komplexeren Handlung. (Wood et al., 1976, S. 98, Hervorh. im Orig., Übers. des Verf.).

Wood, Bruner und Ross (1976) schließen damit an Wygotskys Idee der Förderung in der Zone der nächsten Entwicklung an, indem sie einen Ansatz ausgearbeitet haben, durch den Kinder von kompetenteren Personen in jenen Fähigkeiten gefördert werden können, die noch nicht voll entwickelt sind. Der Ansatz sieht dabei vor, den Kindern entsprechend nur dann Hilfestellung zu leisten, wenn die Kinder mit ihren bisher vorhandenen Fähigkeiten nicht in der Lage sind, das Problem oder die Aufgabe zu lösen. Je selbstständiger das Kind die benötigten Fähigkeiten beherrscht, desto mehr zieht sich der Tutor zurück und lässt das Kind eigenständig agieren.

Die Kinder sollen auf diese Weise an einen Ablauf bestimmter Handlungsweisen (wie z.B. aus Holzklötzen einen Turm zu bauen oder auch wie man ein naturwissenschaftliches Experiment durchführt - sowohl auf der praktischen Ebene als auch auf der theoretischen Ebene und mit welchen Fragen man zu einer Erkenntnis gelangt) heranzuführen. Damit bieten Wood, Bruner und Ross (1976) ein konkretes Instruktionsverfahren an, mit dem auch Kinder im Kindergarten durch die pädagogischen Fachkräfte in der Zone der nächsten Entwicklung im Sinne Wygotskys gefördert werden können.

3.1.3 Sustained Shared Thinking nach Siray-Blatchford et al.

Nachdem in den vorherigen Abschnitten die „Förderung in der Zone der nächsten Entwicklung" (Vygotsky, 1987; 2003) sowie das „Scaffolding" (Wood, Bruner und Ross, 1976) vorgestellt wurden, soll in diesem Abschnitt der Ansatz des „Sustained Shared Thinking" vorgestellt werden, der verschiedene soziokulturelle Ansätze zusammenzufassen versucht. Unter Sustained Shared Thinking verstehen Siraj-Blatchford et al.:

> „An episode in which two or more individuals „work together" in an intellectual way to solve a problem, clarify a concept, evaluate activities, extend a narrative etc. Both parties must contribute to the thinking and it must develop and extend" (Siraj-Blatchord et al., 2002b, S. 8).

Der Begriff des „Sustained Shared Thinking" (SST) wurde von Siraj-Blatchford et al. (2002b) im Rahmen der qualitativ angelegten REPEY-Studie als analytische Kategorie entwickelt. In Interviews verwiesen die befragten Leitungen und Fachkräfte wiederholt auf die Bedeutsamkeit eines „Sustained Shared Thinking" (gemeinsam geteilter Denkprozesse) und auch im Rahmen der teilnehmenden Beobachtungen durch die Forscher fielen Interaktionsmuster zwischen Fachkraft und Kindern auf, die dem beschriebenen Sustained Shared Thinking ähnlich waren. Die Kategorie des Sustained Shared Thinking wurde jedoch erst im Analyseprozess entwickelt. Die mit der Kategorie „Dialogue" identifizierten Fachkraft-Kind-Interaktionen wurden demnach erst nach der Identifikation in unterschiedliche Formen des Dialogs, darunter das „Sustained Shared Thinking", unterschieden (Siraj-Blatchford et al., 2002b). Das Verständnis eines Sustained Shared Thinking stelle dabei aber nichts vollkommen Neues dar.

Vielmehr hätten andere Forscher ähnliche Interaktionsmuster erkannt. So z.B. die „Förderung in der nächsten Zone der Entwicklung" (Vygotsky, 1978), das „Scaffolding" (Wood, Bruner und Ross, 1976), die „distributet cognition" (Salomon, 1993), die „guided participation" (Rogoff, Mistry, Göncü und Mosier, 1993), das „dialogic teaching" (Alexander, 2004), das „dialogic enquiry" (Wells, 1999), das „interthinking" (Mercer 2000, S. 141) und die „mutualist and dialogical pedagogy" (Bruner, 1996). Am nächsten verbunden sei der Ansatz des Sustained Shared Thinking jedoch mit dem Verständnis der „Förderung in der nächsten Zone der Entwicklung" nach Vygotsky (1978) (Siraj-Blatchford 2009, S. 1). Im deutschsprachigen Raum ist das Prinzip der „dialogisch entwickelnden Interaktion" zwischen Fachkraft und Kindern nach König (2006; 2009) zu nennen, das ähnliche Prinzipien aufzeigt, wie das Sustained Shared Thinking. Da Siraj-Blatchford darauf verweist, dass verschiedene andere Ansätze mit dem des Sustained Shared Thinking vergleichbar sind, formuliert Hopf, dass der Ansatz des Sustained Shared Thinking vermöge, jene Erwachsenen-Kind-Interaktionen zu erfassen, die den sozialen Austausch als Grundlage von Wissensstrukturen betrachten (Hopf 2011, S. 50).

Für die Identifikation der Fachkraft-Kind-Interaktionen griffen Siraj-Blatchford et al. (2002b) im Rahmen der REPEY-Studie auf ein von Sylva, Roy und Painter (1980) entwickelten „Ansatz pädagogischer Interaktionen" zurück, der später um Interaktionen im Sinne eines Sustained Shared Thinking ergänzt wurde. Dieses unterscheidet, wie in Kapitel 2.1 bereits ausführlicher beschrieben, zwischen sozialen und kognitiven pädagogischen Interaktionen. Beim Sustained Shared Thinking, das zu den kognitiven pädagogischen Interaktionen gezählt wird, werden dann komplexere und anspruchsvollere Handlungen erwartet, durch die die Kinder auf besonders intensive Weise kognitiv gefördert werden sollen. Dementsprechend fallen unter Sustained Shared Thinking Interventionen wie:

a) Scaffolding (engl. scaffold – Gerüst): Förderung in der Zone der nächsten Entwicklung nach Vygotsky (1978).

b) Extending (Erweiterung): Erweiterung der kindlichen Äußerungen, Gedanken, Aktivitäten, z.B. durch das Einbringen von weiterführenden Ideen oder Spielmaterial.

c) Discussing (Diskutieren): hierunter wird nicht verstanden, dass die pädagogischen Fachkräfte Fragen an die Kinder stellen, die diese lediglich beantworten sollen. Vielmehr ist hiermit gemeint, dass das Kind und die pädagogische Fachkraft gleichberechtigt Fragen stellen, Hypothesen aufstellen und nach Antworten und Lösungen suchen.

d) Modeling (Modellieren): Meint das Vormachen durch die pädagogischen Fachkräfte, mit Blick auf solche Aspekte, auf die die Kinder ihre Aufmerksamkeit und ihr Interesse richten. Das Vormachen kann auch von der pädagogischen Fachkraft sprachlich begleitet werden. Vormachen meint hier z.B. auch das laute Denken, indem die Fachkräfte ihre Denkprozesse laut verbalisieren und dem Kind auf diese Weise zugänglich machen. Auf diese Weise können sie vormachen, wie man denkt.

e) Play (Mitspielen): wobei hiermit nicht gemeint ist, dass sich die pädagogische Fachkraft einfach zu den Kindern dazu setzt, sondern dass die pädagogische Fachkraft das Mitspielen nutzt, um die Kinder kognitiv anzuregen. Auch das Initiieren von humorvollen Situationen fällt unter diesen Aspekt. (Siraj-Blatchford et al., 2002b, S. 144)

Hopf (2011) hebt in Anlehnung an Jordan (2009) hervor, dass Interaktionen im Sinne eines Sustained Shared Thinking aus zwei Gründen besonders bedeutsam seien. Zum einen, weil diese sowohl solche Fachkraft-Kind-Interaktionen erfassten, in denen die Fachkräfte einen Wissensvorsprung hätten, den sie gezielt einsetzten, um die Kinder in der Zone der nächsten Entwicklung zu fördern (Scaffolding). Die Fachkräfte seien damit als Experten zu betrachten, denen bekannt sei, worauf die Aktivität hinauslaufen solle, was das Ziel der Förderung sei. Das Ziel der Aktivität sei somit nicht zufällig, sondern beinhalte Aspekte, die die Fachkräfte für die Entwicklung in der Zone der nächsten Entwicklung des Kindes als bedeutsam erachteten. Dies könnten dann beispielsweise auch curriculare Inhalte sein. Zugleich schließe der Ansatz des „Sustained Shared Thinking" auch solche Fachkraft-Kind-Interaktionen ein, die gerade deshalb besonders fruchtbar seien, weil die Fachkräfte keinen Wissensvorsprung gegenüber den Kindern hätten. In Interaktionen, in denen kein Wissensvorsprung durch die Fachkräfte gegeben sei, bestünde die Chance, ein gemeinsames Wissen, Verständnis sowie Bedeutung bezüglich des interessierenden Themas, des interessierenden Aspekts durch Ko-Konstruktion von Fachkraft und Kind(ern) hervorzubringen. In diesen Interaktionen werde das Kind als kompetent betrachtet und bringe sein Vorwissen und seine Vorerfahrungen ebenso ein wie die Fachkraft.

Hier werde weniger Expertenwissen durch die Fachkräfte verlangt, dafür bestehe hier die Herausforderung vor allem darin, sich auf das kindliche Vorwissen und die kindlichen Denkweisen einzulassen.

Damit Sustained Shared Thinking gelingen kann, setzen Siraj-Blatchford et al. (2002b) Folgendes voraus:

- Die Fachkraft muss sich der Fähigkeiten bezüglich des Gegenstands, bzw. der Aktivität des Kindes bewusst sein und auf diese angemessen eingehen.
- Das Kind muss sich darüber bewusst sein, was gelernt werden soll (Was ist das Ziel der Fachkraft?)
- Die aktive Ko-Konstruktion von Idee oder Fähigkeiten. (Siraj-Blatchford 2002b, S. 49; Übers. des Verf.)

Folgt man Siraj-Blatchford (2007), so ist jedoch noch ein weiterer Aspekt bedeutsam. Die Kinder könnten das Ziel, eine Aufgabe in Zukunft selbst zu lösen, nur dann erreichen, wenn sie an der Interaktion wirklich interessiert, konzentriert und aktiv beteiligt seien. Dies fordere zugleich, dass auch der erwachsene Interaktionspartner in gleichem Maße engagiert bei der Sache sei wie das Kind.

Insgesamt bezeichnet Siraj-Blatchford das „Sustained Shared Thinking" als bedeutsam für Interaktionsprozesse und betrachtet es als einen nützlichen pädagogischen Ansatz (Siraj-Blatchford, 2009).

3.1.4 Zwischenfazit

Mit dem Ansatz des Sustained Shared Thinking nehmen Siraj-Blatchford et al. (2002b) eine im Sinne eines gemäßigten Konstruktivismus geforderte Integration instruktionaler Ansätze (Scaffolding) und ko-konstruktivistischer Ansätze vor. Dies geschieht in zweierlei Hinsicht: Zum einen werden bereits im Ansatz des Scaffolding Konstruktionsleistungen der Kinder berücksichtigt, indem die Fachkraft nur dann unterstützend eingreift, wenn das Kind mit seinen eigenen Fähigkeiten, bzw. Konstruktionsleistungen nicht in der Lage ist, das Problem zu lösen, bzw. die Aufgabe zu erfüllen. Daher wird mit dem Ansatz des Sustained Shared Thinking Wygotskys Idee der „Förderung in der Zone der nächsten Entwicklung" aufgegriffen. Zum anderen bieten Siraj-Blatchford et al. (2002b) aber auch einen Hinweis für fruchtbare (ko-)konstruktivistische Fachkraft-Kind-Interaktionen, die vor allem dann als wertvoll erachtet werden, wenn sowohl die Fachkraft als auch die Kinder wenig über den betreffenden Gegenstand wissen.

In solchen Situationen könne es zu echten Ko-Konstruktionen kommen. Instruktion und Konstruktion werden daher von Siraj-Blatchford et al. (2002b) nicht losgelöst voneinander, sondern in mehrfacher Weise miteinander verschränkt betrachtet.

3.2 Kognitive Aktivierung und kognitiv aktivierende Lernumgebung

Mit (sozial-)konstruktivistischen Lehr-Lernannahmen geht ein bestimmtes Verständnis der kognitiven Anregung der Kinder sowie der Gestaltung einer kognitiv anregenden Lernumgebung einher. Dieses Verständnis entlehnt sich aus der empirischen Unterrichtsforschung, so dass zunächst die Diskussion im schulischen Kontext berichtet wird, ehe dargestellt wird, wie diese Aspekte im Elementarbereich aufgegriffen werden.

3.2.1 Diskussion in der Unterrichtsforschung

In der Unterrichtsforschung hat sich in der empirischen Forschung die kognitive Aktivierung als eine bedeutsame Schlüsselvariable für den Lernerfolg der Kinder erwiesen. Daher entlehnt sich der Begriff der kognitiven Aktivierung zunächst aus dem Kontext der empirischen Unterrichtsforschung. Unter einer kognitiven Aktivierung wird mit Rückbezug auf (sozial-)konstruktivistische Theorien verstanden, dass alle Lernenden durch eine aktive Auseinandersetzung mit den Lerninhalten auf einem für sie optimalen Niveau angeregt werden (Leuders und Holzäpfel 2011, S. 1). Lernen wird darüber hinaus als sozialer Prozess betrachtet, das in bedeutungsvollen, alltagsnahen Kontexten stattfinden sollte (Reinmann und Mandl, 2006). Mayer (2004) betont, dass auf Techniken zur Unterstützung der kognitiven Lernprozesse der Lernenden zurückgegriffen werden sollte. Damit vertritt er eine Auffassung von Lernen und Lehren, wie sie in gemäßigt konstruktivistischen Ansätzen diskutiert wird, die eine Integration von Instruktion und Konstruktion anstreben (vgl. Kapitel 2.2). Dabei sollten die Lernenden nicht nur handelnd (z.B. diskutieren und freie Exploration), sondern vor allem kognitiv aktiv sein (selektieren, organisieren und Wissen integrieren). Es ginge demnach nicht allein um ein „learning by doing" sondern primär um ein „learning by thinking". Mayer (2004) ist daher folgender Ansicht:

> „Methods that rely on doing or discussing should be judged not on how much doing or discussing is involved but rather on the degree to which they promote appropriate cognitive processing. Guidance, structure, and focused goals should not be ignored" (Mayer 2004, S. 17).

Das Tun der Lernenden sollte also mittels Techniken zur Unterstützung kognitiver Lernprozesse unterstützt werden.

Klieme, Lipowsky, Raozcy und Ratzka (2006, S. 131) beschreiben je nach fachlichem Kontext folgende Techniken der kognitiven Aktivierung: a) die Qualität der Nutzung von Experimenten, b) herausfordernde, offene Aufgaben und c) ein diskursiver Umgang mit Fehlern. Fehler sollten dabei nicht als Misserfolg, sondern als eine Lernchance begriffen werden.

Entsprechend könne, so Hugener, Pauli und Reusser 2007, dann von einer hochwertigen kognitiven Aktivierung durch die Lehrkraft gesprochen werden,

a) wenn diese die Kinder vor Aufgaben und Probleme stellt, durch die die Kinder zum selbständigen Nachdenken angeregt werden;
b) wenn sie das Vorwissen der Kinder aktiviert und an dieses anknüpft;
c) wenn sie die Schüler zu lautem Denken anregt (Formulieren eigener Ideen, Konzepte, Lösungen, u.ä.);
d) wenn sie durch einen evolutionären Umgang mit Konzepten und Ideen der Kinder kognitive Konflikte und Umstrukturierungen sowie Erweiterungen des Wissen auslöst;
e) wenn die Fachkraft ihren eigenen Lösungsweg nicht als einzig möglichen betrachtet. Leuchter und Saalbach (2014) benennen mit Bezug auf Appleton (2008) daher verschiedene Strategien, durch die die Lehrkraft die oben genannten Aspekte herbeiführen kann.

Dazu zählen bspw.

a) das Modellieren: Das Modellieren beinhalte vor allem, den Kindern den Umgang mit dem Material (verbal) zu erklären, bzw. zu zeigen.
b) die Aktivierung von Vorwissen: Die Aktivierung von Vorwissen diene dazu, eine Lernprognose zu erstellen und so die Lernwirksamkeit zu erhöhen. Durch das Aktivieren von Vorwissen könne das Kind auf dieses leichter zurückgreifen, um neue Aufgaben und Probleme zu lösen.
c) das Einfordern von Begründungen: Die Einforderung einer Begründung diene ebenfalls dazu, den Lernprozess zu unterstützen. Indem die Kinder aufgefordert werden, ihre Konzepte laut auszuformulieren, könnten sie sich dieser bewusst werden.
   Das Erkennen von Inkonsistenzen in ihren Konzepten würde darüber hinaus zu einem konzeptuellen Wandel beitragen.
d) das Anregen von Vergleichen: Das Anregen von Vergleichen unterschiedlicher Objekte unterstütze die Kinder darin, diese nach grundlegenden Ähnlichkeiten und Unterschieden zu ordnen.
e) die Anregung von kognitiven Konflikten: Ein kognitiver Konflikt beruhe darauf, dass eine Information gegeben werde, durch die die eigenen Theorien der Kinder widerlegt und daher nicht aufrechterhalten werden könnten. Ein effektiver Tutor nutze daher Fehler der Kinder

als Lerngelegenheit, indem er diesen aufzeigt oder sie entdecken lässt, dass diese nicht in das aktuelle Wissenssystem passen (Leuchter und Saalbach, 2014).

Damit ähneln die hier genannten Strategien jenen, die auch Siraj-Blatchford et al. (2002b) im Rahmen des Sustained Shared Thinking beschrieben haben. Unter Sustained Shared Thinking wird eine kognitive Anregung der Kinder auf hohem Niveau verstanden. Unter „Diskussion" kann das Anregen zu lautem Denken gefasst werden.

Dies beinhaltet dann sowohl das Formulieren eigener Ideen, Konzepte und Lösungen sowie das Einfordern von Begründungen oder das Anregen von Vergleichen. Das Modellieren benennen Siraj-Blatchford et al. (2002b) ebenso wie Appleton als bedeutsam. Dass an das Vorwissen der Kinder angeknüpft werden sollte, wird bei Siraj-Blatchford et al. (2002b) dagegen nicht explizit benannt. Im Gegensatz zum schulischen Lernen wird jedoch bei Siraj-Blatchford et al. (2002b) das gemeinsame Spiel als bedeutsame Möglichkeit, die Kinder im Kindergarten kognitiv anzuregen, stärker betont. Das Scaffolding als ein Aspekt des Sustained Shared Thinking hebt die Rolle des Tutors (der Fachkraft oder eines Peers) ebenso hervor, der die Kinder bei Lösungsprozessen effektiv unterstützt, wie die Rolle des Tutors (des Lehrers oder eines Peers) im schulischen Kontext als bedeutsam betrachtet wird. Klieme et al. (2006) betonen entsprechend der Bedeutsamkeit eines effektiven Tutors für Lernprozesse der Kinder, dass eine kognitiv anregende Lernumgebung durch das Lehrerhandeln erschaffen werde. Eine kognitiv anregende Lernumgebung könne dann im Sinne eines Angebots von jedem Kind individuell genutzt werden.

3.2.2 Diskussion im Elementarbereich

Aufgrund der Annahmen soziokultureller und ko-konstruktivistischer Erkenntnis- und Lerntheorien wird der Fachkraft auch im Elementarbereich eine aktivere Rolle in kindlichen Lern- und Bildungsprozessen zugeschrieben (vgl. Kapitel 2.2 sowie Kapitel 3.1). Daher stellt sich auch im Elementarbereich die Frage, wie eine kognitiv anregende Lernumgebung gestaltet und eine kognitive Anregung der Kinder erfolgen kann. Dabei wird die Diskussion im Elementarbereich in Anlehnung an die schulische geführt.

So beschreibt Gisbert (2004, S. 75f.) in Anlehnung an Jonassen (1994), dass sich eine konstruktivistische, kognitiv anregende Lernumgebung im Kindergarten durch das Stellen authentischer Aufgaben, bzw. lebensechter Probleme und individueller Einzelfälle auszeichne. Dieser Aspekt wird z.B. auch von Reinmann und Mandl (2006) als bedeutsames Merkmal im schulischen Kontext benannt. Auch die Wissenskonstruktion durch die Lernenden als aktiver Prozess anstelle bloßer Reproduktion, das Lernen in bedeutungsvollen, alltagsnahen Kontexten sowie der Erwerb von Wissen in sozialer Interaktion spielen im Elementarbereich wie im schulischen Kontext gleichermaßen eine Rolle.

Einigkeit besteht auch darüber, dass die Lernkontexte der Komplexität der realen Welt entsprechen und unnötige Vereinfachungen vermieden werden sollten. Ebenso wird sowohl im Elementarbereich als auch im schulischen Kontext die Reflexion (Metakognition) als wichtig für die kognitive Anregung der Lernenden betrachtet.

Genauso wie im schulischen Kontext sollen in einer kognitiv anregenden Lernumgebung im Elementarbereich die Eigenaktivität der Kinder (im Denken und Handeln) ermöglicht werden und optimale Voraussetzungen für die kindlichen Denk- und Lernprozesse geschaffen werden. Diese Denk- und Lernprozesse können von den Fachkräften unterstützt werden. Dazu werden im Elementarbereich vor allem vier übergeordnete Techniken genannt, die als besonders bedeutsam zur Anregung kognitiver Denkprozesse der Kinder angesehen werden (Siraj-Blatchford et al., 2002b; Klieme et al., 2006; Walsh, Murphy und Dunbar, 2007; Saalbach und Leuchter, 2014).

Dies sind das Anregen zum Forschen, was eine Nähe zu der von Klieme, et al. (2006) geforderten Nutzung von geeigneten Experimenten im schulischen Kontext aufweist; das Anregen zum Explorieren, was dazu dienen kann, kognitive Konflikte zu erzeugen, über die die Kinder ins Nachdenken geraten; das Modellieren von Denkprozessen durch die Fachkräfte, was auch von Leuchter und Saalbach (2014) als bedeutsamer Aspekt genannt wurde; das Anregen von (lauten) Denkprozessen der Kinder, was auch von Hugener, Pauli und Reusser (2007) als bedeutsam im schulischen Kontext benannt wurde, sowie das Anregen von metakognitiven Denkprozessen (Venville, 2002; Gisbert, 2004; Walsh et al., 2007). Ebenfalls benannt werden einige dieser Aspekte von Siraj-Blatchford et al. (2002b), nämlich das Modellieren (von Denkprozessen) und das Anregen von (lauten) Denkprozessen in Form von „Diskussion".

Das Anregen zum Forschen und Explorieren: Hier geht es darum, dass die Kinder über die Zurverfügungstellung von Materialien zu einer Exploration der Merkmale und Phänomene des Materials sowie dem Entwickeln und Verfolgen eigener Fragen angeregt werden.

Das Modellieren von Denkprozessen: Unter einer Modellierung von Denkprozessen durch die Fachkräfte wird verstanden, dass die Fachkräfte ihre eigenen Denkprozesse laut verbalisieren und so den Kindern Techniken des Denkens zugänglich machen und vermitteln. Es geht also darum, den Kindern zu zeigen, wie man sich Fragen stellt, Probleme durch Überlegungen löst – also wie man denkt (Walsh et al., 2007; Siraj-Blatchford et al., 2002b). Siraj-Blatchford (2005, S. 2) formuliert sogenannte „Making Sense"-Worte, die die Fachkraft nutzen kann, um ihre eigenen Denkprozesse laut zu verbalisieren:

- Ich denke …
- Ich stimme (nicht) zu …
- Ich glaube …
- Ich mag (nicht) …
- Ich frage mich …

Anregen von (lauten) Denkprozessen: Die Fachkraft regt die Kinder dazu an, Denkprozesse, die sie innerlich durchführen, laut auszusprechen. Dies fördert die Kinder im Formulieren von Hypothesen, Begründungen und Überlegungen. Sie werden sich dadurch dieser bewusst und können diese leichter einer Überprüfung unterziehen. Denkfehler werden ihnen so z.B. schneller bewusst. Das laute Denken bei den Kindern soll vor allem durch das Stellen geeigneter offener Fragen gefördert werden (Siraj-Blatchford et al., 2002b; Leuchter und Saalbach, 2014).

Devereux (2002, zitiert in Walsh et al., 2007, S. 13, Übers. des Verf.) beschreibt in diesem Zusammenhang vor allem folgende Arten von offenen Fragen als kognitiv anregend:

- Was wird passieren, wenn du …?
- Hast du darüber nachgedacht, dass …?
- Was ist dein Problem …?
- Wie kannst du rausfinden …?
- Was wird passieren, wenn du …?
- Warum, denkst du, wird das passieren …?
- Wie kannst du das feststellen …?

76

Siraj-Blatchford betont, dass die Fragen offen und positiv formuliert werden sollten. Daher stellt sie folgende Formulierung von Frageanfängen vor, die die Kinder zu (lauten) Denkprozessen anregen sollen:

- Ich weiß nicht, was denkst du ...?
- Das ist eine interessante Idee ...
- Ich mag was du hier gemacht hast ...
- Hast du gesehen, was X gemacht hat – warum?
- Ich frage mich, warum du ...?
- Ich habe bisher noch nie darüber nachgedacht ...
- Du hast mich wirklich zum Denken gebracht ...
- Was wird passieren, wenn du ...?
- Wie hast du ... gemacht?
- Warum ist das ...?
- Was wird als nächstes passieren?
- Was denkst du?
- Ich frage mich, was passieren wird, wenn ...
  (Siraj-Blatchford, 2005, S. 1; Übers. des Verf.)

Taggart, Ridley, Rudd und Benefield (2005, S. 40) haben sich ebenfalls damit auseinandergesetzt, welche Fragen sich eignen, Kinder zum (lauten) Denken anzuregen. Sie haben dabei eine Klassifizierung kognitiv anregender Fragen vorgenommen. Dazu wurden die Fragen wie folgt klassifiziert:

Fragen nach Indizien und Beweisen (evidence): „Woher weißt du, dass ...?"

Fragen nach eigenen Gedanken und Theorien (reason/theory): Warum denkst du ...?

Kontrafaktische Fragen (counterfactual suggestions): „Was wäre passiert, wenn ...?"

Fehlglaube (false beliefe): „Was dachte ... was ihn daran hindert herauszukommen?"

Hypothetische auf die Zukunft gerichtete Fragen (future hypothetical suggestion): „Was könnte ... als nächstes tun?"

Anregen von metakognitiven Denkprozessen: Metakognition meint das Nachdenken über eigene Denkprozesse. Dazu gehören z.B. das Wissen, die Regulation sowie die Kontrolle über eigene Denkprozesse. Die Fachkraft kann die Fähigkeit der Kinder zu Metakognition fördern, wenn sie mit diesen reflektiert, dass sie lernen, was sie lernen und wie sie lernen. Gegenstand der

Reflektion sollten daher nicht nur die Inhalte, die gelernt werden, sondern auch das Lernen selbst sein. Die Kinder können auf diese Weise zunehmend Verantwortung für ihre eigenen Lernprozesse übernehmen, indem sie diese selbst steuern, überwachen und zum Gegenstand ihres Nachdenkens machen (Gisbert, 2004; Speck-Hamdan, 2009).

Darüber hinaus nennt Siraj-Blatchford (2005) weitere Techniken, über die das kindliche Denken gefördert werden kann.

Anregen von Erzählungen: „Ich wüsste wirklich gerne mehr darüber."

Rekapitulieren: „Du denkst, dass...?"

Ideen klären: „Ok Darren, du denkst, der Stein wird schmelzen, wenn ich ihn in Wasser koche?"

Vorschläge machen: „Du könntest es einmal auf diese Weise versuchen."

Erinnern: „Vergiss nicht, dass du gesagt hast, dass der Stein schmelzen wird, wenn ich ihn in Wasser koche."

Die Kinder zu weiterem Denken anregen: „Du hast viel darüber nachgedacht, wo du die Tür anbringen möchtest. Wo willst du die Fenster anbringen?"

Alternative Sichtweisen anbieten: „Vielleicht war Goldilock nicht frech, als sie ihr Porridge aß."

Spekulieren: „Denkst du, die drei Bären hätten es gemocht mit Goldilock als Freundin zusammenzuleben?"

Erwiderungen geben: „Zum Glück hast du Stiefel getragen, als du in die Pfütze gesprungen bist. Schau auf meine Füße, sie sind klatschnass."

3.2.3 Zwischenfazit

In Anlehnung an soziokulturelle Erkenntnis- und Lerntheorien wird der Rolle der Fachkraft als Tutor kindlicher Bildungs- und Lernprozesse eine große Rolle zugeschrieben. Diese beinhaltet maßgeblich die kindlichen Bildungs- und Lernprozesse über Techniken der kognitiven Anregung zu unterstützen und zu fördern.

Das Verständnis der Gestaltung einer kognitiv anregenden Lernumgebung sowie von der kognitiven Anregung der Kinder unterscheidet sich nicht wesentlich zwischen dem schulischen Kontext und dem Elementarbereich. Allerdings wird der Aspekt des Spielens und der Spielbegleitung im Elementarbereich stärker betont, als im schulischen Kontext, was mit dem durchschnittlich jüngeren Alter der Kinder im Elementarbereich einhergeht, während Literatur zur Unterrichtsforschung auch auf das Lernen von älterer SchülerInnen beispielsweise der Sek II fokussiert.

Da zwar im allgemeinen ein Konsens bezüglich der Gestaltung kognitiv anregender Lernumgebungen existiert, dies aber in den verschiedenen Settings unterschiedlich aufgegriffen wird, soll es im Folgenden konkreter um die Gestaltung kognitiv anregender Lernumgebungen in den für die Dissertation zentralen Settings Freispiel, mathematisches und naturwissenschaftliches Bildungsangebot, gehen.

3.3 Gestaltung konkreter kognitiv anregender Freispiel- und Bildungssituationen

In der Diskussion um die kognitive Förderung der Kinder rücken insbesondere die Kompetenzen der Fachkräfte in der Freispielbegleitung sowie der Durchführung von angeleiteten Bildungsangeboten in den Fokus. So weisen Siraj-Blatchford, Sylva, Muttock, Gilden und Bell (2002a) darauf hin, dass mit Blick auf kognitive Förderung Fachkräfte in effektiven Einrichtungen sowohl erwachseneninitiierte, geplante Kleingruppenaktivitäten als auch freies Spiel in ausgewogener Weise anbieten. Fast alle deutschen Kindergärten, so Walter und Fasseing (2002) setzten, trotz aller Kritik, den Situationsansatz oder dessen Weiterentwicklungen (z.B. situationsorientierte oder offene Ansätze) um.

Von besonderer Bedeutung sei hier, dass auf Basis der Beobachtung der Lebenswelt und des Alltags der Kinder die Bedürfnisse und Interessen der Kinder identifiziert werden und darauf entsprechend mit Spielimpulsen, Angeboten oder Projekten reagiert werden sollen. Die Bildungsarbeit in Kindergärten gestalte sich demnach unterschiedlich offen. Dabei können angeleitete Bildungsangebote als stärker strukturierte Form und das freie Spiel in einer vorbereiteten Umgebung als eine offenere Bildungsarbeit unterschieden werden (Walter und Fasseing, 2002).

Im Folgenden sollen daher die didaktischen Vorstellungen zur Gestaltung kognitiv anregender Lernumgebung und zur kognitiven Anregung der Kinder im Freispiel und in Bildungsangebotssituationen berichtet werden.

3.3.1 Gestaltung kognitiv anregender Freispielsituationen

Das freie Spiel in einer vorbereiteten Umgebung stellt eine bedeutsame Lernform im Kindergarten dar. Hier geschieht Lernen durch die Anregung durch Spielmaterial, die räumliche Gestaltung und durch Peers sowie durch Impulse und Spielunterstützung von Seiten der pädagogischen Fachkräfte (Fthenakis, 2003; Stamm, 2010). Den Kindern steht es dabei frei, den Spielort, Spielpartner und das Spielmaterial selbst zu wählen. Damit gehen z.B. Entscheidungen dazu einher, wie lange das Kind bei der gewählten Aktivität verweilen, wann es diese abbrechen oder zu einer neuen Aktivität wechseln möchte. Dadurch können sich die Kinder selbst Aufgaben stellen und die Intensität sowie das Tempo der eigenen Beschäftigung selbst regulieren (Lorentz, 1999; Schelle 2011). Aufgabe der Fachkraft ist es, das Spiel der Kinder zu beobachten und einzugreifen, wenn Bildungschancen nicht genutzt werden (Caiati, Delac und Müller, 1994). Aufgrund des hohen Freiheitsgrads der Beschäftigung der Kinder im Freispiel stellt dies eine hohe Anforderung an die pädagogischen Fachkräfte dar.

Daher ist die Förderung der Bildung von Kindern im Freispiel und die Qualität, bzw. Art und Weise der Spielbegleitung durch die pädagogischen Fachkräfte besonders bedeutsam (Rauschenbach, 2002; Fthenakis, 2003; Stamm, 2010; Schelle, 2011). Um den Anspruch nach einer kognitiv anregenden Lernumgebung nachzukommen, gilt es also, den Kindern eine herausfordernde Lernumgebung für ihre konstruktivistischen Selbstbildungsprozesse bereitzustellen (Schäfer, 2011; Laewen und Andres 2002a; Laewen und Andres 2002b).

Dabei sind die Kinder jedoch nicht ihren Lernprozessen alleine zu überlassen, sondern Fachkräfte können die Kinder durch kognitiv anregende Impulse unterstützen (Schelle 2011). Eine solche Unterstützung kann z.B. in Form des Sustained Shared Thinking nach Siraj-Blatchford et al. (2002b) geschehen, das z.B. ein Mitspielen der Fachkraft, bei dem eine Erweiterung des Spiels der Kinder geschieht, als wertvoll betrachtet und sowohl instruktionale als auch ko-konstruktivistische Momente für eine hochwertige kognitive Anregung der Kinder hervorhebt.

3.3.2 Gestaltung kognitiv anregender Bildungsangebotssituationen

Neben der Möglichkeit zum Freispiel stellen geplante bereichsspezifische Bildungsangebote (Mathematik, Naturwissenschaften, Kunst-Ästhetik, Musik, Bewegung, Sprache u.ä.) ein weiteres bedeutsames didaktisches Element dar und können aus dem Freispiel heraus entwickelt oder extra geplant werden. Bildungsangebote stellen in der Regel konkrete Kleingruppenangebote für Kinder in einem spezifischen Bildungskontext dar. Die Funktion der Fachkraft ist hier eine stärker lenkende und gestaltende (Ellermann, 2013).

Aus domänenspezifischer Sicht kommt dem fachspezifischen sowie dem fachdidaktischen Wissen in Anbetracht der für den Elementarbereich entwickelten Bildungspläne und den darin formulierten Anforderungen eine hohe Bedeutung zu (vgl. dazu auch Kucharz, 2014). Häufig wird jedoch kritisiert, dass zu selten Angebote im Bereich Mathematik und Naturwissenschaften umgesetzt würden (Faust, Götz, Hacker und Rossbach, 2004). Die Forderung der Umsetzung vor allem auch mathematischer und naturwissenschaftlicher Angebote im Elementarbereich ist unter anderem auf schlechte PISA-Ergebnisse der Schülerleistung in diesen Bereichen sowie auf fehlenden Nachwuchs in den sogenannten MINT-Fächern zurückzuführen.

Durch eine stärkere Förderung im mathematischen und naturwissenschaftlichen Bereich bereits im Elementarbereich, sollte schon im frühen Alter ein Interesse an diesen Fächern geweckt sowie eine Basisbildung auch in diesen Fächern gesichert werden.

Damit wurde, neben dem Aspekt, dass Mathematik und Naturwissenschaften neben weiteren Bildungsbereichen zu einer vielseitigen Bildung der Kinder gezählt werden können, auch die Hoffnung verbunden, auf diese Weise auch zukünftig mehr Studierende und daraus resultierend qualifiziertes Personal für Berufe innerhalb der MINT-Fächer zu gewinnen (Möller und Steffensky, 2010; Hopf, 2011; Tröbst, Robisch, Stephan-Gramberg, Hardy und Möller, 2012). Daher ist hier die Planung, Durchführung und didaktische Gestaltung der Angebote durch die pädagogischen Fachkräfte von besonderem Interesse.

Siraj-Blatchford, Sylva, Muttock, Gilden und Bell (2002b) und Hopf (2011) verweisen darüber hinaus auf die guten Voraussetzungen, die Mathematik- und Literacyangebote sowie Angebote im naturwissenschaftlichen Bereich für eine hochwertige kognitive Anregung der Kinder bieten. So konnten Siraj-Blatchford et al. (2002b) bspw. in der REPEY-Studie aufzeigen, dass Interaktionen im Sinne eines Sustained Shared Thinking in Mathematik- und Literacyangeboten besonders häufig zu beobachten sind.

Hopf (2011) deutet darauf hin, dass sich auch das naturwissenschaftliche Angebot besonders eignet, die Kinder auf hochwertige Weise kognitiv anzuregen. Entsprechend konnte sie in ihrer Studie aufzeigen, dass 30% der langanhaltenden Interaktionen als hochwertige kognitiv anregende Interaktionen im

Sinne eines Sustained Shared Thinking bezeichnet werden konnten. Dass sich naturwissenschaftliche Angebote für eine kognitive Anregung der Kinder besonders eignen, begründet Hopf (2011) damit, dass das typische didaktisch-methodische Vorgehen in den Naturwissenschaften auf Techniken (Denk- und Arbeitsweisen, kognitive Werkzeuge sowie naturwissenschaftliche Methoden) beruht, die im Rahmen einer hochwertigen kognitiven Anregung gefordert werden.

Da für eine kognitive Anregung der Kinder vor allem das mathematische und naturwissenschaftliche Denken als geeignet hervorgehoben werden, soll in der vorliegenden Dissertation auf die Bildungsangebote aus den Bereichen Mathematik und Naturwissenschaften fokussiert werden und im Folgenden die didaktische Gestaltung entlang der Forderung nach kognitiv anregenden, konstruktivistischen Lernumgebungen ausgeführt werden.

Gestaltung kognitiv anregender mathematischer Bildungsangebote

Moser Opitz (2010) stellt dar, dass für die mathematische Bildung im Elementarbereich verschiedene Förderkonzepte erstellt wurden.

Dazu gehören beispielsweise: „Leitfaden Entenland", „Zahlenland" (z.B. Preiß, 2004) „Komm mit in's Zahlenland" (z.B. Friedrich und Bordihn, 2003; Friedrich und Galgóczy, 2004) und „Mathematik bauen und begreifen" (Arn, 2006). Diese Förderkonzepte seien jedoch nicht kritiklos geblieben. So fehlten mathematische Strukturen sowie Inhalte, und ein direkter Bezug zu diesen würde nicht hergestellt. Stattdessen stünde eine Geschichte oder das Konstruieren im Mittelpunkt, wodurch die Gefahr bestehe, dass die eigentlichen mathematischen Inhalte nicht zum Tragen kämen. Des Weiteren würde in diesen Programmen häufig eine Beseelung der Zahlen vorgenommen, die es Kindern erschwere einen Bezug zum Umgang mit Zahlen in der Realität herzustellen. Den Kindern fehle dann der numerische Sinn der Ziffern, was sich bei der Lösung mathematischer Aufgaben hinderlich auswirke. Hinter dieser Idee der Beseelung stecke ein falsch verstandenes Konzept von „Ganzheitlichkeit" und „Kindgerechtheit" (Hellmich, 2008; Moser Opitz, 2010).

Eine sinnstiftende mathematische Beschäftigung müsse daher beinhalten, die Kinder an mathematische Muster und Strukturen heranzuführen und diese mit den Kindern gemeinsam zu entdecken (Wittmann, 2004; Moser Opitz, 2010). Schmitt (2009) erläutert, dass es daher in der Interaktion mit Kindern weniger darum gehen solle, den Kindern die Mathematik und deren Logik zu erklären. Vielmehr sei bedeutsam, dass sich die Kinder die Mathematik und deren Logik dann erschlössen, wenn sie sich in sinnvollen und interessanten Zusammenhängen mit mathematischen Fragen auseinandersetzten. Der Austausch mit anderen, das gemeinsame Finden von Lösungen und Erklärungen, das Diskutieren und Reflektieren von Lösungen und Ergebnissen seien für den Erwerb mathematischer Fähigkeiten und Kenntnisse relevant (vgl. auch Moser Opitz, 2010; Wittmann, 2004; Rathgeb-Schnierer, 2012). Daher stellt Schmitt (2009, S. 82) zwei Grundideen der mathematischen Bildung im Elementarbereich heraus:

- Mathematische Bildung sollte in einem Zusammenhang mit lebensweltlichen Erfahrungen der Kinder stehen.
- Es geht weniger um das Erlernen der „richtigen Regeln", sondern vielmehr um kreative Denkprozesse sowie um gemeinsames Forschen und Entdecken.

Die Kinder entdeckten auf diese „Weise Mathematik in einem ko-konstruktiven Austausch mit Erwachsenen (und anderen Kindern): sie bringen ihre Interessen, Ideen und Lösungsvorschläge ebenso aktiv ein, wie Erwachsene den Bildungsprozess durch ihre Fragen, Aufgaben, interessante Materialien und auch Hilfestellungen mitgestalten" (Schmitt 2009, S. 81).

In Anlehnung an die oben beschriebenen Anforderungen an eine konstruktivistische, kognitiv anregende Lernumgebung sowie eine kognitive Anregung der Kinder und an die von Schmitt (2009) für den Erwerb früher mathematischer Kompetenzen relevanten Aspekte, wird eine Frühförderung im mathematischen Bereich aktuell vor allem auf solche Ansätze gegründet, die im Alltag integriert – also auch im Freispiel- und mit Alltagsmaterialien erfolgen, bzw. offene (Lern-)Angebote darstellen (Rathgeb-Schnierer, 2012).

In diesem Zusammenhang wurden mathematisch relevante Themen, die auf unterschiedlichen Lernniveaus im Kindergartenalltag wiederholt auftreten, herausgearbeitet und mit Bezug auf die schulischen Bildungsstandards ausformuliert, um an diese anschlussfähig zu sein. Folgende mathematisch relevanten Inhaltsbereiche werden hier genannt: Zahlen und Operationen, Raum und Form, Größen und Messen, Daten und Zufall sowie Muster und Strukturen (KMK, 2005; Steinweg, 2008; Bönig, 2010; Schmitt, 2009). Eine mathematische Bildung der Kinder in diesen Inhaltsbereichen ließe sich im Sinne einer integrativen mathematischen Förderung im Freispiel ebenso wie in geplanten Bildungsangeboten gut realisieren. Es ginge hier weniger um die Durchführung isolierter Lern- und Fördersequenzen, wie z.B. bei den zuvor genannten Programmen.

Vielmehr werde bei konkreten Handlungen angesetzt, die bewusstgemacht und reflektiert würden (Freudenthal, 1981; Schmitt, 2009). Dabei sei von besonderer Bedeutung, dass die Fachkraft mathematische Aktivitäten des Kindes wahrnimmt, bzw. erkennt und die kindlichen Denk- und Handlungsweisen geschickt durch Impulse anregt (Schmitt, 2009; Schuler, 2010). Für alltagsintegrierte mathematische Anregungen eigneten sich vor allem Materialien, die durch einen hohen Aufforderungscharakter zum Explorieren und Experimentieren gekennzeichnet seien und in verschiedenen Mengen und Ausführungen vorlägen (Hoenisch und Niggemeyer, 2004; Hülswitt, 2007; Lee, 2010). Dies könnten beispielsweise sein: Naturmaterialien, Perlen, Musterplättchen, Bauklötze, Faltpapier, Centstücke, usw.

Für die Gestaltung mathematischer Angebote für jüngere Kinder schlägt Moser Opitz (2010) z.B. eine vorbereitete Umgebung vor. Dies beinhalte eine sorgfältige Auswahl von Materialien und Spielen, die für die Kinder erreichbar zur Verfügung gestellt werden und im Vorfeld vorgestellt und erklärt werden sollten. Auch Alltagshandlungen, wie z.B. Werken oder Kochen eigneten sich für eine mathematische Frühförderung. So könnten beispielsweise gemeinsam Muster entdeckt oder Zahlen gelesen werden. Da Kinder den Gehalt dieser Handlungen nicht immer von alleine erkennen, ist eine Unterstützung durch die Fachkraft notwendig, die die Kinder auf die mathematischen Inhalte aufmerksam macht und sie zu mathematischen Auseinandersetzungen anregt. Eine solche Form eines mathematischen Angebots kann als alltagsintegriert bezeichnet werden und eignet sich daher vor allem für eine mathematische Förderung im Freispiel oder im Rahmen von Alltagsaktivitäten (Rathgeb-Schnierer, 2012).

Schütte (2008) betrachtet als eine geeignete Form geplanter mathematischer Angebote für Kindergartenkinder ein geplantes offenes (Lern-)Angebot, das durch eine mittlere Komplexität zur Anregung individueller und gemeinsamer Lernprozesse charakterisiert sei. Offenheit meine hier jedoch nicht, dass jedes Kind sein Beschäftigungsfeld ganz frei wähle. Vielmehr sei die thematische Vorgabe gerade das Spezifische eines Lernangebots. Offenheit meine eher, dass Freiheitsgrade in verschiedenen Bereichen impliziert seien. Dies beinhaltet a) die Offenheit bei den Lösungsideen und Vorgehensweisen b) die Offenheit bei den Entdeckungen und c) die Offenheit bei der Darstellung (Rathgeb-Schnierer, 2012). Schütte (2001) weist darüber hinaus darauf hin, dass „Offenheit" meine, dass es keine vorgeschriebenen Lösungswege gebe, vielmehr könnten diese individuell und damit unterschiedlich sein.

Der Begriff „Lernangebot", so Schütte (2001), verweise gerade auf den Aspekt, dass die Kinder die Themen nicht frei wählten, um eine Überforderung zu vermeiden, sondern es werde ein didaktisches Angebot gemacht, das sich als ergiebig erweisen müsse. „Angebot" bezeichne weiterhin, dass davon ausgegangen werde, dass die Lerneffekte der Kinder nicht gezielt gesteuert werden könnten, womit konstruktivistischen Ansätzen Rechnung getragen werden solle. Das gesamte Wort „Offene Lernangebote" ziele entsprechend auf Lernanlässe ab, „die von einer motivierenden und für alle Kinder verständlichen Aktivität ausgehen" (Schütte 2001, S. 4).

Auf diese Weise sollten auch schwächere Kinder zunächst selbständig mit der Lösung der Aufgabe beginnen können. Die Tiefe der Bearbeitung der Aufgabe sei den Kindern je nach Kompetenz selbst überlassen. Für solche offenen Lernanlässe eigneten sich nach Schütte (2001) vor allem die Bereiche Arithmetik, Geometrie und Größen. Ein solches Angebot könne sich, so Rathgeb-Schnierer (2012), auch aus dem Freispiel heraus entwickeln. Bedeutsam sei, dass alle am Angebot teilnehmenden Kinder einbezogen würden und sich mit derselben Thematik, demselben Material sowie derselben Problemstellung entsprechend ihrem Entwicklungs- und Lernniveaus auseinandersetzten.

Dies ermögliche eine Balance zwischen individuellen Lernprozessen (Eigenkonstruktion) und Von- bzw. Miteinanderlernen (sozialer Austausch). Darüber hinaus sei eine gemeinsame Aufgabenstellung von Vorteil, weil die Fragestellung „wie hast du das gemacht?" in den Mittelpunkt gestellt werden könne, anstelle des Leistungsaspekts. Die Kinder sollten auch explizit zu einem sozialen Austausch angeregt werden. Es solle also weniger um einen Leistungsvergleich zwischen Konkurrenten gehen als vielmehr um einen Austausch zwischen individuellen Persönlichkeiten. Etwas Interessantes über den anderen zu erfahren und ggf. Anregungen zu erhalten solle daher im Vordergrund stehen (Schütte, 2001; Rathgeb-Schnierer, 2012). Der Ablauf eines offenen Lernangebots bestehe aus vier Bausteinen, die wie folgt beschrieben werden können:

Der gemeinsame Beginn: In dieser Phase sollten die Kinder mit dem Material vertraut gemacht und die Aufgabe formuliert werden.

Phase der individuellen Beschäftigung: Hier sei es bedeutsam, dass die Kinder genügend Zeit erhielten, um sich individuell mit der Aufgabenstellung zu befassen. Das Entwickeln eigener Ideen und das Machen erster Entdeckungen stünden hier im Vordergrund. Die Länge dieser Phase hinge vor allem von der Ausdauer der Kinder und der Art des Angebots ab. Dabei biete es sich an, dass die Kinder ein Produkt schafften, das für den sozialen Austausch dienen könne. Als wenig zielführend beschreibt Rathgeb-Schnierer (2012) hier das Vormachen bestimmter Lösungswege durch die Fachkraft, die von den Kindern nachgeahmt werden sollen. Dies verhindere eine eigene, kreative Lösung der gestellten Aufgabe durch die Kinder (vgl. auch Wittmann, 2004). In dieser Phase können auch die von Schütte (2001) als bedeutsam erachteten Phasen des Probierens und Experimentierens sowie des systematischen Erforschens gefasst werden.

Phase des Austauschs: Die Phase der eigenen Beschäftigung könne immer wieder unterbrochen werden, um die Kinder zu einer Kommunikation über ihr Tun anzuregen. Dieser Austausch könne spontan entstehen, wenn die Kinder von sich aus Ideen und Entdeckungen mitteilten oder dies von der Fachkraft initiiert werden. Im Vorfeld sollte sich die Fachkraft Impulse für die Austauschphase überlegen. Welche der vorüberlegten Fragen und Impulse sich eigneten, um die Kinder zu einem Austausch über ihr Tun anzuregen, zeige sich über eine intensive Beobachtung der Kinder. Schütte (2001) verweist auf die Bedeutsamkeit des Generalisierens und Begründens.

Gemeinsamer Abschluss: Das Angebot sollte – auch dann, wenn es sich über mehrere Tage erstreckt – gemeinsam abgeschlossen werden. Bedeutsam sei hier das gegenseitige Vorstellen der Produkte. Es diene zum einen dazu, dass ein weiterer Ideenaustausch stattfinde. So könne die Fachkraft z.B. durch Impulse und Fragen weiterführende Lernprozesse anregen. Darüberhinaus würden die Kinder auf diese Weise wertgeschätzt und das metakognitive Denken angeregt (Schütte 2001; Rathgeb-Schnierer, 2012; S. 81f.).

Ein solches offenes Lernangebot kann auch in Form eines Projekts umgesetzt werden, bei dem sich Fachkraft und Kinder über einen längeren Zeitraum mit einem bestimmten Thema befassen. Die Vorteile der Projektarbeit werden darin gesehen, dass

- gemeinsam in sinnstiftenden Kontexten gelernt wird,
- sich die Kinder mit einem Thema aus verschiedenen Perspektiven befassen,
- die Kinder gemeinsam mit den Fachkräften mathematische Ideen und Lösungswege entwickeln,
- die Kinder ihre (Lern-)Kompetenzen erweitern.
  (Fthenakis, 2009a; Schmitt, 2009; Winterhalter-Salvatore, 2009; Rathgeb-Schnierer, 2012).

Mathematische Bildung in elementarpädagogischen Bildungsplänen

Der mathematische Bildungsbereich wurde mittlerweile, wenn auch in unterschiedlicher Weise, in alle Bildungspläne aufgenommen. Einige der Bildungspläne gäben eher vage und unsystematische Hinweise zur mathematischen Bildung, andere stellten diese systematischer und ausführlicher dar. Insgesamt bestünde aber keine Einigkeit bezüglich der zu erwerbenden Inhalte und Kompetenzen der mathematischen Bildung im Elementarbereich (Fthenakis, 2009a; Wedekind, 2012).

Wedekind (2012) weist darauf hin, dass in den Bildungsplänen mal stärker die Erfahrungs- und Selbstbildungsprozesse der Kinder und mal der Erwerb fachlichen Wissens im Vordergrund stünde. Fthenakis (2009a) hat in seiner Handreichung für eine mathematische Bildung im Elementarbereich die in den Bildungsplänen angegebenen zu erwerbenden mathematischen Inhalte und Kompetenzen zusammengetragen, die sich weitestgehend mit den in der fachdidaktischen Literatur angegebenen decken. So sollen inhaltlich die Themen: Sortieren und Klassifizieren, Muster und Reihenfolge, Zeit, Raum und Form sowie Mengen, Zahlen und Ziffern berücksichtigt werden und folgende Kompetenzen erworben werden: Mathematische Grunderfahrungen, Sprachlicher Ausdruck und Vertiefung des mathematischen Verständnisses (Fthenakis 2009a, S. 14).

Da die Bildungspläne uneinheitliche Angaben zur mathematischen Bildung im Elementarbereich machen, hat Fthenakis (2009a) eine Handreichung mit dem Titel „frühe mathematische Bildung" zur mathematischen Bildung im Elementarbereich erstellt. In dieser werden sowohl die in den verschiedenen Bildungsplänen genannten Aspekte einer frühen, mathematischen Bildung als auch die in fachdidaktischer Literatur als bedeutsam erachteten Merkmale einer frühen, mathematischen Bildung aufgearbeitet[7]. Diese Handreichung umfasst Beschreibungen zu Zielen mathematischer Bildung, zu verschiedenen Grundpositionen mathematischer Bildung, zu entwicklungspsychologischen Grundlagen mathematischer Bildungsprozesse, zur Gestaltung ko-konstruktivistischer mathematischer Bildungsprozesse, stellt Praxisbeispiele dar und zeigt Vernetzungsmöglichkeiten zu anderen Bildungsbereichen auf.

---

7 Weiterführende Informationen zur Beschreibung mathematischer Bildung in Bildungsplänen siehe: Fthenakis, W.E. (2009a). *Frühe mathematische Bildung*. Troisdorf: Bildungsverlag Eins.

In den Vordergrund ko-konstruktivistischer mathematischer Bildungsprozesse stellt Fthenakis die oben bereits angesprochene Projektarbeit und den Erwerb metakognitiver Fähigkeiten.

Gestaltung kognitiv anregender naturwissenschaftlicher Bildungsangebote

Auch im naturwissenschaftlichen Bereich wird eine kognitiv anregende, konstruktivistische didaktische Gestaltung von Bildungsangeboten diskutiert (Hardy, Jonen, Möller und Stern, 2006).

Das allgemeine Ziel der Bildungsbemühungen der naturwissenschaftlichen Frühförderung sei dabei eine Grundbildung im Sinne einer „Scientific Literacy". „Scientific Literacy" stelle ein mehrdimensionales Konzept dar und umfasse dabei sowohl Aspekte wie Wissen und Anwendung des Wissens sowie nicht-kognitive Aspekte (Steffensky, 2008; Möller und Steffensky, 2010; Lankes, Steffensky und Carstensen, 2011). Wissen umfasse hier z.B. ein Verständnis von Konzepten und Theorien sowie Wissen über Naturwissenschaften. Dabei umschreibe das Wissen über Naturwissenschaften Metawissen über Ziele und Vorgehensweisen naturwissenschaftlicher Erkenntnisgewinnung.

Die Anwendung des Wissens beinhalte, naturwissenschaftliche Fragen zu erkennen, Phänomene zu erklären und begründete Schlussfolgerungen zu ziehen. Unter nicht-kognitiven Aspekten würden solche gefasst, wie die Einstellung und Haltung gegenüber Naturwissenschaften oder die Bereitschaft und das Interesse, sich mit naturwissenschaftlichen Themenstellungen zu beschäftigen (Steffensky 2008, S. 180; Lankes, Steffensky und Carstensen, 2011; Steffensky, Lankes, Carstensen und Nölke, 2012). Als relevante Themen des Erwerbs einer Scientific Literacy werden im Elementarbereich folgende benannt: a) Themen der unbelebten Natur; b) Themen der belebten Natur und c) Denk- und Arbeitsweisen: z.B. Beobachten, Beschreiben, Kommunizieren, Vergleichen, Klassifizieren, Messen und Experimentieren (Fthenakis, 2009b; Schmitt, 2009; Steffensky und Lankes, 2011; Kauertz 2012, S. 89f.).

Eine besondere Rolle spielt dabei das Lernverständnis im Sinne eines conceptual change. Conceptual change meint, dass naive Alltagserklärungen naturwissenschaftlicher Phänomene durch naturwissenschaftliche, evidenzbasierte Erklärungen abgelöst werden. Dabei wird jedoch nicht davon ausgegangen, dass dieser Wechsel abrupt geschieht, sondern es stelle vielmehr einen graduellen Prozess mit Zwischenvorstellungen (Mischung aus alltags- und wissenschaftlichen Erklärungen) dar. Daher plädieren einige Autoren (z.B. Treagust und Duit, 2008) dafür, eher von einer konzeptuellen Umstrukturierung (conceptual reconstruction) zu sprechen (Hardy et al., 2006; Möller und Steffesnky, 2010; Hardy und Kempert, 2011).

Häufig werden im Elementarbereich für eine Heranführung an diese Thematiken Experimente eingesetzt. Da in den Naturwissenschaften zwischen der Durchführung von Versuchen und Experimenten unterschieden wird, soll im Folgenden diese Unterscheidung dargestellt und erläutert werden.

In den Naturwissenschaften sei ein Versuch dadurch gekennzeichnet, dass ein bestimmtes Ergebnis reproduziert und beobachtet werde. Es gehe also darum, Phänomene zu präsentieren und zu veranschaulichen, indem ein theoretisch gelernter Sachverhalt aufgezeigt und nachvollzogen werde. Dabei könne der Versuch von der Fachkraft durchgeführt, also demonstriert werden (Demonstrationsversuche) oder die Kinder führten den Versuch selber durch (Schülerversuche). Damit sei das Ergebnis des Versuchs bereits im Vorfeld bekannt und müsse nicht unbedingt der Bestätigung von Hypothesen dienen (Hartinger, 2003).

Ein Experiment sei dagegen dadurch gekennzeichnet, dass eine Hypothese, bzw. eine Erkenntnis vorausgesetzt und diese bestätigt oder widerlegt werde.

Es werde also eine begründete Vermutung dazu geäußert, wie sich die eingesetzten Elemente zueinander verhalten werden, das tatsächliche Ergebnis sei dabei aber noch nicht bekannt. Es gehe also um eine planmäßige Vorbereitung und Wiederholbarkeit, ganz gleich an welchem Ort und zu welcher Zeit. Ziel sei, Zufälle auszuschließen sowie die Variation von Bedingungen des Experiments. Sie dienen einem realen Erkenntnisgewinn, also einer Innovation (Hartinger, 2003).

Nach Kauertz (2012) stehe beim Experimentieren im Elementarbereich – im Gegensatz zu den Naturwissenschaften als wissenschaftlicher Disziplin – der Aspekt, innovative Erkenntnisse zu erhalten, jedoch nicht im Mittelpunkt. Es handle sich mehr um ein systematisches, geplantes Ausprobieren oder um die Durchführung eines Versuchs (vgl. Hartinger, 2003) oder um das Laborieren (Wodzinski, 2012; Windt, 2010).[8] Darüber hinaus müssten Experimente im Elementarbereich aufgrund entwicklungspsychologischer Aspekte vereinfachter als in den Naturwissenschaften üblich umgesetzt werden, was den Rückbe-

---

8 Wenn im Folgenden von „experimentieren" gesprochen wird, meint dies das Durchführen eines Versuchs, bzw. das Laborieren, nicht das Durchführen von Experimenten mit wissenschaftlichem Anspruch.

zug auf Theorien und Modelle betrifft. Erkenntnisse ergäben sich dann als Abfolge beobachtbarer Ereignisse, die Zwischenstände zwischen Ausgangssituation und Wirkung seien. Gemeinsam sei dem wissenschaftlichen und kindlichen Experimentieren aber, „dass über das Experiment Erfahrungen gesammelt, Vermutungen überprüft und Fragen beantwortet werden" (Windt 2010, S. 35; Kauertz, 2012).

Das Experimentieren diene daher in beiden Fällen in einer bestimmten Weise der Erkenntnisgewinnung, die auch im Alltag eine bedeutsame Rolle spiele. Die Abläufe würden dabei im Elementarbereich aber häufig nachgestellt, oder die Ausgangssituation gezielt hergestellt (Kauertz, 2012; Wodzinski 2004; 2012).

Im Elementarbereich stünden in der Durchführung von naturwissenschaftlichen Versuchen oder Experimenten vor allem zwei Fragestellungen naturwissenschaftlicher Prozesse und Erkenntnisse im Vordergrund: a) wie funktioniert das? (technisch) b) Was ist die Ursache für die beobachtete Wirkung, bzw. warum ist das so? ((Natur-)Phänomene). Um naturwissenschaftliche Bildung zu ermöglichen, müssten drei Bereiche miteinander verknüpft gefördert werden:

Wissensstrukturen aufbauen, die eine rational-empirische Beschreibung der eigenen Umwelt ermöglichen.

Kognitive Werkzeuge (Denken, Erklärungsmuster) einfordern, die kausale Verknüpfungen und einen Vergleich zwischen Vorstellung und Beobachtung ermöglichen und kommunizierbar machen.

Einstellung entwickeln, die rational-empirisches Beschreiben der Umwelt als gerechtfertigt und relevant anerkennen (Kauertz, 2012). Damit würden vier naturwissenschaftliche Methoden auch für das naturwissenschaftliche Lernen im Elementarbereich bedeutsam: a) die (vereinfachte) Modellbildung – Erklärung überlegen, erklären, wie; b) die Hypothese: Treffen einer Vorhersage – was passiert, wenn; c) das Experiment - planvolles, systematisches Ausprobieren und d) die Schlussfolgerung – ist die Vorhersage eingetroffen? Darüber hinaus sei das Formulieren, bzw. Mitteilen der Fragestellung bedeutsam. Dabei meine eine naturwissenschaftliche (vereinfachte) Modellbildung im Elementarbereich, eine Antwort auf eine der oben genannten Fragen („Wie funktioniert das?" oder „Warum ist das so?") zu geben.

Um diese Anforderungen angemessen umsetzen zu können, werden verschiedene Formen naturwissenschaftlicher Angebote beschrieben. Diese können entlang der Strukturiertheit (Anzahl und Direktheit von Impulsen sowie Gliederung gemäß der naturwissenschaftlichen Methoden), der intendierten Ziele sowie der zugrunde gelegten Theorien unterschieden werden: a) Stark strukturierte Angebote; b) gemäßigt strukturierte Angebote und c) Spontane Angebote und Projektarbeit (Fthenakis, 2009b; Kauertz, 2012).

Stark strukturierte Angebote seien meist schrittweise Versuchsanordnungen, die mit einem hohen Maß an Instruktion im Sinne eines Scaffolding einhergingen. Die Anwendung der einzelnen Methoden des naturwissenschaftlichen Arbeitens sei hier also relevant. Stark strukturierte Angebote eigneten sich dabei für Scaffolding-Interaktionen, insofern die Fachkraft den Kindern z.B. vermittelt, wie man naturwissenschaftlich denkt also Methoden des naturwissenschaftlichen Arbeitens anwendet, bzw. einen systematischen Versuch durchführt, um Erkenntnisse zu gewinnen. Primäres Ziel sei das Verstehen, bzw. der Erwerb einer fachlich adäquaten Struktur und Methodik. Sie hätten häufig eine exemplarische Funktion im Bildungsprozess. Zu dieser Form von Angeboten gehörten z.B. auch die Materialien, die vom „Haus der kleinen Forscher" (2015) zur Verfügung gestellt würden. Auch Lück (2008) kann als eine Vertreterin strukturierter Angebotsformen aufgeführt werden, die in Experimenten, bzw. Versuchen ein Kernelement des Zugangs zu naturwissenschaftlichen Phänomenen sieht. Die Versuche und Erklärungen würden von den Kindern lange erinnert und die Kinder seien in der Lage, diese fachlich korrekt wiederzugeben (Hellmich und Köster, 2008; Lück, 2006; Lück, 2008; Windt, 2010; Kauertz, 2012).

In *gemäßigt strukturierten Angeboten* werde Material zur Verfügung gestellt, mit dem experimentiert werden könne. Windt (2010) spricht hier auch vom „freien Experimentieren". Diese Angebotsform gehe meist mit weniger direkten Instruktionen einher und lasse Spielraum für verschiedene Erklärungen. Das Experiment, bzw. der Versuch habe mitunter die Funktion, das Phänomen zu erleben oder die Frage zu provozieren. Überwiegend werde es aber in Form eines Ausprobierens eigener Ideen im Sinne eines Explorierens verstanden. Gelegentlich erfolge eine grobe Vorstrukturierung des Ablaufs mit Blick auf Formulierung einer Vermutung, Durchführung des Experiments und Findens einer Erklärung. Ziel dieser Angebotsformen sei, dass sich die Kinder mit Hilfe durch die Fachkraft selbst eine Erklärung konstruierten. Die Kinder sollten sich als Forscher erfahren und den „Forschungsprozess" als erkenntnisbringend erleben. Aufgabe der Fachkraft sei es, die Lernumgebung entsprechend zu gestalten und vorzubereiten und die

Kinder im Prozess zu unterstützen sowie über geeignete Impulse die Methoden des naturwissenschaftlichen Arbeitens einzufordern (Kauertz, 2012). Schäfer (2007; 2011) sieht vor allem in der explorierend, sinnlichen Auseinandersetzung mit Phänomenen ein großes Potential kindlicher Selbstbildung in den Naturwissenschaften. Es seien konkret-handelnde, gestaltende (aisthetische), sprachlich erzählende (narrative) und theoretisierende Formen des Denkens, durch die sich Kinder Wissen über Naturphänomene verschafften. Auch Köster (2008) sieht großes Potential im freien Explorieren durch die Kinder. Es sei ein methodisches Vorgehen, das den Kindern ermögliche, naturwissenschaftlichen Phänomenen zu begegnen und diese mit Unterstützung durch die Fachkräfte schrittweise zu hinterfragen und zu verstehen.

Anlass *spontaner Angebote* könnten sowohl Fragen der Kinder als auch Impulse der Fachkraft aus dem Alltag heraus sein. Dies führe dann zu improvisierten und spontanen Angeboten. Von gemäßigt strukturierten Angeboten unterscheide sich das spontane in der Hinsicht, dass die Fachkraft weniger Gelegenheit habe, dieses bezüglich Struktur und Material vorzubereiten. Sei die Fachkraft selbst mit der Frage oder dem aufgeworfenen Thema noch nicht sehr vertraut, biete sich die Gelegenheit mit den Kindern (ko-konstruktivistisch) gemeinsam nach einer Erklärung zu suchen. Die Aufgabe der Fachkraft in spontanen Angeboten sei es, vor allem auf die grundlegenden naturwissenschaftlichen Methoden zu achten und diese durch entsprechende Impulse einzufordern. Ziel dieser Angebotsformen sei die Vermittlung von wertschätzender und positiver Einstellung gegenüber naturwissenschaftlich-technischen Fragestellungen und Themen. Ein belastbares naturwissenschaftliches Wissen könne auf diese Weise jedoch kaum erreicht werden (Kauertz 2012). Die Experimente, bzw. Versuche, die in diesem Sinne durchgeführt würden, dienten vielmehr dazu, spontan entwickelte Erklärungen zu überprüfen. Ein Beispiel für Angebotsformen dieser Art sei beispielsweise das „Infans"-Konzept nach Laewen und Andres 2007 (Kauertz, 2012). Auch Elschenbroich (z.B. 2005) kann als eine Vertreterin dieser Angebotsform angesehen werden. Sie sieht die Vorteile im Entscheidungsfreiraum (Zeitraum, Inhalt, Vorgehen, und Umfang des Experiments) der Kinder. Sie plädiert dafür, dass das freie Experimentieren im freien Spiel der Kinder entstehen solle. Ihrer Auffassung nach sei die Aufgabe der Fachkräfte daher, eine förderliche Lernumgebung zu gestalten und bei Fragen der Kinder als Ansprechpartner zur Verfügung zu stehen.

Mit Fthenakis (2009b) stellt auch die *Projektarbeit* (ebenso wie für die mathematische Bildung) eine günstige Arbeitsform der naturwissenschaftlichen Bildung im Elementarbereich dar, die eine oder mehrere Formen der oben beschriebenen Strukturiertheit enthalten kann.

Des Weiteren könne über den *Grad der Offenheit* sowie der Selbsttätigkeit der Kinder in den jeweiligen Angebotsformen die Rolle des Kindes in naturwissenschaftlichen Angeboten bestimmt werden.

Offenheit meint hier, dass die Verantwortung für die Durchführung des Prozesses (z.B. den Versuch durchzuführen) an die Kinder abgegeben wird. Selbsttätigkeit meine dagegen, dass die Kinder nicht nur Beobachter seien und dabei zuschauten, wie andere z.B. den Versuch durchführten. Vielmehr hätten sie eine aktive Rolle inne, indem sie selbst den Versuch durchführten. Eine Selbsttätigkeit der Kinder sei dabei auch dann zu realisieren, wenn die Verantwortung für den Prozess nicht an sie abgegeben werde, sondern die Tätigkeit von jemand anderem (z.B. Fachkraft) geplant, geleitet und überwacht werde. Die Angemessenheit des Grads der Offenheit richte sich dabei vor allem nach der Kompetenz der Kinder, die Verantwortung für den Prozess übernehmen zu können (Kauertz, 2012).

Kauertz (2012) weist darauf hin, dass es eher unwahrscheinlich sei, dass die Kinder im Elementarbereich bereits in der Lage seien, die Verantwortung für den Prozess zu übernehmen, da sich das naturwissenschaftliche Arbeiten gerade durch eine bestimmte Struktur (entlang der Methoden des naturwissenschaftlichen Arbeitens) auszeichne. Entsprechend der ihnen zugewiesenen Rollen in den jeweiligen Angebotsformen, zeigen die Kinder unterschiedliche Formen des Experimentierens, die Windt (2010, S. 36) wie folgt beschreibt:

Das spielerische Handeln: dabei handle es sich um ein zweckgebundenes Agieren mit anregenden Materialien und Geräten. Das spielerische Handeln sei eher zufällig und unsystematisch. Es sei durch Wiederholungen, Variation und Beobachtungen von Handlungswirkungen gekennzeichnet.

Das zielgerichtete Probieren: hier agierten die Kinder (z.B. anhand von Versuchsaufgaben) gezielter. Sie seien darum bemüht, eine Frage zu beantworten oder ein Problem zu lösen. Häufig agierten die Kinder zu diesem Zweck systematischer als beim spielerischen Handeln, indem sie sich potentielle Lösungen vorstellten und auf ihr Gelingen hin überdächten. Werde ihr intellektuelles Niveau durch die Aufgabe überfordert, verfielen die Kinder jedoch häufig in unsystematisches Ausprobieren.

Das Laborieren: hier agierten die Kinder anhand vorstrukturierter Experimentieranleitungen durch die Fachkraft, bei denen an einer bestimmten Fragestellung gearbeitet werde. Das Problem oder die Fragestellung werde entsprechend häufig durch die Fachkraft vorgegeben. Beim Laborieren werde das Aufstellen von Hypothesen, das Beobachten sowie das Deuten der Beobachtungen (hinsichtlich der Hypothesen und der Fragestellung) berücksichtigt. Das Laborieren weise daher einen nahen Bezug zum Experimentieren auf und diene dazu, die Kompetenzen der Kinder zu fordern und zu fördern und die Kinder zum selbständigen Experimentieren anzuregen.

Das Experimentieren (im streng wissenschaftlichen Sinne): Um das Handeln der Kinder als reales Experimentieren bezeichnen zu können, müssten (wie oben bereits beschrieben) die Methoden des naturwissenschaftlichen Arbeitens vollständig eingehalten werden und auf neue Erkenntnisse ausgerichtet sein, was aber häufig die kognitiven Fähigkeiten der Kinder übersteige (vgl. auch Hartinger, 2003; Kauertz, 2012). Würden diese jedoch nicht eingehalten, könne allenfalls vom Laborieren gesprochen werden.

Die unterschiedlichen Angebotsformen bringen, wie genannt, unterschiedliche Vorteile mit sich, weisen aber auch unterschiedliche Nachteile auf.

Angebotsarten, die eine Erklärung anbieten, seien weniger auf Ko-Konstruktion ausgerichtet und erzeugten daher vor allem träges „Halbwissen". Damit sei vor allem auch das Problem verknüpft, dass sich zu jeder Erklärung ein Fall finden ließe, auf den die gegebene Erklärung nicht passe und es weiterhin schwierig sei, eine kindgemäße (für Kinder verständliche) Erklärung zu formulieren, die zugleich inhaltlich gültig sei (Kauertz, 2012). Andererseits sei der Lerneffekt in Angeboten, die ausschließlich auf das praktische Tun zielten, kognitiv geringer. Darüber hinaus könnten diese weniger motivierend sein, weil sich die Sinnhaftigkeit des Tuns nicht erschließen lasse. Bei Angebotsarten, die viel Selbständigkeit voraussetzten, sei eine Überforderung wahrscheinlich. Ein zielführendes Bearbeiten mit befriedigendem Ergebnis sei hier nur unter bestimmten individuellen und systemischen Voraussetzungen sowie unter bestimmten Rahmenbedingungen möglich.

Des Weiteren müsse, wenn im Angebot der Prozess des naturwissenschaftlichen Arbeitens in den Vordergrund gestellt werde, eine Verknüpfung zwischen den einzelnen Methoden des naturwissenschaftlichen Arbeitens berücksichtigt werden. Gelänge dies nicht, sei der Sinn der Anwendung der Methoden des naturwissenschaftlichen Arbeitens zur Erreichung eines Erkenntnisgewinns nicht erkennbar. Dies verhindere ein Verständnis der eigenen Handlung der Kinder, so dass es dann bei der Ausführung von Handlungsanweisungen verbleibe (Kauertz, 2012).

Insgesamt biete es sich daher an, die verschiedenen Formen naturwissenschaftlicher Angebote kombiniert, bzw. variierend einzusetzen, um verschiedene Ziele der naturwissenschaftlichen Bildung zu verfolgen und die jeweiligen Vorteile der Angebotsformen zu nutzen (Windt, 2010; Kauertz, 2012; Wodzinski, 2012).

Naturwissenschaftliche Bildung in elementarpädagogischen Bildungsplänen
Der naturwissenschaftliche Bildungsbereich wird in allen Bildungsplänen aufgegriffen. Ähnlich wie im mathematischen Bildungsbereich unterscheiden sich auch diese im Umfang und der Art und Weise, wie sie aufgegriffen werden. Blaseio (2009), die die Themen der verschiedenen Bildungspläne analysiert hat, konnte aufzeigen, dass die übergeordneten Dimensionen „Natur erleben" und „Natur erforschen" in allen Bildungsplänen zu finden sind, während „über Natur philosophieren" nur in einigen Bildungsplänen enthalten ist.

Wedekind (2012) zeigt weiterhin auf, dass sich die Bildungspläne bezüglich ihrer Vorstellungen zur frühkindlichen naturwissenschaftlichen Bildungsgestaltung unterscheiden. So betonten einige Bildungspläne stärker die Erfahrungs- und Selbstbildungsprozesse der Kinder, andere fokussierten stärker auf die Aneignung von fachlichem Wissen. Ähnlich wie für den mathematischen Bildungsbereich, hat Fthenakis (2009b) auch eine Handreichung mit dem Titel „frühe naturwissenschaftliche Bildung" für die naturwissenschaftliche Bildung im Elementarbereich entwickelt[9]. In dieser betont er, ähnlich wie im Rahmen einer mathematischen Bildung der Kinder, die Relevanz von Projektarbeit als eine geeignete Arbeitsform im Elementarbereich.

3.3.3 Zwischenfazit

Während im mathematischen Angebot der kreative Lösungsprozess für die kognitive Anregung der Kinder von hoher Bedeutung ist und daher alltagsnahe, offene Bildungsangebotssituationen, die ko-konstruktivistische Interaktionen zwischen Fachkraft und Kindern sowie den Kindern untereinander in den Vor-

---

9 Vergleiche: Fthenakis, W.E. (2009b). *Frühe naturwissenschaftliche Bildung*. Troisdorf: Bildungsverlag Eins.

dergrund stellen (ohne dass instruktionale Momente im Sinne eines Scaffolding durch die Fachkraft deshalb ausgeschlossen würden) hervorgehoben werden (Wittmann, 2004; Rathgeb-Schnierer, 2012), lassen sich für den naturwissenschaftlichen Bildungsbereich unterschiedliche didaktische Gestaltungen von Bildungsangebotssituationen benennen. Diese stellen einmal stärker die Konstruktionsprozesse der Kinder und ein anderes Mal mehr die Instruktion im Sinne eines Scaffolding durch die Fachkraft in den Vordergrund, ohne dass diese beiden Ansätze als unvereinbar betrachtet würden.

In der naturwissenschaftlichen Frühförderung lassen sich strukturierte und offenere Bildungsangebote nicht als besser oder schlechter gegenüber dem anderen formulieren, da jede der didaktischen Ansätze ihre Vor- und Nachteile hat und auf unterschiedliche Ziele fokussiert. Für eine umfassende naturwissenschaftliche Bildung bedarf es vielmehr sowohl stärker strukturierter, instruktionaler Angebote, die eine Vermittlung der Methoden des naturwissenschaftlichen Arbeitens sowie die Deutung der Phänomene in den Vordergrund stellen, als auch teilstrukturierter sowie spontaner Angebote, die das Kind als eigenaktiven, selbstgesteuerten Forscher (freies Experimentieren) in den Vordergrund stellen (Lück, 2006; Windt, 2010; Kauertz, 2012). Im Freispiel steht die Gestaltung einer herausfordernden Lernumgebung im Vordergrund, die kindliche Selbstbildungsprozesse ermöglicht und herausfordert. Dies geht jedoch nicht mit einer passiven Haltung durch die Fachkraft einher, sondern es ist ihre Aufgabe, die kindlichen Selbstbildungsprozesse auch in Interaktion mit dem Kind zu fördern und herauszufordern. Hier werden sowohl instruktionale Momente im Sinne eines Scaffolding als auch ko-konstruktivistische Momente als bedeutsam erachtet, die bspw. im Ansatz des Sustained Shared Thinking miteinander verwoben betrachtet werden (Siraj-Blatchford, 2002; Sylva, Melhuish, Sammons, Siraj-Blatchford, Taggart und Elliot, 2003; Sylva, Melhuish, Sammons, Siraj-Blatchford und Taggart, 2004; Schelle, 2011).

Werden die Aufgaben der Fachkraft in der Gestaltung von Freispiel- und Bildungsangebotssituationen zusammengefasst, können mit Siraj-Blatchford (2007) folgende Aspekte als bedeutsam herausgestellt werden:

„Die Fachkraft
- beobachtet systematisch das Verhalten der Kinder,
- gibt ein Feedback während der Aktivitäten,
- individualisiert ihr Planen und Lehren,
- ist Vorbild in Sprache, Werten, Verhaltensweisen,

96

- lobt und ermutigt,
- stellt Fragen und interagiert verbal mit den Kindern,
- instruiert und stellt lehrreiche Spiel- und Lernumwelten zur Verfügung,
- bietet Gruppenaktivitäten aber auch frei gewählte, potentiell lehrreiche Spielaktivitäten an,
- stellt eine Balance zwischen von Erwachsenen geleiteten und von Kindern initiierten Interaktionen, Spielen, Aktivitäten her und besitzt Wissen über die kindliche Entwicklung".

(Siraj-Blatchford 2007, S. 110ff., zitiert nach Schelle 2011, S. 30).

3.4 Lernatmosphäre

3.4.1 Aspekte einer förderlichen Lernatmosphäre

Neben der Frage, nach der Gestaltung einer kognitiv anregenden Lernumgebung stellt sich auch die Frage nach einer lernförderlichen Atmosphäre. Diesbezüglich werden verschiedene Aspekte diskutiert, die vor allem auf die Wertschätzung des Kindes als gleichwertigen Interaktionspartner, Respekt vor den Kindern z.B. bezüglich ihrer Vorstellungen und Gedanken sowie auf die Emotionen der Kinder gerichtet sind. Die folgenden Aspekte werden dazu aufeinanderfolgend erläutert:

- Aktives Zuhören und Aushandlung des Gesprächsziels
- Kommunikation auf einer Augenhöhe
- Zuwendung und Augenkontakt
- Metakommunikation
- Beobachtung/Allgegenwärtigkeit
- Beziehungsgestaltung und Atmosphäre
- Selbstbestimmung und Motivation

Aktives Zuhören und Aushandlung des Gesprächsziels

Wie bereits mit Watzlawick et al. (2011) und mit Youniss (1994) ausgeführt, existiert zwischen Fachkraft und Kindern ein asymmetrisches Verhältnis, das insofern mit einem Machtgefälle einhergehe, als die Fachkräfte gesellschaftlich bedingt über die Entscheidungs- und Deutungshoheit verfügten. Aus diesem

Grund sei es besonders wichtig, dass sich die Fachkraft im Gespräch mit den Kindern nicht einfach mit ihren Themen durchsetze, sondern das Gesprächsziel mit den Kindern abspreche.

So könne verhindert werden, dass Themen der Kinder übergangen und nicht zum Gesprächsinhalt würden, und Interaktionsabbrüche aufgrund von Unzufriedenheit mit dem Interaktionsverlauf werden vermieden (Delfos, 2004; Laewen, 2012; Weltzien, 2014).

Kommunikation auf Augenhöhe

Aufgrund des asymmetrischen Verhältnisses zwischen Fachkraft und Kindern sei es besonders bedeutsam, dass sich die Fachkraft um eine Interaktion auf einer Augenhöhe mit dem Kind bemühe, die dem Kind in der Gestaltung der Interaktion eine Gleichberechtigung vermittle. Delfos (2004) verweist hier auf die Bedeutsamkeit der nonverbalen Ebene. Mache sich die Fachkraft größer als das Kind, vermittle sie eine Beanspruchung der Führungsposition innerhalb der Interaktion. Mache sie sich dagegen kleiner als das Kind brächte sie zum Ausdruck, dass sie die Führungsposition innerhalb der Interaktion an das Kind abgibt. Befände sich die Fachkraft wiederum auf einer Augenhöhe mit dem Kind, könne darüber eine Gleichberechtigung in der Gestaltung der Interaktion vermittelt werden. Soll das Kind also als gleichberechtigter Interaktionspartner betrachtet werden, sei eine Interaktion auf einer Augenhöhe hilfreich (Delfos, 2004; Westerholt, 2012).

Zuwendung und Augenkontakt

Um dem Kind zu signalisieren, dass man ihm zuhöre und an seiner Erzählung interessiert sei, sei es günstig, sich körperlich dem Kind zuzuwenden und einen Blickkontakt herzustellen. Dabei sollte ggf. toleriert werden, dass das Kind seinerseits den Blickkontakt nicht hält, weil dies ein Ausdruck des Denkens sein könnte. Das Abwenden des Blicks könne dann der inneren Konzentration dienen (Delfos 2004; Melzer und Methner, 2012).

Metakommunikation

Metakommunikation stelle ein bedeutsames Mittel dar, um die Gesprächssituation zum Beispiel bei Missverständnissen oder Unzufriedenheit zu klären. Das Gespräch könne dann zum Gegenstand gemacht werden und Ziele der Interaktion abgesprochen werden (Potthoff, Steck-Lüschow und Zitzke 1995; Delfos 2004, Weltzien, 2014).

Beobachtung/Allgegenwärtigkeit

Um die Bedürfnisse und Lernprozesse eines Kindes wahrzunehmen und prompt auf die Kinder reagieren zu können, benötige die Fachkraft die Kompetenz, die einzelnen Kinder, aber auch die Gruppe als Ganzes im Blick zu haben.

Nur so könne sie die Bedürfnisse und Lernprozesse der Kinder rechtzeitig erkennen und mit den Kindern in Interaktion treten, bzw. auf einen Interaktionswunsch des Kindes reagieren (Schelle, 2011; Leu, 2008).

Beziehungsgestaltung und Atmosphäre

Weltzien (2014) macht deutlich, dass ein positiver Zusammenhang zwischen der Beziehungsgestaltung sowie der herrschenden Atmosphäre und der Beteiligungsbereitschaft der Kinder existiert. Dabei gelte es heute als unbestritten, dass Kinder nicht nur Beziehungen und Bindungen zu ihren Eltern (primäre Bindungsbeziehungen) eingehen, sondern auch mit anderen Betreuungspersonen (sekundäre Bindungsbeziehungen, z.B. mit Fachkräften in Kindergärten), auch wenn diese nicht als Äquivalent zu der Eltern-Kind-Bindung betrachtet werden können (Ahnert, 2008; Gloger-Tippelt, 2005).

Im Zusammenhang mit der Beziehungsqualität zwischen Fachkräften und Kindern werden emotional unterstützende Dialoge, ein sensitives Eingehen auf die Kinder, Stressreduktion und das Bieten von Sicherheit als bedeutungsvoll genannt (Ahnert, 2008; Remsperger, 2011). Allerdings scheine dabei nicht entscheidend zu sein, dass sich die Fachkraft ausschließlich auf ein Kind individuell beziehe, sondern dass es ihr gelänge, ein emphatisches, gruppenbezogenes Verhalten zu zeigen, das die sozialen Bedürfnisse des Kindes unter Berücksichtigung der Anforderungen der gesamten Gruppe zum richtigen Zeitpunkt erfülle (Ahnert, 2008; Becker-Stoll, 2009). Zuwendung umfasse dabei eine liebevolle, emotional warme pädagogische Kommunikationsweise (Ahnert, 2008).

Auch Delfos (2004) weist darauf hin, dass sich Kinder im Gespräch wohlfühlen sollten. Entscheidend dafür sei, dass das Gespräch durch Wärme, Respekt und Echtheit gekennzeichnet sei (Delfos, 2004). Das Gefühl der Sicherheit sowie die Verfügbarkeit der Fachkraft steigere die Konzentration der Kinder für eine Tätigkeit (z.B. das Spiel) und die Explorationsbereitschaft des Kindes. Eine Stressreduktion erfolge durch die Regulation negativer Emotionen sowie durch das Überwinden von Ängsten, was der Sicherheit und Explorationsbereitschaft der Kinder diene (Ahnert, 2008).

Daher wird ein feinfühliges pädagogisches Handeln in der Interaktion mit Kindern als bedeutsam gesehen (Remsperger, 2011). Spitzer (2002) führt darüber hinaus aus, dass Kinder vor allem dann gut lernen, wenn die Erfahrungen, die sie machen, positiv sind.

Positive Erfahrungen resultieren seiner Ansicht nach vor allem aus positiven Sozialkontakten. Mit Blick auf die Rolle des erwachsenen Interaktionspartners bedeute dies, dass er eine Lernumgebung mit entsprechenden positiven Sozialkontakten schaffen müsse, um damit dem Kind positive Lernerfahrungen zu ermöglichen.

Nach Remsperger (2011) setze dies voraus, dass an erster Stelle die erwachsenen Interaktionspartner selbst sensitiv und responsiv interagieren, die Kinder in ihrer Eigenartigkeit annehmen und den Kindern damit als Vorbild dienen. Des Weiteren müssten diese aber auch für einen respektvollen Umgang der Kinder miteinander sorgen (Remsperger, 2011).

Selbstbestimmung und Motivation

Deci und Ryan (1993) verweisen in ihren Ausführungen zum Thema Selbstbestimmung und Motivation auf die Bedeutsamkeit intrinsischer Motivation für die Lernbereitschaft der Kinder. Dabei unterscheiden sie zwischen intrinsischer und extrinsischer Motivation und benennen vier Formen der Motivationsregulation (Deci und Ryan 1993, S. 4f.):

1) Typ der externalen Regulation: Hierunter falle Verhalten, das ausgeführt werde, um eine Belohnung zu erhalten oder angedrohten Bestrafungen zu entgehen. Das Verhalten sei von äußeren Anregungs- und Steuerungsfaktoren abhängig. Damit entspreche es weder dem Prinzip der Autonomie noch dem der Freiwilligkeit.

2) Typ der introjizierten Regulation: Die Verhaltensweisen folgten internen Anstößen und innerem Druck. Das Verhalten sei für die eigene Selbstachtung relevant. Etwas werde gemacht, weil es sich gehöre oder weil man sonst ein schlechtes Gewissen habe. Äußere Handlungsanstöße seien hier nicht mehr nötig. Die Verhaltensweisen würden durch innere Kräfte kontrolliert oder erzwungen. Dabei würden die inneren Kräfte dennoch einem external wahrgenommenen Ort der Handlungsverursachung zugesprochen (z.B. geltende gesellschaftliche Normen und Werte).

3) Typ der identifizierten Regulation: dieser Typ sei erreicht, wenn eine Verhaltens weise vom Selbst als persönlich wichtig oder wertvoll erachtet werde. Es werde also nicht getan, weil man es solle, bzw. sonst ein schlechtes Gewissen habe, sondern weil man es für wichtig halte. Die Person habe sich mit den Werten und Zielen identifiziert und diese in das individuelle Selbstkonzept integriert.

4) Typ der integrierten Regulation: Diese Form der extrinsischen Motivation gehe mit dem höchsten Grad an Selbstbestimmung einher. Das Individuum identifiziere sich mit den Normen, Zielen und Handlungsstrategien und habe diese in das Selbstkonzept integriert. Dadurch nehme sich die Person als Auslöser ihres Tuns war und erlebe es, ähnlich wie bei der intrinsischen Motivation, als selbstbestimmt.

So könne extrinsisches Verhalten durch Prozesse der Internalisation und Integration in selbstbestimmt wahrgenommene Handlungen überführt werden. Der integrierte Regulationsstil extrinsischer Motivation und die intrinsische Motivation bildeten daher die Basis des selbstbestimmten Handelns. Dabei unterschieden sich intrinsisch und integriert extrinsisch motivierte Verhaltensweisen dadurch, dass intrinsische autotelisch (um ihrer selbst willen) ausgeführt würden und integriert extrinsische eine instrumentelle Funktion besäßen. Die integriert extrinsischen Verhaltensweisen würden dabei aber freiwillig ausgeführt und von der Person hoch bewertet (Deci und Ryan 1993).

Für motiviertes Lernen sind daher diese beiden Motivationsformen besonders relevant und in der Gestaltung von Lern- und Bildungssituationen erstrebenswert. Deci und Ryan (1993) gehen dabei davon aus, dass das Auftreten intrinsischer und integriert extrinsischer Motivation (und damit hochwertigen Lernens) durch die Umwelt unterstützt werden könne, wenn diese die Erfüllung der Bedürfnisse nach Kompetenz, Autonomie und sozialer Eingebundenheit unterstütze. Daher ist es Aufgabe der Fachkräfte, die Bedürfnisse nach Kompetenz, Autonomie und sozialer Eingebundenheit in den Bildungs- und Lernsituationen zu fördern, um hochwertige Lernprozesse der Kinder zu unterstützen. Deci und Ryan (1993, S. 11) fassen die Bedeutung der Unterstützung selbstbestimmter Motivation daher wie folgt zusammen:

Umwelten, in denen wichtige Bezugspersonen Anteil nehmen, die Befriedigung psychologischer Bedürfnisse ermöglichen, Autonomiebestrebungen des Lerners unterstützen und die Erfahrung individueller Kompetenzen ermöglichen, fördern die Entwicklung einer auf Selbstbestimmung beruhenden Motivation. Die Erfahrung, eigene Handlungen frei wählen zu können, ist der Eckpfeiler dieser Entwicklung. Entscheidend ist auch die eigene Wertschätzung des Handlungsziels auf der Basis intrinsischer oder integrierter extrinsischer Motivation. Im Gegenzug bewirkt die engagierte Aktivität des Selbst eine höhere Lernqualität und fördert zugleich die Entwicklung des individuellen Selbst. Verantwortlich für alle diese Prozesse sind letztendlich die sozialen Bedingungen, die das Bestreben nach Autonomie, Kompetenz und sozialer Eingebundenheit unterstützen oder verhindern.

3.4.2 Zwischenfazit

Zusammenfassend lässt sich mit Nentwig-Gesemann und Nicolai (2014) sagen, dass die Kinder im Kindergarten auf Verbundenheit, Bindungssicherheit und Vertrauen ebenso angewiesen sind, wie auf Autonomie in Form von Selbstbestimmung und Wirksamkeitserleben. Im Sinne der Schaffung einer positiven Atmosphäre bestimmt dies auch mit, inwieweit sich Kinder mit Selbstvertrauen in der Einrichtung bewegen und sich auf Neues sowie Bildungs- und Lernprozesse einlassen (können) (Gloger-Tippelt, 2005).

Nentwig-Gesemann und Nicolai (2014, S. 68) leiten daraus eine Interaktionsethik mit Kindern im Kindergarten ab, die wie folgt lautet:

Professionelles pädagogisches Handeln bedeutet dann auf einer metanormativen, bzw. interaktionsethischen Perspektive, die Autonomie, Integrität, die Gefühle, die Würde und die Rechte des Kindes auch und gerade in solchen Situationen wahrzunehmen und zu bewahren, in denen es sich in einer Herstellungskrise befindet, die es möglicherweise physisch und psychisch noch nicht vollkommen eigenständig bewältigen kann.

4. Zusammenfassung des Theoriehintergrunds

Zusammenfassend wird unter Interaktion sowohl die verbale als auch nonverbale Mitteilungsebene verstanden. Sie wird als eine wechselseitige Beeinflussung mindestens zweier Individuen betrachtet.

Des Weiteren wird Interaktion als in einen Interaktionskontext eingebettet aufgefasst und auch die Interaktion der Personen mit der sozialen sowie dinglichen Umwelt als bedeutsam erachtet. Watzlawick et al. (2011) gehen davon aus, dass der Mensch nicht nicht interagieren kann und dass Interaktion neben einer inhaltlichen Ebene auch eine Beziehungseben beinhaltet, die zum Ausdruck gebracht wird.

Interaktion kann dabei durch eine Symmetrie oder eine Asymmetrie, bzw. Komplementarität der Interaktionspartner geprägt sein.

Für die vorliegende Dissertation wird ein Schwerpunkt auf Interaktionen im pädagogischen, bzw. erzieherischen Kontext gelegt, so dass Interaktion hier als eine pädagogische zwischen Educans und Educandus aufgefasst werden muss. Im spezielleren ist Interaktion hier nicht auf die Frage gerichtet, wie Erziehung allgemein gelingt, sondern spezifischer, wie kognitiv anregende Interaktionen, in Anlehnung an Sylva et al. (1980), als ein Teilaspekt pädagogischer Interaktionen gelingen. Dabei wird von Interaktionen im Sinne eines Sustained Shared Thinking (Siraj-Blatchford et al., 2002b) ausgegangen und vor allem auf die in Kapitel 3.2 beschriebenen Techniken der kognitiven Anregung zurückgegriffen.

So vielfältig wie die Begriffe Kommunikation und Interaktion ausgelegt werden, so vielfältig sind auch Kommunikations- bzw. Interaktionstheorien herausgearbeitet worden. Analog dazu, dass in der vorliegenden Dissertation ein Schwerpunkt auf pädagogische Interaktionen gelegt wird, haben vor allem die Interaktionstheorien Watzlawicks et al. (2011), Deweys (z.B. [1916] 1993; [1986] 2002) und Sylva et al. (1980) Einfluss auf pädagogische Interaktionstheorien genommen, zugleich aber auch konstruktivistische Erkenntnis- und Lerntheorien, die in pädagogischen Kontexten heute diskutiert werden. Konstruktivistische Ansätze zum Lernen und Lehren, die im Elementarbereich derzeit besonders im Fokus stehen, sind der Ansatz der „Förderung in der Zone der nächsten Entwicklung" nach Wygotsky (1987), der daran stark angelehnte instruktionale Ansatz des „Scaffolding" nach Wood, Bruner und Ross (1976) sowie der Ansatz des „Sustained Shared Thinking" nach Siraj-Blatchford et al. (2002b), der eine Integration von Instruktion und Konstruktion darstellt. Aus den konstruktivistischen Erkenntnis- und Lerntheorien sowie Lern-Lehr-Ansätzen wurden Aspekte zur Gestaltung konstruktivistischer, kognitiv anregender Lernumgebungen abgeleitet und Techniken der kognitiven Anregung aufgezeigt.

Entsprechend der Fokussierung auf soziokulturelle, bzw. ko-konstruktivistische Erkenntnis- und Lerntheorien im Elementarbereich, spielt die Begleitung durch die Fachkraft im Bildungs- und Lernprozess der Kinder eine besondere Rolle. Ihre Aufgabe ist es, eine kognitiv anregende Lernumgebung zu gestalten und die Kinder in Freispielsituationen ebenso kognitiv anzuregen wie in Bildungsangeboten. Dazu wurden im mathematischen und naturwissenschaftlichen Bildungsbereich fachdidaktische Hinweise herausgearbeitet, wie eine solche kognitiv anregende Lernumgebung, die instruktionale Momente ebenso beinhalten wie konstruktivistische, gestaltet werden kann und welche Rolle dabei die Fachkraft einnimmt. Dies kann in Form einer von der Fachkraft geplanten Förderung in der Zone der nächsten Entwicklung im Sinne eines Scaffolding geschehen, bei dem die Konstruktionsleistungen der Kinder durch den Wissensvorsprung der Fachkraft gezielt gefördert werden, oder kann in einer stärker ko-konstruktivistischen Form erfolgen, indem Fachkraft und Kind(er) in der Interaktion ein gemeinsames Verständnis oder Wissen aushandeln, bei dem das gemeinsame voneinander Lernen stärker im Fokus steht. Ebenso sollte die Fachkraft Scaffolding und ko-konstruktivistische Interaktionen zwischen den Kindern ermöglichen und initiieren.

Dabei kann sie auf verschiedene Techniken zurückgreifen, wie z.B. die Kinder zum (lauten) Denken anzuregen. Über die eigentliche kognitive Anregung der Kinder hinaus sind jedoch weitere Aspekte bedeutsam, die in Kapitel 3.4 zur Sprache kamen.

Dies sind z.B. das Spiel, bzw. das Tun der Kinder zu beobachten, a) um sich einen Überblick darüber zu verschaffen, womit sich das Kind aktuell beschäftigt, bzw. wofür es sich interessiert, b) um abzuschätzen, ob ein geeigneter Zeitpunkt gegeben ist, um mit dem Kind in eine kognitiv förderliche Interaktion zu treten sowie c) um sich einen Überblick über den aktuellen

Entwicklungsstand und über das Entwicklungspotential in der Zone der nächsten Entwicklung des Kindes zu verschaffen. Ebenso stellen die Wertschätzung der Kinder, die Schaffung einer positiven Atmosphäre sowie die

Ermöglichung und Aufrechterhaltung von intrinsischer, bzw. selbstbestimmter Motivation der Kinder eine bedeutsame Voraussetzung von kognitiv anregenden Interaktionen im Sinne einer positiven Lernatmosphäre dar.

Im nachstehenden Kapitel sollen nun einige Studienergebnisse zur Gestaltung kognitiv anregender Fachkraft-Kind-Interaktionen aufgezeigt werden.

5. Forschungsstand zu kognitiv anregenden Interaktionen

5.1 Quantitative Studien

Im Folgenden soll über Studien berichtet werden, die erstens den Einfluss der globalen Qualität der Einrichtung auf die kindliche Entwicklung, zweitens den Einfluss der Qualität der Fachkraft-Kind-Interaktion im Allgemeinen sowie drittens den Einfluss der Qualität kognitiv anregender Fachkraft-Kind-Inter- aktionen auf die kindliche Entwicklung beschreiben. Darüber hinaus wird über Studien zur naturwissenschaftlichen Bildung im Elementarbereich berichtet, die den Einfluss verschiedener naturwissenschaftlicher Settings auf den Wissens- zuwachs der Kinder untersuchen.

Studien zum Einfluss der Qualität der Einrichtung auf die kindliche Entwicklung

Anders (2013) weist darauf hin, dass ein positiver Einfluss der Qualität von vorschulischer Betreuung auf die Entwicklung der Kinder durch verschiedene Studien nachzuweisen ist. In der NICHD ECCRN-Studie[10] wurden zu Beginn (im Jahr 1991) N = 1.364 Kinder und deren Familien einbezogen. Die NICHD ECCRN-Studie ist längsschnittlich angelegt und begleitet die Kinder von der Geburt bis zum Ende der sechsten Klasse. Mit Erreichen des 15. Lebensjahrs der Kinder erfolgte eine Nachuntersuchung (NICHD SECCYD-Study[11]).

Die NICHD ECCRN-Studie (2005a; b) weist auf einen positiven Einfluss der Qualität der Einrichtung auf die kognitiv-sprachliche Entwicklung und auf die schulische Leistung in Mathematik und Naturwissenschaften hin. Auch Sylva, Stein, Leach, Barnes und Malmberg (2011a) können diesen Befund in ihrer Langzeitstudie „Families, Children und Childcare" (N = 1.201 Kinder),

---

10 NICHD ECCRN: National Institute of Child Health and Human Development; Early Child Care Research Network
11 NICHD SECCYD: National Institute of Child Health and Human Development; Study of Earl Child Care and Youth Developmend

die den Effekt unterschiedlicher Betreuungsformen z.B. auf die kognitive, sprachliche Entwicklung der Kinder untersuchte, bestätigen.

In der repräsentativen, querschnittlichen NUBBEK-Studie (Tietze, Becker-Stoll, Bensel, Eckhardt et al., 2012) wurde der Einfluss familialer und außerfamilialer Betreuung auf die Entwicklung der Kinder in Deutschland untersucht. Dabei wurden N = 268 Familien und deren Kinder einbezogen. Davon n = 162 Familien mit Kindern im Alter von zwei Jahren und n = 106 Familien mit vierjährigen Kindern. Sie weist ebenso auf diesen Effekt für Kinder in den ersten drei Lebensjahren hin.

Die Panelstudie BIKS[12] untersucht Bildungsprozesse, Kompetenzentwicklung und Selektionsentscheidungen im Vor- und Grundschulalter. In der ersten Längsschnittuntersuchung wurden Kinder vom dritten bis zum achten Lebensjahr und in der zweiten Längsschnittuntersuchung Kinder vom achten bis zum zwölften Lebensjahr begleitet. Insgesamt wurden N = 97 Einrichtungen aus Hessen (n = 37) und Bayern (n = 60) in die Studie einbezogen. Die BIKS-Studie (Anders, Große, Roßbach, Ebert und Weinert, 2012a; Anders, Roßbach, Weinert, Ebert, Kuger und von Maurice 2012b) kann einen Effekt der Qualität der Betreuung auf die mathematischen Kompetenzen der Kinder aufzeigen.

In die EPPE[13] und EPPSE-Studie[14] von Sylva, Melhuish, Sammons, Siraj-Blatchford und Taggart (2011b), wurden in England N = ca. 3000 Kinder, bzw. N = 141 Einrichtungen, die von den Kindern besucht wurden, in die Untersuchung einbezogen. Untersucht wurde hier der Effekt der Qualität vorschulischer Betreuung auf die kognitive Entwicklung sowie das Verhalten der Kinder. Sylva et al. (2011b) konnten zeigen, dass ein enger Zusammenhang zwischen der Qualität der Einrichtung und der kognitiven, sozialen und emotionalen Entwicklung der Kinder besteht. Je höher die Qualität der Einrichtung (Prozess-, Struktur- und Orientierungsqualität), desto besser die Entwicklung der Kinder im emotionalen, sozialen und kognitiven Bereich.

---

12 BIKS: Bildungsprozesse, Kompetenzentwicklung und Selektionsentscheidungen
13 EPPE: Effective Provision of Preschool Education
14 EPPSE: Effective Preschool, Primary and Secondary Education

Studien zum Einfluss der Qualität der
Fachkraft-Kind-Interaktion auf die kindliche Entwicklung

Die längsschnittlich angelegte, internationale Vergleichsstudie ECCE[15] (Tietze, Roßbach und Grenner, 2005) untersuchte die Qualität der Einrichtung auf die kognitive und sozial-emotionale Entwicklung vierjähriger Kinder. Insgesamt wurden vier Länder in die Studie einbezogen: Österreich, Deutschland, Portugal und Spanien. Die Stichprobe umfasste insgesamt 314 Einrichtungen (43 in Österreich, 103 in Deutschland, 88 in Portugal und 80 in Spanien) und N = 1.244 Kinder und deren Familien. Auch im Rahmen dieser Studie konnte ein Einfluss der Qualität der Fachkraft-Kind-Interaktion auf die kindliche Entwicklung aufgezeigt werden. Den deutschen Einrichtungen wurde in dieser Hinsicht eine eher mittelmäßige Qualität bescheinigt.

Smidt (2012) untersuchte in seiner Studie die Qualität von Fachkraft-Kind-Interaktionen im Kindergarten. In die Studie wurden n = 102 Kinder aus 51 Kindergärten einbezogen. 44 Kindergärten hatten ihren Standort in Bayern und weitere sieben Kindergärten in Hessen. Smidt (2012) weist auf einen Effekt der Berufserfahrung auf die Qualität der Fachkraft-Kind-Interaktion hin. So zeigen Fachkräfte mit einer längeren Berufserfahrung eine niedrigere Interaktionsqualität auf als Fachkräfte mit weniger Berufserfahrung. Andere Studien aus Deutschland (z.B. Tietze, Meischner, Gänsfuß, Grenner et al., 1998), die einen ähnlichen Effekt ausweisen, führen dies auf Belastungen der Erzieherinnen und einen daraus resultierenden Burnout zurück.

Die NICHD ECCRN-Studie (2000) deutet hier auf gegenteilige Ergebnisse hin. Jene Fachkräfte mit einer längeren Berufserfahrung zeigen eine höhere Interaktionsqualität auf als Fachkräfte mit geringerer Berufserfahrung. Dies wird damit begründet, dass berufserfahrene Fachkräfte mit ihrer Rolle vertrauter seien und ihr pädagogisches Handeln häufiger nach dem Prinzip der Entwicklungsangemessenheit ausrichteten. Smidt (2012) verweist daher insgesamt darauf, dass bezüglich des Einflusses der Berufserfahrung auf die Interaktionsqualität keine einheitlichen Ergebnisse berichtet werden.

---

15 ECCE: European Child Care and Education

Studien zum Einfluss der Qualität kognitiv anregender Fachkraft-Kind-Interaktionen auf die kindliche Entwicklung

Der Einfluss einer formal höheren (akademischen) Ausbildung auf die Qualität kognitiv anregender Interaktionen wird im deutschsprachigen Raum eher kontrovers diskutiert. So können einige Studien diesen Einfluss nachweisen, andere hingegen nicht (für eine Zusammenfassung siehe Fröhlich-Gildhoff et al., 2014). Im englischsprachigen Raum ist vor allem eine Studie hervorzuheben, die auf einen Effekt des Ausbildungsniveaus auf eine kognitiv anregende Interaktionsqualität hinweist. Die EPPE-Studie (Sylva et al., 2004) konnte nachweisen, dass eine akademische Ausbildung mit einer hohen kognitiv anregenden Interaktionsqualität einhergeht. Arbeiteten Fachkräfte mit niedrigerem Ausbildungsniveau mit einer akademisch ausgebildeten Fachkraft zusammen, zeigten auch diese eine höhere Interaktionsqualität als solche Fachkräfte, die nicht mit einer akademisch ausgebildeten Fachkraft zusammenarbeiteten.

Das international angelegte IEA-Preprimary Project[16] (Montie, Claxton und Lockhart, 2007) hatte zum Ziel Lehrerpraktiken zu identifizieren, die die Sprachfähigkeiten sowie die kognitive Leistung der Kinder im Alter von sieben Jahren beeinflussen. Dazu wurden N = 5.000 Kinder aus 15 Nationen einbezogen sowie N = 1.800 Settings, die die untersuchten Kinder besuchten. Das IEA-Preprimary Project (Montie et al., 2007) konnte aufzeigen, dass eine freie Wahl der Aktivitäten, eine Vielzahl unterschiedlicher Materialien sowie Aktivitäten der Kinder in kleinen Gruppen oder zu zweit einen positiven Effekt auf die sprachliche und kognitive Entwicklung der Kinder hat. Monti et al. (2007) betonen, dass neben der Gestaltung der Lernumgebung bedeutsam ist, dass sich die Fachkräfte aktiv in das Spiel der Kinder einbringen und dieses erweitern.

Diese Aspekte unterstreichen auch Sylva et al. (EPPE-Studie 2004) sowie Siraj-Blatchford et al. (REPEY[17]-Studie 2002b) und benennen darüber hinaus einen Wechsel zwischen freiem Spiel und strukturierten Angeboten als besonders effektiv. Für besonders hochwertige kognitiv anregende Interaktionen im Sinne eines Sustained Shared Thinking halten sie zusätzlich dyadische Interaktionen zwischen Fachkraft und Kind als bedeutsam.

---

16 IEA: International Association for the Evaluation of Educational Achievement.
17 REPEY = Researching Effective Pedagogy in the Early Years: Dieses Projekt wurden in enger Kooperation mit der EPPE-Studie durchgeführt und vor allem durch eine qualitative Analyse der kindlichen Aktivitäten sowie der pädagogischen Interventionen durch die Fachkräfte ergänzt. Dazu wurden Fallstudien in 12 Einrichtungen durchgeführt.

Zugleich konnten hochwertige Interaktionen zwischen Fachkraft und Kindern nur selten identifiziert werden. Sylva et al. (EPPE 2004) berichten z.B., dass hochwertige Interaktionen im Sinne eines Sustained Shared Thinking auch bei akademisch ausgebildeten Fachkräften in Einrichtungen mit einer hohen Qualität nur zu 5% aller identifizierten kognitiven Interaktionen aufgetreten sind. Dieser Befund wird z.B. von König (2006; 2009) sowie Leuchter und Saalbach (2014) bestätigt. König (2006; 2009) hat in N = 17 Kindergärten die pädagogischen Interventionen von N = 61 Fachkräften, davon n = 27 Fachkräfte aus Baden-Württemberg und n = 34 Fachkräfte aus Nordrhein-Westfahlen mittels Videographie analysiert. Sie konnte in ihrer Videostudie aufzeigen, dass die Mehrheit der Interaktionen vor allem Handlungsanweisungen an die Kinder beinhalten. Die Studie von Leuchter und Saalbach (2014) ist

„Teil einer Implementationsstudie, in welcher der Wissenszuwachs von Kindern im Kontext einer strukturierten Lernumgebung zum Schwimmen und Sinken im Fokus stand. Die Lernumgebung wurde insgesamt in 13 Kindergartengruppen und 14 Grundschulklassen der ersten und zweiten Klassenstufe in der Schweiz mit insgesamt 537 Kindern implementiert" (Leuchter und Saalbach 2014, S. 122).

Leuchter und Saalbach (2014) berichten als Ergebnis ihrer Studie, dass im Rahmen naturwissenschaftlicher Lernangebote, nur selten hochwertige verbale Unterstützungsmaßnahmen angewandt werden.

Pianta und Hamre (2009) nahmen eine Sekundäranalyse der erhobenen Prozessqualität in 2.500 Klassen der Vorschul- und Elementarstufe, die durch unterschiedliche Studien erfasst wurden, mit Hilfe der CLASS[18] vor. Dabei wurden drei Dimensionen unterschieden: instructional support (Unterstützung des Lernprozesses); emotionale support (emotionale Unterstützung) und classroom organization (Klassenführung). Mit Blick auf die Dimension „instructional support" bescheinigten sie den untersuchten Einrichtungen eine geringe Qualität der kognitiven Förderung.

---

18 CLASS = Classroom Assessment Scoring System

Studien zum Einfluss verschiedener naturwissen- schaftlicher Settings auf die kindliche Entwicklung

Steffensky, Lankes, Carstensen und Nölke (2012) untersuchten im SNaKE[19]-Projekt mit N = 257 Kindern aus 13 Kindergärten aus Münster die Frage, welchen Einfluss Experimente und Alltagssituationen, die als Lernanlässe herangezogen werden, bzw. deren Kombination auf das Wissen der Kinder hat. Dazu wurden fünf Lernumgebungen, bzw. Gruppen gebildet:

Experimentalgruppe (EG1): in dieser wurden Experimente mit den Kindern durchgeführt. Vermutungen, Vorgehensweisen und Deutungen wurden besprochen, aber kein expliziter Bezug zum Alltag der Kinder hergestellt.

Alltagsgruppe (EG2): in dieser Gruppe wurden Gespräche über naturwissenschaftliche Alltagssituationen geführt.

Kombination (EG3): in dieser Gruppe wurden sowohl in derselben Weise Experimente durchgeführt wie in EG1 als auch Gespräche über naturwissenschaftliche Alltagssituationen geführt, wie in EG2. Darüber hinaus gab es zwei Kontrollgruppen:

Baseline (BG): diese Gruppe erhielt keinerlei Treatment.

Kontrollgruppe (KG): erfuhr ein Time-on-Task-Treatment, das weder Experimente noch Gespräche über naturwissenschaftliche Alltagssituationen enthielt (Steffensky et al., 2012).

Das Ergebnis ist, dass nur die Kombination (EG3) gegenüber der Baseline (BG) und der Kontrollgruppe (KG) einen Lernfortschritt aufweist. Das Ergebnis wird von Steffensky et al. (2012) als erwartungskonform eingeschätzt, weil die Kinder hier von den Vorteilen beider Lernumgebungen profitieren könnten. Durch die Experimente könnten Phänomene und Sachverhalte besonders gut herausgearbeitet werden und in Kombination mit dem Bezug zum Alltag der Kinder in einen realen Kontext gestellt werden. Dies erleichtere das Wiedererkennen des Phänomens, bzw. Sachverhalts in anderen alltäglichen Situationen. Die Gruppen EG1 und EG2 fielen nicht erwartungskonform aus. So unterschieden sich diese beiden Gruppen im Lernzuwachs nicht signifikant von den beiden Kontrollgruppen (BG und KG). Darüber hinaus unterschieden sich EG1 und EG2 auch nicht signifikant voneinander (Steffensky et al., 2012).

---

19 SNaKE = Studie zur naturwissenschaftlichen Kompetenzentwicklung im Elementarbereich

Steffensky et al. (2012) heben daher die Bedeutung der Verknüpfung von Experimenten und Gesprächen über naturwissenschaftliche Alltagssituationen, indem ein Bezug zwischen den im Experiment beobachtbaren Phänomenen und Sachverhalten und dem Alltag der Kinder hergestellt und besprochen wird, hervor. Sie halten fest, dass eine solche Verknüpfung bisher selten stattfindet und daher das Potential naturwissenschaftlichen Lernens bisher nicht ausgeschöpft wird.

Hardy, Jonen, Möller und Stern (2006) und Windt (2010) untersuchten ebenfalls den Einfluss naturwissenschaftlicher Lernumgebungen auf den Lernzuwachs der Kinder. Dabei betrachteten sie einen unterschiedlichen Grad der Unterstützung im Sinne eines Scaffolding durch die Fachkräfte. Hardy et al. (2006) führten ihre Studie mit 161 Grundschülern der dritten Klasse durch. Hardy et al. (2006) bildeten dazu zwei Experimentalgruppen: Hohe instruktionale Unterstützung (High instructional support = HIS): in dieser Gruppe aktivierte der Lehrer die Schüler im Sinne eines Scaffolding kognitiv, indem er auf das Tun der Schüler eingeht oder einen Bezug zwischen den Aktivitäten der Schüler herstellt, indem er auf Fehlkonzepte der Schüler hinweist oder indem er die Schüler dazu anregt, Hypothesen zu bilden und Beobachtungen zu machen.

Die Schüler führten dabei die Experimente eigenaktiv durch. Die Experimentiereinheit wurde hier in Sequenzen vorstrukturiert angeboten, die von Basiskonzepten hin zu integrierten Konzepten aufgebaut war. Geringe instruktionale Unterstützung (Low instructional support = LIS): in dieser Gruppe wurde die Experimentiereinheit offener gestaltet. Die Schüler konnten hier Aktivitäten mit verschiedenen, selbstgesetzten Zielen nachgehen. Eine Vorstrukturierung in kleinere Einheiten wie in der Gruppe HIS lag hier entsprechend nicht vor. Die Unterstützung im Sinne eines Scaffolding erfolgte hier stärker schülerzentriert und der Lehrer hatte mehr eine organisatorische Funktion und gab weniger inhaltsbezogene Anregungen. Die Schüler interagierten stärker miteinander und prüften die je eigenen Hypothesen. Zur Kontrolle gab es eine dritte Gruppe (Baseline), die keine Instruktionen erhielt. Das Ergebnis weist aus, dass beide Experimentalgruppen (HIS und LIS) gegenüber der Kontrollgruppe (Baseline) einen Lernzuwachs hatten und Konzepte zum Thema Schwimmen und Sinken verstanden haben. In einem ein Jahr später folgenden Posttest produzierte die Experimentiergruppe HIS gegenüber der Gruppe LIS weniger Fehlkonzepte und gab häufig wissenschaftliche Erklärungen für ein Phänomen ab (im Vergleich zu naiven Alltagserklärungen).

Hardy et al. (2006) heben daher die Bedeutung von Unterstützung im Sinne eines Scaffolding durch die Fachkräfte in Experimentiersituationen hervor.

Auch Windt (2010) ging der Frage nach, welchen Einfluss die Lernumgebung auf den Fachwissenszuwachs der Kinder hat. Dazu untersuchte sie drei verschiedene Lernumgebungen im naturwissenschaftlichen Bildungsbereich in Dortmunder Kindergärten mit N = 42 Kindern, die bezüglich des Grads der Selbständigkeit der Kinder und der Rolle der Fachkraft variierten:

Kleingruppe: In dieser Gruppe führten die Kinder die Experimente mit Unterstützung durch die Fachkraft durch. Die Fachkraft strukturierte die Experimente, leitete die Kinder an und unterstützte die Kinder.

Forscherecke: In dieser Gruppe führten die Kinder die Experimente in der Forscherecke selbstgesteuert durch. Die Fachkraft fungierte vor allem als Ansprechpartnerin.

Kombiniert: Die Kinder dieser Gruppe führte mit täglichem Wechsel sowohl Experimente unter Anleitung und Unterstützung durch die Fachkraft durch und experimentierte in der Forscherecke selbstgesteuert.

Baseline: Die Kinder dieser Kontrollgruppe experimentierten gar nicht.

Windt (2010) konnte nachweisen, dass Kinder, die unter Anleitung der Fachkraft experimentiert haben, einen Fachwissenszuwachs gezeigt haben. In dem kombinierten Lernarrangement ist der Fachwissenszuwachs vergleichbar mit dem des angeleiteten Experimentierens. Der Fachwissenszuwachs der Kinder, die mit wenig Unterstützung und Anleitung nur in der Forscherecke experimentiert haben, zeigten dagegen einen geringeren Wissenszuwachs als die beiden anderen Kindergruppen. Dies weist auch hier auf die Bedeutung der Begleitung, Strukturierung und Unterstützung durch die Fachkraft für einen Fachwissenszuwachs hin.

5.2 Qualitative Studien

Wird die Interaktion zwischen Fachkraft und Kindern qualitativ erforscht, lassen sich derzeit vor allem Studien zur Qualität der Fachkraft-Kind-Beziehung und deren Einfluss auf die kognitive Entwicklung aufzeigen sowie mikroanalytische Studien zu kognitiv anregenden Interaktionen zwischen Fachkraft und Kindern.

Qualitative Studien, die sich in den letzten Jahren mit kognitiv förderlichen Interaktionen zwischen Fachkraft und Kindern beschäftigt haben sind beispielsweise die Studien von König (2006; 2009), Hopf (2011), Nentwig-Gesemann, Wedekind, Gerstenberg und Tengler (2012) sowie Alemzadeh (2014). Aus dem internationalen Kontext ist vor allem die REPEY-Studie von Siraj-Blatchford, Sylva, Muttock, Gilden und Bell. (2002b) als bedeutsam zu benennen.

König (2006; 2009) hat in N = 17 Kindergärten die pädagogischen Interventionen von N = 61 Fachkräften, davon n = 27 Fachkräfte aus Baden-Württemberg und n = 34 Fachkräfte aus Nordrhein-Westfahlen, mittels Videographie analysiert. Dazu betrachtete sie kognitiv förderliche Interaktionen im gesamten Kindergartenalltag. Sie konnte aufzeigen, dass die Interaktionen zwischen Fachkraft und Kindern vor allem durch alltägliche, organisatorische Aspekte geprägt sind und hauptsächlich Handlungsanweisungen an die Kinder vorherrschen.

Hopf (2011) untersuchte Interaktionen im Sinne eines Sustained Shared Thinking in naturwissenschaftlichen Angeboten (N = 24 Lehr-Lern-Einheiten à 30–45 Minuten), die durch die Forscher vorbereitet und durchgeführt wurden. Sie konnte aufzeigen, dass 30% der langanhaltenden Interaktionen als hochwertige kognitiv anregende Interaktionen im Sinne eines Sustained Shared Thinking identifiziert werden konnten. Des Weiteren eigneten sich Interaktionen im Sinne eines Sustained Shared Thinking innerhalb naturwissenschaftlicher Angebote zur Sprachförderung der Kinder.

Auch Nentwig-Gesemann et al. (2012) untersuchten in einer dokumentarisch fokussierenden, ethnographischen Studie die Interaktionsgestaltung von Fachkräften und Kindern in naturwissenschaftlichen Lernwerkstätten, die durch die Fachkräfte geplant und in Form eines Bildungsangebots durchgeführt wurden. Von besonderem Interesse waren die kindlichen Praktiken des naturwissenschaftlichen Forschens. Dazu wurden vier feste Kindergruppen kontinuierlich begleitet und Beobachtungsprotokolle sowie Videographien erstellt. Die Frage lautet, inwieweit die kindtypischen Praktiken innerhalb des didaktischen Settings zum Ausdruck kommen können. Dabei konnten Nentwig-Gesemann et al. (2012) vier Praktiken der Kinder herausarbeiten: a) spielerisch-animistische Praktiken; b) Aktionistisch-explorative Praktiken; c) Reproduzierend-wiederholende Praktiken; d) Problemlösend-reflexive Praktiken.

Sie weisen darauf hin, dass sich diese Praktiken der Kinder sowohl in stärker normativ vorstrukturierten Settings fanden, als auch in offeneren Settings, in denen die Erwachsenen die Kinder mehr beobachten und begleiten. Jedoch hat der jeweilige pädagogische Habitus der Fachkräfte einen wesentlichen Einfluss auf die Qualität, in der sich die handlungspraktischen Zugänge der Kinder entfalten können.

Alemzadeh (2014) betrachtete Interaktionen zwischen Fachkräften und Kindern im Rahmen einer Lernwerkstatt mit naturwissenschaftlicher Ausrichtung. Diese wurde in der Zeitspanne der Erhebung (eineinhalb Jahre) von 35 Kindergartengruppen (N = ca. 875 Kinder) besucht. Dabei stand das freie Spiel der Kinder im Vordergrund. Von besonderem Interesse war, wie es Fachkraft und Kindern gelingt, eine gemeinsame Rahmung der Interaktion herzustellen und aufrecht zu erhalten. Dazu wurden Beobachtungsprotokolle der Interaktionen zwischen den Kindern sowie zwischen den Kindern und den Fachkräften angefertigt. Alemzadeh (2014) konnte aufzeigen, dass verschiedene Praktiken der Beziehungsgestaltung, der Beobachtung, Dokumentation und Interpretation, der Bereitstellung und Sicherung von Raum, Zeit und Material, zur Unterstützung und Aufrechterhaltung von Peerinteraktionen, des Einbringens der eigenen Persönlichkeit sowie der Initiierung von Gesprächsanlässen durch die Fachkraft eine entscheidende Rolle für die Herstellung und Aufrechterhaltung einer gemeinsamen Rahmung spielen.

Siraj-Blatchford et al. (2002b) konnte im Rahmen der qualitativen Teilstudie der REPEY[20]-Studie in 12 Fallanalysen (Interview sowie Teilnehmende Beobachtung) besonders hochwertige, kognitiv anregende Interaktionen im Sinne eines Sustained Shared Thinking identifizieren. Interaktionen im Sinne eines Sustained Shared Thinking wurden vor allem bei Fachkräften mit einem akademischen Abschluss beobachtet, die in einer Einrichtung tätig waren, deren Qualität durch Siraj-Blatchford et al. (2002b) hoch eingeschätzt wurde. Fachkräfte mit einem akademischen Abschluss bieten den Kindern mehr Erfahrungen in akademischen Aktivitäten (z.B. Literacy, Mathematik) und ermutigten sie öfter, sich an kognitiv herausfordernden Aktivitäten zu beteiligen.

Häufig sei eine Modellierung durch die Fachkraft mit Perioden des Sustained Shared Thinking verbunden. Dabei eigne sich vor allem das Stellen offener Fragen, um die Kinder kognitiv anzuregen. Jedoch seien selbst in exzellenten Einrichtungen lediglich 5.1% aller Fragen in Form einer offenen Frage formuliert worden. Sustained Shared Thinking trat vor allem dann auf, wenn die Interaktion zwischen einer Fachkraft und einem Kind oder zwischen einer

---

20 REPEY = Researching Effective Pedagogy in the Early Years

Fachkraft und zwei Kindern stattfand. Daher eigneten sich vor allem diese Situationen für kognitiv anregende Interaktionen. Des Weiteren wird darauf hingewiesen, dass in exzellenten und guten Einrichtungen ein Gleichgewicht der Initiierung von Aktivitäten zwischen Fachkraft und Kindern herrschte. Kinder wie Fachkräfte initiierten etwa gleich oft eine Aktivität.

Dabei stellten vor allem die von Kindern initiierten Aktivitäten eine gute Basis für Phasen des Sustained Shared Thinking dar.

In der Studie von Remsperger (2011) wurde in N = 8 Einrichtungen in Bayern (eine Einrichtung), Rheinland-Pfalz (2 Einrichtungen) und Hessen (5 Einrichtungen) die Interaktion von Fachkraft und Kindern hinsichtlich der Responsivität der Fachkräfte untersucht. Ihre Ergebnisse weisen auf die hohe Bedeutung einer qualitätsvollen Fachkraft-Kind-Beziehung für die kognitive Entwicklung der Kinder hin. Als bedeutsame Komponenten der kognitiven Förderung werden vor allem ein responsives, feinfühliges, assistierendes und Exploration förderndes Handeln der Fachkräfte gesehen (Remsperger 2011).

5.3 Zwischenfazit

Die hier vorgestellten Studien weisen auf den Einfluss einer hohen Qualität der Einrichtung insgesamt und einer hohen Qualität von (kognitiv anregenden) Fachkraft-Kind-Interaktionen auf die emotionale, soziale und kognitive Entwicklung der Kinder hin. Dies hebt noch einmal – auch wenn der Lernprozess an sich eine Konstruktionsleistung des Kindes ist – die Rolle der Fachkraft in (Selbst-)Bildungssituationen von Kindern hervor. Die Kinder weisen vor allem dann einen Lernzuwachs auf, wenn sie in ihrem eigenaktiven Tun in einer konstruktivistischen Lernumgebung über kognitive Anregungen durch die Fachkraft unterstützt und begleitet werden.

Hinsichtlich der Frage, wie Fachkraft und Kinder kognitiv anregende Interaktionen genau gestalten und welchen Einfluss das auf die Qualität der Fachkraft-Kind-Interaktionen hat, gibt es bisher wenig Forschung. Bisher sind drei Studien bekannt, die mittels der Dokumentarischen Methode die Fachkraft-Kind-Interaktionen in naturwissenschaftlichen Bildungssituationen im Elementarbereich analysiert haben. Dabei stand im Vordergrund, zu klären, wie Fachkräfte und Kinder eine gemeinsame Rahmung herstellen und aufrechterhalten können, welche Praktiken naturwissenschaftlichen Experimentierens Kinder zeigen oder ob Interaktionen im Sinne eines Sustained Shared Thinking hergestellt werden können sowie in wieweit sich diese Interaktionsform für eine Sprachförderung der Kinder eignet. Die Frage in wieweit Fachkraft und Kinder in kognitiv anregenden Interaktionen auf einander Bezug nehmen und die Impulse der Fachkraft von den Kindern aufgegriffen werden, wurde bisher nicht untersucht.

Andere Settings, wie beispielsweise das Freispiel oder weitere bereichsspezifische Bildungsangebote, wie z.B. mathematische Angebotssituationen, wurden bisher ebenfalls noch nicht hinsichtlich dieser Frage analysiert. Ebenso untersuchen quantitativ ausgerichtete Forschungen die Fachkraft-Kind-Interaktion eher global (KES-R von Tietze, Schuster, Grenner und Roßbach, 2007 oder CLASS von Pianta et al. 2008), während mit dem Beobachtungssystem des Forschungsprojekts PRIMEL eine mikroanalytischere Identifikation pädagogischen Handelns der Fachkräfte ermöglicht wird (vgl. dazu auch Wadepohl et al., 2014). Mit der vorliegenden Studie soll daher eine Mikroanalyse der kognitiv anregenden Fachkraft-Kind-Interaktionen in drei unterschiedlichen Settings (Freispiel, mathematisches und naturwissenschaftliches Angebot) angestrebt werden, um die Forschungslücke hinsichtlich der Frage der Gestaltung dieser Interaktionen von Fachkraft und Kindern sowie dessen Einfluss auf die Qualität der kognitiv anregenden Interaktionsgestaltung, zu schließen.

6. Das eigene Forschungsvorhaben

In diesem Kapitel wird die eigene Studie vorgestellt. Dazu wird in Kapitel 6.1 zunächst die Grundanlage des Forschungsprojekts „Professionalisierung von Fachkräften im Elementarbereich" (PRIMEL) dargestellt, in das die Dissertation eingebettet ist. Darauffolgend wird in Kapitel 6.2 das eigene quantitativ und qualitativ angelegte Forschungsprojekt vorgestellt. Dabei wird zunächst auf die quantitative und im Anschluss auf die qualitative Studie eingegangen. Hier werden Aspekte wie die Fragestellung, Materialauswahl, Erhebungs- und Analyseverfahren sowie die Qualitätssicherung der Daten der jeweiligen Studie berichtet.

6.1 Das Forschungsprojekt PRIMEL

Das Verbund-Forschungsprojekt „Professionalisierung von Fachkräften im Elementarbereich" (PRIMEL[21]) wurde im Rahmen der Initiative „Ausweitung der Weiterbildungsinitiative Frühpädagogische Fachkräfte" (AWiFF) im Zeitraum von Dezember 2011 bis Ende März 2014 vom BMBF gefördert. Ziel der Förderlinie war es, empirisch gesicherte Erkenntnisse darüber zu gewinnen, welche institutionellen und personellen Voraussetzungen und Notwendigkeiten im Bereich der frühen Bildung vorliegen. Der Fokus der Förderlinie lag insgesamt auf der Aus- und Weiterbildung der pädagogischen Fachkräfte sowie dem Übergang ins Berufsleben.

---

21 Verbundpartner des Forschungsprojekts PRIMEL sind: Goethe Universität Frankfurt (Prof. Dr. D. Kucharz (Koordinatorin), Dipl. Päd. M. Tournier), Leibniz Universität Hannover (Prof. Dr. K. Mackowiak, Dipl.-Psych. H. Wadepohl), Pädagogische Hochschule Weingarten (Prof. Dr. M. Dieck, Prof. Dr. E. Rathgeb-Schnierer, Prof. Dr. S. Ziroli, Dipl.-Soz.-Päd. M. Janßen, C. Hüttel, Dipl.-Sportwiss. U. Billmeier), Universität Koblenz-Landau (Prof. Dr. A. Kauertz, BEd K. Gierl) in Kooperation mit den Pädagogischen Hochschulen Schaffhausen (Dr. C. Lieger, Dipl. Psych. C. Burkhardt Bossi) und St. Gallen (S. Bosshart).

6.1.1 Fragestellungen des Forschungsprojekts PRIMEL

Im Anschluss an die verschiedenen Studien zum Einfluss der Ausbildung der Fachkräfte auf die kindliche Entwicklung wurde im Forschungsprojekt PRIMEL der Frage nachgegangen, welchen Einfluss unterschiedliche Ausbildungen der pädagogischen Fachkräfte (fachschulische Ausbildung und akademische Ausbildung in Deutschland sowie akademische Ausbildung in der Schweiz) auf ihr pädagogisches Handeln in der Interaktion mit Kindern haben. Von Interesse war, wie es den pädagogischen Fachkräften gelingt, die durch die Bildungspläne geforderte bereichsspezifische Bildungsarbeit im Kindergarten umzusetzen. Als Indikatoren galten die bewusste Begleitung und Gestaltung des Freispiels sowie die Gestaltung von domänenspezifischen Bildungsangeboten (vgl. auch Mackowiak, 2014). Demzufolge stehen im Forschungsprojekt PRIMEL folgende Fragen im Zentrum:

- Wie gestalten frühpädagogische Fachkräfte in Deutschland und in der Schweiz die *Freispielbegleitung*?
- Wie unterstützen sie die kindliche Lernentwicklung, welche Bildungsimpulse geben sie?
- Wie gestalten sie die Beziehung zu den Kindern, wie gehen sie mit Körperkontakt um, wie regulieren sie kindliche Emotionen?
- Wie regeln sie den Ablauf und die Organisation des Freispiels?
- Wie begleiten frühpädagogische Fachkräfte in Deutschland und in der Schweiz *Bildungsangebote* im Bereich der Bewegungs-, künstlerisch-ästhetischen, mathematischen und naturwissenschaftlichen Bildung?
- Welchen *Einfluss* haben Merkmale der Strukturqualität sowie Einstellungen und Orientierungen der pädagogischen Fachkräfte auf die Gestaltung der Interaktion?

Dabei werden folgende Merkmale untersucht:

- unterschiedliche Ausbildungen der pädagogischen Fachkräfte;
- die räumliche, materielle und personelle Ausstattung der Einrichtung;
- Einstellungen und Wissen der pädagogischen Fachkräfte.

Es wird davon ausgegangen, dass akademisch ausgebildete Fachkräfte (DE und CH) mehr Interventionen im Bereich der Lernprozessgestaltung zeigen als Fachkräfte mit fachschulischer Ausbildung. Dies wird damit begründet, dass die akademisch ausgebildeten Fachkräfte (DE und CH) eine stärker auf die

Bildungsbereiche (z.B. Mathematik, Naturwissenschaften) und damit auf fach-didaktische Aspekte ausgerichtete Ausbildung erhalten als die fachschulisch ausgebildeten Fachkräfte. Daher wird zum einen davon ausgegangen, dass die akademisch ausgebildeten Fachkräfte (DE und CH) domänenspezifische Lern-prozesse schneller erkennen und identifizieren können. Zum anderen wird da-von ausgegangen, dass diese gelernt haben, wie das kindliche Lernen durch gezielte Impulse gefördert werden kann. Aus diesem Grund werden durch die akademisch ausgebildeten Fachkräfte (DE und CH) mehr Interventionen im Bereich der Lernprozessgestaltung erwartet als von den fachschulisch ausgebil-deten Fachkräften (vgl. auch Kucharz et al., 2014). Daher steht vor allem der Bereich der Lernprozessgestaltung im Fokus des Forschungsprojekts „PRIMEL".

6.1.2 Stichprobe des Forschungsprojekts PRIMEL

Angestrebt wurde eine Gruppengröße von 30 Fachkräften pro Ausbildungs-gruppe, was sich aus verschiedenen Gründen nicht realisieren ließ.

So war ursprünglich auch angestrebt, dass sich die Gruppe der Fachkräfte mit einem deutschen akademischen Abschluss ausschließlich aus Fachkräften mit dem neueren akademischen Abschluss zum Kindheitspädagogen zusam-mensetzt.

Da dies nicht gelang, wurden Fachkräfte mit anderen akademischen Ausbil-dungen, die einen pädagogischen Bezug (z.B. Sozialpädagogen) aufweisen, in die Gruppe mit einbezogen (vgl. auch Wadepohl et al., 2014). Insgesamt konn-ten jedoch 89 Fachkräfte für eine Teilnahme gewonnen werden, von denen 34 deutsche Fachkräfte über eine fachschulische, 30 deutsche Fachkräfte über eine akademische (davon 12 Kindheitspädagogen und 18 mit einem anderen akade-mischen Abschluss) und 25 schweizerische Fachkräfte über eine akademische Ausbildung zur Kindergartenlehrperson verfügen (vgl. Tabelle 1). Die Fach-kräfte sind durchschnittlich 34 Jahre alt (M = 34.32/SD = 10.91). 25 der Fach-kräfte kommen aus der Schweiz und 64 Fachkräfte aus Deutschland.

Die Altersspanne der Fachkräfte reicht dabei von 21 bis 60 Jahren. Lediglich eine der Fachkräfte ist männlich. Die durchschnittliche Berufserfahrung beträgt 10 Jahre (M = 9.54/SD = 9.68). Die Spanne der Berufserfahrung reicht dabei von 0.5 bis 40 Jahren (vgl. Tabelle 1).

Tabelle 1: Stichprobenbeschreibung (in Anlehnung an Wadepohl et al., 2014)

N = 89	Geschlecht		Alter			Berufserfahrung in Jahren		
	Männlich	Weinblich	Mittelwert	Min.	Max.	Mittelwert	Min.	Max.
D: Fachschulisch: Erzieher/innen n = 34	0	34	37	22	60	14	1	40
D: BA- Kindheitspädagoge n = 12	1	11	38	24	55	10	1	33
D: Anderes Studium n = 18	0	18	38	25	59	10	1	31
CH: Kindergarten- lehrpersonen n = 25	0	25	27	21	52	3	0,5	7

6.1.3 Design des Forschungsprojekts PRIMEL

Untersucht wurde im Forschungsprojekt PRIMEL der Einfluss der Strukturqualität und der Orientierungsqualität auf die Prozessqualität (vgl. Abbildung 8). Im Rahmen der Erfassung der Strukturqualität wurden hier Faktoren wie z.B. verschiedene Ausbildungsmodelle der pädagogischen Fachkräfte oder die Ressourcen der Kitas berücksichtigt. Die Orientierungsqualität wurde durch Faktoren wie die Einstellung der pädagogischen Fachkräfte zu ihrer pädagogischen Tätigkeit in der Kita sowie deren Fähigkeitsselbstkonzept mit Blick auf die vier Bildungsbereiche: Mathematik, Naturwissenschaften, Kunst-Ästhetik und Bewegung, und das Fachwissen ebenso wie das fachdidaktische Wissen in den oben genannten vier Bildungsbereichen erfasst. Die Strukturqualität und die Orientierungsqualität wurden mittels Fragebögen und Vignetten erhoben.

Als ein Aspekt der Prozessqualität wurde im Forschungsprojekt PRIMEL das pädagogische Handeln der Fachkräfte in den drei Bereichen a) Lernprozessgestaltung, b) Emotionsregulation und Beziehungsgestaltung, sowie c) Klassenführung erfasst. Dies beinhaltet vor allem die Kompetenzen der pädagogischen Fachkräfte im Umgang mit den Kindern im Rahmen der Freispiel- sowie der Angebotsbegleitung. Fokussiert wurden hier Aspekte wie das Geben von Impulsen, Anregungen und Rückmeldungen an die Kinder, aber auch Aspekte der Anerkennung und Wertschätzung der Kinder sowie die Klassen- bzw. Gruppenführung.

Die Prozessqualität wurde videographisch erfasst. Die Aufnahmen erfolgten über zwei Kameras: der Fachkraftkamera, die vor allem die Fachkraft in den Fokus nahm und der Kinderkamera, die auch die Perspektive der Kinder erfassen sollte. Auf diese Weise kann die Aussage, Mimik und Gestik aller Beteiligten innerhalb der Interaktion wahrgenommen werden. Für die Analyse wurde primär die Fachkraftkamera ausgewertet. Die Kinderkamera wurde vor allem dann herangezogen, wenn in der Fachkraftkamera etwas unverständlich oder nicht sichtbar war (z.B. aufgrund von technischen Störungen). Um eine Vergleichbarkeit des Videomaterials zu gewährleisten, wurde ein Kameraskript entwickelt, in dem festgehalten wurde, in welcher Weise die Fachkraft- bzw. die Kinderkamera zu führen ist (vgl. Abbildung 8).

Abbildung 8:   Design des Forschungsprojekts PRIMEL (in Anlehnung an Wadepohl et al., 2014)

6.1.4 Analyseverfahren des Videomaterials

Die Analyse der Freispiel- und Angebotsvideographien erfolgte mittels eines deduktiv entwickelten Beobachtungssystems. Dieses wurde in Anlehnung an die KES-R (Tietze, Schuster, Grenner und Roßbach, 2007) und den nationalen Kriterienkatalog (Tietze und Viernickel, 2007) entwickelt. Das Beobachtungssystem sollte die Erfassung der Qualität der pädagogischen Begleitung im Freispiel und der Durchführung der Angebote ermöglichen. Die Auswertung mittels des Beobachtungssystems erfolgt anhand von niedrig- und mittelinferenten Kodierens. Das Beobachtungssystem umfasst drei Bereiche 1) Lernprozessgestaltung (16 Items) 2) Emotionsregulation und Beziehungsgestaltung (4 Items) und 3) Klassenführung (8 Items) und damit insgesamt 30 Items. Auf diese Weise weist das Beobachtungssystem Überschneidungen mit den drei Basisdimensionen guten Unterrichts nach Klieme et al. (2006) und den drei „Domains" der Class nach Pianta et al. (2008) auf (vgl. Tabelle 2; genauere Ausführungen vgl. Wadepohl et al., 2014).

Tabelle 2: Zuordnung der Items aus dem Beobachtungssystem zur Erfassung der Prozessqualität im Elementarbereich zu den drei Bereichen (Wadepohl et al., 2014, S. 72)

BEREICH I: Lernprozessgestaltung	
Item-Nr.	*Name/Item-Benennung*
I_01	Anregen zum gemeinsamen Tun
I_02	Anregen zu Gesprächen untereinander
I_03	Anwenden von Modellierungstechniken
I_04	Stellen offener Fragen
I_05	Erweiterung und Bereicherung des Spiels
I_06	Inhaltliches Lob und Anerkennung
I_07	Anregen zu motorischem oder praktischem Tun
I_08	Anregen zum Explorieren und Forschen
I_09	Anregen zum Formulieren der eigenen Gedanken und Überlegungen
I_10	Anregen zum Nachdenken innerhalb einer Situation
I_11	Anregen zum Weiterdenken über die Situation hinaus
I_12	Wissensabfrage
I_13	Verbaler Wissensinput
I_14	Inhaltliches Reagieren/Eingehen auf Wünsche und Fragen
I_15	Inhaltliches Reagieren/Eingehen auf das Vorwissen und Können

I_16	Inhaltliches Reagieren/Eingehen auf Lösungsprozesse, Lösungsprodukte und Fehler
I_17[a]	Vormachen/Vorzeigen
I_18[a]	Anregen zum Äußern von eigenen Erfahrungen und Erinnerungen
I_F	Fehler

BEREICH II: Emotionsregulation und Beziehungsgestaltung

II_19	Lob und Anerkennung in sozialen Situationen
II_20	Anteilnahme und Regulation
II_21	Reaktion auf Körperkontakt(-wunsch)
II_22	Körperkontakt(-angebot)

BEREICH III: Klassenführung

III_23	Organisation des Spiels
III_24	Beobachtung eines distalen Spielgeschehens/Überblick über das Spiel
III_25	Beobachtung eines proximalen Spielgeschehens
III_26	Einführung, Aushandlung und Besprechung neuer Regeln
III_27	Anwendung bestehender Regeln
III_28	Reaktion auf Störung
III_29	Reaktion auf Streitigkeiten und Partizipation bei der Streitschlichtung
III_30	Rückmeldung auf die Aufhebung einer Störung/eines Streits

Anmerkung: [a] Dieses Item wurde nachträglich zur Analyse der Bildungsangebote ergänzt.

In Bereich I „Lernprozessgestaltung" werden die allgemein-didaktischen Handlungsweisen der Fachkräfte erfasst ($\alpha = 0.61$). Die große Anzahl der Items in Bereich I lässt die Bildung von Unterskalen zu. So konnten faktoranalytisch die Items I_02, I_03, I_04 zur Skala „alltagsintegrierte Förderung von Sprache und Kommunikation" ($\alpha = 0.46$) zusammengefasst werden. Des Weiteren können die Interventionen der Lernprozessgestaltung in solche unterschieden werden, die ein allgemeineres Eingehen auf kindliche Lernprozesse seitens der Fachkraft abbilden (I_05, I_07, I_12, I_13, I_14, I_15, I_16, I_17[a]; $\alpha = 0.54$) und in solche, die die Kinder vor allem kognitiv anregen (I_08, I_09, I_10, I_11, I_18[a]; $\alpha = 0.60$) (vgl. Wadepohl et al., 2014). Dass letztere Items Interventionen beschreiben, die die Kinder kognitiv anregen, wird damit begründet, dass diese den von Klieme et al. (2006) beschriebenen Techniken der kognitiven Aktivierung sowie den Techniken des Sustained Shared Thinking nach Siraj-Blatchford et al. (2002b) nahekommen und in der Literatur zur Gestaltung kognitiv anregender Fachkraft-Kind-Interaktionen wiederholt hervorgehoben werden (vgl. Kapitel 3.). Diese Interventionen zielen auf das Anregen von Forschen und Explorieren durch die Kinder sowie vor allem auch auf das Anregen lauter Denkprozesse bei den Kindern ab (Siraj-Blatchford et al., 2002b; Klieme et al., 2006; Walsh et al., 2007). Wenn im Folgenden in der vorliegenden Studie der Dissertation von kognitiv anregenden Items, bzw. Interventionen gesprochen wird, so sind die oben genannte Items (I_08, I_09, I_10, I_11) angesprochen.

Bereich II erfasst die Beziehungsgestaltung der Fachkraft mit den Kindern (α = 0.35). Hierbei wird auf Forschung zur Fachkraft-Kind-Beziehung zurückgegriffen, die die Bedeutung qualitativ hochwertiger Bindungs- und Beziehungsgestaltung als Grundlage für kindliche Entwicklungs- und Lernprozesse hervorhebt (Becker-Stoll und Textor, 2007; Ahnert, 2008; vgl. Wadepohl et al., 2014).

Bereich III erfasst Interventionen der Fachkraft, die einen möglichst reibungslosen und störungsfreien Spielablauf sicherstellen sollen (α = 0.38). Diese Items sind auf die Unterrichtsforschung zur Qualität der Klassenführung zurückzuführen (z.B. die drei Basisdimensionen nach Klieme et al., 2006; vgl. Wadepohl et al., 2014).

Die Videos wurden aufgrund der hohen Anzahl an Items in Kodiertandems kodiert, wobei jedes Kodiertandem eine bestimmte Anzahl an Items zu kodieren hatte.

6.1.5   Qualitätssicherung

Die Kodierung der Kodiertandems erfolgte unabhängig. Die nichtübereinstimmenden Kodierungen wurden, wie in der Bildungsforschung gängig (vgl. Steinke, 2007), anschließend kommunikativ validiert, so dass von einer ausreichenden Objektivität der Daten ausgegangen werden kann. Die Beurteilerübereinstimmung kann Tabelle 3 entnommen werden (zum genauen Vorgehen siehe Wadepohl et al., 2014).

Tabelle 3: Beurteilerübereinstimmung in den drei Bereichen für die Videokodierung der Freispielbegleitung und der Bildungsangebote (Wadepohl et al., 2014; S. 76)

Bereich	Kodierte Items	Übereinstimmung
Freispielbegleitung		
Bereich I	I_01 bis I_16	42.29
Bereich II	II_19 bis II_22	65.65
Bereich III	III_23 bis III_30	57.48
Interaktionsmerkmale	Interaktionsform	84.11
	Redebeitrag	84.21
Bildungsangebot: Bewegung, Körper und Gesundheit		
Bereich I	I_05 bis I_18	70.33
Bildungsangebot: Kunst/bildnerisch-ästhetisches Lernen		
Bereich I	I_05 bis I_18	33.62
Bildungsangebot: Mathematik		
Bereich I	I_05 bis I_18	41.65
Bildungsangebot: Naturwissenschaften		
Bereich I	I_05 bis I_18	55.90

6.1.6 Auswertung der Fragebogen-, Vignetten- und Videodaten

Die Fragebogen-, Vignetten- und Videodaten wurden im Anschluss in das Statistikprogramm SPSS überführt und statistisch ausgewertet.

6.1.7 Zentrale Ergebnisse des Forschungsprojekts PRIMEL

In diesem Abschnitt sollen einige ausgewählte Ergebnisse zur Gestaltung des Freispiels sowie der domänenspezifischen Angebotssituation aus dem Forschungsprojekt PRIMEL aufgezeigt werden.

Gestaltung des Freispiels

Wie gestalten die Fachkräfte das Freispiel hinsichtlich der drei Bereiche Lernprozessgestaltung (Bereich I), der Emotionsregulation und Beziehungsgestaltung (Bereich II) sowie der Klassenführung (Bereich III)?

126

Für die Beantwortung dieser Frage sollen im Folgenden deskriptive Ergebnisse aus dem Forschungsprojekt PRIMEL dargestellt werden.

Das Diagramm (vgl. Abbildung 9) weist aus, dass die Fachkräfte zu 23.1% (M = 65.97/SD = 26.77) in Bereich I „Lernprozessgestaltung" intervenieren. Damit bezieht sich ungefähr jede vierte Intervention auf kindliche Lernprozesse. Fehlerhafte Aussagen von Seiten der Fachkräfte kommen dabei sehr selten vor (0.10%; M = 0.16/SD = 0.80). In Bereich II „Emotionsregulation und Beziehungsgestaltung" agieren die Fachkräfte mit 11.3% (M = 34.45/SD = 31.77) am seltensten. Allerdings wird dieser Bereich auch nur mit 4 Items erfasst. Deutlich wird, dass der größte Anteil der Interventionen in der Freispielbegleitung in Bereich III „Klassenführung" identifiziert werden konnte (65.6%; M = 184.85/SD = 40.55).

In jedem der Intervalle (30 Minuten = 180 Intervalle) konnte demnach mit einem Mittelwert von 184.85 durchschnittlich eine Intervention pro Intervall aus diesem Bereich beobachtet werden. Dies wird auch hinsichtlich der Anzahl der Items, mittels derer die Bereiche erfasst werden, deutlich. So umfasst der Bereich I 16 Items und Bereich III lediglich halb so viele. Dennoch konnten Interventionen aus Bereich III häufiger beobachtet werden als Interventionen aus Bereich I. Auffallend sind dabei die großen Standardabweichungen in allen drei Bereichen, die auf hohe interindividuelle Varianzen hinweisen. Eine Korrelationsanalyse der drei Bereiche ergab keine signifikanten Ergebnisse, so dass die hohen Standardabweichungen nicht auf systematische interindividuelle Unterschiede der Performanz zurückgeführt werden können. Denkbar und wünschenswert wäre dagegen eine adaptive Anpassung der Interventionsdauer und Häufigkeit an den Bedürfnissen der Kinder(-gruppe) (Tournier et al., 2014).

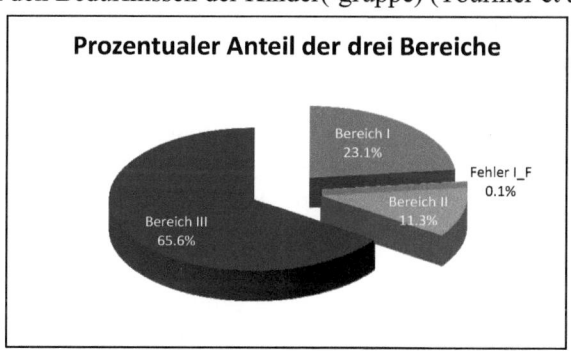

Prozentualer Anteil der drei Bereiche

Bereich I 23.1%
Fehler I_F 0.1%
Bereich II 11.3%
Bereich III 65.6%

Abbildung 9:   Prozentualer Anteil der drei Bereiche im Freispiel, N = 89

Welchen Einfluss hat der Ausbildungshintergrund auf die Gestaltung des Freispiels in den drei Bereichen?

Für die Beantwortung dieser Frage wird auf eine multivariate Kovarianzanalyse (MANCOVA) zurückgegriffen, wobei die Häufigkeit der Interventionen in den drei Bereichen als abhängige Variable einging und die Ausbildung der Fachkräfte als unabhängige Variable eingesetzt wurde. Da sich die Berufserfahrung zwischen den Fachkräftegruppen unterscheidet (vgl. Tabelle 1) ging die Berufserfahrung der Fachkräfte als Kovariate ein.

Für die Kovariate „Berufserfahrung" ergibt sich kein signifikanter Wert $(F (3; 81) = 2.115$, n.s.), was dafürspricht, dass die unterschiedliche Berufserfahrung der Fachkräfte keinen Einfluss auf die Performanz in den drei Bereichen hat. Die unabhängige Gruppierungsvariable „Ausbildung" der Fachkräfte weist dagegen einen signifikanten Wert auf $(F (6, 164) = 3.879$, $p = 0.001)$. Hinsichtlich des ersten Bereichs „Lernprozessgestaltung" kann lediglich ein über alle Fachkräftegruppen hinweg zu interpretierender Wert aufgezeigt werden $(F (2; 83) = 3.287$, $p = 0.042)$, da ein paarweiser Vergleich keine Unterschiede zwischen den Fachkräftegruppen auswies. Für Bereich II „Emotionsregulation und Beziehungsgestaltung" ergibt sich ebenfalls ein signifikanter Unterschied zwischen den Fachkräftegruppen $(F (2; 83) = 9.852$, $p < 0.0001)$. Dieser ist, wie die Post-Hoc-Analyse zeigt, auf einen Unterschied zwischen den Schweizer Kindergartenlehrpersonen und den beiden deutschen Fachkräftegruppen zurückzuführen. Die deutschen Fachkräftegruppen intervenieren in diesem Bereich signifikant häufiger als die Schweizer Kindergartenlehrpersonen.

In Bereich III „Klassenführung" kann demgegenüber kein signifikanter Unterschied zwischen den Fachkräftegruppen aufgezeigt werden $(F (2; 83) = 0.013$, n.s.) (vgl. Tabelle 4; Tournier et al., 2014).

Dies weist darauf hin, dass die Hypothese, dass Fachkräfte mit einer akademischen Ausbildung (D und CH) mehr Interventionen im Bereich der Lernprozessgestaltung zeigen als die fachschulisch ausgebildeten Fachkräfte nicht bestätigt werden kann. Darüber hinaus ergibt sich jedoch ein nicht erwarteter Unterschied zwischen der Häufigkeit der Interventionen in Bereich II zwischen den Schweizer Kindergartenlehrpersonen und den beiden deutschen Fachkräftegruppen.

Dies kann eventuell u.a. darauf zurückgeführt werden, dass die Kinder in den Schweizer Einrichtungen durchschnittlich älter sind (4–6 Jahre) und daher weniger körperlichen Kontakt zu den Fachkräften suchen und benötigen.

Tabelle 4: Mittelwerte und Standardabweichungen der Kodierungen der drei Bereiche in 30 min sowie Ergebnisse der multivariaten Kovarianzanalyse des Vergleichs der drei Ausbildungshintergründe; n = 87[22] (Tournier et al., 2014)

	Erz. (D) (n = 34)	Akad. (D (n = 28))	KigaL. (CH) (n = 25)	Kovariate Berufserfahrung	Faktor Ausbildung
Multivariate Tests				$F(3;81) = 2.115$ n.s.	$F(6; 164) = 3.879$ $p = 0.001$
	M (SD)	M (SD)	M (SD)		
Bereich I	74.52 (29.08)	61.08 (25.93)	60.43 (22.47)		$F(2; 83) = 3.287$ $p = 0.042$
Bereich II	42.28 [a] (38.35)	40.83 [a] (28.27)	15.08 [b] (12.11)		$F(2;83) = 9.852$ $p = 0.000$
Bereich III	181.68 (49.69)	185.94 (33.66)	188.48 (35.34)		$F(2;83) = 0.013$ n.s.

Anmerkung: Erz.: Erzieherinnen, Akad: akademische Fachkräfte, Kigal.: Kindergartenlehrpersonen; [a, b] signifikante Unterschiede zwischen den Gruppen ($p < 0.01$).

Die Hypothese, dass sich die Fachkräftegruppen hinsichtlich derKlassenführung nicht unterscheiden, kann dagegen bestätigt werden (weitere Ergebnisse zu der Freispielbegleitung siehe Kucharz et al., 2014; Mackowiak et al., 2014b).

Gestaltung der domänenspezifischen Angebotssituationen

In den Angebotssituationen wurde lediglich Bereich I „Lernprozessgestaltung" analysiert. Für die Darstellung wurden die Interventionen, aufgrund des Fokus der Dissertation auf kognitiv anregende Interaktionen, in solche unterschieden, die als kognitiv anregend bestimmt wurden (vgl. Ausführungen oben) und in andere Interventionen aus dem Bereich der Lernprozessgestaltung (wie z.B. anregen zu motorischem Tun, inhaltliches Lob und Anerkennung).

Im Bewegungsangebot machen die kognitiv anregenden Items lediglich 3% im Vergleich zu allen anderen Interventionen der Lernprozessgestaltung mit 97% aus. Dies weist darauf hin, dass verbale kognitiv anregende Interventionen

---

22 Die Stichprobengröße reduziert sich von n = 88 auf n = 87 Personen, da von einer Person keine Angaben zur Berufserfahrung vorliegen und diese Person daher in den folgenden Analysen nicht berücksichtigt werden kann.

eher selten zum Einsatz kommen, wenn auch öfter als in der Freispielbegleitung (1.3%). Dies könnte darauf zurückzuführen sein, dass im Bewegungsangebot Anregungsformen vorherrschen, die weniger sprachlastig sind, wie z.B.
das Vormachen, das nicht zu den kognitiv anregenden Items gezählt wurde
(vgl. Abbildung 10; für weitere Ergebnisse siehe Billmeier und Ziroli, 2014).

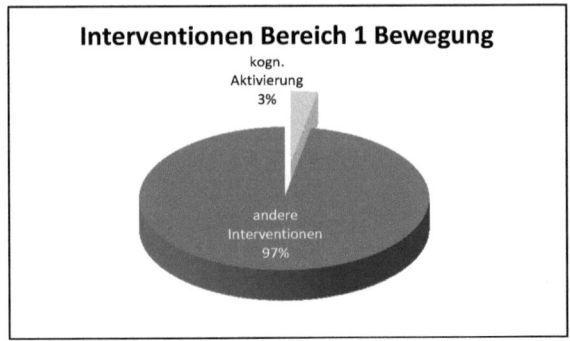

Abbildung 10:   Interventionen in Bereich I im Bewegungsangebot, n = 27

Im künstlerisch-ästhetischen Angebot werden etwas häufiger als im Bewegungsangebot und in der Freispielbegleitung kognitiv anregende Interventionen
gezeigt (5%). Im Vergleich zu den übrigen Interventionen der Lernprozessgestaltung (95%) fällt die Häufigkeit hier jedoch ebenfalls gering aus.

Dies könnte ebenso damit zusammenhängen, dass Kunst-Ästhetik eine wenig sprachlastige Domäne ist und Anregungsformen dominieren, die weniger
auf Sprache fokussiert sind, wie z.B. das Vormachen (vgl. Abbildung 11).

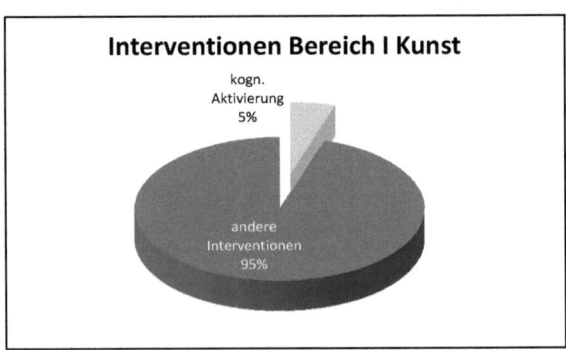

Abbildung 11:   Interventionen in Bereich I im Kunstangebot, n = 27

Im mathematischen Angebot konnten genauso häufig kognitiv anregende Interventionen beobachtet werden, wie im künstlerisch-ästhetischen Angebot (5%). Während Sylva et al. (2003; 2004) aufzeigen konnten, dass sich das mathematische Angebot für hochwertige kognitiv anregende Interaktionen im Sinne eines Sustained Shared Thinking eignen, scheinen die in dieser Studie einbezogenen Fachkräfte mathematische Angebote noch wenig für eine kognitive Anregung der Kinder zu nutzen. Andere Interventionen der Lernprozessgestaltung finden demgegenüber zusammengenommen zu 95% statt (vgl. Abbildung 12; für weitere Ergebnisse siehe Hüttel und Rathgeb-Schnierer, 2014).

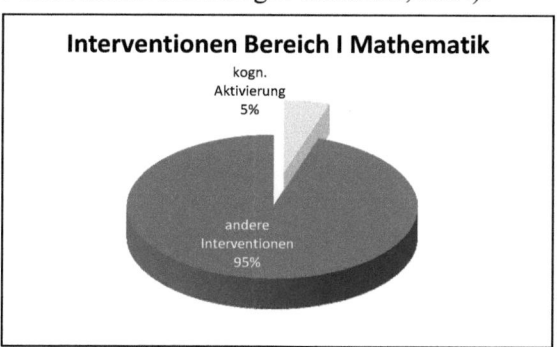

Abbildung 12:   Interventionen in Bereich I im mathematischen Angebot, n = 27

Im naturwissenschaftlichen Angebot können die meisten kognitiv anregenden Interventionen beobachtet werden. Diese machen hier mit 39% fast die Hälfte aller Interventionen aus. Alle anderen Interventionen der Lernprozessgestaltung machen zusammengenommen 61% aller Interventionen aus. Hier wird deutlich, dass die Fachkräfte naturwissenschaftliche Angebote besser für eine kognitive Anregung der Kinder zu nutzen wissen, als in den anderen Settings (vgl. Abbildung 13; für weitere Ergebnisse siehe Kauertz und Gierl, 2014).

Insgesamt wird deutlich, dass die Fachkräfte vor allem das naturwissenschaftliche Angebot für eine kognitive Anregung der Kinder zu nutzen wissen. Während Bewegung und Kunst-Ästhetik als weniger sprachlastige Domänen angesehen werden können, in denen die in der vorliegenden Studie als kognitiv anregend definierten Interventionen seltener zu vermuten sind, kann in der Freispielbegleitung sowie der Durchführung des mathematischen Angebots ein Defizit der Gestaltung kognitiv förderlicher Interaktion zwischen Fachkraft und Kindern gesehen werden.

Abbildung 13:   Interventionen in Bereich I im naturwissenschaftlichen Angebot,
n = 27

6.2 Die Anlage des eigenen Forschungsvorhabens

Im Folgenden wird die Anlage der quantitativen und qualitativen Studie der Dissertation vorgestellt.

6.2.1 Die quantitative Studie

6.2.1.1 Fragestellung

Entlang der einleitend beschriebenen Diskussion um den Einfluss der Qualität der Ausbildung der Fachkräfte auf kognitiv anregende Interaktionen mit Kindern, sollen im Rahmen der quantitativen Studie folgende Fragen betrachtet werden:

1. Wie häufig (prozentual) regen die Fachkräfte die Kinder in Relation zu anderen Interventionen aus dem Bereich der Lernprozessgestaltung in der Freispiel- und Angebotsbegleitung (Mathematik und Naturwissenschaften) kognitiv an?
2. Unterscheiden sich die Fachkräfte hinsichtlich ihrer Ausbildung mit Blick auf kognitiv anregende Interventionen in Freispiel- und Angebotssituationen (Mathematik und Naturwissenschaften)?

6.2.1.2 Sampling

Für die Beantwortung der oben genannten Fragen werden die Daten jener Fachkräfte einbezogen in denen Videographien aus den drei Settings Freispiel, mathematisches sowie naturwissenschaftliches Angebot vorliegen.

Dies sind N = 27 Fachkräfte, da von den bereichsspezifischen Angeboten bisher nur die Videographien von 30 Fachkräften ausgewertet wurden und daher miteinander vergleichbar sind. Des Weiteren liegt in jedem der drei Settings eine Videographie einer Fachkraft nicht vor, so dass sich die Zahl der vergleichbaren Videos auf die Aufnahmen von 27 Fachkräften reduziert. Alle 27 Fachkräfte sind weiblich, zehn Fachkräfte kommen aus der Schweiz und 17 aus Deutschland.

Tabelle 5: Stichprobenbeschreibung der quantitativen Studie der Dissertation, N = 27

N = 27	Geschlecht		Alter			Berufserfahrung in Jahren		
	Männlich	Weiblich	Mittelwert	Min.	Max.	Mittelwert	Min.	Max.
D: fachschulisch: Erzieher/innen	0	7	36.43	22	52	11.5	1	29
D: BA-Kindheitspädagoge	0	4	37.5	26	55	13.95	0.8	33
D: anderes Studium	0	6	38.83	27	55	11.16	2	25
CH: Kindergarten-lehrpersonen	0	10	26.45	23	30	4.05	0.5	6.5

Auffällig ist, dass sich vor allem das Durchschnittsalter und die durchschnittliche Berufserfahrung der Schweizer Kindergartenlehrpersonen deutlich von den anderen Fachkräftegruppen unterscheiden. Haben die Schweizer Kindergartenlehrpersonen ein Durchschnittsalter von 26.45 Jahren, liegt das der anderen Fachkräftegruppen im Mittel bis zu etwas mehr als zehn Jahre darüber (Fachschulisch: 36.43; Kindheitspädagogen: 37.5; Anderes Studium: 38.83). Bei der durchschnittlichen Berufserfahrung verhält es sich ähnlich. Die Schweizer Kindergartenlehrpersonen verfügen im Mittel über eine Berufserfahrung von 4.05 Jahren. Alle anderen Fachkräftegruppen verfügen durchschnittlich über eine Berufserfahrung, die mindestens sieben Jahre darüber liegt (Fachschulisch: 11.5 Jahre; Kindheitspädagogen: 13.95 Jahre; anderes Studium; 11.16 Jahre; vgl. Tabelle 5).

6.2.1.3 Materialauswahl

In der Dissertation wird vor allem auf die Videographien der Freispiel- und Angebotsbegleitung in Mathematik und Naturwissenschaften zurückgegriffen. Dies wird damit begründet, dass – wie im Theorieteil bereits ausführlicher dargestellt – vor allem in diesen drei Domänen eine kognitive Anregung durch die Fachkräfte möglich und gefordert ist, bisher aber vermisst wurde (vgl. z.B. Siraj-Blatchford et al., 2002; Sylva et al., 2003; 2004; Leuchter und Saalbach, 2014). Des Weiteren ist die Auswahl darin begründet, dass die Formen der kognitiven Anregung, wie sie in diesem Projekt erfasst wurden, stark sprachlich ausgelegt sind. Diese Formen kognitiver Anregung, die z.B. das Formulieren von Hypothesen beinhalten, sind in der Freispielbegleitung sowie in mathematischen und naturwissenschaftlichen Angeboten eher zu erwarten, als im künstlerisch-ästhetischen oder dem Bewegungsangebot, die weniger sprachlastig sind (vgl. Ergebnisse des Forschungsprojekts PRIMEL).

In diesen beiden Domänen werden vermutlich andere Formen der Lernprozessgestaltung erfolgen, die weniger sprachbezogen sind (z.B. Vormachen). Dass im Rahmen der Analyse im Forschungsprojekt PRIMEL die hier interessierenden Formen kognitiver Anregung in diesen Domänen seltener beobachtet wurden als in den Domänen Mathematik und Naturwissenschaften, könnte daher unter Umständen nicht nur darauf zurückzuführen sein, dass die Fachkräfte die Kinder nicht kognitiv anregen, sondern sich diese Domänen nicht gleichermaßen für die in PRIMEL erfassten, sprachlich ausgelegten Formen der kognitiven Anregung eignen und dies eventuell eher in anderen Formen geschieht (z.B. Vormachen). Dies wurde für die Analyse der Angebotsvideographien berücksichtigt, weshalb spezielle Items hinzugenommen wurden (z.B. Vormachen; vgl. Tabelle 7). Da diese jedoch nur in den Angeboten, nicht aber im Freispiel kodiert wurden, wird ein Vergleich dieser Items in Freispiel- und Angebotssituationen nicht ermöglicht. Aus diesem Grund werden nur das mathematische und naturwissenschaftliche Angebot und das Freispiel mit Blick auf die vergleichbaren Items zur kognitiven Anregung (I_08 Anregen zum Formulieren eigener Gedanken und Überlegungen; I_09 Anregen zum Forschen und Explorieren; I_10 Anregen zum Nachdenken innerhalb der Situation; I_11 Anregen zum Weiterdenken über die Situation hinaus) in die folgenden Analysen einbezogen.

Für die Analyse liegt ein Freispiel pro Fachkraft zugrunde. Von 88 Fachkräften liegen solche Freispielvideographien vor. Die Vorgabe für die Filmaufnahmen sah pro Freispielvideographie ca. 60 Minuten vor, tatsächlich unterschieden sich die Videodauern teils erheblich (die Gründe waren meist organisatorischer Art). Durchschnittlich liegt die auswertbare Videodauer im Freispiel bei M = 45.94 Minuten (vgl. Tabelle 6). Für die Bildungsangebote (Mathematik und Naturwissenschaften) liegt pro Fachkraft ebenfalls eine Aufnahme vor. Bisher wurden lediglich Videographien von 30 Fachkräften ausgewertet. Die Vorgabe für die Filmaufnahme wurde für die Bildungsangebote auf eine Dauer von 30 Minuten festgelegt. Diese unterscheiden sich aus oben genannten Gründen zum Teil ebenfalls. Die auswertbare Videodauer des mathematischen Angebots liegt durchschnittlich bei M = 33.20 Minuten. Die auswertbare Videodauer des naturwissenschaftlichen Angebots beträgt durchschnittlich M = 32.15 (vgl. Tabelle 6). Bei insgesamt n = 27 Fachkräften liegen Videographien aus allen drei Bereichen vor, so dass diese, wie oben bereits benannt, in die Analyse einbezogen werden.

Tabelle 6: Überblick über die durchschnittliche (kodierbare) Dauer der bisher ausgewerteten Videos zu den Freispielsituationen sowie den domänenspezifischen Angeboten (in Minuten); entnommen aus Wadepohl et al., 2014, S. 68; N = 88; N = 30.

	N	M	SD	Min.	Max.
Freispiel	88	45.94	11.64	15.17	67.17
Angebot: Mathematik	30	33.20	8.97	17.00	55.50
Angebot: Naturwissenschaften	30	32.15	10.48	15.00	66.00

Da es nur wenige Freispiel- und Angebotsvideographien gibt, die weniger als 30 Minuten Dauer aufweisen und aus diesem Grund eine Hochrechnung selten erfolgen musste, wurden die Werte zum Zweck einer besseren Vergleichbarkeit für die folgenden Analysen auf eine Videodauer von 30 Minuten standardisiert (Durchschnittliche Videodauer und Kennwertbildung vgl. auch Wadepohl et al., 2014).

6.2.1.4 Analyseverfahren

Für die Analyse wird auf die im Forschungsprojekt PRIMEL erfolgten Kodierungen des Videomaterials zurückgegriffen. Dabei werden vor allem die Kodierungen der Items aus dem Bereich I Lernprozessgestaltung herangezogen, die in Freispiel- und Angebotssituationen gleichermaßen kodiert wurden, um einen Vergleich der drei Settings Freispiel, Mathematik und Naturwissenschaften zu ermöglichen (vgl. Tabelle 7). Von besonderem Interesse sind hier die kognitiv anregenden Interventionen (I_08-I_11), da diese, wie oben bereits beschrieben, in der Literatur zur kognitiven Anregung der Kinder besonders häufig angeführt werden (vgl. z.B. Klieme et al., 2006; Pianta et al., 2008) und für qualitätsvolle kognitiv anregende Fachkraft-Kind-Interaktionen im Sinne eines Sustained Shared Thinking als bedeutsam gesehen werden (vgl. Siraj-Blatchford et al., 2002).

Tabelle 7: Items Bereich I Lernprozessgestaltung (Wadepohl et al., 2014, S. 72)

BEREICH I: Lernprozessgestaltung	
Item-Nr.	Name/Item-Benennung
I_08	Anregen zum Explorieren und Forschen
I_09	Anregen zum Formulieren der eigenen Gedanken und Überlegungen
I_10	Anregen zum Nachdenken innerhalb einer Situation
I_11	Anregen zum Weiterdenken über die Situation hinaus
I_12	Wissensabfrage
I_13	Verbaler Wissensinput
I_14	Inhaltliches Reagieren/Eingehen auf Wünsche und Fragen
I_15	Inhaltliches Reagieren/Eingehen auf das Vorwissen und Können
I_16	Inhaltliches Reagieren/Eingehen auf Lösungsprozesse, Lösungsprodukte und Fehler

6.2.1.5 Auswertungsverfahren

Die Auswertung der Daten erfolgte mittels des Statistikprograms „SPSS". Die erste Forschungsfrage wird mittels einer deskriptiven Analyse der Häufigkeit der Kodierungen im Bereich der Lernprozessgestaltung beantwortet. Für die Beantwortung der zweiten Frage wurde eine Varianzanalyse mit Messwiederholung berechnet. Dabei gingen die kognitiv anregenden Interventionen im Freispiel, dem mathematischen sowie dem naturwissenschaftlichen Angebot als dreistufiger Messwiederholungsfaktor (abhängige Messung mit den Kodierungen in den drei Videographien) und die drei Ausbildungsgruppen der Fachkräfte als unabhängige Variable ein.

6.2.2 Die qualitative Studie

6.2.2.1 Fragestellung

Nachdem in der quantitativen Studie erfasst wurde, wie häufig kognitiv anregende Interventionen durch die Fachkräfte erfolgten, soll in der qualitativen Studie mikroanalytisch erfasst werden, wie Fachkraft und Kinder diese kognitiv anregenden Interaktionen in Freispiel- und Angebotssituationen (Mathematik und Naturwissenschaften) gestalten. In der qualitativen Studie sollen daher folgende Fragen beantwortet werden:

1. Wie gestalten Fachkraft und Kind(er) die kognitiv anregende Interaktion?
2. Wie gelingt es Fachkraft und Kindern ihre unterschiedlichen Orientierungen in einen Einklang zu bringen – also aneinander anzuschließen?
3. Welche Aspekte erweisen sich für die Gestaltung kognitiv anregender Interaktionen als günstig, bzw. ungünstig?
4. Lässt sich eine Typik dieser Interaktionsgestaltung zwischen Fachkraft und Kindern aufzeigen?

6.2.2.2 Erhebungsverfahren und Sampling

Auch für die qualitative Studie wird auf die Freispiel- und Angebotsvideographien der 88, bzw. 30 Fachkräfte des Forschungsprojekts PRIMEL zurückgegriffen. Hier werden mit der gleichen Begründung, wie oben bereits benannt, ausschließlich die Videographien des Freispiels sowie der mathematischen und naturwissenschaftlichen Bildungsangebote herangezogen. Die Videographien der Kunst- und Bewegungsanalyse sind daher nicht in das Sampling aufgenommen worden.

In der qualitativen Studie wird eine Episode, in der die Fachkraft die Kinder kognitiv anregt, als Fall bezeichnet. Eine Episode umschreibt dabei eine zusammengehörende thematische Situation, in der sich Fachkraft und Kinder befinden (z.B. die gesamte Phase, in der die Fachkraft mit den Kindern ein Experiment durchführt – auch wenn diese Aktivität von Seiten der Fachkraft zwischendurch durch andere Aktivitäten unterbrochen wird).

Für die Auswahl der Episoden wurden zunächst diejenigen Videos gewählt, in denen die Fachkräfte die Kinder im Rahmen der quantitativen Analyse insgesamt besonders häufig kognitiv angeregt haben (vgl. Tabelle 8).

Aus diesen Videos wurde wiederum jene Episode gewählt, in denen verdichtet kognitive Anregungen durch die Fachkraft erfolgten.

Tabelle 8: Häufigkeit der Kodierungen kognitiver Anregung in den ausgewählten Videos

	Häufigkeit absolut	Relativiert an Videodauer
Freispiel	12–14 kognitive Anregungen	≥ 0.04
Mathematisches Angebot	12–23 kognitive Anregungen	≥ 0.06
Naturwissenschaftliches Angebot	39–71 kognitive Anregungen	≥ 0.3

In dieser Weise wurden insgesamt 8 Episoden (Fälle) ausgewählt: drei Episoden (Fälle) aus Freispielvideographien, zwei Episoden (Fälle) aus Videographien mathematischer Angebote und drei Episoden (Fälle) aus Videographien naturwissenschaftlicher Angebote (vgl. Tabelle 9). Die Videodauer der in die qualitative Analyse einbezogenen Videos, aus denen die Episoden entnommen wurden, ist ebenfalls der Tabelle 9 zu entnehmen.

Tabelle 9: Ausgewählte Fälle nach Domäne sowie Dauer der in die qualitative Studie einbezogenen Videos

Video	Dauer
Freispiel	
11322 Hochhaus	00:49:17
33622 Waage	00:58:53
30712 Grün mischen	01:00:01
Mathematik	
33622 Spiegel und geometrische Formen	00:21:07
30212 Geometrische Formen	00:31:35
Naturwissenschaften	
33722 Cola-Menthos	00:22:08
31912 Licht	00:20:30
31522 Magnete	00:35:54

Insgesamt wurden damit die Interaktionen zwischen 10 Fachkräften und verschiedenen Kindern analysiert. Die Fachkräfte weisen dabei folgende Merkmale auf (vgl. Tabelle 10):

Tabelle 10: Merkmale der Fachkräfte

Fachkraft	Geschlecht	Alter	Berufserfahrung	Abschluss
11322	Weiblich	29	9	BA Kindheitspädagoge
30212	Weiblich	56	23	Fachschulisch
30712	Weiblich	22	1	Fachschulisch
31522	Weiblich	55	33	BA Kindheitspädagoge
31912	Weiblich	36	1	Fachschulisch
33622	Weiblich	42	20	BA Kindheitspädagoge
33722	Weiblich	26	0,8	BA Kindheitspädagoge

6.2.2.3 Analyseverfahren

Mittels der Dokumentarischen Methode sollen die ausgewählten Videosequenzen einer genaueren Analyse unterzogen werden, um das „Wie", bzw. den Modus Operandi (Bohnsack, 2011) der Interaktionsgestaltung von pädagogischer Fachkraft und Kind(ern) herauszukristallisieren.

Dabei erfolgen sowohl eine formulierende als auch reflektierende Interpretation des Visuellen und Textuellen des Videos. Mittels der formulierenden Interpretation wird die Interaktion zunächst in ihrer Sequenzialität als auch in ihrer Simultaneität erschlossen. Über die reflektierende Interpretation kann die in der Dissertation verfolgte Frage der Art und Weise der Gestaltung kognitiv anregender Interaktionen, also der „Modus Operandi" (Bohnsack, 2011), herausgearbeitet werden. Die komparative Analyse mit der daraus folgenden Typenbildung erlaubt es, die Interaktionsgestaltung von Fachkraft und Kindern zu typisieren. Daher bietet die Dokumentarische Methode ein geeignetes Verfahren, um die drei in der qualitativen Studie verfolgten Fragen zu beantworten.

Von Interesse der Analyse sind in der vorliegenden Dissertation die im Video abgebildeten Bildproduzenten, also die Fachkraft und die Kinder. Einstellung und Montage des Videos werden hier keiner Interpretation unterzogen, da zu Zwecken der Standardisierung mit einem Kameraskript gearbeitet wurde.

Methoden der qualitativen Video-Interaktionsanalyse

Sollen pädagogische Interaktionen zwischen Fachkraft und Kind(ern) einer qualitativen Analyse unterzogen werden, muss die Methode die Interaktion sowohl in ihrer Sequenzialität als auch in ihrer Simultaneität erfassen können und dem Aspekt des Machtgefälles zwischen Fachkraft und Kind(ern) Rechnung tragen. Im Folgenden sollen einige Verfahren der qualitativen Videointeraktionsanalyse vorgestellt werden, mittels derer pädagogische Interaktionen analysiert werden und die genannten Aspekte auf unterschiedliche Weise behandelt werden. Ein Schwerpunkt wird dabei auf die Beschreibung des Verfahrens der Dokumentarischen Methode gelegt, da in der vorliegenden Dissertation mit diesem Verfahren gearbeitet wurde und diese Methode in besonderer Weise die drei Aspekte Simultaneität, Sequenzialität und das Machtgefälle zwischen Fachkraft und Kind(ern) zu berücksichtigen vermag. Darauffolgend soll dargestellt werden, inwieweit sich einige der dargestellten Verfahren in der Dokumentarischen Methode wiederfinden lassen, bzw. inwieweit die Dokumentarische Methode von diesen abgegrenzt werden kann.

Die Segmentierungsanalyse

Bei der Segmentierungsanalyse wird das Visuelle und Textuelle des Videomaterials auf drei Ebenen analysiert: 1) Positionierung und Ausrichtung der Anwesenden im Raum 2), Muster des Sprecherwechsels und 3) das jeweils behandelte Thema (Nolda, 2007; Dinkelaker und Herrle, 2009; Herrle, 2013).

Dies diene dazu, das Interaktionsmuster aller Beteiligten herauszukristallisieren. Dazu wird der Fokus auf die Ordnung der Interaktion gelegt, die sich durch die Beibehaltung, bzw. den Wechsel der Aktivitäten auf diesen drei genannten Ebenen ergibt. Daher werden im Anschluss die einzelnen Analyseebenen aufeinander bezogen, um aufzuzeigen, ob diese einen Zusammenhang aufweisen, um so die Struktur der Interaktion aufzudecken (Dinkelaker und Herrle 2009; Herrle, 2013). Z.B.: solange der Erzieher im Sitzkreis steht und die linke Hand hochhält und sich den Zeigefinger der rechten Hand an den Mund hält, geht es thematisch um das Herstellen von Ruhe. Sobald er sich mit in den Sitzkreis setzt (neue Positionierung im Raum), wird organisatorisches besprochen, oder vielleicht werden auch bestimmte Spiele mit den Kindern gespielt (neues Thema).

Es könnte jedoch auch sein, dass das Thema trotz einer Neuausrichtung der Körper im Raum gleichbleibt. So kann es z.B. sein, dass es thematisch weiterhin um das Spielen geht, wenn der Erzieher aus dem Sitzkreis aufsteht und sich hinter einem Baum versteckt.

Das Gleiche gilt für die Ebene „Sprecherwechsel". Es ist gut möglich, dass mit einem Sprecherwechsel auch ein neues Thema einhergeht. Dies muss jedoch nicht zwingend so sein. Ebenso kann es sein, dass sich der Sprecher im Raum neu positioniert, wenn ein Sprecherwechsel erfolgt, aber auch das muss nicht notwendiger Weise so sein. Diese Analyse kann also Hinweise auf einen bestimmten Charakter im Verlauf der Interaktion geben und aufzeigen, ob z.B. eine bestimmte Positionierung im Raum und eine bestimmte Art des Sprecherwechsels mit einem bestimmten Thema in einem Zusammenhang stehen.

Die Sequenzanalyse

Das sequenzielle Vorgehen meint hier, dass entlang des Verlaufs der Abfolge der aufeinander folgenden Äußerungen und Handlungen interpretiert wird. Jede Äußerung wird dabei als eine Anschlussmöglichkeit für eine andere Person gesehen. Solche Anschlussmöglichkeiten werden in der Sequenzanalyse gedankenexperimentell durchgespielt, um die Spezifik des tatsächlichen Anschlusses besser verstehen zu können. Sobald eine Handlung oder eine Geste als „nicht bedeutsam" übersprungen würde, wäre das sequenzielle Vorgehen der Interpretation nicht mehr gegeben. Für die Analyse der visuellen sowie textuellen Ebene des Videos werden Stills erzeugt, denen die jeweiligen Textpassagen zugeordnet werden (Nolda, 2007; Dinkelaker und Herrle 2009; Herrle, 2013).

Die Verfahrensschritte der Sequenzanalyse werden von Dinkelaker und Herrle wie folgt beschrieben:

> Im ersten Schritt einer Sequenzanalyse wird der Ausschnitt bestimmt, der untersucht werden soll (1) Im untersuchten Geschehen werden dann die einzelnen Äußerungen identifiziert, deren sequenzielle Verkettung beobachtet werden soll. Dabei wird ein zu untersuchender Text vom simultan wahrnehmbaren Kontext unterschieden und in einzelne Sequenzelemente unterteilt (2). Begonnen wird dann mit der Exploration möglicher Sinngehalte des ersten Testelements. Durch gedankenexperimentelle Kontextvariation werden mögliche Lesarten gebildet (3). Vor dem Hintergrund dieser Lesarten werden Möglichkeiten eruiert, wie sich das Interaktionsgeschehen in seinem weiteren Verlauf fortsetzen könnte (4). Danach erst wird das nächste Sequenzelement betrachtet und darf hin untersucht, welche der Anschlussoptionen gewählt wurden und welche nicht. Die bislang entwickelten Lesarten können dann erweitert, modifiziert oder aber verworfen werden (5) (Dinkelaker und Herrle 2009, S. 76).

Das macht deutlich, dass die Sequenzanalyse mikroanalytisch betrachtet, wie sich der Sinn der Interaktion durch die abwechselnde gegenseitige Bezugnahme von Äußerungen und Handlungen der einzelnen beteiligten Personen Schritt für Schritt im Material herstellt und welche alternativen Anschlussoptionen den Beteiligten dabei gegeben gewesen wären (Dinkelaker und Herrle 2009).

Die Konfigurationsanalyse
Während bei einer Segmentierungsanalyse die Struktur der Interaktion in seiner Sequenzialität analysiert wird, wird in der Konfigurationsanalyse die Struktur der Interaktion in ihrer Simultaneität betrachtet. Das meint, dass keine Übergänge in der Interaktion oder nacheinander ablaufende Aspekte der Interaktion analysiert werden, sondern welche Aspekte zur gleichen Zeit wahrnehmbar sind (Nolda, 2007; Dinkelaker und Herrle 2009; Herrle, 2013). Von Interesse ist in der Konfigurationsanalyse, ob und wie es den Beteiligten gelingt, durch

ihre Positionierung im Raum einen gemeinsamen Interaktionskontext herzustellen.

Auf diese Weise zeigt sich, welche der sichtbaren Personen an welchem Interaktionsgeschehen beteiligt ist (Dinkelaker und Herrle 2009, S. 64). Der Ablauf der Konfigurationsanalyse kann wie folgt beschrieben werden

> „Da mit der Konfigurationsanalyse nur die Ordnung des Sichtbaren zu einem *bestimmten Zeitpunkt* untersucht werden kann, ist die Frage der Auswahl dieses Zeitpunkts für die erzielten Ergebnisse von grundlegender Bedeutung (1). Wurde ein Zeitpunkt ausgewählt, werden zunächst die zur entsprechenden Konfiguration vorhandenen Daten aufbereitet (2). Auf der Grundlage von Skizzen und Stills kann dann die Gliederung des Raumes in drei Analyseschritten nachgezeichnet werden. Anhand von Stills wird zunächst benannt, was im Raum zu sehen ist (3). Anhand einer Skizze werden Barrieren der Bewegung und Wahrnehmung, die räumlichen Positionen und Ausrichtungen der Beteiligten sowie individuelle, bzw. kollektive Aufmerksamkeitszentren rekonstruiert (4)" (Dinkelaker und Herrle 2009, S. 64f., Hervorhebungen im Original).

Damit stellt die Konfigurationsanalyse ein Verfahren dar, das sich ausschließlich auf das Sichtbare im Videomaterial konzentriert. Das textuelle wird hier nicht mitanalysiert.

Die Qualitative Inhaltsanalyse

In der Qualitativen Inhaltsanalyse werden drei Verfahren unterschieden: die zusammenfassende, die explizierende und die strukturierende Inhaltsanalyse.

Die Zusammenfassende Inhaltsanalyse hat zum Ziel induktiv Kategorien zu entwickeln und zu einem Kategoriensystem zu verdichten. Die Kategorien sollen damit eine inhaltliche Zusammenfassung des Materials ermöglichen, ohne dass durch die Abstraktion bedeutsame Inhaltselemente verloren gehen (Mayring, 2002; Mayring, 2010).

Die explizierende Inhaltsanalyse zielt darauf ab, einzelne interessierende Textstellen durch das Hinzuziehen weiterer Informationen (z.B. wissenschaftliche Ergebnisse, Fachliteratur) auszudeuten (Mayring, 2002; Mayring, 2010).

Bei der strukturierenden Inhaltsanalyse werden im Vorfeld deduktiv entwickelte Kategorien auf das Material angewendet. Ziel ist es, das Material mit Blick auf zuvor festgelegte Kriterien zu analysieren (Mayring, 2002; Mayring, 2010). Für die Inhaltsanalyse wird, sofern Videomaterial behandelt wird, das

Transkript verwendet, also das Textuelle des Videos – das Bildhafte im Video findet hier keine Berücksichtigung.

Eine Zusammenführung beider Interpretationsebenen steht dadurch nicht im Vordergrund. Von Analyseinteresse ist vor allem die manifeste Ebene (Sicht-ebene) des Materials (Mayring, 2010).

Die Objektive Hermeneutik

Die Objektive Hermeneutik wurde maßgeblich von Oevermann in den 1970er Jahren entwickelt und sollte im Rahmen einer qualitativen Analyse das (Sinn-) Verstehen sozialer Phänomene (in Abgrenzung zur quantitativen Analyse na-turwissenschaftlicher Phänomene) ermöglichen (Wernet, 2009; 2011). Für die Analyse werden Texte herangezogen, so dass verbale und nonverbale Äuße-rungen im Rahmen eines Transkripts in einen Text überführt werden. In der objektiven Hermeneutik wird zwischen der manifesten und der latenten Sinn-ebene unterschieden. Die manifeste Sinnebene meint dabei jene Präsentations-weise einer Person, die intendiert ist. Sie bildet ab, was die Person einer ande-ren von sich mitteilen wollte.

Die latente Sinnebene beinhaltet dagegen solche Präsentationsweisen einer Person, die nicht intendiert waren, aber dennoch in seinem Handeln und seinem Ausdruck transportiert werden. Die objektive Hermeneutik ist daran interes-siert, das Spannungsverhältnis zwischen der manifesten und der latenten Sinn-ebene zu analysieren und so herauszuarbeiten, was die Person von sich mitteilt, ohne dies intendiert zu haben (Oevermann, Allert, Konau und Krambeck 1979; Oevermann, 1981; 2002). Bei der Analyse des Materials spielt, wie oben be-reits angedeutet, das Prinzip der Sequenzialität eine große Rolle. So werden die Aussagen und Handlungen in ihrer zeitlichen Abfolge analysiert und gedanken-experimentell Anschlussmöglichkeiten an eine bereits gemachte Handlung oder Aussage durchdacht, um die Spezifik der tatsächlich folgenden Handlung oder Aussage besser zu verstehen. Im Vordergrund steht damit die Frage, warum Personen agieren, wie sie agieren (Oevermann et al., 1979; Oevermann, 1981; 2002; Wernet, 2009; 2011; Knoblauch, Tuma und Schnettler, 2010; Bohnsack, 2014).

Die Dokumentarische Methode

Mittels der Dokumentarischen Methode erfolgt eine Mikroanalyse, um das „Wie", bzw. den Modus Operandi (Bohnsack, 2011) der Interaktionsgestaltung zwischen pädagogischer Fachkraft und Kind(ern) herauszukristallisieren. Die

Dokumentarische Methode stellt ein Verfahren dar, das eine Analyse des Materials in drei Schritten erlaubt:

1. Die formulierende (das Material strukturierende) Interpretation. Hier lassen sich Parallelen zu der Segmentierungs- und Konstellationsanalyse wiedererkennen. So wird die Interaktion hier bezüglich des Sprecherwechsels und des Themas strukturiert. Zugleich wird bei der Analyse das Prinzip der Sequenzialität berücksichtigt, indem die Interaktion entsprechend ihrem sequenziellen Ablauf analysiert wird, ohne dass ein Aspekt in seiner Reihenfolge übersprungen oder ausgelassen würde. Fotogramme dienen dazu, die Gleichzeitigkeit des Abgebildeten zu analysieren.

2. Die reflektierende Interpretation (Analyse der Art und Weise, „wie" ein gemeinsames Thema hergestellt wird). Hier finden sich ebenfalls Parallelen zu der Sequenzanalyse und zu der Konstellationsanalyse wieder, indem die Interaktion in ihrem zeitlichen Ablauf in der Bezogenheit der Personen zueinander analysiert wird und über Stills die Positionierung der Personen zueinander und im Raum sowie die vorhandenen Gegenstände in die Analyse mit einbezogen werden, um die Art und Weise der Performanz von Personen aufzuzeigen.

3. Die komparative Analyse (Typenbildung).

Das Hauptinteresse der Dokumentarischen Methode liegt dabei vor allem in der reflektierenden Interpretation, also der Interpretation der habitualisierten Art und Weise, wie die Erforschten ein Thema bearbeiten, und einer aus diesen Ergebnissen entwickelten Typenbildung.

Die Methode der Dokumentarischen Interpretation zählt zu den rekonstruktiven Verfahren und wurde ursprünglich für die Analyse von Gruppendiskussionen entwickelt (Bohnsack, Nentwig-Gesemann und Nohl, 2007). Bohnsack entwickelte diese Methode für Videomaterial weiter, da er davon ausgeht, dass sich auch auf der bildlichen Ebene eines Videos kollektive Orientierungsmuster im Sinne eines habitualisierten gemeinsamen Sinns herausinterpretieren lassen (Bohnsack, 2011). Das Orientierungsmuster setzt sich aus zwei Wissensformen zusammen: a) den Orientierungsschemata und b) den Orientierungsrahmen (Kleemann, Krähnke und Matuschek 2009, S. 156; Bohnsack, Marotzki und Meuser 2011, S. 132f.). Orientierungsschemata stellen das Wissen um institutionalisierte, bzw. normierte Verläufe dar, wie z.B. geltende Umgangsregeln; es handelt sich um kommunikative Wissensbestände, die auch expliziert werden können. Orientierungsrahmen entwickeln sich aus eigenen in der Sozialisation gemachten Erfahrungen, bzw. sozial geprägten Denk- und Handlungsmustern.

Hierbei handelt es sich um implizite, dem Handeln zugrundliegende Werthaltungen, sogenannte konjunktive Wissensbestände, die nicht explizit verbalisiert werden können Kleemann et al., 2009; Bohnsack, 2011; Bohnsack et al., 2011). Ziel der Dokumentarischen Methode ist es, nicht nur das „Was", also was zum Ausdruck gebracht wurde (immanente Sinngehalte), sondern vor allem das „Wie" der Gestaltung der Interaktion zu fokussieren, also wie das Thema zum Ausdruck gebracht wurde (Dokumentsinn; Bohnsack, 2011). Dies erfordert, so Bohnsack (2011), einen Analysewechsel vom „Was" hin zum „Wie".

Dieses atheoretische Wissen ist nur denen unmittelbar (ohne interpretieren zu müssen) verfügbar, die demselben konjunktiven Erfahrungsraum (Mannheim, 1980) angehören wie der Erforschte, da beide dann sozialisationsbedingt über das gleiche atheoretische Wissen verfügen (Bohnsack, 2011).

Auf dieser Ebene liegt der Erkenntnisgewinn also in der Interpretation des habitualisierten, inkorporierten, impliziten Wissens. Dies ermöglicht es, kollektive Orientierungsmuster offenzulegen (unabhängig davon, ob sich die Personen kennen oder nicht) (Meuser, 2007). Daher ist der reflektierenden Analyse mit der das „Wie", also das implizite, habitualisierte Wissen erfasst werden soll in der Dokumentarischen Methode besonders Rechnung zu tragen (Nohl, 2007; Bohnsack, 2011).

Neben dem Merkmal der formulierenden und reflektierenden Interpretation ist die Typenbildung mittels einer komparativen Analyse ein weiterer Analyseschritt der Dokumentarischen Methode. Die Typenbildung hat in der Dokumentarischen Methode zwei Funktionen. Zum einen dient sie dazu, einer Standortbezogenheit (Mannheim, 1980), bzw. Subjektivität der Forschenden durch einen kontrollierten Fallvergleich entgegenzuwirken. In diesem Zusammenhang wird davon ausgegangen, dass durch den kontrollierten Vergleich unterschiedlicher Fälle zur gleichen Thematik der Forscher weniger Gefahr läuft, den Vergleich vor dem eigenen subjektiv Erlebten vorzunehmen (Bohnsack, 2007; Nentwig-Gesemann, 2007a; Bohnsack, 2011). Diese Annahme beruht darauf, dass dann, wenn nur ein Einzelfall einer Interpretation unterzogen wird, als Vergleichshorizonte subjektiv Erlebtes und subjektive Erfahrungen des Forschenden herangezogen werden statt des Datenmaterials.

Dem soll durch das kontrollierte Hinzuziehen weiterer Fälle entgegengewirkt werden. Auf diese Weise dient nicht mehr ausschließlich das Subjektive als Vergleichshorizont, sondern vor allem die weiteren hinzugezogenen Fälle. Zum anderen soll durch den kontrollierten Fallvergleich (komparative Analyse) eine Validierung der Analyseergebnisse ermöglicht werden (Bohnsack, 2007; Nohl, 2007; Bohnsack, 2011).

Das Ergebnis der komparativen Analyse ist eine sinngenetische, und falls möglich, soziogenetische Typenbildung. Bei der sinngenetischen Typenbildung werden solche Personen zu einem Typus zusammengefasst, die eine bestimmte Handlungspraxis, bzw. ein bestimmtes Thema auf eine gemeinsame Art und Weise tun oder diskutieren. Die sinngenetische Typenbildung zielt also auf eine Typisierung auf der Ebene dessen, „wie" etwas getan oder diskutiert wird, ab.

In der soziogenetischen Typenbildung wird darüber hinaus überprüft, inwieweit die Art und Weise, „wie" bestimmte Personen etwas tun oder diskutieren, mit gemeinsamen Erfahrungsdimensionen (z.B. Geschlecht, Alter, Schichtzugehörigkeit, Ausbildung o.ä.) zusammenhängt und daher auf dieser Ebene einem gemeinsamen Typus zugeordnet werden kann. Diese Dreischrittigkeit der Analyse in der Dokumentarischen Methode gilt sowohl für das Visuelle als auch für das Textuelle eines Videos (Nohl, 2009; Bohnsack, 2011).

Vorgehen der Dokumentarischen Methode

Die formulierende Interpretation mit Blick auf das Visuelle im Video
Die formulierende Interpretation von Videomaterial geschieht mit Blick auf das „Bildliche" im Videomaterial in Form der vor-ikonographischen und der ikonographischen Analyse. Diese Begriffe entlehnen sich aus dem Verfahren der Bild- und Videointerpretation nach Panofsky (1975; Bohnsack, 2011). Panofsky (1975) entwickelte diese entlang der Unterscheidung von immanentem und dokumentarischem Sinngehalt nach Mannheim (1964). Die vor-ikonographische und die ikonographische Analyse ermöglichen zunächst das „Was" des Bildes zu erfassen, ehe es in der ikonologischen Analyse, wie in der reflektierenden Interpretation, um das „Wie" des Bildes geht (Bohnsack 2011, S. 30f.). Die vor-ikonographische und die ikonographische Analyse der formulierenden Interpretation unterscheiden sich darin, dass in der vor-ikonographischen Analyse das Bild ohne die Einbringung von Vorwissen, also rein deskriptiv erfolgt. Erst im zweiten Analyseschritt, der ikonographischen Analyse, wird das Bild unter Einbringung des Vorwissens, bzw. Alltagswissens beschrieben (Bohnsack 2011, S. 202f.). So erläutert Bohnsack als Beispiel:

„Diese Gebärde, die auf der vor-ikonografischen Ebene zunächst als ‚Hutziehen' identifizierbar ist, kann im Sinne von Panofsky erst auf der ikonografischen Ebene als ein ‚Grüßen' analysiert werden" (Bohnsack, 2011, S. 30).

Entsprechend würden, sofern begründet möglich, in der ikonographischen Analyse sogenannte „um zu Motive" unterstellt, der Mann ziehe dann den Hut, um zu grüßen (Bohnsack, 2011).

Wurden entsprechende Videostellen für die Analyse ausgewählt, so folgt nach Bohnsack in einem ersten Schritt der formulierenden Interpretation die Analyse der Einstellungswechsel sowie der Montage des Videos. Dabei ist jedoch zu vermerken, dass dort, wo Videos und Filme zu Forschungszwecken erstellt werden, in der Regel lediglich die Gestaltungsleistungen der abgebildeten Bildproduzenten interessieren (Nentwig-Gesemann, 2006; 2007b). Das meint, dass in einem solchen Fall eine formulierende Interpretation der Einstellungswechsel und der Montage weniger von Interesse ist, als das, was sich auf Ebene des im Film Abgebildeten abspielt. Dennoch kann auch dann, wenn der Film zu Forschungszwecken erstellt wurde, eine formulierende Interpretation der technischen Aspekte sinnvoll genutzt werden. In diesem Fall, kann die formulierende Interpretation z.B. zur Überprüfung des „Kameraskripts", also der Absprachen zu der Art der Kameraeinstellung und -führung verwendet werden.

Ist kein Kameraskript angewendet worden, kann die formulierende Interpretation der Kameraeinstellung und Bildmontage zur Reflektion der „Perspektive" des Forschers genutzt werden, da der Kameraausschnitt als ein bewusst oder unbewusst gewählter Bildausschnitt der Realität bezeichnet werde und daher mit Blick auf die Analyse des Materials bedeutend sein kann. Nach Bohnsack sind hier vor allem die Kameraführung, die Wahl der Perspektiven und der Einstellungsgröße, wie auch eventuelle Montageleistungen zu analysieren (Bohnsack, 2011).

Bohnsack (2011) verweist im Zusammenhang mit Videoaufnahmen darauf, dass jede Intervention des Forschers (sowohl mit Blick auf die Kameraführung, Kameraeinstellung, Aufnahmemodi als auch mit Blick auf die Art und Weise, wie sich der Forscher im Forschungsfeld verhält) einen Einfluss auf das Forschungsfeld, bzw. das Handeln der zu Erforschenden ausübt. Er ergänzt jedoch, dass eine Kontrolle dieses Einflusses eher möglich ist, wenn in allen Fällen die Interventionen gleich und damit vergleichbar sind.

Dies ist eine wesentliche Voraussetzung für die komparative Analyse (Bohnsack, 2011). Das Ziel, die Vergleichbarkeit der Interventionen, kann beispielsweise über eine Vereinbarung der Forscher bezüglich Kameraführung, Bildauswahl, Einstellungsgröße sowie Verhaltensweisen im Feld usw. im Rahmen eines Kameraskripts erreicht werden. Mit Fokus auf solche Videos, die zu Forschungszwecken entstanden sind, wird häufig im ersten Schritt statt der formulierenden Interpretation der Einstellungen und Montage der Sequenz direkt die formulierende Interpretation des im Video Abgebildeten vorgenommen.

Nach Bohnsack (2011) wird dazu aus den Sequenzen z.B. pro Sekunde ein Still erzeugt und dann eine Auswahl dieser Stills einer formulierenden Interpretation unterzogen. Die Auswahl der zu analysierenden Stills sollte nach Bohnsack (2011) wiederholt über das Verfahren der Fokussierung erfolgen. Die formulierende Interpretation der Stills wird, wie oben bereits angesprochen, sowohl mittels einer vor-ikonographischen als auch ikonographischen Analyse vorgenommen (Bohnsack, 2011).

Auf der vor-ikonographischen Ebene wird das Still deskriptiv beschrieben und erst in einem zweiten Schritt, also der ikonographischen Analyse, wird – wie oben beschrieben – Hintergrundwissen, bzw. Alltagswissen für die Beschreibung hinzugezogen. Martens, Petersen und Asbrand (2015) empfehlen auch die Handlungen der Personen thematisch zu gliedern.

Die formulierende Interpretation mit Blick auf das Textuelle im Video
Um das Sprachliche und den Interaktionsablauf zu strukturieren, erfolgt zunächst eine thematische Gliederung des Gesagten in Ober- und Unterthemen und gegebenenfalls auch in weitere Unter-Unterthemen usw. Das Gesagte wird dabei möglichst nah am verwendeten Wortgebrauch der Erforschenden zusammengefasst. Des Weiteren werden hier Sprecherwechsel (Turn-taking) markiert (Przyborski, 2004). Ziel dieser Strukturierung ist es, einen groben Überblick über den thematischen Ablauf sowie den Charakter des Sprecherwechsels der Interaktion zu erhalten. Dieser Analyseschritt offenbart häufig schon einen ersten Eindruck für eine sinngenetische Typenbildung, die in einem dritten Schritt im Rahmen der komparativen Analyse vorgenommen wird.

Die formulierende Interpretation dient zugleich bereits dazu, die Struktur der Interaktion für andere Personen nachvollziehbar zu machen (Przyborski, 2004). In der vorliegenden Dissertation wird mit Nentwig-Gesemann das Transkript als formulierende Interpretation betrachtet. Für die Form des Transkripts,

bzw. der formulierenden Interpretation wurde die tabellarische Darstellungs-
weise (wie von Martens et al., 2015 vorgeschlagen) übernommen. Dabei wurde
in der linken Spalte die Zeitangabe der transkribierten verbalen und nonverbalen Interaktion vermerkt. In der zweiten Spalte wurde die Transkription, bzw.
die formulierende Interpretation der verbalen (V) und nonverbalen (NV) Interaktion sowie des Dinglichen (D) untereinander dargestellt. Dabei wurde mit
hochgestellten Ziffern markiert, an welcher Stelle die nonverbale Interaktion
einsetzt. In der letzten Spalte wurden ausgewählte Fotogramme eingesetzt, die
die nonverbale Ebene sowie die Positionierung der Personen zu einander und
im Raum sowie die vorhandenen Dinge veranschaulichen (vgl. Tabelle 11).

Tabelle 11: Beispiel der in der Dissertation vorgenommenen formulierenden Interpretation (Transkript)

Zeit		Transkript	Bild
	Kont.	Die Fachkraft und ca. 9 Kinder befinden sich in der Turn-halle. Ein Kind suchte wiederholt den Kontakt zu der Fach-kraft, so dass die Fachkraft vorschlug gemeinsam etwas mit den Schaumstoffteilen zu machen. Das Kind lehnte zunächst ab, aber als ein zweites Kind gefragt werden sollte, stimmt das Kind zu. Das zweite Kind machte dann den Vorschlag, ein Hochhaus zu bauen. An diesem Spiel beteiligten sich dann immer mehr Kinder, bis 7 Kinder das Hochhaus mit bauten.	
16:52–16:55	V	Jan (K 3): [1] "Das muss viel breiter werden".	1/16:50 Schauen
	NV	Carola (E.) sitzt auf der Matte mit Gesicht in Richtung Kamera, Jan gegenüber. Jan steht mit dem Rücken zur Kamera auf der blauen Matte.	
	D	Auf der blauen Matte befinden sich diverse Bauteile aus Kunststoff, die von anderen Kindern herangetragen und aufeinandergestapelt werden.	
16:55–16:56	V	Carola (E.): [1]"Aber ich denke das wird ein Hochhaus[2]?"	1/16:52 Hocken

Anmerkung: Die Originalbilder durften aus rechtlichen Gründen nicht veröffentlicht
werden. Daher wurden diese gelöscht. Kont. = Kontext/V = Verbal/
NV = Nonverbal/D = Dinge

Die reflektierende Interpretation mit Blick auf das Visuelle im Video

Auf die so erfolgte formulierende Interpretation folgt dann die reflektierende, bzw. – wie oben bereits erwähnt – die ikonologische Interpretation für das Bildhafte im Videomaterial. Diese beschäftigt sich tiefergehend mit dem „Wie" der Generierung von z.B. Themen oder Handlungspraktiken. Die Frage nach dem ikonologischen Sinngehalt zielt im Sinne Panofskys also auf den Habitus der Bildproduzent(inn)en (Bohnsack, 2011).

Dabei unterscheidet Bohnsack (2011) mit Blick auf Videomaterial zwischen zwei Arten von Bildproduzent(inn)en. Die abbildenden Bildproduzen(inn)en, die das Video drehen, und den abgebildeten Bildproduzent(inn)en, also solchen, die auf dem Video zu sehen sind. Bohnsack geht weiterhin davon aus, dass durch die ikonologische Interpretation sowohl der Habitus der Filmenden als auch der Habitus der Gefilmten analysiert werden kann.

Die reflektierende Interpretation mit Blick auf das Textuelle im Video

Analog zu der reflektierenden Interpretation des Visuellen geht es in der reflektierenden Interpretation des Textuellen im Video ebenfalls um die Analyse des „Wie" der Gestaltung des Interaktionsprozesses, also um die Frage, wie das Thema zu Wort gebracht wurde. An dieser Stelle wird dabei sequenzanalytisch vorgegangen und die Äußerungen Schritt für Schritt in ihrer Abfolge interpretiert. Dabei wird davon ausgegangen, dass den Erforschten die Regelhaftigkeit dieser Abfolge lediglich atheoretisch bekannt ist. Diese, den Erforschten atheoretischen Regelhaftigkeiten des „Wie" der Gestaltung der Interaktion, gilt es für den Forscher herauszukristallisieren und zu benennen. Die Analyse dieser atheoretischen Regelhaftigkeit der Gestaltung der Interaktion geschieht durch ein gedankenexperimentelles Durchspielen von homologen (vergleichbaren) Reaktionen, bzw. dadurch, dass weitere homologe Videostellen (in denen sich ein ähnliches Interaktionsmuster abzuzeichnen scheint) im Text zu finden sind (Przyborski, 2004). Die reflektierende Interpretation folgt dabei einem Dreischritt. Dieser besteht aus: a) einer Proposition, b) einer Elaboration und/oder Validierung, sowie c) einer Konklusion (Przyborski 2004, S. 59).

Martens et al. (2015) verweisen an dieser Stelle darauf, dass es bedeutsam ist, die verbale und nonverbale Ebene in diesem Interpretationsschritt nicht getrennt voneinander vorzunehmen (im Gegensatz zum Transkript und der formulierenden Interpretation), da sich vor allem aus der Verwobenheit beider Ausdrucksweisen der Habitus rekonstruieren lässt. Im Rahmen der reflektierenden Interpretation wurde in der vorliegenden Dissertation die verbale und nonverbale Ebene der Interaktion analysiert. Mit Rückbezug auf den Hinweis von Martens et al. (2015) wurde auch in der vorliegenden Dissertation die verbale und nonverbale Ebene der Interaktion sowie die Assoziation mit den Dingen nicht getrennt voneinander einer reflektierenden Analyse unterzogen, sondern in ihrer Verwobenheit analysiert. Die reflektierende Interpretation wurde entsprechend in Form eines Fließtextes formuliert (vgl. Beispielpassage).

Beispielpassage aus der reflektierenden Interpretation

Auf der blauen Matte wurden mittlerweile verschiedene Schaumstoffelemente aufgetürmt. Fachkraft Carola sitzt auf der Matte, mit dem Rücken zur Wand. Jan steht an dem Stapel mit den Schaumstoffelementen, der Fachkraft Carola gegenüber. Jan schaut in Carolas Richtung und sagt „Das muss viel breiter werden". Damit setzt Jan eine Proposition, die eine eigene Orientierung bezüglich des Aussehens, bzw. des Baus des Hochhauses zum Ausdruck bringt. Darin dokumentiert sich, dass Jan eine bestimmte Vorstellung davon hat, wie ein Hochhaus aussieht und wie man es bauen muss. Jan könnte z.B. beim Legobauen die Erfahrung gemacht haben, dass je breiter der Turm in seinem Grundriss ist, er umso stabiler steht und höher gebaut werden kann. Dabei halten Jan und Fachkraft Carola Blickkontakt, was als ein Zeichen von Zugewandtheit betrachtet werden kann und Kommunikationsbereitschaft signalisiert. Es dokumentiert sich, dass sich Jan hier gegenüber Fachkraft Carola als Experte präsentiert, der eine genaue Vorstellung von dem zu Bauenden hat. Fachkraft Carola erwidert daraf hin fragend „Aber ich denke, das wird ein Hochhaus?". In dieser Aussage dokumentiert sich eine gegenüber Jan differente Orientierung bezüglich des Aussehens, bzw. des Bauens des Hochhauses. Darauf verweist die Einleitung des Satzes mit „aber". Die Frageform zeugt von einem Unverständnis. Dieses Unverständnis weist auf eine Rahmeninkongruenz der Orientierungen von Fachkraft Carola und Jan hin. Des Weiteren dokumentiert sich, dass sich Fachkraft Carola ihrerseits Jan gegenüber als Expertin positioniert und selbst eine genaue Vorstellung davon hat, wie ein Hochhaus aussieht, bzw. gebaut wird. Ihre eigene Vorstellung passt dabei nicht zu Jans Äußerung, dass es breiter werden muss (Hochhaus wird hoch, nicht breit gebaut). Fachkraft Carola wechselt, während sie mit Jan spricht, ihre Position vom Sitzen zum Knien und schaut zunächst nach unten und dann zu Jan. Indem sie die Position wechselt, bringt sie sich mit Jan auf eine Augenhöhe. Durch das Herstellen eines Blickkontakts auf Augenhöhe signalisiert Fachkraft Carola eine gleichberechtigte …

Wie in der dokumentarischen Methode vorgesehen, wurde auch im Rahmen der Dissertation eine systematische (fallinterne und fallübergreifende) komparative Analyse der Fälle vorgenommen und aus dieser die sinngenetische Typik sowie die Hinweise auf die Soziogenese der Typiken herausgearbeitet.

Für die fallinterne komparative Analyse wurde, wenn möglich, aus den oben genannten Episoden zwei Sequenzen, in denen die Fachkraft die Kinder kognitiv anregt, analysiert. Das heißt, dass nie die gesamte Episode, sondern lediglich zwei sinnvoll ausgewählte Sequenzen aus der Episode analysiert wurden.

Dabei wurde der Beginn und das Ende der Sequenz so gewählt, dass der Dreischritt der Dokumentarischen Methode ((Anschluss-)Proposition, Elaboration, (Zwischen-)Konklusion) enthalten ist, um die Sequenz angemessen mittels der Dokumentarischen Methode analysieren zu können. Diese Sequenzen wurden ebenfalls in zweierlei Hinsicht kontrastiv ausgewählt. So wurde z.B., wenn vorhanden, eine Sequenz gewählt, in der die Fachkraft den Kindern mehrmals alle 10 Sekunden einen kognitiv anregenden Impuls gibt sowie eine weitere, in der z.B. die kognitiven Anregungen mit größeren zeitlichen Abständen oder nur ein kognitiv anregender Impuls erfolgen. Dies geschah mit der Vermutung, dass sich die Abstände, mit denen die Impulse erfolgen, auf die Interaktion auswirken könnten. So könnte z.B. das Geben von kognitiv anregenden Impulsen, das alle 10 Sekunden durch die Fachkraft erfolgt, für eine hohe interaktive Dichte sprechen. Das heißt, es erfolgen schnelle Turns zwischen Fachkraft und Kindern. Es kann aber auch bedeuten, dass die Fachkraft viel spricht und die Kinder eigentlich nicht genug Zeit haben zu antworten. Aus diesem Grund wurden verschiedene Auftretensmuster mit unterschiedlichen Längen zwischen den einzelnen kognitiv anregenden Impulsen gewählt. Auf diese Weise ergaben sich aus den acht Episoden 15 zu analysierende Sequenzen (vgl. Tabelle 12).

Tabelle 12: Auswahl der zu analysierenden Sequenzen

Fall	Items treten alle 10 Sek. Auf	Items treten alle 20 Sek. auf	Items treten mit unterschiedlichen Abständen auf	Es tritt nur ein Item auf
11322 Hochhaus	16:52 bis 18:00			15:15 bis 15:59
33622 Waage			32:36 bis 38:50	
30712 Grün mischen			22:56 bis 26:41	39:11 bis 40:29
33622 Spiegel und geometrische Formen			14:57 bis18:40	06:25 bis 07:35
30212 geometrische Formen	26:45 bis 29:02	10:44 bis 13:01		
33722 Cola-Menthos	06:55 bis 07:37		07:30 bis10:02	
31912 Licht	13:40 bis 15:05		09:40 bis 12:14	
31522 Magneten	07:42 bis 08:44		02:14 bis 05:52	

Anmerkung: ausgewählte Sequenzen sind grau markiert und beinhalten eine Angabe zur Dauer der Sequenz.

Bestimmung des Interaktionsmodus im Rahmen der reflektierenden Interpretation

Im Rahmen der Dokumentarischen Methode werden zwei Interaktionsmodi unterschieden: a) Inkludierende Interaktionsmodi b) exkludierende Interaktionsmodi (Przyborski, 2004).

Als Interaktionen im inkludierenden Modus werden solche Interaktionen bezeichnet, die gelingen.

Das heißt, dass die an der Interaktion beteiligten Personen entweder aufgrund gemeinsamer oder sehr ähnlicher Erfahrungen in einer oder mehreren Erfahrungsdimensionen (Alter, Geschlecht, soziale Schichtzugehörigkeit) über einen gemeinsamen Orientierungsrahmen (univoker oder paralleler Modus) verfügen oder es liegt den Personen ein gemeinsamer Orientierungsrahmen zugrunde, dessen Geltungsbereich jedoch erst noch ausgehandelt werden muss (antithetischer Modus). Liegt ein gemeinsamer Orientierungsrahmen der Beteiligten vor, gelingt es den Personen, einvernehmlich aneinander anzuschließen, sie verstehen einander (konjunktiv).

Als Interaktionen im exkludierenden Interaktionsmodus werden dagegen solche Interaktionen bezeichnet, die nicht gelingen. Gelingt die Herstellung und Aufrechterhaltung eines gemeinsamen Orientierungsrahmens also nicht, agieren die Personen aneinander vorbei, was seinen Ausdruck in nicht auflösbaren Missverständnissen oder Fremdrahmungen (Divergenter Modus) oder in Interaktionsabbrüchen (Oppositioneller Modus) findet. Die Beteiligten verstehen einander nicht (Przyborsky, 2004; Bohnsack 2011; Bohnsack, Fritzsche und Wagner-Willi, 2014; Martens und Asbrand (subm.); vgl. auch Kapitel 2).

Besonderheit der Bestimmung des Interaktionsmodus im Rahmen der reflektierenden Interpretation in pädagogischen, asymmetrischen Settings
Nentwig-Gesemann und Nicolai (2014) sowie Martens und Asbrand (subm.) weisen darauf hin, dass pädagogische Rollen-Beziehungen zwischen Fachkräften/Lehrpersonen und Kindern/Schülern zunächst immer asymmetrisch sind (vgl. Watzlawick et al., 2011 sowie pädagogische Interaktionen in Kapitel 2 sowie Youniss, ebenfalls in Kapitel 2). Das heißt, dass von unterschiedlichen Erfahrungsräumen und Rahmungen von Fachkraft und Kindern auszugehen ist: einer pädagogischen, von der Fachkraft bzw. der Lehrperson strukturierten und einer kind-/schülerspezifischen.

Darüber hinaus hat die Fachkraft, aufgrund ihrer superioren gesellschaftlichen Stellung, die Möglichkeit, eigene Ansichten, bzw. Orientierungen den Kindern gegenüber durchzusetzen (Ausnutzung der Rahmungshoheit in Form einer Rahmungsmacht).

Daher wird in der wissenschaftlichen Debatte der Bestimmung der Interaktionsorganisation derzeit diskutiert, inwieweit die bisherigen vorhandenen Interaktionsmodi zur Beschreibung der Interaktionsorganisation in asymmetrischen Settings ausreichen, wenn davon ausgegangen werden muss, dass Fachkraft und Kinder nicht über gemeinsame Erfahrungsräume verfügen und einen gemeinsamen Orientierungsrahmen der Interaktion, der als ein inkludierender Modus bezeichnet werden kann, nicht herstellen können. In der Analyse von Fachkraft-Kind-Interaktionen (Nentwig-Gesemann et al., 2012; Nentwig-Gesemann und Nicolai, 2014; Martens und Asbrand (subm.)) fällt jedoch auf, dass auch, wenn Fachkraft und Kinder über keine gemeinsamen Erfahrungs-räume und Rahmungen verfügen, die Interaktion zu gelingen scheint, so dass die unterschiedlichen Orientierungsrahmen von Fachkraft und Kindern nicht zu Interaktionsabbrüchen führen, die für die bisherigen exkludierenden Interakti-onsmodi (divergent und oppositionell) kennzeichnend wären.

Daher, so Martens und Asbrand (subm.) erscheine es unangemessen, diese Interaktionen als rahmeninkongruent und somit als oppositionell oder divergent zu interpretieren. Martens und Asbrand (subm.) schlagen daher vor, die in der Dokumentarischen Methode bereits verwendeten Interaktionsmodi um einen weiteren Interaktionsmodus, den der Rahmenkomplementarität, zu erweitern, den sie aufgrund der dennoch nicht geteilten Orientierungsrahmen der Beteilig-ten dem exkludierenden Interaktionsmodus zuordnen (vgl. Tabelle 14). Die Interaktion zwischen Fachkraft und Kindern führe also deshalb nicht zum Ab-bruch, weil die unterschiedlichen Orientierungsrahmen von Fachkraft und Kind(ern) mit einander vereinbart werden können (Martens und Absrand (subm.)). Der komplementäre Modus unterscheide sich nach Martens und As-brand (subm.) von den oppositionellen und divergenten Modi in zweierlei Hin-sicht: Zum einen zeige sich eine spezifische Form der Anschlüsse zwischen den unterschiedlichen Orientierungen. Diese Interaktionsbewegung bezeichnen sie in Anschluss an Fend (2008) als Rekontextualisierung.

Bedeutsam sei hier, dass weder eine Übertragung des Willens der Lehrper-son bzw. Fachkraft auf die Schüler bzw. Kinder erfolge, noch fände eine An-eignung der Orientierungsrahmung der Lehrperson bzw. der Fachkraft durch die Schüler, bzw. Kinder oder umgekehrt statt. Vielmehr handle es sich um eine Adaption der – durch die LehrerInnen, bzw. Fachkräfte habituell strukturierten – Vorgaben durch die Schüler, bzw. Kinder. Die Schüler, bzw. Kinder adaptier-ten die Vorgaben des Lehrers oder der Lehrerin, bzw. der Fachkraft an ihren eigenen Orientierungsrahmen und machten sie so anschlussfähig.

Mit einer solchen Rekontextualisierung würde im Verlauf der Interaktion eine Passung zwischen den unterschiedlichen Orientierungsrahmen hergestellt. Zum anderen erfolgten weder synthetische Konklusionen (typisch für inklu-dierende Modi) noch rituelle Konklusionen (typisch für die bisherigen exklu-dierenden Modi). Stattdessen könnten kommunikative Konklusionen beobachtet werden. Aufgrund der nicht geteilten Orientierungsrahmen komme es nach Martens und Asbrand (subm.) nicht zu Konklusionen auf Ebene des konjunkti-ven, unmittelbaren Verstehens im Sinne Mannheims (1980). Stattdessen würde die Interaktion auf Ebene des kommunikativen Wissens konkludiert. Anders als im Fall der rituellen Konklusion werde bei der kommunikativen Konklusion der Abschluss explizit gemacht und auf Basis kommunikativer Regeln von allen Beteiligten akzeptiert. Dies erklären sich Martens und Asbrand (subm.) in Anschluss an Gerstenberg (2014) so, dass in diesen Interaktionen die Rahmungshoheit, die der Lehrperson bzw. der Fachkraft in der Organisation (Schule bzw. Kindergarten) zugesprochen werde, von den Schülern bzw. Kindern anerkannt werde. In divergenten Interaktionen setze die Lehrperson bzw. die Fachkraft seine institutionalisierte Macht als Rahmungsmacht durch. In oppositionellen Interaktionen werde weder die institutionelle Rahmungshoheit durch die Kinder anerkannt, noch gelinge es der Lehrperson bzw. der Fachkraft die Durchsetzung der Rahmungsmacht.

Auch Nentwig-Gesemann et al. (2012), Nentwig-Gesemann und Nicolai (2014) unterscheiden zwischen der Rahmungshoheit und der Rahmungsmacht einer Fachkraft im Elementarbereich. Sie weisen dabei auf die Bedeutsamkeit, dass die Fachkraft im Elementarbereich ihre Möglichkeit zur Rahmungsmacht nicht missbrauchen solle. Dies sei, gerade weil zwischen Fachkraft und Kind(ern) eine hierarchische Beziehung bestehe, von besonderer Bedeutung, da die Fachkraft aufgrund ihrer Machtposition eher in der Lage sei, ihre Orientierung gegen den Willen der Kinder durchzusetzen als umgekehrt. Was aber nicht bedeutet, dass Kinder per se keine Möglichkeit hätten, sich auch gegenüber Erwachsenen durchzusetzen (vgl. Paradox der Erziehung, Kapitel 2.).

Mit Blick auf Rahmenkomplementarität werden von Nentwig-Gesemann et al. (2012) sowie Nentwig-Gesemann und Nicolai (2014) derzeit folgende, ergänzenden Modi für den Elementarbereich diskutiert:

1. Kindorientiert-responsiver Modus: Fachkraft und Kind verfügen über unterschiedliche Orientierungsrahmen, wobei sich die Fachkraft jedoch wiederholt auch in die kindliche Rahmung integriert. Responsivität meint hier, die Anerkennung der Autonomie und der prinzipiellen Gleichwertigkeit des kindlichen Orientierungsrahmens und die Bereitschaft, auch den kindlichen propositionalen Äußerungen zu folgen.

2. Erwachsenenorientiert-responsiver Modus: Auch hier verfügen Fachkraft und Kinder über unterschiedliche Orientierungsrahmen. Dabei ist dieser Modus jedoch dadurch gekennzeichnet, dass sich das Kind mimetisch am Vor-Bild, an den Zeigegesten und zum Ausdruck gebrachten Erwartungen des Erwachsenen orientiert und dessen Rahmung validierend zu erfüllen und bestätigen versucht.

3. Wechselseitig-responsiver Modus: Hier finden die beiden unterschiedlichen Orientierungsrahmen von Fachkraft sowie vom Kind Anerkennung. Es existiert ein gleichberechtigtes Wechselspiel. Die Fachkraft
   folgt immer wieder auch der kindlichen Rahmung und das Kind bemüht sich, sich wiederholt auch in die Rahmung durch die Fachkraft
   einzupassen. Die beiden oben beschriebenen Modi verschränken sich
   also in der Interaktion zwischen Fachkraft und Kind miteinander.

Nentwig-Gesemann und Nicolai (2014) weisen im Rahmen der reflektierenden
Interpretation noch auf einen weiteren bedeutsamen Aspekt bezüglich der Interpretation der Fachkraft-Kind-Interaktion hin. Die Interaktion von Kindern (je
jünger, umso deutlicher) ist vor allem auch durch nonverbale Ausdrucksweisen
gekennzeichnet. Dabei trete die verbale Ausdrucksweise nie ohne eine nonverbale Ausdrucksweise auf. Andersherum könne aber eine nonverbale Ausdrucksweise ohne eine verbale auftreten. Dies gelte vor allem für jüngere Kinder. Da sich die Begrifflichkeiten der Interaktionsorganisation (Proposition,
Elaboration, Konklusion, usw.) auf die verbalen Ausdrucksweisen beziehen,
schlagen Nentwig-Gesemann und Nicolai (2014) für die Bestimmung der nonverbalen Ausdrucksweisen eine Erweiterung vor. Im Falle nonverbaler Ausdrucksweisen sprächen sie dann von einer korporierten Proposition, korporierten Elaboration, korporierten Konklusion usw.

   Die in diesem Abschnitt diskutierten Aspekte erhalten auch für die im
Rahmen der vorliegenden Dissertation interpretierten Interaktionssequenzen
zwischen Fachkraft und Kindern im Elementarbereich Relevanz. Daher wird
mit Nentwig-Gesemann und Nicolai (2014), sowie Martens und Asbrand
(subm.) in dem Falle, in dem die Interaktion zwischen Fachkraft und Kindern
trotz der vorliegenden Asymmetrie gelingt, als Interaktionen im komplementären Interaktionsmodus bezeichnet. Dabei wird auf die von Nentwig-Gesemann
und Nicolai (2014) herausgearbeiteten komplementären Interaktionsmodi (erwachsenenorientiert-responsiv, kindorientiert-responsiv sowie wechselseitig-
reziprok) zurückgegriffen. Rahmeninkongruenzen, in denen die Interaktion
nicht gelingt, werden mittels der von Przyborski beschriebenen Interaktionsmodi (oppositionell und divergent) gekennzeichnet. Des Weiteren werden auch
in der vorliegenden Dissertation rein nonverbale Interaktionszüge, wie von
Nentwig-Gesemann und Nicolai (2014) beschrieben, als korporierte Proposition usw. bezeichnet.

Tabelle 13: Verhältnisse von Orientierungsrahmen (zu den Interaktionsmodi vgl. grundlegend Przyborski 2004), entnommen aus Martens und Asbrand (subm., S. 17)

	Inkludierende Interaktionsmodi		Exkludierende Interaktionsmodi		
	Paralleler und univoker Modus	Antithetischer Modus	Komplementärer Modus	Divergenter Modus	Oppositioneller Modus
Verhältnis der Orientierungen					
Geteilter Orientierungsrahmen	Geteilter Orientierungsrahmen		Komplementäre, korrespondierende Orientierungsrahmen	Rahmeninkongruenz	Rahmeninkongruenz
Dreischritt einer Interaktionseinheit					
1. Proposition 2. Elaboration 3. Konklusion (bestätigt die geteilten Orientierungen)	1a. Proposition 1b. Antithese (bringt eine weitere Orientierungskomponente zum Ausdruck) 2. Elaboration zu Proposition oder Antithese 3. Synthese (fasst die Orientierungskomponenten zusammen und bestätigt die geteilte Orientierung)		1a. Proposition 1b. Rekontextualisierung (Adaption der Proposition an den komplementären Orientierungsrahmen) 2. Elaboration der Proposition und des propositionalen Gehaltes der Rekontextualisierung 3. Kommunikative Konklusion (Beendigung der Interaktionseinheit auf Basis institutionalisierter Regeln)	1a. Proposition 1b. Divergenz (bringt eine abweichende Orientierung zum Ausdruck) 2. Elaboration zu den propositionalen Gehalten der Proposition oder Divergenz 3. rituelle Konklusion (als Themenverschiebung oder Fremdrahmung, Nicht-Verstehen in der Kommunikation bleibt verdeckt)	1a. Proposition 1b. Opposition (bringt abweichende Orientierung zum Ausdruck) 2. Elaboration 3. rituelle Konklusion (als expliziter Abbruch der Kommunikation)
Beziehungsstrukturen der Akteure					
Gruppe	Gruppe, die eventuell unsicher oder asymmetrisch strukturiert ist (z.B. weil es eine Wortführerin oder einen Wortführer gibt)		Asymmetrische, institutionell gerahmte Interaktion, in der die Rahmungshoheit eines Akteurs von den beteiligten anerkannt wird.	Asymmetrische, institutionell gerahmte Interaktion, in der sich ein Akteur mit Rahmungsmacht durchsetzt	Keine oder mehrere Gruppen oder asymmetrische, institutionell gerahmte Interaktionen, in der sich die Person mit Rahmungsmacht nicht durchsetzt.

159

Die Leistung der Dokumentarischen Methode gegenüber den anderen Methoden

Die Leistung der Dokumentarischen Methode gegenüber der Segmentierungsanalyse

In der Segmentierungsanalyse geht es also im Gegensatz zur Dokumentarischen Methode ausschließlich um die Sichtebene des Interaktionsgeschehens, also darum, was in der Interaktion getan wird.

Ziel ist es, die Interaktionsstruktur herauszuarbeiten. In der Dokumentarischen Methode ist dies lediglich der erste Schritt der Interpretation im Rahmen der formulierenden Interpretation. Indem in der Dokumentarischen Methode analysiert werden soll, „Wie" Personen habituell agieren, geht die Dokumentarische Methode über die Strukturierung des Materials hinaus. Dennoch kann festgehalten werden, dass die Segmentierungsanalyse in der formulierenden Interpretation der Dokumentarischen Methode wiedergefunden werden kann, in der es um eine Strukturierung des Interaktionsablaufs geht.

Die Leistung der Dokumentarischen Methode gegenüber einer Sequenzanalyse

Auch die Sequenzanalyse findet, wie oben bereits genannt, Einfluss in die Dokumentarische Methode, indem im Rahmen der formulierenden und reflektierenden Interpretation die Interaktion in ihrem zeitlichen Ablauf interpretiert wird und ebenfalls keine Interaktionseinheiten, Passagen usw. ausgelassen oder übersprungen werden. Insgesamt stellt die Sequenzanalyse jedoch ein Analyseverfahren von Einzelfällen dar, die im Gegensatz zu der Dokumentarischen Methode nicht auf eine Typenbildung abzielt. Daher findet sich die Sequenzanalyse zwar als ein Analysevorgehen der Dokumentarischen Methode wieder, jedoch geht die Dokumentarische Methode über eine reine Sequenzanalyse hinaus.

Die Leistung der Dokumentarischen Methode gegenüber einer Konstellationsanalyse

Auch die Konstellationsanalyse lässt sich in der Dokumentarischen Methode im Rahmen der formulierenden und reflektierenden Interpretation wiederfinden. So werden Stills erzeugt, um die Gleichzeitigkeit abbilden und in die Interpretation mit einbeziehen zu können. Die Frage, wie sich die Personen zu einander und im Raum positionieren und welche Rolle die vorhandenen Gegenstände für den Interaktionsablauf spielen, wird hier beantwortet. Dennoch geht die Dokumentarische Methode über eine reine Konstellationsanalyse hinaus.

Die Leistung der Dokumentarischen Methode gegenüber einer qualitativen Inhaltsanalyse

Im Gegensatz zu der qualitativen Inhaltsanalyse ist in der Dokumentarischen Methode die Analyse der Sichtebene weniger zentral. Von höherer Bedeutung ist neben der Analyse der Sichtebene (was wird in der Interaktion getan, bzw. gesagt) vor allem die Analyse der latenten Ebene, also der Art und Weise, wie Personen interagieren und was das über ihren Habitus aussagt.

Des Weiteren ist hinsichtlich der Analyse von Videomaterial eine Stärke der Dokumentarischen Methode darin zu sehen, dass sowohl eine Analyse des Visuellen, als auch des Textuellen des Videos angestrebt wird, während das Visuelle in der qualitativen Inhaltsanalyse nicht in die Analyse einbezogen werden kann.

Darüber hinaus wird im Gegensatz zur Dokumentarischen Methode mit keinem der drei Verfahren der qualitativen Inhaltsanalyse eine Typenbildung ermöglicht. Wird eine Typenbildung angestrebt, ist daher auch hier die Dokumentarische Methode das Verfahren der Wahl, da hier eine Typenbildung im Rahmen der komparativen Analyse explizit vorgenommen wird.

Für die vorliegende Dissertation ist die Entwicklung eines Kategoriensystems (induktiv mit dem Verfahren der Zusammenfassung oder deduktiv mit dem Verfahren der Strukturierung) wenig von Interesse, da durch das Forschungsprojekt PRIMEL bereits ein deduktiv entwickeltes Kategoriensystem vorliegt. Da für die quantitative Analyse des Videomaterials im Rahmen der Dissertation auf dieses Kategoriensystem zurückgegriffen werden kann, sind mit dem Verfahren der qualitativen Inhaltsanalyse darüberhinausgehend keine neuen Erkenntnisse zu erwarten.

Die Leistung der Dokumentarischen Methode gegenüber der objektiven Hermeneutik

Sowohl mit der Dokumentarischen Methode als auch mit der objektiven Hermeneutik geht es um die Herausarbeitung des Latenten. Während es bei der Dokumentarischen Methode jedoch um die Herausarbeitung des Habitus geht, also um die Art und Weise wie eine Person agiert, geht es bei der objektiven Hermeneutik um die Herausarbeitung des Sinns, weshalb, bzw. warum eine Person agiert, wie sie agiert. Gemeinsam ist beiden Methoden, dass es sich um ein nicht explizierbares Wissen der Personen handelt, die Analyserichtungen unterscheiden sich jedoch.

6.2.2.4 Qualitätssicherung

Ebenso wie in der quantitativen Forschung gilt es in der qualitativen Forschung die Güte der Interpretation zu sichern. Während dies in quantitativen Studien über die Berechnung der Beobachterübereinstimmung geschieht, erfolgt in qualitativen Studien eine Prüfung der eigenen Interpretationen häufig in Form einer zur Diskussionsstellung der eigenen Interpretation. Dies geschieht in fundierten Interpretationsgruppen mit einem Experten für das jeweilige Analyseverfahren (Flick 2011, S. 500f.). Daher wurden auch die in der Dissertation vorliegenden Interpretationen in verschiedenen Interpretationsgruppen mit Experten für die Analyse von (Video-)Material mit Hilfe der Dokumentarischen Methode zur Diskussion gestellt und auf diese Weise einer kritischen Überprüfung unterzogen[23].

---

23 An dieser Stelle danke ich noch einmal den Interpretationsgruppen um Frau Kucharz, Frau Asbrand, Herrn Martens und Frau Nentwig-Gesemann für die konstruktive Diskussion der Interpretationen.

7. Ergebnisse

Im Folgenden werden die Ergebnisse der quantitativen und qualitativen Studie im Rahmen der vorliegenden Dissertation vorgestellt. Entsprechend der bisherigen Chronik werden in Kapitel 7.1 zunächst die Ergebnisse der quantitativen und darauffolgende in Kapitel 7.2 die Ergebnisse der qualitativen Studie berichtet. In Kapitel 7.3 erfolgt abschließend eine Triangluation der qualitativen und quantitativen Daten.

7.1 Ergebnisse der quantitativen Studie

In diesem Kapitel soll die Frage beantwortet werden, welchen prozentualen Anteil kognitiv anregende Interventionen im Verhältnis zu den weiteren Interventionen im Bereich der Lernprozessgestaltung durch die Fachkräfte in der Freispiel- und Angebotsbegleitung (Mathematik und Naturwissenschaften) ausmachen. Des Weiteren soll der Frage nachgegangen werden, ob sich die Fachkräfte hinsichtlich ihrer Ausbildung in der Häufigkeit kognitiv anregender Interventionen in der Freispiel- und Angebotsbegleitung unterscheiden.

7.1.1 Prozentualer Anteil kognitiv anregender Interventionen im Freispiel und in den Bildungsangeboten

Werden die pädagogischen Interventionen im Bereich der Lernprozessgestaltung betrachtet, fällt auf, dass im Vergleich mit allen anderen Interventionen der Lernprozessgestaltung (96%) kognitive Anregungen durch die Fachkräfte („Anregen zum Forschen und Explorieren" (I_08; 0.8% M = 0.48/SD = 1.37), „Anregen zum Formulieren der eigenen Gedanken und Überlegungen" (I_09; 1.4% M = 0.52/SD = 0.52), „Anregen zum Nachdenken innerhalb der Situation" (I_10; 0.9% M = 0.59/ SD = 1.42) und „Anregen zum Weiterdenken über die Situation hinaus" (I_11; 0.5% M = 0.41/SD = 0.89)) zusammengenommen, nur 4% (N = 89 2.3%) der gesamten Interventionen im Bereich der Lernprozessgestaltung ausmachen (vgl. Abbildung 14).

Das weist darauf hin, dass pädagogische Interventionen, die ein Potential für eine kognitive Förderung der Kinder im Freispiel aufweisen, eher selten Anwendung finden. Andere Interventionsformen kommen demgegenüber häufiger vor (vgl. auch Tournier et al., 2014).

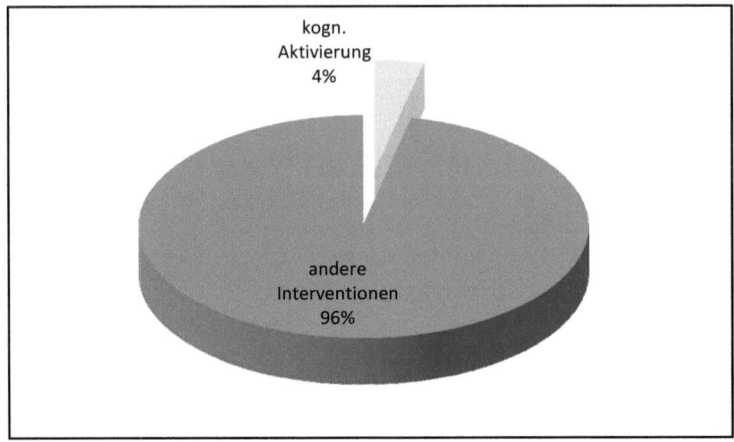

Abbildung 14:   Prozentualer Anteil der Interventionen in Bereich I Lernprozessgestaltung in der Freispielbegleitung; n = 27

Im mathematischen Bildungsangebot zeichnet sich für die Lernprozessgestaltung durch die Fachkräfte ein ähnliches Bild ab, wie in der Freispielbegleitung. Eine „Anregung zum Forschen und Explorieren" (MI_08) erfolgt zu 1.3% (M = 0.48/SD = 1.37). Eine „Anregung zum Formulieren der eigenen Gedanken und Überlegungen" (MI_09) macht 1.5% (M = 0.52/SD = 0.75) aller Interventionen aus. Eine „Anregung zum Nachdenken innerhalb der Situation" (MI_10) erfolgt zu 1.2% (M = 0.59/SD = 1.42) und eine „Anregung zum Weiterdenken über die Situation hinaus" (MI_11) findet sich nur zu 1.1% (M = 0.41/SD = 0.88) aller Interventionen. Insgesamt erfolgen kognitive Anregungen damit ebenfalls deutlich seltener (5%) im Vergleich zu allen anderen Interventionen der Lernprozessgestaltung (95%). Im mathematischen Angebot sind damit zwar häufiger kognitiv anregende Interventionen beobachtbar als im Freispiel (4% vs. 5%), aber dennoch eher selten beobachtbar (vgl. Abbildung 15; für weitere Ergebnisse vgl. Hüttel und Rathgeb-Schnierer, 2014).

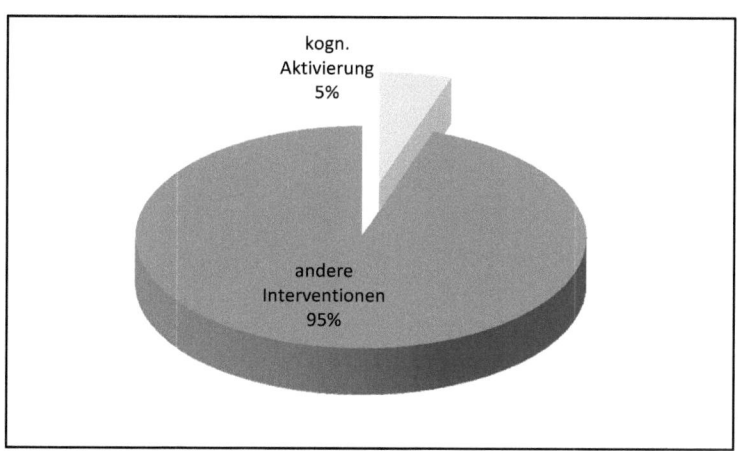

Abbildung 15:   Prozentualer Anteil der Interventionen in Bereich I Lernprozessgestaltung im mathematischen Bildungsangebot; n = 27

Im naturwissenschaftlichen Angebot kehrt sich das Bild um. Zwar machen auch
hier andere Interventionen der Lernprozess gestaltung mit 64% den größeren
Anteil aus, jedoch können hier kognitiv anregende Interventionen mit 36%
durch die Fachkräfte deutlich häufiger beobachtet werden als im Freispiel
(4%)und dem mathematischen Bildungsangebot (5%). Ein „Anregen zum Forschen und Explorieren" (NI_08) findet zu 12.9% (M = 9.56/SD = 9.85) statt.
Das „Anregen zum Formulieren eigener Gedanken und Überlegungen" (NI_09)
macht hier 12.0% (M = 9.22/SD = 8.68) der Interventionen aus. Ein „Anregen
zum Nachdenken innerhalb der Situation (NI_10) erfolgt zu 5.8%
(M = 4.07/SD = 4.09) und ein „Anregen zum Weiterdenken über die Situation
hinaus" (NI_11) stellen 4.9% (M = 3.07/SD = 3.21) der Interventionen dar.

Damit sind fast die Hälfte aller Interventionen aus Bereich I den kognitiv
anregenden Interventionen zuzuordnen (vgl. Abbildung 16; für weitere Ergebnisse vgl. Kauertz und Gierl, 2014).

Auf dieser deskriptiven Ebene ist bereits erkennbar, dass sich die Häufigkeit
der kognitiv anregenden Interventionen durch die Fachkräfte im naturwissenschaftlichen Bildungsangebot deutlich von der kognitiven Anregung im Freispiel und im mathematischen Bildungsangebot unterscheidet.

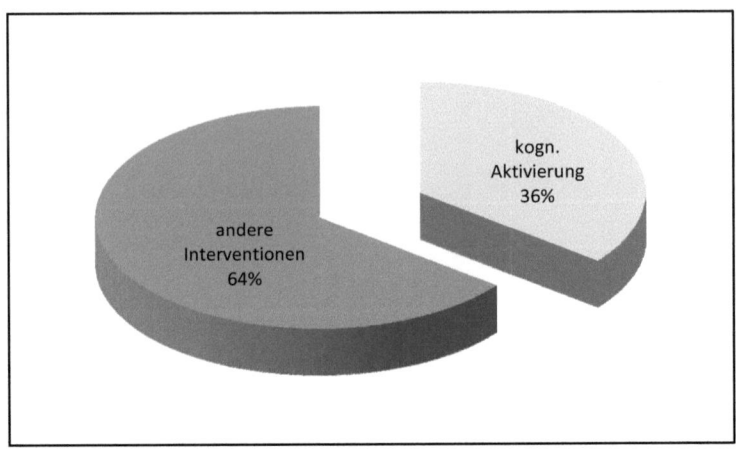

Abbildung 16:   Häufigkeit der Interventionen in Bereich I Lernprozessgestaltung im
naturwissenschaftlichen Bildungsangebot, n = 27

7.1.2   Unterschiede in der Häufigkeit kognitiv anregender Interaktionen in den drei Settings in Abhängigkeit von der Ausbildung der Fachkräfte

Für die Klärung der Frage, ob sich der Unterschied der Häufigkeit gezeigter kognitiv anregender Interventionen zwischen dem naturwissenschaftlichen Angebot und dem Freispiel, bzw. dem mathematischen Angebot als signifikant erweist und ob sich die Fachkräfte in Abhängigkeit von ihrer Ausbildung hinsichtlich der Häufigkeit kognitiv anregender Interventionen in der Freispiel- und Angebotsbegleitung unterscheiden, wurde eine Varianzanalyse mit Messwiederholung durchgeführt.

Dabei ging die faktoranalytisch neu gebildete Variable „kognitiv anregende Interventionen" im Freispiel und den zwei Angebotssituationen (Mathematik und Naturwissenschaften) als dreistufiger Messwiederholungsfaktor ein.

Als unabhängige Variable (Hauptfaktor) wurde die Ausbildung der Fachkräfte eingesetzt. Da sich die Fachkräfte in ihrer Berufserfahrung unterscheiden, wurde die Berufserfahrung als Kovariate berücksichtigt, um auszuschließen, dass dies einen Einfluss auf die Anzahl an kognitiv anregenden Interventionen hat.

Die Analyse weist einen signifikanten Wert für die Messwiederholung aus (F (1.09; 25.02) = 22.89; p = 0.000). Dies spricht dafür, dass sich die Freispiel- und Bildungsangebotssituationen mit Blick auf die Häufigkeit der kognitiv anregenden Interventionen signifikant voneinander unterscheiden. Eine Post-Hoc Analyse ergab, dass sich die Freispielbegleitung durch die Fachkräfte bezüglich der Häufigkeit der kognitiv anregenden Interventionen auffällig von den beiden Bildungsangeboten unterscheidet. Im Freispiel wurden signifikant seltener kognitiv anregende Impulse durch die Fachkräfte gegeben, als im mathematischen (p = 0.01) und naturwissenschaftlichen Angebot (p = 0.000; vgl. Tabelle 15).

Werden nur die beiden Angebotssituationen miteinander verglichen, weist das naturwissenschaftliche Angebot hoch signifikant mehr kognitiv anregende Interventionen aus, als das mathematische (p = 0.000). Die Kovariate Berufserfahrung war dabei nicht signifikant, so dass ein Einfluss der Berufserfahrung auf die Anzahl der kognitiv anregenden Interventionen ausgeschlossen werden kann. Die Gruppierungsvariable Ausbildung war dagegen signifikant (F (2; 23) = 5.50; p< 0.05). Die Schweizer Kindergartenlehrpersonen gaben signifikant seltener kognitiv anregende Impulse als die fachschulisch und akademisch ausgebildeten Fachkräfte aus Deutschland (p< 0.05). Zusätzlich wurde die Interaktion zwischen Ausbildung und Messwiederholung signifikant (F (2.18; 25.02) = 4.18; p < 0.05). Dies deutet auf Unterschiede zwischen den Ausbildungsgruppen in den drei Settings hin (vgl. Tabelle 15). Hier sticht vor allem der Unterschied im naturwissenschaftlichen Bildungsangebot hervor (Schweizer Kindergartenlehrpersonen M = 10.79; fachschulische Fachkräfte Deutschland M = 40.62; akademisch ausgebildete Fachkräfte in Deutschland M = 33.97). Hier gaben die Schweizer Kindergartenlehrpersonen deutlich seltener kognitiv anregende Impulse als die beiden Fachkräftegruppen aus Deutschland, so dass sich im naturwissenschaftlichen Bildungsangebot ein besonders großer Unterschied zwischen den Fachkräften zeigte.

Auffällig sind die großen Standardabweichungen, die auf eine hohe interindividuelle Varianz bezüglich der Häufigkeit kognitiv anregender Interventionen in Freispiel- und Angebotssituationen hinweisen.

Tabelle 14: Mittelwerte und Standardabweichungen der kognitiv anregenden Interventionen pro 30 min für das Freispiel und die Bildungsangebote sowie Ergebnisse der Varianzanalyse mit Messwiederholung (n = 27)

		Kognitiv anregende Interventionen pro 30 min
Freispiel	M (SD)	1.24[a] (2.16)
Angebot Mathe	M (SD)	3.89[b, c] (5.57)
Angebot NaWi	M (SD)	27.11[b, d] (21.60)
Messwiederholung	F (1.09;25.02)	22.89 $p < 0.000$
Haupteffekt Kovariate Berufserfahrung	F (1;23)	0.67 n.s.
Interaktion Berufserfahrung x Messwiederholung	F (1.09;25.02)	0.19 n.s.
Haupteffekt Ausbildung	F (2;23)	$p < 0.05$ Fach. & Akad. > KLP CH
Interaktion Ausbildung x Messwiederholung	F (2.18; 25.02)	$p < 0.05$

Anmerkung: [a, b; c, d] signifikante Unterschiede zwischen den Gruppen ($p < 0.05$) Fach.: fachschulische Fachkräfte in D (n = 7), Akad.: Akademische Fachkräfte in D (n = 10), KLP.: Kindergartenlehrpersonen in CH (n = 10)

Der sich in der deskriptiven Betrachtung andeutende Unterschied der Häufigkeit kognitiv anregender Interventionen zwischen Freispiel, dem mathematischen und dem naturwissenschaftlichen Angebot, lässt sich mittels der varianzanalytischen Untersuchung bestätigen. Im Freispiel werden signifikant seltener kognitiv anregende Impulse gegeben als in den mathematischen und naturwissenschaftlichen Angeboten. Zum anderen werden im naturwissenschaftlichen Angebot signifikant häufiger kognitiv anregende Impulse gegeben, als im mathematischen Bildungsangebot. Darüber hinaus ergibt sich auch ein Effekt in Abhängigkeit von der Gruppenzugehörigkeit der Fachkräfte. Die Schweizer Kindergartenlehrpersonen geben signifikant seltener kognitiv anregende Impulse – und zwar über alle drei Settings hinweg – als die fachschulisch und akademisch ausgebildeten Fachkräfte aus Deutschland. Ein besonders großer Unterschied lässt sich dabei im naturwissenschaftlichen Angebot erkennen.

Auf Basis dieser quantitativen Ergebnisse wurden – wie in Kapitel 6.2 bereits genauer beschrieben – die Videos für die qualitative Analyse ausgewählt, deren Ergebnisse im Folgenden dargestellt werden sollen.

7.2 Ergebnisse der qualitativen Studie

In diesem Kapitel werden die Ergebnisse der qualitativen Studie berichtet. Dazu wird in Kapitel 7.2.1 die Gestaltung der kognitiv anregenden Interaktion zwischen Fachkraft und Kind(ern) dargestellt. Dabei werden folgende Fragen beantwortet:

1. Wie gestalten Fachkraft und Kin(der) die kognitiv anregende Interaktion?
2. Wie gelingt es Fachkraft und Kind(ern) ihre unterschiedlichen Orientierungsrahmen in Einklang zu bringen – also aneinander anzuschließen?
3. Welche Aspekte erweisen sich für die Gestaltung kognitiv anregender Interaktionen als günstig, bzw. ungünstig?

Die Fälle werden folgend einzeln vorgestellt und die drei Fragen in der oben genannten Reihenfolge beantwortet.

In Kapitel 7.2.2 wird der Fallübergreifende Fallvergleich, die komparative Analyse, vorgestellt, die auf die Typenbildung vorbereitet.

In Kapitel 7.2.3 werden dann die Ergebnisse der sinngenetischen Typenbildung der Art und Weise, „wie" die Fachkräfte kognitiv anregende Interaktionen mit den Kindern gestalten, vorgestellt. Des Weiteren sollen Hinweise auf die Soziogenese, also auf gemeinsam geteilte Erfahrungsräume, die einen Einfluss auf die Gestaltung der kognitiv anregenden Interaktionen haben könnten, gegeben werden. Folgende Frage wird hier beantwortet:

4. Lässt sich eine Typik dieser Interaktionsgestaltung zwischen Fachkraft und Kindern aufzeigen?

7.2.1 Gestaltung kognitiv anregender Interaktionen

Im Folgenden wird die Interaktionsgestaltung zwischen den Fachkräften und den Kindern dargestellt. Dazu wird zunächst der Verlauf der Interaktionen beschrieben, um dem Leser die Gestaltung der Interaktion nachvollziehbar zu machen. Die Bestimmung des Interaktionsmodus bietet dann Aufschluss zu der Frage, ob, bzw. wie es Fachkraft und Kindern gelingt, mit ihren unterschiedlichen Orientierungen aneinander anzuschließen. Darauf folgend wird die Orientierung der Fachkraft – und wenn möglich der Kinder – herausgearbeitet. Abschließend wird der Frage nachgegangen, welche Aspekte sich in der Gestaltung der kognitiv anregenden Interaktionen als günstig, bzw. ungünstig erwiesen haben, um so Hinweise zu erhalten, wie kognitiv anregende Interaktionen für Fachkräfte und Kinder zukünftig zufriedenstellend gestaltet werden können.

Fall 1 Hochhaus (FK11322F2)

Gestaltung kognitiv anregender Interaktionen der Fachkraft Carola[24] und der Kinder im Freispiel
Die Freispielvideographie der Fachkraft Carola dauert insgesamt 49:17 Minuten. Die erste ausgewählte Sequenz findet in Minute 15:15 bis 15:59 statt und dauert damit insgesamt 00:44 Sekunden. In dieser Sequenz erfolgt eine kognitive Anregung durch die Fachkraft, I_09 „Anregen zum Formulieren eigener Gedanken und Überlegungen", weshalb diese Sequenz ausgewählt wurde.

Verlauf der Interaktion zwischen Fachkraft Carola und zwei Mädchen in Sequenz 1
Fachkraft Carola und ca. acht Kinder befinden sich in der Turnhalle. Helen, die keinen Anschluss an die anderen Kinder findet, kehrt wiederholt zur Fachkraft Carola zurück. Diese macht Helen darauf hin den Vorschlag, etwas mit ihr zusammen zu spielen und ein weiteres Kind zu fragen ob es mitspielt. Das gefragte Kind Mia stimmt zu und die Fachkraft und die beiden Mädchen Helen und Mia entscheiden sich dazu, auf der blauen großen Matte mit Schaumstoffelementen ein Hochhaus zu bauen. Dieser Aktivität schließen sich weitere Kinder an.

---

24 Sämtliche Namen wurden geändert.

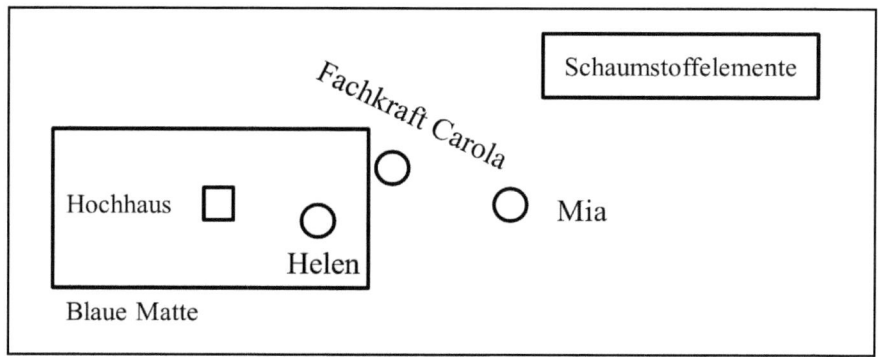

Abbildung 17: Anordnung der Personen und Dinge in Sequenz 1

Fachkraft Carola steht vor der blauen großen Matte und dreht sich zu Mia um (vgl. Abbildung 17). Sie fragt „Mia, wie soll das Hochhaus denn am besten aussehen?" *Diese Äußerung wurde als Anregung zum Formulieren eigener Gedanken und Überlegungen kodiert, weil Mia ihre Vorstellung davon, wie das Hochhaus aussehen und gebaut werden soll, ausformulieren soll.* Fachkraft Carola ist Mia zugewandt und stellt zwischendurch den Blickkontakt zu Mia her. Mia, die gerade ein großes Schaumstoffelement zur Matte trägt, bleibt stehen, stellt das Schaumstoffelement auf den Boden, schaut Fachkraft Carola an und sagt „Ähm". *Damit reagiert Mia auf die kognitive Anregung durch Carola, indem sie offenbar beginnt zu überlegen, wie sie sich das Hochhaus vorstellt.* Noch bevor Mia antwortet, wie sie sich das Hochhaus vorstellt, fährt Fachkraft Carola fort „Eins ganz hoch oder?" Mia erwidert „Eins ganz hoch." Auch Helen, die das Gespräch zwischen Mia und Fachkraft Carola mitbekommen hat, antwortet „Eins ganz hoch". Fachkraft Carola entgegnet „Eins ganz hoch". *Hier wird deutlich, dass die Fachkraft der Antwort von Mia nicht genügend Raum gegeben hat, so dass Mia unter Umständen keine eigene Idee formuliert hat, sondern sich der Vorstellung der Fachkraft angeschlossen hat.* Dann sagt Fachkraft Carola an einen Jungen gewandt „Der Moritz ist schon ganz fleißig, der bringt ganz viele Sachen herbei". Dabei dreht sich Fachkraft Carola nach links hinter sich um und schiebt gleichzeitig ein Schaumstoffteil, das auf dem Boden liegt, mit dem Fuß beiseite. Danach dreht sich Fachkraft Carola wieder zur Matte um und bückt sich. Die Kinder bringen weitere Schaumstoffelemente, die sie auf die blaue Matte legen.

Bestimmung des Interaktionsmodus

Rahmenkomplementarität: Erwachsenenorientiert-responsiver Interaktions-modus

Fachkraft Carola setzt eine Proposition „Mia, wie soll das Hochhaus denn am besten aussehen?". In dieser kommt der Orientierungsgehalt zum Ausdruck, dass die Vorstellung der Kinder beim Hochhausbau berücksichtigt wird. Sie werden entsprechend explizit nach ihren Vorstellungen gefragt und das Kind wird als Experte für das Hochhausbauen angesprochen. Entsprechend der darin enthaltenen kognitiven Anregung zum Formulieren eigener Gedanken und Überlegungen ist es Erwartung der Fachkraft, dass Mia einen Vorschlag formuliert. Dazu kommt es im weiteren Verlauf jedoch nicht, weil die Fachkraft Mia bei der Formulierung einer Vorstellung zuvorkommt und selbst einen Vorschlag macht. Mia denkt nicht länger über eine eigene Vorstellung nach, sondern greift den Vorschlag der Fachkraft auf. Mit Martens und Asbrand (subm.) erfolgt hier also eine Rekontextualisierung in den Orientierungsrahmen der Fachkraft, indem Mia sich bemüht, die Erwartungen der Fachkraft zu erfüllen. Diese kindliche Anlehnung an die Vorstellung der Fachkraft wird von Helen unterstützt und findet dadurch Bestätigung. Fachkraft Carola bestätigt wiederum ihrerseits die Einigung auf ihren Vorschlag. Dabei verwenden Mia, Helen und Carola einen identischen Wortlaut. Es erfolgt hier also eine kommunikative Konklusion, die aus einer gegenseitigen Rückversicherung für die Geltung des Vorschlags von Fachkraft Carola, also eine Ausrichtung an der Orientierung der Fachkraft, besteht. Im Anschluss an die kommunikative Konklusion erfolgt eine Proposition durch Fachkraft Carola, die einen neuen Orientierungsgehalt zum Ausdruck bringt.

Da Mia und Helen der Rahmung der Interaktion durch die Fachkraft folgen, sich dem Vorschlag vertrauensvoll anschließen und sich darum bemühen, die an sie gerichteten Erwartungen zu erfüllen (z.B. das Beantworten der an sie gerichteten Fragen), liegt ein erwachsenenorientiert-responsiver Interaktionsmodus vor. Fachkraft und Kindern gelingt es in diesem Fall ihre unterschiedlichen Orientierungen zu vereinbaren, indem sich die Kinder an der Orientierung der Fachkraft ausrichten und die ihnen zugesprochene Rolle erfüllen. Im Sinne der Dokumentarischen Methode gelingt hier also die Interaktion in dem Sinne, dass das Kind an die Fachkraft Anschluss nimmt und auf die Impulse der Fachkraft eingeht. Da die Fachkraft ihre Frage aber selbst beantwortet hat, kam die kognitive Anregung dennoch nicht zur Entfaltung.

Verlauf der Interaktion zwischen Fachkraft Carola und zwei Jungen in Sequenz 2
Sequenz 2 findet im Freispielvideo von Minute 16:52 bis 18:00 statt und dauert insgesamt 01:08 Minuten. Es erfolgen insgesamt vier kognitive Anregungen durch die Fachkraft: einmal Item I_08 „Anregen zum Forschen und Explorieren" und dreimal Item I_09 „Anregen zum Formulieren der eigenen Gedanken und Überlegungen", so dass die Sequenz für die qualitative Analyse ausgewählt wurde.

Die Fachkraft Carola, Jan und weitere Kinder sind weiterhin damit beschäftigt Schaumstoffelemente zu der blauen Matte zu bringen und daraus das Hochhaus zu gestalten.

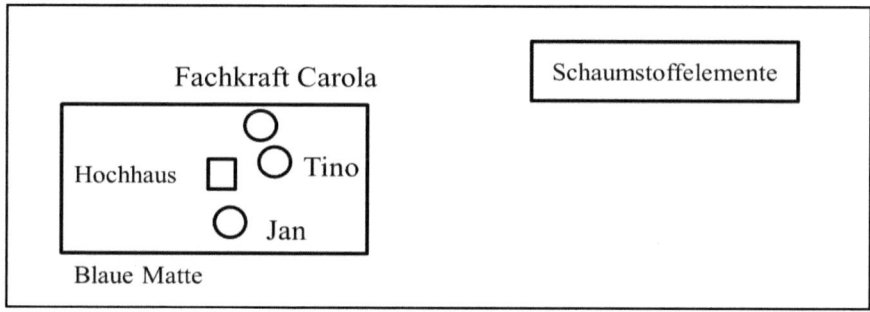

Abbildung 18:   Anordnung der Personen und Dinge in Sequenz 2

Fachkraft Carola sitzt auf der Matte, mit dem Rücken zur Wand. Jan steht an einem Stapel Schaumstoffelemente Fachkraft Carola gegenüber (vgl. Abbildung 18). Jan schaut in Fachkraft Carolas Richtung und sagt „Das muss viel breiter werden". Jan und Fachkraft Carola halten dabei Blickkontakt. Fachkraft Carola erwidert daraf hin „Aber ich denke das wird ein Hochhaus?". Fachkraft Carola wechselt ihre Position vom Sitzen ins Knien und schaut dann wieder zu Jan. Jan wiederholt „Aber das muss viel breiter werden". Dabei schaut er Fachkraft Carola an und macht eine auslandende Geste nach links. Fachkraft Carola fragt „Viel breiter?". Dabei zieht sie die Augenbrauen kraus und schaut Jan an. Jan antwortet auf Fachkraft Carolas Nachfrage „Ja". Fachkraft Carola fragt Jan daraf hin „Und zwar, wie meinst du das ungefähr?".

Hier regt Fachkraft Carola Jan zum Formulieren eigener Gedanken und Überlegungen an. Sie erwartet, dass Jan ausformuliert, was er genau meint, wenn er sagt, dass das Hochhaus breiter sein muss.

Jan und Fachkraft Carola halten weiterhin den Blickkontakt. Jan antwortet „Das muss so breit sein, also hier noch ein kleines Stückchen und da auch noch". Dabei wird die Beschreibung durch Gesten ergänzt. *Damit geht Jan auf den Impuls der Fachkraft ein und schildert erwartungsgemäß, wie er es gemeint hat.* Fachkraft Carola folgt Jans Gesten und hört seiner Ausführung zu. Dann wiederholt Fachkraft Carola Jans Worte „Da noch ein kleines Stückchen" und schaut dann auf ein Schaumstoffelement, das links von ihr steht. Jan ergänzt Fachkraft Carolas Wiederholung seiner Worte um einen fehlenden Aspekt „Und und hier auch noch hin". Dies wird erneut durch das Zeigen, wo noch was angebaut werden muss, begleitet. Fachkraft Carola antwortet „Können wir d... könnten wir die hier da vielleicht für gebrauchen? Sollen wir das mal ausprobieren?" und schaut auf Schaumstoffelemente. *An dieser Stelle regt Fachkraft Carola Jan zum Forschen und Explorieren an. Er soll ausprobieren, welche Teile sich für sein Vorhaben eignen.* Jan antwortet Fachkraft Carola „Ja, und da müssen so, und da müssen dünne Wände hin", was er zusätzlich gestisch zeigt. *Jan greift also den Impuls der Fachkraft auf, indem er sich darauf einlässt, die von der Fachkraft vorgeschlagenen Teile zu testen.* Darüber hinaus führt er aus, wie noch gebaut werden soll. Fachkraft Carola fragt „Dünne Wände?". Dabei schaut sie auf verschiedene Stellen des Hochhauses. Jan erwidert „Hier muss noch was hin" und zeigt, wo genau. Fachkraft Carola fragt Jan „Was könnten wir denn da hin bauen?" *Hier geht es darum, dass Jan seine eigenen Gedanken und Überlegungen formuliert. Mit dieser Anregung geht die Fachkraft auf Jans Anmerkung ein, dass noch etwas gebaut werden müsse. Jan soll seinen Gedankengang, was genau noch gebaut werden könnte, ausformulieren.*

Dabei wechselt sie ihre Sitzposition vom Knien ins Sitzen und hält weiterhin Blickkontakt mit Jan. Jan erwidert „Da könnten wir noch, ehm, hier `ne Wand hin bauen und hier noch was hin". *Auch hier geht Jan auf den Impuls der Fachkraft ein und gibt eine erwartungsgemäße Antwort, indem er schildert, was wo gebaut werden könnte.* Die Ausführung wird erneut gestisch begleitet, so dass präzisiert wird, wo was hin muss. Fachkraft Carola folgt seinen Ausführungen und fragt dann „Jaa, was is mit dem hier?" *Hierbei handelt es sich um eine Anregung, die eigenen Gedanken und Überlegungen zu formulieren. Jan soll darüber nachdenken, ob die von der Fachkraft vorgeschlagenen Schaumstoffelemente für sein Vorhaben geeignet sein könnten. Dabei soll er diesen Gedanken laut ausformulieren.*

Dabei schaut Fachkraft Carola auf verschiedene Teile und zeigt dann auf eins davon. Jan schildert daraf hin „Das können wir, die können wir so hin bauen und dann hier die Wand bauen. Und dann da die Wand bauen". Jan begleitet auch diese Ausführung gestisch und zeigt, wo was wie hin soll. *Auch hier geht Jan auf die Frage der Fachkraft ein. Indem er beschreibt, wo die Schaumstoffelemente hinkommen können, zeigt er sich zugleich mit den von der Fachkraft vorgeschlagenen Schaumstoffelementen einverstanden.* Carola fragt Jan darauffolgend „Was brauchst du dafür, was sollen wir holen?" *Mit dieser Frage regt Fachkraft Carola Jan abermals zum Formulieren eigener Gedanken und Überlegungen an. Jan soll nun beschreiben, welche Dinge er über die von ihr vorgeschlagenen Dinge hinaus noch benötigt, um sein Vorhaben umsetzen zu können.* Jan schaut Fachkraft Carola an und antwortet „Dafür brauchen wir noch mehr Bausteine." *Es wird deutlich, dass Jan auch hier die Anregung der Fachkraft erwartungsgemäß aufgreift und ausformuliert, welche weiteren Dinge er für sein Vorhaben benötigt.*

Fachkraft Carola nickt einmal und fragt „Noch ein paar mehr? Also holen wir noch welche?" Fachkraft Carola sitzt dabei auf der Matte und schaut Jan an. Jan entgegnet „Ja, das erstmal ab ..." Dabei schaut er zunächst Fachkraft Carola an und geht dann auf das Gebaute zu und hebt das Teil, das Fachkraft Carola zuvor angebaut hat, herunter. Dann geht Jan in Richtung des Aufbewahrungsorts der restlichen Schaumstoffelemente aus dem Bild. Tilo, der durchgängig neben Fachkraft Carola gesessen und die Interaktion zwischen Fachkraft Carola und Jan verfolgt hat, sagt zu ihr „Ich mag dich" und schaut sie an.

Bestimmung des Interaktionsmodus

Rahmenkomplementarität: kindorientiert-responsiver Interaktionsmodus
Durch Jan erfolgt eine Proposition, die eine bestimmte Orientierung bezüglich des Hochhausbaus beinhaltet „Das muss viel breiter werden". Diese Aussage von Jan löst bei Carola ein Unverständnis aus. In dem gegenseitigen Nichtverstehen wird zunächst eine Rahmeninkongruenz der Orientierung von Fachkraft und Kind erkennbar. Auf dieses Unverständnis, bzw. die Rahmeninkongruenz wird seitens der Fachkraft reagiert, indem sie versucht mittels Nachfragen kommunikativ die Perspektive des Kindes nachzuvollziehen.

Auf diese Weise richtet sich die Fachkraft dann an der Orientierung des Kindes aus und adressiert es als Experten, was zu einer Rahmenkomplementarität führt.

Die Interaktion ist durch eine kommunikative Konklusion gekennzeichnet, die dadurch erfolgt, dass sich Fachkraft und Kind darüber rückversichern, dass die Frage, wie das Hochhaus gebaut werden soll (wer als Experte dafür gilt) abgeschlossen ist und zum nächsten, kommunikativ abgesprochenen Handlungsschritt (weitere Schaumstoffelemente holen, die für den Weiterbau benötigt werden), übergegangen werden kann („Noch ein paar mehr? Also holen wir noch welche?"). Diesem wird durch beide zugestimmt, so dass die Interaktion auch hier einvernehmlich konkludiert wird („Ja, das erstmal ab."). Diese gemeinsame kommunikative Konklusion zwischen Fachkraft und Kind weist ebenfalls auf eine Rahmenkomplementarität hin. Da sich die Fachkraft dabei an der Orientierung des Kindes ausrichtet (nach Martens und Asbrand (subm.) eine Rekontextualisierung in den kindlichen Orientierungsrahmen), kann dieser Interaktionsverlauf als ein kindorientiert-responsiver Interaktionsmodus interpretiert werden. Für die Kindorientierung spricht auch Tinos Anmerkung, dass er die Fachkraft möge („Ich mag dich."). Denn dies kann als ein Zeichen dafür verstanden werden, dass Tino der Interaktionsstil der Fachkraft mit Jan gefällt. Er hat die Interaktion offensichtlich als wertschätzend, bzw. kindorientiert wahrgenommen. Im Sinne der Dokumentarischen Methode gelingt hier also die kognitiv anregende Interaktion. Die Fachkraft nimmt an das Kind Anschluss, indem sie das Kind als Experten anspricht, und das Kind geht erwartungsgemäß auf die Impulse der Fachkraft ein, indem Jan z.B. ausformuliert, was an welcher Stelle noch gebaut werden soll, und reagiert somit auf die Anregungen zum Formulieren eigener Gedanken und Überlegungen.

Orientierung

Die Fachkraft ist an einem flexiblen Handlungsplan orientiert. Das heißt, der Aktivität liegen keine zuvor kleinschrittig geplanten Handlungsabläufe zugrunde. Vielmehr zeigt sich die Gestaltung der kognitiv anregenden Interaktion in Form einer individuellen Aktivität, die jedoch auf ein gemeinschaftliches Ziel ausgerichtet ist. Jedes Kind nimmt solche Dinge, die seiner Ansicht nach für den Hochhausbau geeignet sind und bringt sie an der Stelle an, wo es diese für passend hält. Das Hochhaus wird also ko-konstruktiv durch alle beteiligten Kinder gestaltet, indem sie ihre individuellen Ideen und Vorstellungen einbringen. In dieser Situation wird sowohl der Fachkraft als auch den Kindern eine aktive Rolle zugesprochen.

Aufgrund dessen, dass sich die Kinder individuell am Hochhausbau beteiligen, bleibt auch Raum für Einzelgespräche zwischen Fachkraft und einzelnen

Kindern. Die Fachkraft schafft auf diese Weise eine Ausgangssituation, in der Gedankengänge, Fragen und Impulse der Kinder ebenso zum Ausgangspunkt der Interaktion werden können, wie auch diejenigen der Fachkraft. Dies kann als eine bedeutsame Voraussetzung für ko-konstruktivistische Prozesse zwischen Fachkraft und Kindern, sowie den Kindern untereinander angesehen werden.

Die Fachkraft bemüht sich darum, Entscheidungen den Kindern zu überlassen, und spricht sie als Experten an, indem sie Fragen an die Kinder stellt und ihre Meinungen und Überlegungen explizit mit einbezieht.

Günstige Aspekte in der Interaktion mit Mia und Helen

Die Fachkraft bemüht sich darum, die Meinungen und Vorstellungen der Kinder in der Interaktion mit zu berücksichtigen. Dies geschieht über Fragen, die als kognitiv anregend beschrieben werden. Damit nimmt sie die Kinder als Interaktionspartner ernst und bietet ihnen eine aktive Mitgestaltung der Interaktion.

Die Interaktion mit Mia und Helen gelingt, weil sich die Kinder an der Rahmung der Fachkraft ausrichten. Da alle Beteiligten stehen, ist die Fachkraft größer als die Kinder, was nach Delfos (2004) eine dem Anderen (Kleineren) übergeordnete Positionierung vermittelt, also eine Führungsposition, die von Mia und Helen angenommen wird.

Ungünstige Aspekte in der Interaktion mit Mia und Helen

In der Interaktion mit Mia stellt die Fachkraft zunächst eine offene Frage dazu, wie das Hochhaus am besten aussehen soll. Es erfolgt damit eine kognitive Anregung im Sinne eines Anregens zum Formulieren eigener Gedanken und Überlegungen. Zugleich spricht sie damit das Kind als Experten an und bietet dem Kind die Möglichkeit, seine eigenen Vorstellungen einzubringen. Die Fachkraft bietet auf diese Weise Raum für eine Enaktierung der kindspezifischen Orientierungen durch die Kinder. Der kindlichen Antwort auf die zunächst offene Frage kommt die Fachkraft jedoch mittels eines Vorschlags zuvor. Dadurch wurde die kognitive Anregung durch die Fachkraft nicht zu Ende geführt, denn Mia hat ihrer Reaktion nach bereits begonnen über die Frage nachzudenken.

Letztlich hat genügt, dass sich das Kind dem Vorschlag der Fachkraft anschließt. Die Fachkraft hält zwar durch ein nachgeschobenes „oder?" den Vorschlag offen, was bedeutet, dass Mia einen Gegenvorschlag formulieren konnte. Dies geschieht jedoch nicht, sondern Mia und auch Helen richten sich an der Erwartung, wie ein Hochhaus aussehen könnte, an der Fachkraft aus. Da Mia bereits begonnen hat zu überlegen, was in dem „ähm" zum Ausdruck kommt, hätte sie vermutlich einen eigenen, ihren kindlichen Vorstellungen entsprechenden Vorschlag gemacht, wenn kein vorschneller Vorschlag durch die Fachkraft erfolgt wäre. Dadurch wurde der Raum für eine Enaktierung der kindspezifischen Orientierung durch die Kinder erschwert, denn die Kinder hätten, sofern sie eine andere Vorstellung davon gehabt hätten, dann das Selbstbewusstsein benötigt, den im Vorschlag formulierten Erwartungen der Fachkraft zu widersprechen. Auch wenn die Situation insgesamt so gestaltet ist, dass ko-konstruktivistische Interaktionen zwischen Fachkraft und Kind(ern), bzw. den Kindern untereinander ermöglicht werden, kommt es hier zwischen Fachkraft und den beiden Mädchen nicht dazu. Zum einen, weil die Fachkraft dem kindlichen Ausdruck seiner Vorstellungen zuvorgekommen ist, und zum anderen, weil es zu keiner Aushandlung unterschiedlicher Perspektiven, Vorstellungen, Ideen kommt, die in eine gemeinsame hätten überführt werden können.

Günstige Aspekte in der Interaktion mit Jan

Die Interaktion mit Jan gelingt hingegen, weil die Fachkraft nicht auf ihrer Orientierung besteht, sondern sich nach der Orientierung von Jan ausrichtet. Sie spricht ihm die Rolle des Experten, bzw. des Baumeisters zu und richtet sich nach seinen Vorstellungen vom Hochhausbau, wobei sie ihn herausfordert, diese auszuformulieren und weiterzudenken. Auf diese Weise gesteht sie ihm seine Autonomie zu und Jan kann sich als aktiv und selbstwirksam erleben. Auf nonverbaler Ebene ist auffällig, dass die Fachkraft durchgängig sitzt, kniet oder hockt, wodurch sie sich durchgängig auf einer Augenhöhe mit Jan befindet oder sich kleiner macht als Jan. Nach Delfos (2004) kann eine Positionierung auf einer Augenhöhe eine Gleichberechtigung der Interaktionspartner vermitteln. Indem sich der Erwachsene kleiner macht als das Kind, könne er diesem signalisieren, dass er ihm die Führung in der Interaktion übergibt. Idem sich der Erwachsene größer mache als das Kind, könne er dagegen eine Übernahme der Führungsposition signalisieren.

Wie im Folgenden noch genauer beschrieben wird, gab es bereits im Vorfeld einen Aushandlungsprozess bezüglich der Rolle des Baumeisters zwischen der Fachkraft und den Kindern, wobei sowohl die Kinder als auch die Fachkraft die Rolle abgelehnt hatten. Die Fachkraft schlug verschiedene Kinder für diese Rolle vor.

Jan schlug hingegen vor, dass die Fachkraft der Baumeister ist. Hier wird erneut deutlich, dass die Fachkraft die Kinder als Experten anspricht und diesen explizit die Führung innerhalb der Situation zuspricht. Damit bietet sie den Kindern Raum für eine Enaktierung ihrer kindspezifischen Orientierungen. Dabei gelangen in Sequenz 2 in der Interaktion mit Jan zugleich kognitive Anregungen in Form von „Anregen zum Formulieren eigener Gedanken und Überlegungen" sowie „Anregen zum Forschen und Explorieren". Dabei erweisen sich diese beiden Formen kognitiver Anregung als anschlussfähig an die Orientierung des Kindes als Experten. Das Kind nimmt die kognitiven Anregungen entsprechend an. Auch diese Sequenz zeigt, dass es der Fachkraft insgesamt gelingt eine Situation zu schaffen, die ko-konstruktive Prozesse zwischen Fachkraft und Kindern sowie den Kindern untereinander ermöglicht.

Ungünstige Aspekte in der Interaktion mit Jan
In der Interaktion zwischen Jan und der Fachkraft findet zunächst ein Aushandlungsprozess bezüglich des Expertentums statt. Beide haben eine unterschiedliche Orientierung bezüglich des Aussehens, bzw. des Baus des Hochhauses. Aufgrund dessen beanspruchen beide zunächst die Rolle des Experten, bzw. Baumeisters und äußern unterschiedliche Vorstellungen vom Hochhausbau. Im Vorfeld dieser Sequenz haben die Kinder und die Fachkraft überlegt, dass es auf dem Bau immer einen Bauleiter gibt, und haben verhandelt, wer das sein könnte. Die Fachkraft hat Jan gefragt, ob er die Rolle nicht übernehmen wolle, was von Jan abgelehnt wurde. Es wurde dann noch ein weiterer Junge von der Fachkraft gefragt, der ebenfalls abgelehnt hat. Eins der Kinder warf ein, dass es ja auch eine Baumeisterin geben könnte. Jan hat dann vorgeschlagen, dass die Fachkraft das sein könnte. Die Fachkraft zog darauf hin die Augenbrauen zusammen, was ein Missfallen zum Ausdruck bringt. Die Aushandlung der Rolle des Baumeisters war also nicht richtig geklärt. Diese Aushandlung der Rolle des Experten, bzw. des Baumeisters kommt in diesem Interaktionsabschnitt erneut zum Tragen. Dadurch steht zunächst die Aushandlung der Rollenverteilung im Vordergrund und weniger die Umsetzung des Hochhausbaus, bzw. die Frage, wie das Hochhaus weiter gebaut wird.

Erst nachdem die Fachkraft nicht mehr auf der Rolle des Experten, bzw. des Baumeisters besteht und sich nach Jans Orientierung richtet, ihm also die Rolle des Experten, bzw. Baumeisters zuspricht, kann es inhaltlich wieder um die

Frage, wie das Hochhaus gebaut werden soll, gehen, und es kommt im weiteren Verlauf zu einer Fortsetzung der Umsetzung des Hochhausbaus.

Es zeigt sich also, dass sich sowohl die Fachkraft als auch Jan in der Rolle des Experten, bzw. des Baumeisters gesehen haben, obwohl beide die Rolle zunächst abgelehnt haben, was dann zu einem erneuten Aushandlungsprozess dieser Rollenverteilung geführt hat. Dieser Aushandlungsprozess kann, wie häufig im Zusammenhang mit Rollenspielen referiert (vgl. z.B. Vygotsky 1978) als ein Ko-Konstruktionsprozess zwischen Fachkraft und Kindern gesehen werden, der hier jedoch nicht zu Ende geführt wurde. Dadurch folgt erneut ein interaktiver Austausch zwischen Jan und der Fachkraft hinsichtlich der Rollenverteilung. Die Frage, wie das Hochhaus gebaut werden soll, wird dagegen wenig ko-konstruktivistisch gestaltet. Es wird kein gemeinsames Verständnis vom Aussehen des Hochhauses, bzw. des Weiterbaus hergestellt, sondern lediglich Jans Vorstellung wird weiterverfolgt, was mit der Rollenzuschreibung eines Experten zusammenhängen könnte.

Stattdessen hätte z.B. auch eine kommunikative Aushandlung dahingehend stattfinden können, dass die Fachkraft zunächst Jan danach gefragt hätte, welche Vorstellung er hat und die Fachkraft dann ihre eigenen Vorstellungen äußert. Dies hätte dann dazu genutzt werden können, zu einer gemeinsamen Vorstellung, wie das Hochhaus aussehen soll, bzw. wie es weitergebaut werden soll, zu gelangen. Das bedeutet, aus den beiden Vorstellungen eine gemeinsame, für beide Seiten zufriedenstellende Lösung zu konstruieren. In diesem Moment hätte keine der beiden Orientierungen (von Fachkraft oder Jan) unterdrückt werden müssen, sondern beide hätten gleichberechtigt Bestand gehabt, so dass in der Interaktion Raum für eine Enaktierung beider Orientierungen gewesen wäre. Für eine ko-konstruktivistische Gestaltung des Hochhausbaus erweist sich der Vorschlag, einen Baumeister zu wählen, daher als wenig günstig.

Denn die Aufgabe eines Baumeisters ist es, in der Rolle eines Experten andere anzuweisen, wie etwas gebaut werden muss. Darüber wird eine asymmetrische Beziehung zwischen demjenigen, der die Rolle des Baumeisters einnimmt, und den anderen erzeugt. Anstelle von Ko-Konstruktion kommt es dann zu einer Anleitung durch eine Person.

Günstiger wäre an dieser Stelle eventuell gewesen Jans Einwurf, „das muss viel breiter werden", für eine ko-konstruktivistische Interaktion zwischen allen Beteiligten zu nutzen, indem gemeinsam darüber beratschlagt würde und eine gemeinsame, für alle zufriedenstellende Lösung des Problems „wie soll das Hochhaus aussehen und wie wird es gebaut" konstruiert würde.

Fall 2 Grün mischen (FK30712F2)

Gestaltung kognitiv anregender Interaktionen der Fachkraft Hanni (30712) und den Kindern im Freispiel

Das Freispielvideo der Fachkraft Hanni dauert insgesamt 01:00:01. Hieraus wurden zwei Sequenzen ausgewählt. Die erste gewählte Sequenz findet von Minute 22:56 bis 26:41 statt und dauert 03:45 Minuten. In dieser Sequenz erfolgen drei kognitive Anregungen durch die Fachkraft: einmal FI_08 Anregen zum Forschen und Explorieren, einmal FI_09 Anregen zum Formulieren eigener Gedanken und Überlegungen und einmal FI_11 Anregen zum Weiterdenken (über die Situation hinaus), weshalb diese Sequenz für die Analyse ausgewählt wurde.

Verlauf der Interaktion zwischen Fachkraft Hanni und drei Mädchen in Sequenz 1

Nachdem Sarah ein Experiment machen wollte, für das die benötigten Utensilien fehlten, bietet Fachkraft Hanni Sarah, Sina und Pia an, ihnen ein unbekanntes Experiment zu erklären, für das noch Materialien vorhanden waren. Die Kinder willigen ein und setzen sich an einen Tisch. Sina an der rechten kurzen Seite des Tisches, Sarah rechts von Sina an der langen Seite des Tisches und Pia aus Sinas Perspektive an der linken langen Seite des Tisches (vgl. Abbildung 19). Auf dem Tisch befinden sich drei Tabletts, mit Schälchen, Pipetten, drei Farben Krepppapier (rot, blau, gelb), kleine Gläser. Des Weiteren liegen auf dem Tisch drei Krepppapierrollen (rot, blau, gelb) und es stehen zwei Gefäße auf dem Tisch, eins davon mit klarem Wasser gefüllt. Die Fachkraft teilt den Kindern von jeder Farbe Krepp aus und demonstriert den Versuch. Dazu darf jedes Kind ein Stück Krepp in das Sieb geben, was im Anschluss mit Wasser übergossen wird. Die Farbe der sich ergebenden Flüssigkeit wird von der Fachkraft mit dem grünen Griff einer Schere und der grünen Halterung des Gefäßes verglichen und herausgestellt, dass es unterschiedliche Grüntöne gibt.

Die Erklärung des Experiments wurde mittels „Das dürft ihr jetzt selber ausprobieren" durch Fachkraft Hanni abgeschlossen. Es folgt eine kurze organisatorische Interaktion, in der Sarah ein Schälchen wegbringt und Pia sich noch ein Schälchen holt.

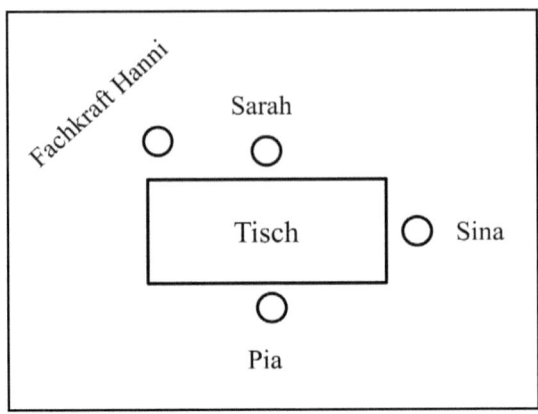

Abbildung 19:   Anordnung der Dinge und Personen in Sequenz 1

Sina, die ihre Utensilien beisammen hat, sagt „Dann müssen wir die also wieder rausnehmen.". Dabei streckt sie die rechte Hand aus, zeigt mit dem Zeigefinger auf das Sieb des Gefäßes und steht dabei von ihrem Stuhl auf. Fachkraft Hanni antwortet Sina „Äh, ihr könnt sie rausnehmen, ihr könnt aber auch schauen, ob wenn man's da vermischt und noch mal Wasser reintut, ob sich das verändert, das Wasser. Guck." Zugleich nimmt Fachkraft Hanni eine Pipette und beginnt mit dieser in dem Krepp im Sieb zu stochern. Alle drei Kinder schauen daraf hin auf das Gefäß. Sarah erwidert „Oder wenn man dann wieder nur ..." Während Sarah spricht greift sie nach rotem und gelbem Krepp und schaut auf das Gefäß. Fachkraft Hanni fällt Sarah ins Wort und führt ihre Demonstration fort „Seht ihr das, wenn ich da jetzt mit der Pipette ziehe?" Dabei stützt sich Fachkraft Hanni genau vor Sarah auf dem Tisch ab. Dadurch grenzt sie Sarah aus dem Kreis, den Fachkraft Hanni und die Kinder um den Tisch herum bilden, aus, und sie nimmt Sarah damit etwas die Sicht auf das, was sie demonstriert.

Sina schaut auf die Pipette mit der dunklen Flüssigkeit und sagt verwundert „Hää". Fachkraft Hanni führt fort: „Dann wird's ein ganz dunkles Grün." und hält Sina die Pipette auf Augenhöhe hin.

Sina schaut auf die Pipette und fragt „warum?" Fachkraft Hanni erläutert Sina daraf hin, dass sich die Farbe dadurch bestimmt, wie viel roten, gelben und blauen Krepp man nimmt, und wie viel Wasser man dazu gibt. Sarah wirft ein „Oder man kann es ja auch rausnehmen." Dabei zeigt sie bei ausgestrecktem Arm mit dem Zeigefinger auf das Gefäß.

Hanni reagiert nicht auf Sarah, sondern führt die Erklärung fort und fordert die Kinder dann auf, es selber auszuprobieren. Sarah wiederholt „Oder man kann das ja auch rausnehmen." Fachkraft Hanni fällt Sarah ins Wort und führt fort „Ja, umso mehr Wasser man nimmt, umso?" Sina beugt sich leicht nach rechts vor, zeigt mit dem rechten Zeigefinger auf das Gefäß und schaut auf die Flüssigkeit im Gefäß, die von der Fachkraft als grün bezeichnet wurde. Dann sagt sie „Sieht aus wie schwarz." Sarah antwortet auf Fachkraft Hannis Frage „Umso schön oder umso mehr." Fachkraft Hanni führt die Demonstration fort, indem sie einen Tropfen der Flüssigkeit in ein Glas gibt und jedem Kind einmal zeigt. Die Kinder schauen nacheinander in das Glas und Fachkraft Hanni stellt dann das Glas und einen Becher mit Wasser vor Sinas Tablett. Sie fordert Sina auf, etwas von dem Wasser zu dem Tropfen im Glas hinzuzugeben, was Sina tut. Fachkraft Hanni wechselt dabei ihre Position, so dass sie sich nicht mehr genau vor Sarah abstützt, wodurch Sarah nun eine bessere Sicht auf das Geschehen hat. Sarah schaut auf das Glas und sagt „Es bleibt grün." Fachkraft Hanni entgegnet „Es bleibt grün, genau. Bleibt es auch so dunkel?" Die Kinder beantworten Fachkraft Hannis Frage alle zugleich mit „Nööö" und schauen auf das Glas. Fachkraft Hanni erwidert „Nee, ne?" Pia äußert „Umso mehr Wasser, umso mehr heller." Fachkraft Hanni schaut Pia an und bestätigt „genau, umso heller wird's, richtig Pia." Sina ergänzt „Ja, weil das Wasser hell ist.".

Fachkraft Hanni führt fort „Genau, und wenn ihr jetzt vielleicht noch gelb dazu nehmt? Darf ich ein Stückchen abreißen?" Dabei greift Fachkraft Hanni nach gelbem Krepp auf Sarahs Tablett und ist im Begriff ein Stück davon abzureißen. Sie hält aber inne und schaut Sarah dann an. Sarah schaut auf den Krepp in Fachkraft Hannis Händen und macht zustimmend „mhm". Sina sagt „Und da rein tunkt" und schaut auf das Glas. Fachkraft Hanni entgegnet Sina „Genau" und gibt den gelben Krepp in das Glas und rührt mit der Pipette um. Alle Kinder schauen auf das Glas. Sina führt fort „Dann wird's ..." Fachkraft Hanni wiederholt Sinas Worte „Dann wird's ..." Sina schaut auf die Flüssigkeit im Glas und sagt „Gelb". Auch Sina und Sarah schauen auf die Flüssigkeit im Glas und sagen nacheinander „Gelb". Sina führt fort „Oder?" Fachkraft Hanni entgegnet dem „Das is noch, hmm, ziehen wir das mal hoch. Ist das schon gelb? Oder is das noch ein bisschen grün?"

Dabei saugt Fachkraft Hanni etwas von der Flüssigkeit in die Pipette und hält sie hoch. Sarah und Sina antworten zugleich „Noch ein bisschen grün." Sarah fährt fort „Oder wenn man da blau rein tut." Dabei greift sie nach blauem Krepp.

Fachkraft Hanni setzt an Sina gewandt fort „Aber es hat sich verändert, da hast du recht. Was hat sich denn geändert an dem Grün?" *Fachkraft Hanni regt Sina dazu an, ihre eigenen Gedanken und Überlegungen zu formulieren. Sina soll ihre Überlegung dazu formulieren, inwiefern sich der Grünton verändert hat, nämlich, dass er durch das Hinzugeben von Gelb hellgrün geworden ist.*

Dabei fällt sie Sarah erneut ins Wort. Sina entgegnet Fachkraft Hanni „Dass es nich mehr so so ganz grün is." Sarah wirft ein „Kann man das jetzt rausnehmen?" Dabei schaut sie auf die Pipette, führt ein paarmal Zeigefinger und Daumen zusammen und schaut dann auf das Tablett. Sina fällt Sarah ins Wort und fährt fort „Dass es noch ein bisschen gelb is." *Damit reagiert Sina auf die Nachfrage der Fachkraft, benennt jedoch nicht, dass die Farbe hellgrün geworden ist.* Dabei schaut Sina Fachkraft Hanni an. Fachkraft Hanni antwortet Sina „Mhm, das...Genau, richtig, helles Grün, ge?" Dabei schaut sie Sina an. *An der Antwort der Fachkraft wird deutlich, dass es ihr darum ging zu benennen, dass die Farbe durch das Hinzugeben von Gelb hellgrün geworden ist. Diese Erwartung hat Sina nicht wirklich erfüllt. Dennoch wird Sinas Antwort zunächst bestätigt, weil Sina sich bemüht hat zu beschreiben, inwiefern sich die Farbe verändert hat.* Sarah sagt „Oder wenn man da Blau reintut". Währenddessen greift Sarah nach blauem Krepp. Dabei fällt sie nun Fachkraft Hanni ins Wort.

Fachkraft Hanni antwortet Sarah „Probier's aus. Das dürft ihr jetzt selber ausprobieren, ok? Das probiert ihr immer selber aus." Hier werden die Kinder von Fachkraft Hanni zum Forschen und Explorieren angeregt. Ihr Ziel ist, dass die Kinder nun selber beginnen, den Versuch, den sie demonstriert hat, durchzuführen. Die Kinder beginnen selber zu mischen und reagieren damit gemäß der Erwartung der Fachkraft. Fachkraft Hanni stellt zwei Gefäße auf den Tisch und fordert die Kinder auf, ihren Abfall dort hinein zu geben. Sarah gibt den blauen Krepp in das Glas und rührt mit einer Pipette um. Sarah schaut dann auf ihr Glas mit dem grün gefärbten Wasser und sagt „Guck mal." Fachkraft Hanni steht neben Sarah und beugt sich zu ihr herunter, wobei sie sich mit den Händen auf den Oberschenkeln abstützt.

Dabei schaut sie Sarah an und antwortet „Hm? Jetzt wird's sieht's noch mal anders aus, ge?" Sarah antwortet Fachkraft Hanni darauf mit „mhm" und rührt weiter in dem Glas herum. Sina hat roten Krepp in ihrem Glas.

Sie schüttet etwas von dem klaren Wasser dazu und sagt „Guck mal." Fachkraft Hanni schaut auf Sinas Glas. Sarah beschäftigt sich weiter mit dem Mischen und kommentiert dies laut „Und wenn, äh." Pia, der noch ein Glas und

Wasser zum Mischen fehlen, wendet sich an Fachkraft Hanni und klärt diese Dinge mit ihr.

Sina rührt in dem Wasser mit dem roten Krepp herum und kommentiert „Und jetzt? Hä, guck mal, ich mache ein Rosa." Dabei fällt sie Fachkraft Hanni ins Wort, die gerade mit Pia spricht. Sarah gibt roten Krepp in ihr Glas mit grüner Flüssigkeit. Dabei verbalisiert sie ihr Vorgehen „Ich kann, und jetzt nehm ich mal Rot." Während sie den roten Krepp in das grüne Wasser gibt, fragt sie „Was, was is dann?" Fachkraft Hanni antwortet Sarah „Was is jetzt passiert?" Sie geht neben Sarah in die Hocke. Sarah schaut auf das Glas. Dabei holt sie mit der Pipette das Stück Krepp aus dem Wasser. Sarah sagt „Wow". Fachkraft Hanni entgegnet Sarah „Guck mal, den Abfall könnt ihr immer gleich da rein leeren." Sarah schaut weiterhin auf das Glas und sagt „Das is dunkel grüüün." Fachkraft Hanni bestätigt Sarah „Genau, richtig. Das ist dunkelgrün." Sina sagt „Guck mal und bei mir? Wenn ich jetzt gelb rein tu?"

In Sinas Glas befindet sich bereits rotes, bzw. rosa Wasser. Fachkraft Hanni schaut zu Sina und sagt „Mal gespannt, was dann passiert." Sina antwortet darauf mit „Mhm", gibt den gelben Krepp in das Glas und rührt die Mischung mit der Pipette um. Sina fährt fort „Hää, da wird orange?" Dabei rührt sie mit der Pipette im Glas und schaut auf das Glas. Fachkraft Hanni erwidert „Genau, dann wird's orange. Wie wird's jetzt grün?" *Fachkraft Hanni regt Sina mit diesem Impuls dazu an, über die Situation hinaus weiterzudenken und ihren Versuch zu variieren. Ihre Erwartung ist, dass Sina überlegt, welche Farbe sie nehmen muss, um Grün zu erhalten.*

Sarah überlegt laut „Und wenn ich, und wenn ich jetzt das da rein t… Und wenn ich jetzt das da rein tu?" Dabei greift sie erst nach rotem und dann nach einem Blick zu Sina nach gelbem Krepp. Sina fischt ein Stück Krepp aus ihrem Glas, legt es auf ihr Tablett und sagt „Guck mal ich hab n orangenes Wasser." Fachkraft Hanni antwortet darauf „Mhm" und schaut zu Sina. Sina sagt „Und jetzt tue ich mal blau rein", greift nach blauem Krepp und gibt es in das orange-farbene Wasser. *Hier wird deutlich, dass Sina nicht konkret über die Frage der Fachkraft, welche Farbe sie nehmen muss, um mit Orange Grün zu erhalten, nachdenkt. Vielmehr kündigt sie schlicht an, dass sie jetzt mal blau nimmt, unabhängig davon, welches Resultat sie erhalten wird.* Sarah gibt gelben Krepp in das grüne Wasser. Pia gibt gelben Krepp in das bereits blau gefärbte Wasser und äußert „(Da wird das) grün, mit blau und nur gelb."

Hier ist zu erkennen, dass Pia entlang der Demonstration der Fachkraft einen Grünton mischt und damit entlang der Erwartungen der Fachkraft agiert.

Sarah schaut auf ihr Glas und sagt „Ähh, dann bleibt's grün oder?" Pia rührt mit der Pipette das Gemisch aus blauem und gelbem Krepp um. Dabei färbt sich das Wasser grün. Sina gibt den blauen Krepp in ihr Glas mit oranger Flüssigkeit.

Sina sagt „So mal gespannt, was dann wird." und rührt das Gemisch mit der Pipette um. *Hier wird erneut deutlich, dass Sina nicht blauen Krepp gewählt hat, weil sie davon ausgeht, dass das mit Orange zusammen Grün ergibt, sondern weil sie schauen möchte, was passiert, ohne eine Vermutung diesbezüglich zu haben, was in dem gespannt sein zum Ausdruck kommt.*

Das Wasser von Sina färbt sich grünlich. Fachkraft Hanni steht währenddessen auf, beugt sich nach vorne über und stützt sich dabei mit den Händen auf den Knien ab.

Pia rührt weiterhin die Mischung aus blau und gelb, die grün ergeben hat um. Sie sagt an Fachkraft Hanni gewandt „Guck mal, was ich mache." Fachkraft Hanni schaut zu Pia und sagt „mhm, bei dir wird's dann…".

Sina spricht Fachkraft Hanni an „Hey guck mal." Dabei fällt sie Fachkraft Hanni ins Wort. Fachkraft Hanni wendet daraf hin Sina den Blick zu. Sarah kippt aus Versehen ihr Glas um, als sie versucht etwas von dem roten Krepp abzureißen. Das lenkt Fachkraft Hannis Aufmerksamkeit auf sich, so dass Fachkraft Hanni sich Sarah und dem umgekippten Glas zuwendet.

Sina spricht Fachkraft Hanni erneut an „Hey guck mal, das sieht aus wie Kräutertee. Was wird denn das?" Fachkraft Hanni schaut zu Sina und antwortet „Ja, das wird ganz olivgrün, ge. Das is ein bisschen wie Kräutertee, hast du recht." Dabei lächelt Fachkraft Hanni und kippt das Glas von Sina an und schaut hinein. Pia hat noch nicht weitergemischt. Sie hat immer noch die Mischung aus Gelb und Blau, die Grün ergeben hat, in ihrem Glas. Sie hat etwas davon in eine Pipette eingesaugt, die sie hochhält. Fachkraft Hanni und Pia beginnen gleichzeitig zu reden. Pia sagt zu Fachkraft Hanni „Guck mal." Fachkraft Hanni sagt zu Sarah „Ich bring dir geschwind ein Tuch" und tippt auf Sarahs Tablett. Pia hält die Pipette weiter hoch und schaut Fachkraft Hanni an. Sie sagt „schau mal." Fachkraft Hanni bleibt hinter Sina stehen und schaut zu Pia. Sie zeigt auf die Pipette und antwortet „Hm, da kann man, da sieht's dann noch mal ein bisschen anders aus in der Pipette, wie im Glas, ge." Fachkraft Hanni geht dann einen Lappen holen. Dabei verlässt sie das Bild, so dass sie nicht mehr zu sehen ist. Die Interaktion mit den Kindern ist daher Zwischenkonkludiert.

Bestimmung des Interaktionsmodus

Exkludierender, divergenter Interaktionsmodus
Die Interaktion zwischen der Fachkraft und Sarah kann als divergent bezeichnet werden. Die Fachkraft verfolgte durchgängig ihren Handlungsplan, der beinhaltete, dass die Kinder verschiedene Grüntöne mischen sollten. Dabei verfolgte die Fachkraft auf Sinas Frage hin zunächst den Plan, den Kindern zu demonstrieren, dass die Helligkeit der Farbe von der Menge an Wasser und der Farbzusammensetzung abhängt. Sarah hat die passive, zuschauende Rolle, die ihr dabei zugeschrieben wurde, abgelehnt und wiederholt Handlungsalternativen genannt, die sie aus ihrer Passivität entlassen (z.B. „Oder man kann es ja auch rausnehmen."; „Oder wenn man da blau rein tut"). Zugleich passten Sarahs Handlungsalternativen nicht zu Hannis Ziel zu demonstrieren, wie durch Mischen die grüne Farbe aus dem Sieb heller wird. Während die Fachkraft versuchte, dies über das Hinzugeben von Wasser und gelbem Krepp zu demonstrieren, enthielten Sarahs Vorschläge entweder, den Krepp aus dem Sieb herauszunehmen – also etwas Neues zu mischen – oder Blau hinzuzugeben, – was das Grün aber nicht heller, sondern dunkler gemacht hätte.

Auf die Impulse der Fachkraft ist Sarah nur selten eingegangen. Wenn Sarah auf die Fragen der Fachkraft eingegangen ist, hat ihre Antwort die Fachkraft nicht zufriedengestellt (z.B. keine Reaktion auf Sarahs Antwort „Umso schön oder umso mehr."; „Es bleibt grün, genau. Bleibt es auch so dunkel?").

Die Fachkraft hat ihrerseits die Handlungsalternativen von Sarah ignoriert. Die Fachkraft hat so durchgängig versucht, ihre Ziele durchzusetzen, während Sarah wiederum versucht hat, ihre eigenen Ziele durchzusetzen. Bis zu diesem Zeitpunkt kann die Interaktion zwischen der Fachkraft und Sarah auch als offen oppositionell betrachtet werden. Auch in der Phase, in der die Kinder in eigenständiges Tun entlassen wurden, hat die Fachkraft ihre Programmatik, dass die Kinder verschiedene Grüntöne mischen sollen, weiterverfolgt. Ergebnisse von Sarah, die nicht passten, wurden nicht anerkannt. Es schien zunächst so, als würde Sarah verschiedene Grüntöne mischen, wie von der Fachkraft erwartet. Dies erwies sich aber als Zufall, was aus Sarahs Bemerkung „Ähh, dann bleibt's grün oder?" zu schließen ist, die sich wunderte, dass es grün blieb, obwohl sie gelb dazu gegeben hatte. Sarah erwartete offensichtlich durch Hinzumischen einer weiteren Farbe eine neue Farbe zu erhalten. Daran zeigt sich, dass Sarah nicht, wie von der Fachkraft erwartet, gezielt Grüntöne variierend gemischt hatte.

Dies könnte darauf zurückzuführen sein, dass Sarah nicht klargeworden ist, dass das Mischen verschiedener Grüntöne das Ziel der Fachkraft war, da dies nie explizit formuliert wurde und da ihr während der Demonstration die Sicht gefehlt hat. Damit verbleiben die Orientierungen von Fachkraft und Kind verdeckt unterschiedliche, was auf eine Rahmeninkongruenz hindeutet. Diese zeigt sich in einem divergenten Interaktionsmodus. Die Gestaltung einer kognitiv anregenden Interaktion gelingt hier also nicht, weil die Impulse der Fachkraft von Sarah nicht angenommen wurden, bzw. die Ziele der Fachkraft von Sarah nicht umgesetzt werden konnten, da ihr diese nicht klar wurden. Die Interaktion gelingt hier im Sinne der Dokumentarischen Methode also nicht, weil Fachkraft (mit ihren kognitiv anregenden Impulsen) und Kind (mit seinen alternativen Handlungsvorschlägen) nicht aneinander anschlussfähig waren. Sarah ging kaum auf die Impulse der Fachkraft ein, und wenn sie es tat, stellten ihre Antworten die Fachkraft nicht zufrieden. Sarah machte dagegen alternative Handlungsvorschläge, die wiederum von der Fachkraft ignoriert wurden.

Rahmenkomplementarität: erwachsenenorientiert-responsiver Interaktionsmodus
Die Interaktion zwischen der Fachkraft und Pia gelingt im Sinne der Dokumentarischen Methode dagegen. Sie kommen zu einer kommunikativen Konklusion. Pia fordert eine Bestätigung für ihr erwartungsgemäßes Handeln, die sie durch die Fachkraft auch erhält (Pia sagt „schau mal". Fachkraft Hanni antwortet „Hm, da kann man, da sieht's dann noch mal ein bisschen anders aus in der Pipette, wie im Glas, ge.").

Dies weist darauf hin, dass Pia und die Fachkraft zu einer Komplementarität der unterschiedlichen Orientierungen gelangen. Da die Rahmenkomplementarität dadurch erreicht werden konnte, dass sich Pia an der Orientierung der Fachkraft ausrichtete, kann der Interaktionsmodus als ein erwachsenenorientiert-responsiver bezeichnet werden. Die Ausrichtung Pias an der Orientierung der Fachkraft ist daran zu erkennen, dass sie durchgängig bemüht war, die Erwartungen der Fachkraft zu erfüllen. Das zeigt sich zum einen in der Sequenz, in der Hanni das Mischen demonstriert, indem Pia erwartungsgemäß die Rolle als Beobachterin einnimmt und Antworten auf die Fragen der Fachkraft gibt (z.B. Fachkraft Hanni fragt „Je mehr Wasser man nimmt, umso?" und Pia antwortet „Umso mehr Wasser, umso mehr heller.").

Zum anderen aber auch in der Sequenz, in der die Kinder in eigenständiges Mischen entlassen wurden, indem Pia gezielt genau die Farbe mischt, die von der Fachkraft eingefordert wurde: Grün. Dass Pia bestrebt ist, die Erwartungen der Fachkraft zu erfüllen, dokumentiert sich auch in der Vehemenz, mit der Pia versucht, eine Bestätigung für das von ihr gemischte „Grün" von der Fachkraft einzuholen. Diese Bestätigung durch die Fachkraft erfolgt dann auch (siehe oben). Des Weiteren scheint Pia, im Gegensatz zu Sarah, verstanden zu haben, was das Ziel der Fachkraft beim Mischen ist, ohne dass das Ziel explizit ausformuliert wurde. Pia ist dadurch an die Orientierung der Fachkraft anschlussfähig, so dass hier die Interaktion im Sinne der Dokumentarischen Methode gelingt. Pia nimmt Anschluss an die Fachkraft, indem sie auf die Impulse (zu beobachten, Vermutungen zu formulieren, den Versuch entlang der Demonstration durchzuführen) der Fachkraft eingeht und diese erwartungsgemäß erfüllt.

Exkludierender, divergenter Interaktionsmodus
Auch in der Interaktion zwischen Sina und der Fachkraft zeigen sich, wenn auch nicht so intensiv wie bei Sarah, in der Phase des Demonstrierens wiederholt oppositionelle Züge, indem Sina z.B. keine Hypothese dafür anbietet, was passiert, je mehr Wasser man nimmt, sondern stattdessen eine Gegenbemerkung macht „sieht aus wie Schwarz". Auf andere Impulse geht Sina dagegen ein (z.B. mal zu beobachten, was passiert, wenn sie Wasser zu dem Tropfen gibt, oder zu erklären, inwiefern sich der Grünton nach Hinzugabe von gelbem Krepp verändert hat). In der Phase des eigenaktiven Mischens mischt sie ebenfalls nicht gezielt Grün in variierenden Tönen, wie von der Fachkraft erwartet, sondern Orange.

Dies wird von der Fachkraft entlang ihres Handlungsplans fremdgerahmt, indem sie Sina dazu anregt, aus dem Orange Grün zu mischen, und darüber versucht, Sinas Handeln entlang ihres Handlungsplans zu lenken. Die kognitive Anregung dient hier also der Durchsetzung ihres Handlungsplans. Im Anschluss gibt Sina blauen Krepp zu der orangefarbenen Flüssigkeit, was sie im Vorfeld mit „Und jetzt tue ich mal blau rein" kommentiert. Die Art und Weise der Formulierung lässt nicht darauf schließen, dass Sina „Blau rein gibt", um, wie von der Fachkraft gefordert, Grün zu erhalten. Vielmehr scheint es, dass Sarah Blau wählt, weil sie Rot und Gelb schon in ihrem Glas gemischt hat. Blau hat sie noch nicht probiert. Das weist eher darauf hin, dass Sina nicht das von der Fachkraft geforderte Ziel, Grün zu mischen, verfolgt.

Darauf weist auch hin, dass Sina das Farbergebnis als „sieht aus wie Kräutertee" bezeichnet, anstelle der Fachkraft mitzuteilen, dass es ihr gelungen ist, Grün zu mischen, wenn dies ihr Ziel gewesen wäre, oder auszusagen, dass es nicht geklappt hat, dass es grün wird. Hier erfolgte durch die Fachkraft also eine Anregung, die als kognitiv anregend kodiert wurde, weil die Fachkraft das Kind dazu anregt, über die Situation hinaus weiterzudenken („Genau, dann wird's orange. Wie wird's jetzt grün?"). Jedoch ist für Sina offensichtlich nicht klar, warum sie dies tun soll, und ihrem eigenen Ziel entspricht es nicht, so dass sie den Impuls nicht annimmt. Dieser Vergleich als „Kräutertee" wird von der Fachkraft nicht ohne weiteres bestätigt. Stattdessen benennt sie es zunächst entlang ihres Handlungsplans als Olivgrün. Damit erfolgt eine Fremdrahmung des Tuns von Sina durch die Fachkraft. Erst nachdem die Fachkraft ihr Ziel, die Farbe einem Grünton zuzuordnen, erreicht hat, findet auch Sinas Vergleich mit Kräutertee Bestätigung. Daher ist die Interaktion zwischen Hanni und Sina durch eine Fremdrahmung durch Hanni gekennzeichnet. Hanni und Sina kommen zu keiner gemeinsamen (kommunikativen) Konklusion. Somit ist auch die Interaktion zwischen der Fachkraft und Sina als rahmeninkongruent, im divergenten Interaktionsmodus zu beschreiben.

Sina scheint ebenso wie Sarah nicht verstanden zu haben, dass das Ziel der Fachkraft ist, verschiedene Grüntöne zu mischen, da dies nicht explizit formuliert wurde. Die Impulse der Fachkraft wurden von Sarah nicht immer angenommen und die Ziele der Fachkraft konnten von Sina nicht umgesetzt werden, da ihr diese nicht klar wurden. Im Sinne der Dokumentarischen Methode gelingt also auch hier die kognitiv anregende Interaktion nicht. Das Kind geht, wie oben bereits beschrieben, nur wenig auf die Anregungen der Fachkraft ein.

Die Fachkraft versucht ihrerseits nicht passende Handlungen von Sina in ihren Handlungsplan einzupassen (z.B. aus Orange Grün mischen), wodurch Sinas Handeln fremdgerahmt wird. Im Ergebnis wird erkennbar, dass Fachkraft und Kind unterschiedliche Ziele verfolgen.

Verlauf der Interaktion zwischen Fachkraft Hanni und einem Mädchen in der Sequenz 2

Die zweite ausgewählte Sequenz der Freispielvideographie der Fachkraft Hanni findet von Minute 39:11 bis 40:29 statt und dauert 01:18 Minuten. In dieser wurde im Rahmen der quantitativen Analyse das Item I_08 „Anregen zum Forschen und Explorieren" kodiert, weshalb diese Sequenz ausgewählt wurde.

Sarah, Sina und Pia sitzen an denselben Plätzen wie in Sequenz 1. Fachkraft Hanni hockt Sarah gegenüber am Tisch. Fachkraft Iris – Hannis Kollegin – hockt links neben Pia am Tisch (vgl. Abbildung 20).

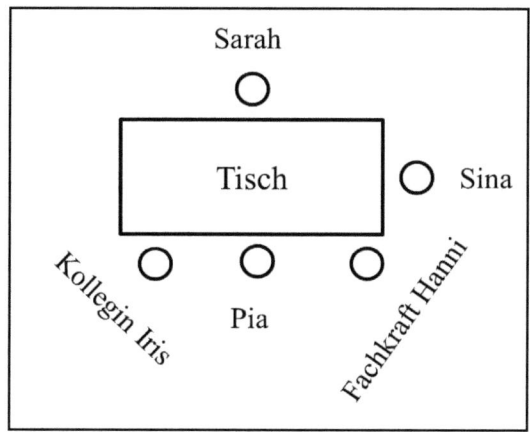

Abbildung 20:   Anordnung der Personen und Dinge in Sequenz 2

Die Kinder mischen nach wie vor mit dem Krepppapier verschiedene Farben, was von der Fachkraft Hanni begleitet wird. Sarah, die mit dem Mischen von Farben beschäftigt ist, sagt „So, dann nehm ich, Rot nehm ich und Blau.". Dabei hebt sie den roten und blauen Krepp an und schaut dann zu Fachkraft Hanni. Fachkraft Hanni schaut zwar zu Sarah, ist aber noch im Gespräch mit ihrer Kollegin und reagiert nicht weiter auf Sarah. Sarah wiederholt „Rot und Blau.", nachdem Fachkraft Hanni ihr Gespräch beendet hat und schaut Fachkraft Hanni weiterhin an. Diese schaut Sarah an und reagiert auf das von ihr angekündigte Tun, Rot und Blau zu mischen „Rot und Blau, ja mach mal, was passiert?". *Hier regt Fachkraft Hanni Sarah zum Forschen und Explorieren an. Sarah soll ihren Versuch durchführen und schauen, was dabei herauskommt.* Sarah beginnt ihr angekündigtes Tun umzusetzen, indem sie den roten Krepp in ihr Glas gibt.

39:40–40:06 Eingelagerte Interaktion
Die Interaktion zwischen Hanni und Sarah wird durch Sarahs Schwester Sina unterbrochen, die von Sarah ein Glas mit Wasser gereicht bekommen möchte. In derselben Zeit beginnt Hanni erneut ein Gespräch mit ihrer Kollegin.

Nachdem Sarah das Wasserglas an Sina gegeben hat, fährt sie mit dem Mischen fort „Jetzt tu ich Blau rein."
Dabei schaut sie niemanden an, sondern schaut auf ihr Glas. Sarah sagt „Da kommt dann Lila? Draus?" *Damit reagiert Sarah auf den Impuls der Fachkraft, den eigenen Versuch durchzuführen und zu schauen, was dabei herauskommt.* Fachkraft Hanni fragt „Welche Farben hast du genommen?". Sarah antwortet

„Rot und Blau". Fachkraft Hanni antwortet „Rot und Blau, das gibt Lila." Sarah wiederholt ihrerseits

„Dadraus gibt's dann Lila." Das wird durch Fachkraft Hanni mit „Mhm, genau, spitze." bestätigt. Sarah fischt nun auch den blauen Krepp aus dem Wasser heraus und wirft den blauen Krepp in die Plastiktasse, die für die Reste vorgesehen ist.

40:21–40:25 Eingelagerte Interaktion
Pia unterhält sich mit der Kollegin Iris über das Mischen.

Sarah greift nach blauem Krepp, reißt ein Stück ab und sagt „Und wenn ich jetzt noch mal Blau nehm, wird's dunkel.". Dabei sucht sie keinen Blickkontakt, sondern schaut auf ihr Tun. Fachkraft Hanni steht auf, sagt „Jetzt fragen wir mal Frau Mayer, wann sie rein muss." und geht aus dem Bild, so dass sie nicht mehr zu sehen ist. Sarah tunkt das Stück blauen Krepp in ihr Glas.

Bestimmung des Interaktionsmodus

Rahmenkomplementarität: erwachsenenorientiert-responsiver Interaktionsmodus
Sarah verfolgt im Rahmen ihres Experiments ein anderes Ziel als Fachkraft Hanni. Während Fachkraft Hanni nach wie vor erwartet oder das Ziel hat, dass die Kinder verschiedene Grüntöne mischen (was in dieser Sequenz auch innerhalb der eingelagerten Interaktion mit der Kollegin deutlich wird), verfolgt Sarah das Ziel, verschiedene Farben zu mischen. Das von Sarah erreichte Ergebnis „Lila" wird von Fachkraft Hanni zunächst nicht bestätigt. Stattdessen fordert sie Sarah auf zu benennen, welche Farben sie verwendet hat („Welche Farben hast du genommen?").

Damit unterwirft Fachkraft Hanni das Tun von Sarah weiterhin ihrem pädagogischen Programm und nimmt damit eine Fremdrahmung vor, weil die Antwort für sich genommen noch keine Gültigkeit besitzt. Sarah lässt sich auf die Nachfrage von Fachkraft Hanni ein, indem sie antwortet „Rot und Blau". Auf diese Weise erfolgt eine Rekontextualisierung durch Sarah in Fachkraft Hannis Orientierung und bestätigt damit deren pädagogische Rahmung. Fachkraft Hanni interveniert hier nicht dahingehend, dass aus dem Lila Grün werden muss (im Gegensatz zu der Interaktion mit Sina in Sequenz 1, in der sie fragte, wie aus dem Orange Grün werde). Dennoch beharrt sie auf einer Lenkung entlang ihres pädagogischen Programms, was sich in der unnötigen Frage nach den verwendeten Farben äußert.

Es folgt eine kommunikative Konklusion, die auf der expliziten Ebene eine Rückversicherung zwischen Fachkraft Hanni und Sarah beinhaltet, dass Rot und Blau Lila ergibt (Fachkraft Hanni „Rot und Blau, das gibt Lila."

Sarah „Dadraus gibt's dann Lila." Fachkraft Hanni „Mhm, genau, spitze."). Darin dokumentiert sich aber vielmehr, dass Sarah den Erwartungen der Fachkraft entsprochen hat und darüber kommunikativ rückversichert wurde. Nachdem sich Sarah also an der Rahmung der Fachkraft ausgerichtet hat, konnte auch das eigentlich nicht dem Handlungsplan der Fachkraft entsprechende Lila als Ergebnis Bestand haben.

Im Anschluss zeigt sich, dass Sarah den Farbton „Lila" variiert. Das entspricht Fachkraft Hannis Ziel insofern, als dass sie auf eine Variation des Farbtons aus war. Jedoch ging es ihr eigentlich spezieller um die „Variation des Grüntons". Sarah setzt dieses Ziel in ihrer eigenen Orientierung beim Farben mischen um. Darin dokumentiert sich ein gewisses erwartungsgemäßes Handeln hinsichtlich des Handlungsplans der Fachkraft. Die einvernehmliche kommunikative Konklusion weist darauf hin, dass die Interaktion zwischen Fachkraft und Sarah in einer Rahmenkomplementarität erfolgte. Da eine Rekontextualisierung durch Sarah an die Orientierung der Fachkraft erfolgt, kann diese Interaktion als eine im erwachsenenorientiert-responsiven Modus beschrieben werden. Im Sinne der Dokumentarischen Methode gelingt hier also die Interaktion. Das Kind nimmt Anschluss an die Fachkraft und geht auf die Impulse der Fachkraft ein.

Orientierung

Die Fachkraft ist an einem festen Handlungsplan orientiert. Sie hat bei der Durchführung des Versuchs einen klaren Ablauf und ein bestimmtes Ziel vor Augen. Die Kinder sollen dabei den einzelnen Handlungsschritten folgen und alle auf das von der Fachkraft anvisierte Ziel hin agieren. Im Verlauf des Versuchs ist die Fachkraft daran orientiert, den Kindern zunächst den Versuch zu demonstrieren, bzw. zu erklären und die Kinder dann in ein eigenständiges Explorieren zu entlassen. Auch in der Phase der aktiven Versuchsdurchführung durch die Kinder ist die Fachkraft weiterhin an ihrem festen Handlungsplan orientiert. Den Kindern kommt dabei zunächst eine passive Rolle zu, in der sie vor allem beobachten sollen, was passiert, bzw. was die Fachkraft tut.

Die Fachkraft hat hingegen die aktive Rolle inne, die das Zeigen und Erklären beinhaltet. In der zweiten Phase kehrt sich die Rollenzuweisung um. Die Kinder erhalten die aktive und die Fachkraft eine passivere Rolle.

Die Rolle der Fachkraft ist eine begleitende, organisatorische, hinsichtlich des Handlungsplans lenkende. In der Phase des Demonstrierens, bzw. Erklärens ist ein Widerstreit zweier handlungsleitender Orientierungen zu erkennen: den Versuch erklären vs. die Kinder selber erkennen lassen. Dieser Widerstreit der handlungsleitenden Orientierungen drückt sich darin aus, dass sie ankündigt den Versuch zu erklären, aber das Ziel des Versuchs nicht benennt und nicht verbalisiert, wie der Versuch durchzuführen ist. Stattdessen fordert sie die Kinder auf zu beobachten und stellt ihnen Fragen, mittels derer die Kinder herausfinden sollen, wozu der Versuch dient.

Günstige Aspekte in der Interaktion zwischen der Fachkraft und den Kindern
Die Fachkraft unterstützt ein Kind dabei, ins Spiel zu finden. In diesem Zusammenhang bietet die Fachkraft einen Impuls, der eine kognitive Anregung beinhaltet, da den Kindern der Versuch noch nicht bekannt ist. Die Fachkraft nutzt hier daher einen günstigen Moment, um die Kinder im Rahmen der Freispielbegleitung kognitiv anzuregen. Des Weiteren begleitet sie die Kinder während der Durchführung des Versuchs und regt die Kinder dabei kognitiv an.

Ungünstige Aspekte in der Interaktion zwischen der Fachkraft und den Kindern
Es ist ein Widerstreit zweier handlungsleitender Orientierungen erkennbar: den Versuch erklären oder die Kinder selber beobachten und ausprobieren zu lassen. Dies hat zu einer Verwirrung bei den Kindern geführt, weil dadurch das Ziel des Versuchs an keiner Stelle explizit ausformuliert wurde und auch nicht konkret gesagt wurde, wie bei dem Versuch vorzugehen ist. Denkbar ist, dass das Erklären in einem Widerspruch mit der Ko-Konstruktion von Wissen steht. Die Fachkraft versucht daher zu erklären, ohne es tatsächlich explizit zu tun und bemüht sich zugleich darum, das Wissen nicht vorauszunehmen, sondern mit den Kindern zu ko-konstruieren. Wie in Kapitel 3 zu konstruktivistischen Lehr-Lernansätzen beschrieben, stellt das Scaffolding eine Form der Wissensvermittlung dar, die gerade auf den Wissensvorsprung einer Person gegenüber einer anderen beruht. Das heißt, die Wissensaneignung erfolgt hier über eine soziale Interaktion.

Jedoch wird das Wissen nicht im eigentlichen Sinne ko-konstruiert, sondern eine kompetentere Person unterstützt die anderen kommunikativ durch Stellen von Fragen, Geben von Tipps oder durch Vormachen und Zeigen, um ein zuvor festgelegtes Ziel zu erreichen.

Dieses Ziel kann auch ein von der Fachkraft definiertes didaktisches Ziel sein. In diesem Sinne hätte eine explizite Erklärung, bzw. Demonstration des Experiments der Fachkraft im Sinne eines Scaffolding-Prozesses sinnvoll erfolgen können, bei dem die Kinder angeleitet werden, die einzelnen Schritte des naturwissenschaftlichen Arbeitens nach Kauertz (2012) einzuhalten: (a) Die (vereinfachte) Modellbildung; b) Die Hypothese: Treffen einer Vorhersage – was passiert, wenn; c) Das Experiment - planvolles, systematisches Ausprobieren und e) die Schlussfolgerung – ist die Vorhersage eingetroffen?). Bei dieser Fachkraft dienen die gesetzten Impulse jedoch weniger dazu, durch gezielte Variation eine Erkenntnis zu erlangen, als vielmehr dazu, den Zweck des Experiments zu erraten. Damit werden die im naturwissenschaftlichen Arbeiten eigentlich wertvollen Schritte, über die eine kognitive Anregung der Kinder erfolgen sollte, nicht in der gewünschten Weise angewendet.

Darüber hinaus ist es bedeutsam im Vorfeld eine Fragestellung zu formulieren. Dies erfolgt hier ebenfalls nicht explizit, sondern soll von den Kindern erraten werden. Wenn die Fachkraft die Kinder also zum Beobachten oder zum Formulieren von Vermutungen anregt (was eigentlich den üblichen Methoden des naturwissenschaftlichen Arbeitens entspricht), geschieht dies unter der Prämisse, dass die Kinder selber herausfinden sollen, wozu der Versuch dient (variierend Grüntöne mischen).

Ein Scaffolding durch die Fachkraft hätte systematischer gelingen können, wenn sie zunächst gesagt hätte, dass es um das Herstellen von verschiedenen Grüntönen geht und hätte den Kindern dann zeigen können, wie man dabei vorgeht. Die Fachkraft hätte z.B. gelben und blauen Krepp nehmen und die Kinder eine Hypothese formulieren lassen können, was sie vermuten, was für eine Farbe herauskommt, wenn sie diese im Wasser mischen. Für das vermutete Ergebnis hätten sie dann eine Erklärung formulieren können (Modellbildung). Im Anschluss wäre die Durchführung erfolgt. Der blaue und gelbe Krepp werden in das Glas mit Wasser gegeben und gemischt. Entlang der gemachten Beobachtung wird dann geprüft, welche Farbe sich tatsächlich ergeben hat (Schlussfolgerung). In dieser Weise werden fortführend gezielt Variationen ausprobiert. Kauertz (2012) verweist an dieser Stelle darauf, dass eine Übernahme der Verantwortung durch die Fachkraft für die Durchführung des Experiments (im Gegensatz zur Offenheit) nicht mit einer passiven Rolle der Kinder einhergehen müsse. Vielmehr sei es bedeutsam, dass den Kindern nicht nur eine passive Rolle des Beobachters zugeschrieben werde, sondern sie parallel selbst aktiv das Experiment durchführen können.

Da die Kinder jeweils eigene Materialien zur Verfügung hatten, hätte die Fachkraft die einzelnen Handlungsschritte zeigen und die Kinder hätten diese direkt eigenaktiv nachahmen können. Daraus hätte sich ein weiterer Vorteil ergeben, denn vermutlich hätte das Ergebnis (Grün) in der Farbgebung (Helligkeit, bzw. Dunkelheit) bei den einzelnen Kindern variiert. Auf dieses Phänomen hätte die Fachkraft die Kinder dann als nächsten Schritt aufmerksam machen können und mit den Kindern überlegen können, wie es kommt, dass sie unterschiedliche Grüntöne erhalten haben, obwohl sie dieselben Farben (Blau und Gelb) verwendet haben. Es würde also eine weitere Hypothese formuliert, die erneut einer Prüfung unterzogen worden wäre, indem ein weiterer gezielter Versuch erfolgt wäre.

Machen die Kinder das Experiment parallel mit, kann es bei diesem Experiment daher sinnvoll sein, die Kinder dazu anzuhalten, sich zu merken, wie viel gelben und blauen Krepp sie verwendet haben, um nun das Verhältnis der beiden Farben entlang der neuen Hypothese gezielt zu variieren.

In der Darstellung dieses Versuchs auf den Seiten des „Haus der kleinen Forscher" wird weiterhin dazu geraten, dass den Kindern mehrere Gefäße zur Verfügung stehen, damit sie die verschiedenen Grünarten, die sie erhalten miteinander vergleichen können (Haus der kleinen Forscher, 2015).

Des Weiteren sollte für die Kinder nachvollziehbar bleiben, wie viel Gelb und Blau (evtl. späterhin auch Rot) die Kinder genommen haben, um diesen Grünton zu erhalten. Dies erleichtert den Kindern nachzuvollziehen, unter welchen Bedingungen welcher Farbton zustande kam, und diesen entlang vorab formulierter Hypothesen zu variieren und zu prüfen, ob das vermutete Ergebnis eingetroffen ist. Weiterhin können sie die Farbtöne, die sie erhalten haben, miteinander vergleichen und schauen, ob es heller oder dunkler geworden ist.

Dies unterstützt die Kinder, in dem strukturierten Ablauf (Modellbildung, Hypothese, Experiment, Schlussfolgerung) einen Sinn zu erkennen und nachzuvollziehen, weshalb sie so handeln sollen. Bei der Durchführung des Experiments in der hier vorgestellten Situation haben die Kinder nur ein Glas. Die Farbe wird in demselben Glas weitergemischt, so dass die Kinder den neuen Farbton nicht mit dem vorherigen vergleichen können. Ebenso werden die Kinder nicht dazu angehalten sich zu merken, wie viel sie von welchem Krepp (blau, gelb, rot) hineingegeben haben. Ein gezieltes hypothesengeleitetes Experimentieren wird dadurch erschwert.

Darüber hinaus sollte eine Öffnung des Experiments, also die Übernahme für die Verantwortung der Durchführung durch die Kinder nach Kauertz (2012) erst erfolgen, wenn die Kinder in der Vorgehensweise Sicherheit erlangt haben. In diesem Fall entlässt die Fachkraft die Kinder jedoch bereits nach einer einmaligen (uneindeutigen) Erklärung in eine eigene Verantwortung für die Durchführung des Versuchs. Das ist vermutlich an dieser Stelle zu früh gewesen, denn das für das naturwissenschaftliche Arbeiten als wertvoll beschriebene Vorgehen wird von den Kindern nicht mehr eingehalten. Vor allem Sarah und Sina bilden keine Hypothesen, sie mischen mehr aufs Geratewohl. Sie fragen sich, was wohl passieren wird, geben die neue Farbe dazu und schauen dann, was herauskommt. Dabei verfolgen sie nicht das Ziel, den Grünton entlang vorheriger Hypothesen gezielt zu variieren, so wie es das eigentliche Ziel der Fachkraft war. Bei Pia lässt sich zumindest das Bilden einer Hypothese und die Durchführung des Experiments erkennen. Sie äußert die Vermutung, dass blau und gelb gemischt grün ergeben wird, gibt dann den gelben Krepp in das bereits blau gefärbte Wasser und schaut dann, was herauskommt.

Kauertz (2012) verweist hier darauf, dass Kinder im Kindergartenalter mit der sinnvollen, systematischen Durchführung eines Experiments in eigenverantwortlicher Weise noch überfordert seien und es dafür eine sehr lange Übungszeit bräuchte, ehe dies Kindergartenkindern gelingen könne. Der Wert von systematisch durchgeführten Experimenten läge gerade in der Einhaltung der Struktur, bzw. der Methoden des naturwissenschaftlichen Arbeitens.

In der Phase, in der den Kindern die Verantwortung übergeben wurde, hat sich die Fachkraft aus der Moderation insofern zurückgezogen, als dass sie die Kinder nicht auffordert, die einzelnen Methoden des naturwissenschaftlichen Denkens einzuhalten (die sie im Vorfeld auch nicht erklärt, bzw. gezeigt hat), sondern versucht sie mehr dahingehend zu dirigieren, nach ihrem Handlungsplan zu mischen (z.B. bei Sina, die Orange gemischt hat und von der Fachkraft gefragt wird, wie sie daraus Grün mischen kann).

Hier ist noch mal deutlich darauf zu verweisen, dass es sich um eine im Freispiel spontan entwickelte Situation handelt und nicht um ein vorab von der Fachkraft geplantes Angebot. Die Fachkraft hatte (wie für „spontane Angebote" einleitend beschrieben) keine Zeit, ein didaktisch durchgeplantes Experiment vorzubereiten und durchzuführen. Die Tatsache, dass es in dieser Kita eine Experimentierecke gibt, in der Kindern Material zur freien Exploration zur Verfügung steht, kann bereits als ein „gemäßigt strukturiertes Angebot" bezeichnet werden. Das Material, das Sarah gebraucht hat, stand jedoch nicht zur Verfügung. Es mangelte also in der Vorbereitung der Experimentierecke.

Zugleich hat die Fachkraft die Kinder wiederholt darauf hingewiesen, dass nicht mehr viel Zeit sei, bzw. sie nicht viel Zeit habe, das Experiment zu erklären. Des Weiteren war den Kindern, laut eigener Aussage, das Experiment noch nicht vertraut. Sie haben bisher noch nie mit Wasser und verschiedenen Farben Krepp gemischt.

Daher stellt sich hier die Frage, in wieweit es günstig war, ein Experiment zu wählen, das einen konkreten Versuchsablauf benötigt und ein bestimmtes Ziel verfolgt. Denn die Zeit, dies strukturiert zu planen und den Kindern zu zeigen, hat entsprechend gefehlt, da es sich um ein spontanes Angebot im Freispiel handelte und die Fachkraft darüber hinaus auch weitere Aufgaben zu erfüllen hatte, worauf sie mit der Aussage, dass sie nicht viel Zeit hat, bzw. nicht mehr viel Zeit ist, verwies. Eventuell wäre es in diesem Fall günstiger gewesen, das Ziel des Experiments im Sinne eines „spontanen" oder eines „gemäßigten Angebots" offener zu halten und zunächst ein freieres Experimentieren der Kinder zu ermöglichen.

Die Fachkraft hätte den Kindern das Material – im Sinne der Experimentierecke als „gemäßigtes Angebot" für eine freie Exploration zur Verfügung stellen können. Ihre Rolle wäre es dann gewesen, die Kinder bei der freien Exploration zu begleiten und die Techniken wissenschaftlichen Denkens, wie z.B. Hypothesenbilden, Beobachtungen anzustellen, die Hypothese zu überprüfen und Erklärungen abzugeben, einzufordern.

Die Kinder wären im Handeln etwas freier gewesen und hätten entsprechend weniger Instruktion durch die Fachkraft benötigt. Da das Ziel dann vor allem die eigene Exploration durch die Kinder ist, ist es für die Fachkraft dann einfacher möglich, sich (zwischendurch) herauszuziehen, ohne „Gefahr" zu laufen, dass das von ihr eigentlich gewünschte Ziel (in diesem Fall variierend Grüntöne mischen) nicht von den Kindern umgesetzt wird. Es lassen sich insgesamt folgende ungünstigen Aspekte der Interaktionsgestaltung aufzeigen:

- die Forscherecke, die als gemäßigt strukturiertes Angebot bezeichnet werden kann, war nicht vorbereitet (so fehlten Sarah z.B. Zuckerstückchen, um das gewählte Experiment durchführen zu können), so dass Materialien für eine eigene Exploration durch die Kinder fehlten. Daraus folgte erst, dass die Fachkraft ein neues Experiment mit Materialien eingeführt hat, die noch vorrätig waren, vor allem Sarah, die die Forscherecke für eine eigene Exploration nutzen wollte, wollte durch die Erklärung befähigt werden, selber aktiv zu explorieren. Durch die klar vorgegebene Struktur des von der Fachkraft angebotenen Experiments mit einem klaren Ziel war viel Instruktion durch die Fachkraft nötig, die zugleich mit einer passiven Rollenzuschreibung der Kinder als Beobachter einherging. Dies hat vor allem zu Oppositionen zwischen Fachkraft Hanni und Sarah geführt,

- da eine konkrete Erklärung des Ziels des Experiments sowie des üblichen Ablaufs des naturwissenschaftlichen Arbeitens fehlte, waren vor allem Sarah und Sina nicht in der Lage, gemäß der Erwartungen der Fachkraft zu handeln. Dies hat zu einer divergenten Interaktion geführt, es stellt sich die Frage nach Angemessenheit der Durchführung eines stark strukturierten Versuchs im Freispiel, da dies mit einem hohen Maß an Instruktion einhergeht. Die „Forscherecke" stellt an sich eine Form des „gemäßigten Angebots" dar, bei dem das eigene Explorieren der Kinder im Vordergrund steht. Daher wäre eventuell eine offenere Zurverfügungstellung des Materials (Wasser, Krepp in verschiedenen Farben, Pipetten, mehrere Gefäße, etc.) mit einem offeneren Ziel günstiger gewesen.

Das freiere Explorieren hätte von der Fachkraft dazu genutzt werden können, die Kinder zum Formulieren von Vermutungen aufzufordern, ehe sie den Versuch durchführen, und zu Beobachtungen anhalten können. Sie hätte die Kinder fragen können, ob sich ihre Vermutung bestätigt und wie sie sich das erklären. So hätte sie z.B. Sarah, die ankündigt Rot und Blau zu nehmen, fragen können, was sie vermutet, welche Farbe sich ergeben wird. Ob sie denkt, dass es eher hell oder eher dunkel wird. Im Anschluss hätte sie mit Sarah schauen können, ob ihre Vermutung eingetroffen ist und mit ihr gemeinsam versuchen können eine Erklärung dafür zu finden. In dieser Weise hätte die Fachkraft mit den kognitiven Anregungen an das Tun der Kinder anschließen können,

- Sarah wurde durch die Fachkraft – sicherlich nicht bewusst – exkludiert, indem sie sich während der Erklärung mit ihrem Arm genau vor Sarah abgestützt hat. Das hat zum einen dazu geführt, dass Sarah die Sicht auf das Geschehen genommen wurde, so dass sie die Demonstration der Fachkraft nicht richtig nachvollziehen konnte. Zum anderen wurde Sarah auf diese Weise aus dem Kreis, den die Fachkraft und die Kinder um den Tisch gebildet haben, ausgegrenzt und damit aus der Interaktion exkludiert. Des Weiteren fällt auf, dass sich die Fachkraft um eine Interaktion auf einer Augenhöhe mit den Kindern bemüht. Dabei beugt sie sich aber lediglich vor und stützt sich mit den Händen auf den Knien ab. Auf diese Weise begibt sie sich mit den Kindern auf eine Augenhöhe, ohne diese tatsächlich einzunehmen. Dadurch hat die Fachkraft tendenziell immer noch von oben auf die Kinder herabgeschaut. Das könnte damit zu tun haben, dass sie den Kindern etwas demonstriert hat, wozu sie über den Tisch greifen musste. Hätte sie genau wie die Kinder eigenes Material gehabt, um den Versuch zu zeigen, hätte sie genau wie die Kinder auf einem Stuhl am Tisch sitzen können. Auf diese Weise hätte sie sich auf eine Augenhöhe mit den Kindern begeben und ihnen eine Gleichberechtigung in der Interaktion vermitteln können,

- die kognitiven Anregungen dienen mehr dazu, dass die Kinder erraten, wozu das Experiment dient, was mit dem Experiment erzielt werden soll (Variation des Grüntons), zu beobachten, wie man das macht (um das Grün heller zu machen mehr Wasser oder helle Farben (Gelb) dazu mischen) und die Kinder dazu zu bringen, das zu tun, was sie geplant hat.

Die einzelnen Verfahren naturwissenschaftlichen Arbeitens wurden den Kindern dagegen nicht vermittelt und sie auch nicht dazu angehalten, diese einzuhalten,es erfolgten redundante kognitive Anregungen, bzw. Nachfragen, die nichts „Neues" angeregt oder neue Informationen erbracht haben (z.B. in Interaktion mit Sarah in Sequenz 2, in der Sarah ankündigt, mal Blau und Rot zu nehmen, und die Fachkraft ihr antwortet, das mal zu machen und zu schauen, was rauskäme, und in der die Fachkraft im Anschluss an den Versuch fragt, welche Farben sie genommen hätte).

Fall 3 Waage (FK33622F2)

Gestaltung kognitiv anregender Interaktionen der Fachkraft Selma und der Kinder im Freispiel

Das Freispielvideo der Fachkraft Selma dauert insgesamt 00:58:53 Minuten. Die erste ausgewählte Sequenz findet von Minute 32:36 bis 38:50 statt und dauert damit 05:24 Minuten. Es erfolgen acht kognitive Anregungen durch die Fachkraft: zweimal I_09 „Anregen zum Formulieren eigener Gedanken und Überlegungen" und sechsmal I_10 „Anregen zum Nachdenken innerhalb der Situation", weshalb diese Sequenz ausgewählt wurde.

Verlauf der Interaktion zwischen Fachkraft Selma und drei Mädchen in Sequenz 1

Die Kinder haben einige Lupen ausgepackt. Die Fachkraft Selma bittet die Kinder, alle Lupen bis auf eine, die sie behalten können, wieder einzupacken. Im Anschluss fragt sie ein Kind, ob sie Sachen holen sollen, die sie sich mit der Lupe anschauen können. Die Kinder sind eine Weile damit beschäftigt, verschiedene Dinge (z.B. Sand, Muscheln, u.ä.) mit der Lupe anzuschauen. Fachkraft Selma stellt den Kindern dann noch Messbecher, weitere Gefäße und eine Waage auf den Tisch. Zunächst beginnt Jeany mit der Waage zu hantieren, bis sie sich mit Anna abwechselt.

Anna befindet sich mit der Waage am Kopfende des Tisches, während die anderen Kinder an den langen Seiten des Tisches stehen (vgl. Abbildung 21).

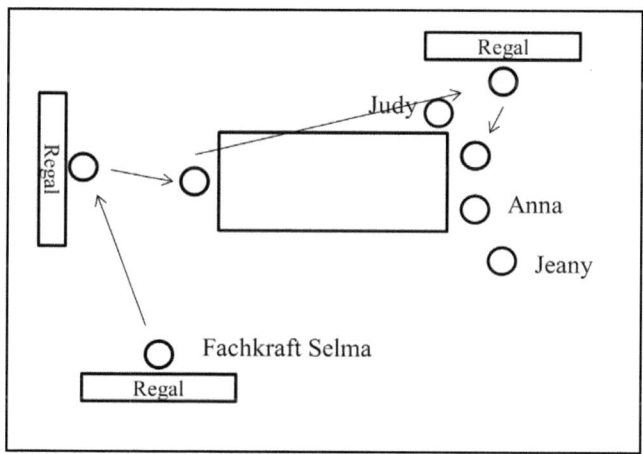

Abbildung 21: Anordnung der Personen und Dinge in Sequenz 1

201

Anna sagt „He, die schaukeln. Ich glaub beide gleich." Dabei schaut sie wiederholt auf die Zeiger der Waage und legt beide Hände vorsichtig an die Waagschalen. Jeany beobachtet das Tun von Anna und sagt „eh, eh." Fachkraft Selma fragt „Sind sie gleich? Woran siehst du denn das, ob die gleich sind?" *Mit dieser Frage regt Fachkraft Selma Anna dazu an, eigene Gedanken und Überlegungen zu formulieren. Anna soll benennen, ob die Dinge auf den Waagschalen gleich schwer sind und woran sie das erkennt.* Anna antwortet „Dies is schwerer." und tippt auf das große Gefäß auf der linken Waagschale. *Anna reagiert damit auf die von der Fachkraft gestellte Frage. Sie benennt, dass die Dinge auf den Waagschalen nicht gleich schwer sind, sondern dass Dinge auf der einen Waagschale schwerer sind als die auf der anderen. Auf den Impuls, zu benennen, woran sie das erkennt, geht Anna dagegen nicht ein.*

Da Anna bereits mehrfach auf die Zeiger der Waagschale geschaut hat, ist anzunehmen, dass Anna weiß, woran man das erkennt.

Fachkraft Selma entgegnet „Stell's noch mal drauf. Ich hab's jetzt gar nicht so schnell gesehen." Anna stellt den großen Messbecher wieder auf die Waage. Fachkraft Selma fragt dann „Welches ist schwerer?" Anna schaut auf die Zeiger und antwortet, nachdem sich die Waagschalen ausgependelt haben „Dies" und zeigt auf das große Gefäß. Fachkraft Selma fragt „Warum? Warum glaubst du, dass das schwerer is?" *Hier erfolgt erneut eine kognitive Anregung durch Fachkraft Selma. Sie regt Anna dazu an, über Kausalzusammenhänge innerhalb der Situation nachzudenken. Ihre Erwartung ist, dass Anna begründet, weshalb die eine Waagschale schwerer ist als die andere.* Anna antwortet „Weil's dicker is."

Dabei umfasst sie den großen Becher und schaut dann zu Fachkraft Selma. *Damit erfolgt eine erwartungsgemäße Antwort auf die Frage der Fachkraft, da Anna eine Begründung dafür gibt, weshalb sie denkt, dass die eine Waagschale schwerer ist.* Fachkraft Selma wiederholt Annas Antwort als Frage „Weil's dicker is?" Währenddessen erhebt sich Fachkraft Selma vom Regal, an das sie sich gelehnt hat und bewegt sich auf Anna zu. Anna nickt. Anna nimmt das kleine Gefäß von der Waage und schüttelt es. Selma hockt sich währenddessen an der gegenüberliegenden Seite von Anna an den Tisch.

33:29–33:53 Eingelagerte Interaktion
Fachkraft Selma interagiert mit anderen Kindern. In dieser Zeit geht Anna ihrer ursprünglichen Beschäftigung weiter nach. Sie nimmt die Gefäße nacheinander

hoch und schüttelt sie. Dann nimmt sie Holzgewichte von einem Regal und stellt sie auf die Waagschalen.

Anna überlegt laut „Und wenn ich, und was is mit das? Noch ein paar rote." Dabei holt sie verschiedene Holzgewichte mit blauem und rotem Deckel vom Regal rechts neben sich und stellt sie links oder rechts auf die Waagschalen. Fachkraft Selma fragt "Woran siehst du jetzt, welcher schwerer is? Is überhaupt eins schwerer? Was denkst du? Das is schwerer?" *Durch diesen Impuls regt Fachkraft Selma Anna dazu an, eigene Gedanken und Überlegungen zu formulieren. Anna soll darüber nachdenken und ausformulieren, ob eine der Waagschalen schwerer ist und woran sie das erkennt.* Dabei geht sie auf Anna zu und lehnt sich rechts neben Anna an ein Regal. Fachkraft Selma beugt sich vor und schaut abwechselnd zu Anna und zu den Zeigern. Anna beantwortet Selmas Frage, indem sie auf die rechte Waagschale zeigt. Der Zeiger der rechten Waagschale steht dabei etwas niedriger als der Zeiger der linken Waagschale.

Anna geht damit auf Selmas Impuls ein, den sie durch das Zeigen auf eine der Waagschalen nonverbal beantwortet. Fachkraft Selma fragt „Das is schwerer?" Anna stellt sich auf Zehenspitzen und schaut in das kleine Gefäß. Judy kommt singend dazu und schaut mit ihrer Lupe in die Gefäße „(singend) rote zwei, rote zwei, rote zwei." Anna greift mit der Hand in das kleine Gefäß und fasst in den Sand. Anna antwortet dann „Ja" und schüttelt gleichzeitig den Kopf. Judy sagt „das ist auch schwerer" und zeigt auf den großen Becher auf der linken Waagschale. Daraf hin hebt Anna den großen Messbecher an, schüttelt ihn und stellt ihn dann wieder auf die Waage. Judy fährt fort „weil da mehr Sand drinne is als da." und zeigt erst auf den kleinen Messbecher und dann auf den großen Messbecher.

Fachkraft Selma fragt „Ach so und was is mit denen hier?" *An dieser Stelle wird Judy durch Fachkraft Selma dazu angeregt, (über Kausalzusammenhänge) innerhalb der Situation nachzudenken. Ziel ist, dass Judy darüber nachdenkt, welchen Einfluss die Holzgewichte neben den Messbechern mit Sand auf die Gewichtsverteilung zwischen den beiden Waagschalen haben.* Dabei hebt Selma eins der Holzgewichte an. Judy antwortet „Das is schwer, das is schwer, also kann's gar nich (unverst.). Diese zwei sind leicht." Dabei prüft sie die Holzgewichte auf der rechten Waagschale, indem sie eins nach dem anderen hochhebt und wieder abstellt. Dabei bezeichnet sie die Holzgewichte von der rechten Waagschale als schwer. Dann zeigt sie mit der Lupe auf die Holzgewichte, die Anna mittlerweile von der linken Waagschale heruntergenommen hat und bezeichnet diese als leicht (ohne diese geprüft zu haben). *Hier zeigt sich, dass Judy den Impuls der Fachkraft aufgreift und ausformuliert, welchen Einfluss die Holzgewichte auf die Gewichtsverteilung der Waagschalen haben.* Fachkraft Selma fragt „Welche zwei sind leicht?" Judy zeigt auf die Holzgewichte in Annas Hand und antwortet „die". Anna, die die Holzgewichte der linken Waagschale in der Hand hält, hebt eins der Holzgewichte an und sagt „Nein, dies is schwer." Judy zeigt auf das zweite Holzgewicht, das Anna noch in den Händen hält und sagt „Und das is leicht."

Anna antwortet Judy nicht. Sie bringt einige Holzgewichte zum Regal und nimmt andere Holzgewichte, die sie auf die Waage stellt. Dabei sagt sie „Is das schwer? Ja. Ou jaa. Da muss noch eins drauf. (Weil da) jetzt schwerer is." Anna stellt, während sie spricht, einen Blickkontakt zu Fachkraft Selma her. Fachkraft Selma nimmt weitere Holzteile vom Regal und stellt sie auf den Tisch.

Dabei sagt sie „Die haben wir noch, du kannst selber aussuchen. Eins hab ich noch in blau." Anna sagt „Ja. Guck, da sind drei, da sind vier."

Anna verzählt sich dabei, auf jeder Waagschale stehen drei Holzgewichte. Fachkraft Selma fragt „Warum is, mhm. Warum is das jetzt viel weiter unten?"

Hier regt Fachkraft Selma Anna dazu an, (über Kausalzusammenhänge) innerhalb der Situation nachzudenken. Ihre Erwartung ist, dass Anna eine Begründung dafür benennt, weshalb die eine Waagschale schwerer ist als die andere.

Fachkraft Selma erhebt sich dabei vom Regal, an das sie sich gelehnt hat und stellt sich neben Anna. Dann zeigt sie auf die linke Waagschale mit dem großen Messbecher und hockt sich dann neben Anna. Anna nimmt ein Holzgewicht von der linken Waagschale herunter, woraufhin die rechte Waagschale nach unten sinkt. Anna nimmt dann verschiedene Holzgewichte in die Hand und stellt sie wieder auf den Tisch.

Hier wird erkennbar, dass Anna nicht auf den Impuls der Fachkraft eingegangen ist und keine Vermutung dafür formuliert hat, weshalb die eine Waagschale schwerer ist als die andere. Vielmehr hat sie die Situation durch das Herunternehmen der Holzgewichte aufgelöst. Fachkraft Selma sagt „Oh", als Anna das Gewicht von der linken Waagschale herunternimmt und die rechte Waagschale heruntersinkt.

35:47–36:00 Eingelagerte Interaktion

Judy spricht Fachkraft Selma auf das Fotografieren an. Selma wendet ihre Aufmerksamkeit daraf hin Judy und Betty zu. Anna beschäftigt sich in dieser

Zeit weiter mit dem Herstellen des Gleichgewichts zwischen den Waagschalen. Damit elaboriert sie weiterhin ihre eigene Rahmung. Nach dem Gespräch mit Judy und Betty wendet sich Selma wieder Anna zu.

Anna hat alle Holzgewichte von den beiden Waagschalen heruntergenommen. Links steht noch der große und rechts der kleine Messbecher, jeweils mit Sand gefüllt, auf den Waagschalen. Anna sagt „Hmm" und schaut mit einer Lupe in das große Gefäß. Dann sagt Fachkraft Selma „Hmm" und schaut, immer noch neben Anna hockend, auf das große Gefäß. Dann sagt Anna noch mal „Hmm", nimmt die Lupe vor dem Auge weg und greift nach dem kleinen Messbecher und schüttelt ihn.

Fachkraft Selma hockt weiterhin neben Anna, schaut auf die Waage und fragt „Können wir das mal schaffen, dass das in der Mitte is?". Dabei drückt sie auf die beiden Zeiger der Waage, so dass die Waagschalen gleich hochstehen. Anna, die den kleinen Messbecher mit zu dem großen auf die linke Waagschale gestellt hatte, stellt den kleinen Messbecher nun wieder auf die rechte Waagschale zurück und nickt.

36:09–36:12 Eingelagerte Interaktion
Während Fachkraft Selma in ein Gespräch mit Judy und Betty verwickelt ist, schaut Anna mit der Lupe in das große Gefäß.

Anna schaut zu dem Fotoapparat und sagt „Oh, jetzt mach ich mal. Jetzt mach ich eins, von hier und da." Dabei schaut Anna zunächst auf den Fotoapparat, den Fachkraft Selma gerade auf das Regal legt, legt dann ihre Lupe auf den Tisch und zeigt nacheinander auf die beiden Gefäße. Fachkraft Selma antwortet „Ok" und reicht Anna den Fotoapparat. Anna macht Fotos von ihren Gefäßen mit Sand auf der Waage. Fachkraft Selma beteiligt sich und schaut sich zusammen mit Betty die Bilder von Anna auf dem Display an. Fachkraft Selma fragt Anna dann, ob sie auch von dem Sand in den Schalen, die auf dem Tisch stehen, Fotos machen kann. Anna tut das.

Nachdem Anna das Foto gemacht hat, fragt Betty „Kann ich?", greift nach dem Fotoapparat und nimmt ihn Anna aus der Hand. Anna lässt dies zu. Betty hält den Fotoapparat über eine Sandschale. Anna kehrt zu der Waage zurück und sagt im Vorbeigehen zu Fachkraft Selma, die immer noch am selben Platz hockt, „(jetzt können wir vergleichen Frau Sommer)" und stellt sich dann vor die Waage. Fachkraft Selma dreht sich zu Anna um und fragt „Wie bitte?" Anna entgegnet „Hab beide gemacht" und schaut auf die zwei Wannen mit

Sand und zeigt mit dem Zeigefinger auf sie. Fachkraft Selma antwortet „Habt ihr gemacht, prima."

Während Selma in ein Gespräch mit Betty verwickelt ist, beschäftigt sich Anna wieder mit der Waage. Anna nimmt etwas Sand aus dem großen Gefäß und lässt ihn in das kleine Gefäß rieseln. Dann steckt sie die Hand in das kleine Gefäß und rührt darin herum. Sie nimmt eine Prise Sand aus dem kleinen Gefäß und gibt etwas davon in das große Gefäß, den Rest gibt sie wieder in das kleine Gefäß. Dann greift sie mit der rechten Hand in das große Gefäß, das sie mit der linken Hand festhält, und rührt darin herum. Sie hebt das große Gefäß hoch und schüttelt es, dabei greift sie mit der linken nach dem kleinen Gefäß, ohne dass sie es berührt. Sie stellt das große Gefäß wieder auf die linke Waagschale.

Anna sagt dann zu Fachkraft Selma „Ich guck nur, welches schwerer is." Dabei schaut sie auf die Zeiger der Waage. Fachkraft Selma antwortet Anna „Ich bin mal gespannt, ob wir das schaffen, dass die gleich sind." Dabei hält Fachkraft Selma den Kopf nach links schief und guckt auf die Zeiger. Sie tippt mit dem linken Zeigefinger erst auf den Zeiger der rechten Waagschale und dann auf den Zeiger der linken Waagschale. Dann guckt Fachkraft Selma zu Anna. Die Waagschalen pendeln kaum noch, dann sind die Zeiger auf einer Höhe miteinander. Fachkraft Selma schaut auf die Zeiger und sagt „Hey".

Anna ruft „Jaaa". Dabei schaut sie weiter auf die Zeiger. Fachkraft Selma entgegnet „Cool". Anna erwidert „hab ich doch gesagt." Dabei nimmt sie beide Gefäße von der Waage herunter. Anna sagt „Hey, jetzt können wir so noch ein Foto machen." Dabei schaut sie zunächst in die Gefäße hinein und schüttelt sie dann leicht. Fachkraft Selma antwortet „Mhm. Willst du es noch mal drauf stellen?" Dabei schaut Fachkraft Selma Anna an, macht die Augen groß und nickt. Sie schaut kurz auf die Waage und dann wieder zu Anna. Anna antwortet „Ja" und stellt zugleich beide Gefäße wieder auf die Waagschalen. Dann sagt sie „Nur ganz langsam warten, nur, nur." Fachkraft Selma fragt „Wenn das hier gleich is, sind die dann gleich schwer?" Dabei zeigt sie mit dem Finger auf die beiden Zeiger und schaut dann Anna an.

Mit diesem Impuls regt Fachkraft Selma Anna dazu an, über Kausalzusammenhänge innerhalb der Situation nachzudenken. Ihre Erwartung ist, dass Anna darüber nachdenkt, ob es einen Zusammenhang zwischen den Zeigern und dem Gewicht der Dinge auf den Waagschalen gibt. Ob man also an diesen erkennen kann, ob die Waagschalen gleich schwer sind. Anna schaut zu Fachkraft Selma und nickt. Fachkraft Selma setzt fort „Ja. Und warum, das is doch viel größer." Fachkraft Selma zeigt auf das große Gefäß. *Auch hier regt Fach-*

kraft Selma Anna dazu an, über Kausalzusammenhänge innerhalb der Situation nachzudenken. Ihre Erwartung ist hier, dass Anna begründet, weshalb die Waagschalen gleich schwer sind, wenn doch die Gefäße, die auf den Waagschalen stehen, ungleich groß sind.

Anna antwortet „Ja, als das. (unverst.) Foto." Anna zeigt auf das kleine Gefäß. Dann schaut sie zum Fotoapparat in Fachkraft Selmas Schoß und fängt an zu hibbeln. *Hier ist zu sehen, dass Anna zunächst beginnt, über die Frage der Fachkraft nachzudenken, indem sie selber feststellt, dass das eine Gefäß größer ist als das andere. Sie führt den Gedankengang aber nicht weiter fort, sondern lenkt auf das Fotografieren des Ergebnisses ab. Für Anna ist es bedeutsamer ihr Ziel, zwischen den beiden Waagschalen ein Gleichgewicht herzustellen, erreicht zu haben, zu dokumentieren.*

Fachkraft Selma fragt „Warum sind die trotzdem gleich schwer? Hast du eine Idee?" *Wiederholt regt Fachkraft Selma Anna dazu an, über Kausalzusammenhänge innerhalb der Situation nachzudenken. Anna soll eine Begründung dafür benennen, weshalb die beiden Waagschalen gleich schwer sind, obwohl das eine Gefäß größer ist.* Dabei reicht sie Anna den Fotoapparat.

Anna richtet den Fotoapparat, den sie nun in den Händen hält, auf die Waage aus, schaut auf das Display und sagt „Aber das geht ja gar nicht." Es wird deutlich, dass Anna nicht auf den Impuls der Fachkraft eingeht, sondern ihr Ziel, ihren Erfolg zu dokumentieren, verfolgt. Anna geht dementsprechend nicht auf den Impuls der Fachkraft ein. Jeany, die zu Fachkraft Selma und Anna hinzugekommen ist, hält in jeder Hand einen Messbecher und sagt „Ich will jetzt rein das machen." Fachkraft Selma fragt Anna „Was geht nicht?" und hilft Anna dann beim Fotografieren. Dann macht Anna ein Foto von der Waage. Fachkraft Selma schaut auf das Display des Fotoapparats, nimmt Anna dann den Fotoapparat ab und sagt „Oj, tja, da müssen wir ja mal heute oder morgen die anderen fragen, woran das liegt mit dem Gewicht." Anna nimmt den großen Messbecher in die Hand und kippt ihn leicht. Sie schaut in den großen Messbecher hinein und schüttelt ihn leicht.

Jeany hält eins ihrer Gefäße über die Waage und sagt „Mmm. Ich will auch machen." und stampft einmal mit einem Fuß auf. Fachkraft Selma schaut erst zu Anna und sagt „Gut, darf dann die Jeany mal?" Dann schaut sie hinter sich und begrüßt zwei Kinder, die in den Gruppenraum kommen „Hallo Vera, hallo Lena." Anna nimmt darauf hin ihre Gefäße von der Waage herunter und Jeany platziert ihre Gefäße auf der Waage.

Bestimmung des Interaktionsmodus

Exkludierender, oppositioneller Interaktionsmodus

Der Gesamtverlauf der Interaktion muss zunehmend als eine rahmeninkongruente, oppositionelle Interaktion zwischen Fachkraft Selma und Anna beschrieben werden.

Es zeigen sich wiederholt Rahmeninkongruenzen. Ist Annas Orientierung diejenige, die Gewichte zu vergleichen und durch Ausprobieren ein Gleichgewicht zwischen den beiden Waagschalen herzustellen („He, die schaukeln. Ich glaub beide gleich."), so ist Fachkraft Selma daran orientiert, darüber nachzudenken, warum die eine Waagschale schwerer ist („Warum? Warum glaubst du, dass das schwerer is?"; „Warum is, mhm. Warum is das jetzt viel weiter unten?"), bzw. weshalb die Waagschalen gleich schwer sind, obwohl das eine Gefäß größer ist („Ja. Und warum, das is doch viel größer."). Auffällig ist, dass Annas (und auch Judys) Bemühungen, der Fachkraft gerecht zu werden, keine Bestätigung finden (z.B. werden Antworten auf Fragen der Fachkraft nicht bestätigt, obwohl sie richtig sind). Daraus erfolgen zum einen Verunsicherungen (z.B. als Anna ja sagt und dabei den Kopf schüttelt). Zum anderen erfolgen zunehmend Themenverschiebungen und Interaktionsabbrüche durch Anna (z.B. indem sie auf das Fotografieren ausweicht, Fragen der Fachkraft nicht beantwortet) ebenso wie durch Fachkraft Selma (z.B. indem sie sich anderen Kindern zuwendet oder über Anna hinweg ihre Fragen weiter stellt), die für eine oppositionelle Interaktionsführung kennzeichnend sind.

Auch zwischen Judy und Anna kommt es zu einer oppositionellen Interaktion, weil Judy und Anna die Frage, welche Holzgewichte leicht und welche schwer sind, zu keiner gemeinsamen Konklusion bringen. Stattdessen erfolgt eine Themenverschiebung durch Anna. Es kommt entsprechend zu keiner gemeinsamen (kommunikativen) Konklusion zwischen Fachkraft Selma und Anna. Vielmehr wird selbst innerhalb der Konklusion um die Rahmungsmacht gekämpft.

Anna konkludiert ihre eigene Rahmung des Herstellens eines Gleichgewichts, indem sie sich durchsetzt mittels Fotografie eine Ergebnissicherung vorzunehmen. Fachkraft Selma konkludiert die gemeinsame Tätigkeit dagegen, in ihrer Orientierung herauszufinden, woran das mit den Gewichten liegt (warum eins schwerer ist als das andere, bzw. weshalb das größere Gefäß, obwohl es größer ist als das andere, jetzt nicht mehr schwerer ist), indem sie vermerkt, dass man da mal die anderen fragen müsse, woran das liegt. Damit stehen die

Orientierungen von Anna und der Fachkraft Selma bis zuletzt in Opposition zueinander. Es erfolgt dann ein Interaktionsabbruch, indem Anna aufgefordert wird Jeany die Waage zu überlassen. Daher kann die Konklusion als rituell bezeichnet werden, die für oppositionelle Interaktionsführungen kennzeichnend ist. Im Sinne der Dokumentarischen Methode gelingt hier die kognitiv anregende Interaktion also nicht. Fachkraft und Kind gelingt es zunehmend nicht mehr, aneinander Anschluss zu nehmen. Das Kind geht kaum auf die Impulse der Fachkraft ein und die Fachkraft nimmt kaum Anschluss an das Tun des Kindes.

Orientierung
Fachkraft Selma orientiert sich an einem flexiblen Handlungsplan. Die Kinder können im Freispiel einer individuellen Aktivität nachgehen. Sie können entsprechend selbst wählen, wann, mit wem, wo und womit sie spielen wollen. Die Kinder haben damit eine aktive Rolle. Fachkraft Selma übernimmt die Rolle als Beobachterin und Spielbegleiterin, die den Kindern auch spielbegleitend, also bezogen auf das individuelle Tun der Kinder, kognitiv anregende Impulse gibt. Auf diese Weise schafft die Fachkraft eine Freispielsituation, die ko-konstruktivistische als auch Scaffolding-Interaktionen zwischen Fachkraft und Kindern sowie den Kindern untereinander ermöglicht.

Dabei geraten in dieser Sequenz die beiden handlungsleitenden Orientierungen „Beobachterin" und „Spielbegleiterin" in einen Widerstreit, der sich in der ambivalenten Annäherung durch die Fachkraft Selma an Anna ausdrückt. So verringert die Fachkraft während der Interaktion mit Anna peu à peu die Distanz zwischen ihnen, bis sie neben Anna am Tisch hockt (vgl. Abbildung 21).

Günstige Aspekte in der Interaktion zwischen Fachkraft Selma und Anna
Die Fachkraft schafft eine Lernumgebung, in der den Kindern Materialien, die ihnen aus dem Alltag bekannt sind, zur Verfügung gestellt werden (Lupen, verschiedene Dinge wie Sand, Muscheln, Steine, und Messbecher, eine Waage, u.ä.), die die Kinder zu eigenem Forschen und Explorieren anregen. Die Kinder wiegen, untersuchen, nehmen Vergleiche vor und stellen dabei Überlegungen an. Die Fachkraft begleitet das Spiel eines Kindes, das sich im Freispiel mit einer Waage beschäftigt. Auf diese Weise nutzt sie eine Gelegenheit, die sich im Freispiel für eine kognitiv anregende Interaktion mit dem Kind anbot.

Ungünstige Aspekte in der Interaktion zwischen Fachkraft Selma und Anna

Die Fachkraft geht mit kognitiven Anregungen auf ein Kind ein, das sich innerhalb seiner eigenen Orientierung, da frei gewählt, mit einer Waage beschäftigt. Dabei gelingt es der Fachkraft wiederholt nicht, das Thema des Kindes zu erkennen und adäquate Impulse zu geben, die an das Tun des Kindes anschließen. Stattdessen setzt die Fachkraft die Impulse innerhalb einer eigenen Orientierung. Die Fachkraft verfolgt dabei andere Ziele als das Kind und keiner von beiden lässt sich auf den anderen ein. Dass die Fachkraft die Ziele des Kindes nicht erkannt hat, wird auch daran deutlich, dass sie den Vorschlag macht, mal zu probieren, ob sie es schaffen, dass beide Waagschalen gleich schwer werden. Dies war von Anfang an das Ziel des Kindes.

Daran, dass die Fachkraft diesen Vorschlag macht, als wäre es eine Idee von ihr, zeigt, dass ihr das Ziel des Kindes nicht klar war. Das Kind bemüht sich zunächst die Erwartungen der Fachkraft zu erfüllen und die Fragen innerhalb der Orientierung der Fachkraft zu beantworten. Die Antworten des Kindes erhalten von der Fachkraft aber wiederholt keine Bestätigung, obwohl die Antworten richtig gewesen sind. Dies weist erneut auf eine Rahmeninkongruenz zwischen Fachkraft und Kind hin. Stattdessen wird die korrekte Antwort des Kindes in Frage gestellt. Das führte bei dem Kind zu einer zunehmenden Verunsicherung, die seinen Ausdruck z.B. darin fand, dass das Kind „ja" antwortete, dabei aber den Kopf schüttelte. Aufgrund der wiederholten Nichtpassung der Impulse der Fachkraft geraten die Fachkraft und das Kind in einen oppositionellen Widerstreit, indem jeder versucht, seine Orientierung gegenüber dem anderen durchzusetzen. Das Kind versucht, seine Orientierung im Umgang mit der Waage durchzusetzen und sich dabei als autonom, kompetent und Urheber des eigenen Tuns zu erleben.

Die Fachkraft versucht ihrerseits, ihre didaktische Orientierung im Umgang mit der Waage durchzusetzen und verfolgt bis zuletzt ihre eigenen Fragestellungen und Ziele. Ein Grund für das Nichtgelingen der Interaktion kann also darin gesehen werden, dass die didaktischen Ziele der Fachkraft – eine kognitive Anregung des Kindes – nicht mit den verfolgten Zielen des Kindes – Gleichgewicht zwischen den Waagschalen herstellen – zusammenpasste.

Vielmehr zielten die kognitiven Anregungen inhaltlich auf etwas Anderes ab, als das Kind erreichen wollte. Dadurch wurde das eigene Tun des Kindes unterbrochen. Es konnte sich nicht mehr als, aktiv, selbstwirksam und Urheber seines Tuns erleben.

Darüber hinaus wird in der Interaktion der Fachkraft mit dem Kind ein Widerstreit zweier handlungsleitender Orientierungen sichtbar. Die Fachkraft interagiert zunächst aus einer größeren Distanz zu dem Kind, die sie nur peu à peu reduziert, bis sie neben dem Kind hockt und mit ihm auf einer Augenhöhe interagiert. Auf nonverbaler Eben zeigt sich daher eine Ambivalenz zwischen Spielbeobachtung aus der Distanz und dem Einlassen auf eine direkte Interaktion mit dem Kind. Zu einem Gelingen der Interaktion hätte hier beigetragen, wenn die Fachkraft sich klar für eine Interaktion mit dem Kind entschieden hätte. In dem Moment, wo sie sich für eine Interaktion mit dem Kind entscheidet, ist es bedeutsam auch auf nonverbaler Ebene einen Kontakt zu dem Kind herzustellen, also sich zu dem Kind zu begeben. Indem sich die Fachkraft zu dem Kind dazu setzt oder hockt, kann sie eine Interaktion auf einer Augenhöhe mit dem Kind herstellen, was eine gleichberechtigte Interaktion signalisiert.

Des Weiteren ist bedeutsam, dass die Fachkraft versucht sich ein Bild davon zu machen, womit sich das Kind beschäftigt, bzw. wie das Kind die Beschäftigung mit der Waage rahmt. Dies gelingt ebenfalls besser, wenn sich die Fachkraft zu dem Kind begibt, weil sie dann genauer beobachten kann, was es tut. Aus einer größeren Distanz sind unter Umständen Gesten wie das Schauen auf die Zeiger nicht zu erkennen, die aber Anhaltspunkte für das Tun des Kindes liefern. Die Herausforderung besteht hier darin, dass sich die Kinder in der Freispielsituation eigene Themen setzen können. An diese muss die Fachkraft anschließen können, wenn sie sich in das Spiel der Kinder einbringt. Gegebenenfalls kann es daher auch hilfreich sein, das Kind explizit zu fragen, womit es sich beschäftigt und sich so kommunikativ zu erschließen, was die Ziele des Kindes sind.

Die Fachkraft könnte sich also bei dem Kind bezüglich seiner Ziele erkundigen und darauf aufbauend passende Impulse geben. Impulse können in einer frei gewählten Aktivität des Kindes, die die Beschäftigung des Kindes nicht unterbrechen sollen, also adäquat sind, nur dann gegeben werden, wenn diese an das Tun, bzw. die Rahmung des Kindes anschließen. Nur dann wäre auch sichergestellt, dass die Fachkraft mit ihrer didaktisch-pädagogischen Rahmung und das Kind mit seiner kindspezifischen Rahmung zu einer Rahmenkomplementarität in einem reziproken Interaktionsmodus gelangen. Andernfalls müsste sich entweder die Fachkraft an den Relevanzen des Kindes oder das Kind an den Relevanzen der Fachkraft ausrichten, so dass die Relevanzen des jeweils anderen kaum zum Tragen kommen oder es kommt zu exkludierenden Interaktionsmodi, wie es in diesem Fall geschehen ist.

Fall 4 Spiegel und geometrische Formen (FK33622M)

Gestaltung kognitiv anregender Interaktionen der Fachkraft Selma und den Kindern im mathematischen Bildungsangebot

Das mathematische Bildungsangebots-Video dauert insgesamt 00:21:07 Minuten. Die erste Sequenz findet von Minute 06:25 bis 07:35 statt und dauert 01:10 Minuten. In Sequenz 1 erfolgt eine kognitive Anregung durch die Fachkraft: MI_10 Anregen zum Nachdenken innerhalb der Situation, weshalb diese Sequenz für eine nähere Analyse ausgewählt wurde.

Verlauf der Interaktion zwischen Fachkraft Selma und zwei Mädchen in Sequenz 1

Fachkraft Selma und die Kinder befinden sich im Gruppenraum. Es wurden zwei rechteckige Tische aneinandergestellt. Auf dem Tisch liegen geometrisch geformte Plättchen in verschiedenen Farben verstreut. Jedes Kind hat zwei Spiegelfliesen, die am Rücken aneinandergeklebt wurden, sowie eine weitere einzelne Spiegelfliese zur Verfügung.

Zwei Mädchen sitzen am Tischkopf am rechten Ende des Tisches. Ein Junge sitzt am Tischkopf am linken Ende des Tisches. Ein zweiter Junge sitzt an der Tischmitte zwischen den Mädchen und dem Jungen. Fachkraft Selma wendet sich den Kindern abwechselnd zu (vgl. Abbildung 22).

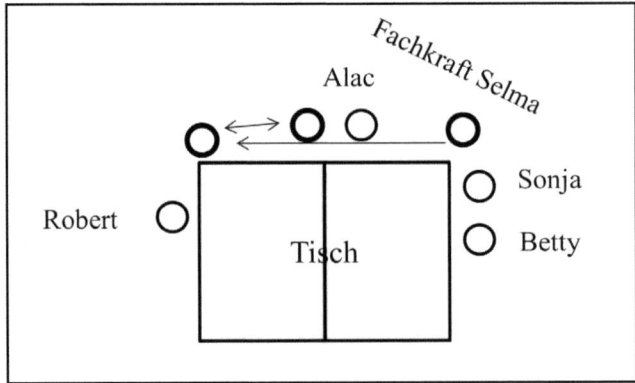

Abbildung 22:   Anordnung der Personen und Dinge in Sequenz 1 und 2

Fachkraft Selma und die Kinder haben sich zunächst mit den geometrisch geformten Plättchen beschäftigt und die jeweiligen Formen benannt. Im Anschluss hat Fachkraft Selma den Kindern zunächst nur einen einzelnen Spiegel mit folgendem Arbeitsauftrag gegeben: „Vielleicht könnt ihr ja mal gucken, ob sich was verändert, wenn ihr die Spiegel mal vor die Formen haltet". Daraufhin halten die Kinder die Spiegel an die Formen und schauen in die Spiegel. Fachkraft Selma gibt den Kindern dann noch zwei Spiegel, die an der Rückseite aneinandergeklebt wurden. Der Arbeitsauftrag lautet: „Ihr könnt mal probieren, was ihr wollt damit. Und mir mal erzählen, was ihr alles seht". Fachkraft Selma wendet sich den Kindern dabei einzeln zu und regt sie kognitiv an.

Sonja hat zwei Spiegel, die an der Rückwand zusammengeklebt sind, vor sich stehen. Sie legt davor drei rechteckige Plättchen. Sie sagt „Hey, das ist jetzt lustig. Guck mal." Fachkraft Selma wendet Sonja den Blick zu und schaut in die Spiegel. Fachkraft Selma antwortet Sonja „Zeig mal. Wie viel hast du denn jetzt, kannst du mal zählen, mit denen im Spiegel?" Sonja streckt den Zeigefinger aus und tippt auf alle Rechtecke vor dem Spiegel und auf alle Rechtecke, die im Spiegel zu sehen sind. Dabei zählt sie „Eins, zwei, drei, vier, fünf, sechs, sieben, acht, neun, zehn, elf.". Fachkraft Selma erwidert „Elf hast du gezählt? Und wie viele liegen tatsächlich vorne?" Sonja antwortet „drei". Fachkraft Selma wiederholt „drei". Sonja sagt „Drei plus drei, das ergibt sechs, aber das sind elf. Oder warte, eins, zwei, drei, vier, fünf, sechs, sieben, acht, neun." Fachkraft Selma fragt „Hm, wie passiert das?", was mit dem erneuten Zählen von Sonja aufeinander fällt. *Fachkraft Selma regt Sonja dazu an, über Kausalzusammenhänge innerhalb der Situation nachzudenken. Ihre Erwartung ist, dass Sonja begründet, wie es kommt, dass vor dem Spiegel drei Teile liegen, aber insgesamt elf gezählt werden können.* Fachkraft Selma hockt dabei immer noch neben Sonja und schaut in die Spiegel. Sonja führt ihre erneute Zählung fort. Dabei tippt sie erneut mit dem Zeigefinger auf alle vor und im Spiegel sichtbaren Rechtecke und zählt diesmal von eins bis neun. *Auf die kognitive Anregung der Fachkraft reagiert Sonja an dieser Stelle nicht.*

Betty, die an derselben Tischseite sitzt wie Sonja und selber zwei Spiegel und geometrisch geformte Plättchen vor sich liegen hat, ruft nach Fachkraft Selma „Frau Mohn." Fachkraft Selma antwortet zunächst an Sonja und dann an Betty gerichtet „Neun, aha, ok. Ja Betty?" Dabei steht Fachkraft Selma auf, geht zu Betty und setzt sich neben ihr auf einen Stuhl. Sonja sagt „Weil das zwei Spiegel sind ist das." und schaut zu Fachkraft Selma. *Hier wird deutlich, dass Sonja ihr Problem, weshalb nicht, wie erwartet, sechs Teile, sondern neun zu sehen sind, gelöst hat. Zugleich beantwortet sie damit aber auch die kognitiv anregende Frage der Fachkraft.* Betty sagt zu Fachkraft Selma „schau mal". Dabei legt sie Plättchen vor die Spiegel. Fachkraft Selma schaut auf Bettys Tun und schiebt die Spiegel näher an Betty heran. Fachkraft Selma schaut dann zu Sonja und antwortet „Ach so, weil jeder Spiegel, was macht jeder Spiegel mit deinen Kärtchen Sonja?" Sonja antwortet leiser werdend „Weiß ich nicht, aber jetzt (unverst.)." Dabei schaut Sonja in die Spiegel, zieht die Schultern hoch und beginnt die Formen vor dem Spiegel neu zu arrangieren. Fachkraft Selma entgegnet „Werden mehr draus, ge? Jeder Spiegel verdoppelt die erstmal." Dabei schaut Fachkraft Selma Sonja an. Sonja reagiert nicht auf Fachkraft Selma. Stattdessen schaut sie auf ihr eigenes Tun und beschäftigt sich weiter mit ihren Formen und den Spiegeln.

Bestimmung des Interaktionsmodus

Exkludierender, oppositioneller Interaktionsmodus
Fachkraft und Kind verfolgten zu Beginn unterschiedliche Ziele im Umgang mit dem Material. Das Kind hatte einen mathematisch-ästhetischen Zugang zu dem Material (Muster legen), die Fachkraft einen pädagogisch-mathematischen (zählen, rechnen).

Das Kind hat sich aber bereitwillig auf die Rahmung der Fachkraft eingelassen und sich bemüht, die didaktischen Erwartungen der Fachkraft zu erfüllen, indem sie die Fragen der Fachkraft beantwortet hat. Im weiteren Verlauf ist das Kind auf eine Diskrepanz zwischen der von ihr gezählten und der von ihr erwarteten Anzahl an Rechtecken gestoßen („Drei plus drei, das ergibt sechs, aber das sind elf. Oder warte, eins, zwei, drei, vier, fünf, sechs, sieben, acht, neun."). Dies hat eine Frage aufgeworfen, der das Kind situativ nachgegangen ist. Die Orientierung des Kindes im Umgang mit dem Material hat sich also verlagert. Es folgt keinen mathematisch-ästhetischen Zielen mehr (Muster legen), sondern ist daran orientiert, die Multiplikation der Dinge zu verstehen. Die Fachkraft verfolgt dagegen ihre eigenen pädagogisch-mathematischen Ziele weiter (nachdem Sonja gezählt hat, ist Fachkraft Selma daran orientiert, dass Sonja erklärt, wie es kommt, dass vorne drei Rechtecke liegen, aber insgesamt „elf", bzw. „neun" zu sehen sind). Auf das vom Kind aufgeworfene Problem geht sie dagegen nicht ein. Während Fachkraft Selma das Ziel verfolgt, dass Sonja erkennt, dass die drei Teile in den drei Spiegeln widergespiegelt werden, geht es Sonja darum zu verstehen, warum sich mehr als die von ihr erwarteten sechs Rechtecke ergeben. Das Kind, geht zunächst nicht auf die Frage der Fachkraft ein, sondern ist mit der Lösung des wahrgenommenen Problems beschäftigt. Dies führte im weiteren Verlauf zu einer oppositionellen

Interaktion zwischen Fachkraft und Kind, in der das Kind und die Fachkraft um die Rahmung der Situation ringen, was letztlich zu einem Interaktionsabbruch durch Sonja führt. Sie stellt keinen Blickkontakt zu der Fachkraft her und antwortet auch nichts auf Selmas Erklärung hin.

Stattdessen setzt sie ihre Beschäftigung mit den Spiegeln innerhalb ihrer eigenen Rahmung alleine fort. Es erfolgt daher keine gemeinsame (kommunikative) Konklusion, in der sie sich kommunikativ über einen Abschluss verständigen, sondern es kommt zu einer rituellen Konklusion in Form eines Interaktionsabbruchs, was für den oppositionellen Interaktionsmodus typisch ist. Im Sinne der Dokumentarischen Methode gelingt hier die kognitiv anregende Interaktion nicht. Das Kind und die Fachkraft nehmen zunehmend keinen Anschluss mehr aneinander. Die eigentlich hochwertige kognitive Anregung durch die Fachkraft wird von dem Kind nur bedingt aufgegriffen, da es einer eigenen Problemstellung nachgeht, an die wiederum die Fachkraft keinen Anschluss nimmt. Dies führt zu einem Interaktionsabbruch, eine Fortführung einer kognitiv anregenden Interaktion ist nicht gegeben.

Verlauf der Interaktion zwischen Fachkraft Selma und drei Kindern in Sequenz 2
Die zweite Sequenz findet von Minute 14:57 bis 18:40 statt und dauert 03:43 Minuten. In der Sequenz 2 erfolgen drei kognitive Anregungen durch die Fachkraft: dreimal Item MI_08 Anregen zum Forschen und Explorieren, weshalb diese Sequenz ausgewählt wurde.

In dieser Sequenz ist Fachkraft Selma in Interaktion mit vier Kindern, wobei sie drei der Kinder individuell bei der Beschäftigung mit den Spiegeln begleitet und sie kognitiv anregt.

Sonja, die mit Spiegelfliesen und geometrischen Formen Muster legt, sagt „Guck mal, guck mal" zu Fachkraft Selma. Dabei tippt sie mit dem Zeigefinger mehrmals auf den Tisch. Fachkraft Selma, die noch in das Display eines Fotoapparats schaut, reagiert zunächst nicht auf Sonja. Sie sagt zu Betty, deren Foto sie sich anschaut „Geht ja noch." Sonja spricht Fachkraft Selma mit „guck mal Frau Silber" erneut an, nachdem Fachkraft Selma zu Ende gesprochen hat. Fachkraft Selma hockt neben Sonja am Tisch. Dabei hat sie die Arme übereinander gelegt auf dem Tisch liegen und schaut nun in Sonjas Spiegel.

Fachkraft Selma antwortet Sonja „Wow". Sonja entgegnet „Warte" und legt noch ein weiteres Teil an das Muster. Fachkraft Selma fragt Sonja „Ändert sich eigentlich was, wenn du die Kacheln bewegst? Hast du das schon mal probiert?" *Sonja wird mittels dieser Frage von Fachkraft Selma zum Forschen und*

Explorieren angeregt. Ihre Erwartung ist, dass Sonja die Position ihrer Spiegel variiert und beobachtet, was dann mit dem Muster passiert. Sonja antwortet Fachkraft Selma „Guck mal, jetzt sieht das lustig aus, jetzt habe ich drei Kreuze." *Damit reagiert Sonja nicht auf die Anregung der Fachkraft, sondern setzt ihre eigene Beschäftigung fort.* Fachkraft Selma befindet sich noch immer in der Hocke neben Sonja und antwortet „stimmt".

Sonja nimmt eine weitere Spiegelfliese hinzu und hält sie an die anderen Spiegelfliesen dran. Das kommentiert sie mit „und noch mal so." Fachkraft Selma, die weiterhin neben Sonja hockt und in die Spiegelfliesen schaut, fragt „Wie viele hast du jetzt?" Sonja antwortet „drei, nee noch mehr, ganz, ganz viele". Fachkraft Selma sagt „Guck mal so" und zieht die Spiegel auseinander. Nachdem Sonja die Teilchen beiseitegeschoben hat legt sie die eine Spiegelfliese mit der Spiegelseite nach oben zwischen die beiden anderen Spiegel. Fachkraft Selma erwidert Sonja „So, ah, ok. Warte, sollen wir es ganz reinschieben? Da is noch eins drunter" und schiebt die beiden stehenden Fliesen so, dass sie nahtlos an der liegenden Spiegelfliesen anliegen.

15:40–16:10 Eingelagerte Interaktion
Selma geht dann auf Betty ein, die mit dem Fotoapparat Fotos macht. Sonja legt zunächst weiter ein Muster auf der unteren Spiegelfliese. Dies unterbricht sie dann, um sich von Betty fotografieren zu lassen. Robert und Alex unterbrechen ihr Tun ebenfalls und schauen Betty zu, wie sie fotografiert.

Alec, der ebenfalls zwei Spiegelfliesen vor sich stehen und ein Muster gelegt hat, verdeckt dieses mit den Händen gegenüber Selma und sagt ihr „Nein, nich hingucken." Fachkraft Selma schaut in die Spiegel. Alec verdeckt die Spiegel so, dass Fachkraft Selma das Muster nicht sehen kann. Fachkraft Selma antwortet „nicht gucken, ok". Ich hätt's aber gerne mal gesehen."

Sonja, die nun ihre blauen und gelben Rechtecke auf die liegende Spiegelfliese gelegt hat, sagt zu Fachkraft Selma „Guck mal. Da muss ich doch was machen." Dabei zeigt sie auf die Rechtecke und legt verschiedene Kreise auf die Rechtecke drauf. Fachkraft Selma fragt „Verändert sich was, wenn du da drunter auch eine Spiegelfliese hast?" Sonja nickt. Fachkraft Selma fragt weiter „Was verändert sich da?" *Hier regt Fachkraft Selma Sonja zum Forschen und Explorieren an. Ihr Ziel ist, dass Sonja ihre Beobachtung nach der Variation verbalisiert.* Sonja beugt sich weit vor, zeigt mit dem Zeigefinger auf die Spiegelfliese und antwortet „Das man (unverst.), ge?" *Hier wird deutlich, dass Sonja die Anregung der Fachkraft aufgreift und ihre Beobachtung beschreibt.*

Alec, der sich in der Zwischenzeit weiter mit seinen Spiegeln und geometrischen Formen beschäftigt hat, sagt „Oh, fertig." Dabei lächelt er und schaut nach links zu Fachkraft Selma. Fachkraft Selma schaut in Sonjas Spiegel und antwortet Sonja „Mhm. Ich kann mich da drinne sehen. Ganz oft sogar, siehst du dich auch so oft? Zugleich steht Selma auf und rückt sich den Pullover zurecht. Sie wendet sich dann Judy zu, von der sie angesprochen wird. Sonja fügt weitere Teile zu dem Muster hinzu.

16:41–17:00 Eingelagerte Interaktion
Selma ist mit Betty, Alec und Robert bezüglich des Fotoapparats in einem Gespräch.

Selma setzt sich neben Robert auf einen Stuhl, der gerade ein Foto von dem Spiegeln und Mustern macht. Sie fragt Robert „Machst du von der Spiegelfliese ein Foto?" Robert antwortet „Ja". Dabei hält er den Fotoapparat auf eine Spiegelfliese gerichtet. Sonja fragt Robert „Gibst du mir?" und Robert reicht Sonja den Fotoapparat rüber. Zugleich sagt Fachkraft Selma zu Robert „Die Sonja hat grade mal ausprobiert, was passiert, wenn du da drunter auch noch eine Spiegelfliese hast."

Dabei zeigt sie auf die Fläche zwischen seinen beiden Spiegeln. Robert hält beim Überreichen des Fotoapparats inne und schaut auf die gezeigte Stelle und lächelt. Sonja antwortet „Dann siehst du's nämlich mehrmals, dreimal." Robert gibt Sonja den Fotoapparat und sagt „Hier". Dann nimmt Robert zwei aneinander geklebte Spiegelfliesen in die Hand und schiebt mit der anderen die Teile, die vor ihm liegen weg. Fachkraft Selma sagt „Ihr müsst mir dann noch beim Fotos sortieren helfen, wem welches gehört." und beginnt, während sie spricht, ebenfalls die Formen vor Robert beiseite zu schieben. Dann fragt Fachkraft Selma Robert „Sollen wir's mal probieren?"

Robert legt währenddessen eine Spiegelfliese vor sich auf den Tisch. Dann nickt er kaum merklich, ohne einen Blickkontakt zu Fachkraft Selma herzustellen und legt Teile auf den Spiegel.

Fachkraft Selma schaut woanders hin und rutscht dann mit ihrem Stuhl zu Alec rüber. Fachkraft Selma fragt Alec „Und du Alec, alles klar?" Dabei streichelt Fachkraft Selma Alec am Arm. Alec zieht seinen Arm weg. Fachkraft Selma wird während sie zu Alec hin gerutscht ist und ihn anspricht von Sonja angesprochen. Fachkraft Selma soll eine Fratze machen, damit Sonja sie so fotografieren kann. Fachkraft Selma wendet Sonja ihren Blick zu, nachdem diese ihren Namen ruft. Nachdem Alec den Arm weggezogen hat, schaut Alec auf die Spiegelfliesen und nickt. Fachkraft Selma nickt direkt, nachdem Alec genickt hat. Dann schaut Alec auf die Spiegelfliesen und zeigt mit dem Zeigefinger auf diese, was Fachkraft Selma jedoch nicht mitbekommt, da sie zu diesem Zeitpunkt ihren Blick Sonja zuwendet. Fachkraft Selma, die von Sonja gebeten wurde eine Fratze zu machen, damit diese die Fratze fotografieren kann, schüttelt den Kopf. Alec, der auf die Spiegelfliese zeigt und Selma anschaut, lässt seinen Arm sinken und wendet seinen Blick von Fachkraft Selma ab.

| **17:34–17:52 Eingelagerte Interaktion** |
| Es folgt nun eine Interaktion zwischen Sonja, Betty und Fachkraft Selma zum Thema „Quatschfotos". |

Fachkraft Selma wendet Alec noch einmal den Blick zu, der von Alec nur kurz erwidert wird. Sonja macht dann ein Foto von Alec und Fachkraft Selma, was Alec ärgert, so dass die Musterbildung von Alec nicht mehr thematisiert wird. Nach Abschluss der Interaktion mit Betty und Sonja wendet sich Fachkraft Selma wieder Robert zu, der in der Zwischenzeit ein Dreieck und ein Quadrat auf den unteren Spiegel gelegt hat.

Fachkraft Selma schaut Robert zu, der gerade dabei ist ein weiteres Teilchen auf den unteren Spiegel zu legen und die auf dem Tisch liegende Spiegelfliese mit den beiden aneinander geklebten Spiegeln zu umrahmen. Fachkraft Selma und Robert schauen auf die Spiegel und Fachkraft Selma kommentiert das Anlegen der Spiegelfliesen mit „klapp, cool, he?" Robert lächelt daraf hin und nickt. Fachkraft Selma nickt ebenfalls. Fachkraft Selma sagt zu Robert „Und ich seh' mich da ganz viel, wenn ich da so rein schau. Du dich auch?" Robert zeigt mit dem Zeigefinger im Spiegel, wo er sich alles sieht und sagt „Ja, hier, hier, hier und hier." Fachkraft Selma fragt weiter „Wie oft siehst du dich?" Robert antwortet „Äh, viermal." Fachkraft Selma nimmt eine weitere Spiegelfliese und hält sie an die anderen beiden aufgestellten Spiegelfliesen, so dass diese zusammen ein U ergeben. Sie fragt Robert „Sollen wir mal probieren, was jetzt passiert? Kannst du dich noch mehr sehen?" *Mit diesem Impuls regt Fachkraft Selma Robert zum Forschen und Explorieren an. Robert soll beobachten, was durch die Variation der Spiegel passiert und soll dies mitteilen.* Robert antwortet „(Ja) bis da hinten." Dabei schaut er weit vornübergebeugt und mit dem Gesicht nah an den Spiegeln in die Spiegel. *Das zeigt, dass Robert erwartungsgemäß auf den Impuls der Fachkraft reagiert.*

18:19 Eingelagerte Interaktion
Alec spricht Fachkraft Selma beim Nachnahmen an. Dabei klopft er ihr mit einem Teil auf das Bein. Selma reagiert zunächst jedoch nicht, sondern setzt die Interaktion mit Robert fort.

Fachkraft Selma sagt zu Robert „cool, ne?" Dabei macht sie die Augen groß und legt die Spiegelfliese, die sie gehalten hat, weg. Robert greift die Spiegelfliese, die Fachkraft Selma weggelegt hat, und hält sie selber erneut an die beiden anderen Spiegel, so dass sie zusammen ein U ergeben.

18:20–18:22 Eingelagerte Interaktion
Alec und Fachkraft Selma unterhalten sich über das Fotografier-Verhalten von Betty und Sonja.

Fachkraft Selma sagt an alle Kinder gerichtet „Ihr Lieben, wir müssen jetzt ... [ ] Betty, Sonja, Sonja, Sonja, ich möchte kurz was sagen, darfst gleich weiter machen." Fachkraft Selma nimmt während sie spricht Sonja den Fotoapparat aus der Hand. Dann fährt sie fort „Wir müssen jetzt die Tür aufmachen, weil Frühstückszeit ist. Wollt ihr hier noch ein bisschen weitermachen?" Dabei dreht Fachkraft Selma den Fotoapparat um, so dass nun das Display zu ihr zeigt und schaut kurz darauf. Dann schaut sie nach vorne zu den Kindern und nimmt den Apparat in die linke Hand. Sie zeigt mit dem Zeigefinger der rechten Hand auf den Tisch.

Mehrere Kinder erwidern ihr mit „Jaa". Dann verlassen alle den Raum und gehen Frühstücken. Die Materialien verbleiben dabei auf dem Tisch, wie sie sind.

Bestimmung des Interaktionsmodus

14:57–15:39 & 16:16–16:40 Rahmenkomplementarität: kindorientiert-responsiver Interaktionsmodus zwischen Fachkraft Selma und Sonja
Der erste kognitiv anregende Impuls durch Fachkraft Selma trifft nicht die mathematisch-ästhetische Orientierung von Sonja; dies führt dazu, dass Sonja nicht auf den Impuls von Fachkraft Selma eingeht und ihrer Orientierung verhaftet bleibt. Daher hat dieser Einstieg einen divergenten Charakter. Im weiteren Verlauf trifft Fachkraft Selma mit ihren kognitiv anregenden Impulsen das Thema von Sonja, woraufhin Sonja die Impulse von Fachkraft Selma aufgreift. Fachkraft Selma wendet sich dann zunächst Robert zu, ohne dass die Interaktion mit Sonja konkludiert wurde.

Dies geschieht, indem Fachkraft Selma Sonja einen neuen kognitiv anregenden Impuls gibt, der erneut eine Fremdrahmung darstellt, da dieser nicht an die Orientierung des Kindes anschließt, sondern dem didaktischen Plan der Fachkraft entspricht. Daher deutet sich hier erneut eine Divergenz an. Auf nonverbaler Ebene wird die Interaktion mit Sonja beendet, indem die Fachkraft aufsteht und sich einem anderen Kind zuwendet, ohne dass Sonja auf den Impuls der Fachkraft reagiert hat. Erst zu einem späteren Zeitpunkt erfolgt eine Konklusion dieser Interaktion. Allerdings wird hier nicht der fremdgerahmte Impuls von Fachkraft Selma konkludiert, sondern sie wendet sich mit einem kognitiv anregenden Impuls an Robert, der eine Bestätigung der Orientierung von Sonja beinhaltet. Damit weicht Fachkraft Selma Sonja gegenüber von ihrer (Fremd)Rahmung ab und lässt sich erneut auf Sonjas Rahmung der Situation ein.

Diese Rückorientierung von Fachkraft Selma auf die Orientierung von Sonja wird von Sonja bestätigend konkludiert. Es erfolgt also eine kommunikative Konklusion zwischen Fachkraft und Kind, eine Rahmenkomplementarität konnte hergestellt werden. Da sich die Fachkraft wiederholt in die Rahmung durch Sonja integriert und ihre eigene Rahmung nicht durchsetzt, kann die Interaktion des Weiteren als kindorientiert-responsiv bezeichnet werden. Im Sinne der Dokumentarischen Methode ist die kognitiv anregende Interaktion insgesamt gelungen.

Das Kind ist jedoch nicht auf alle Impulse der Fachkraft eingegangen, sondern nur auf jene, mit denen die Fachkraft an ihr Tun Anschluss genommen hat. Die kognitiven Anregungen durch die Fachkraft sind also bedingt zur Entfaltung gekommen.

16:10–16:16 & 16:31 & 17:29–17:34 & 18:19 & 18:20 Divergenter Interaktionsmodus zwischen Selma und Alec

Alec verfolgt die Orientierung, sein „Produkt" noch nicht zu zeigen. Die Fachkraft Selma agiert zunächst entgegen Alecs Erwartung und schaut trotzdem in die Spiegel. Damit agiert sie oppositionell zu der Erwartung von Alec. Alec wehrt sich dagegen, indem er die Spiegel zuhält. Indem er dies tut, versucht er, seine Orientierung, das Muster noch nicht zu zeigen, durchzusetzen. Daher agiert Alec oppositionell zu der Orientierung der Fachkraft, es sich anzuschauen.

Im Anschluss akzeptiert die Fachkraft die Rahmung durch Alec, indem sie durch Aufrichten ihres Oberkörpers Abstand zu den Spiegeln von Alec nimmt und ihr Gesicht von den Spiegeln wegdreht und verbal bestätigt, sich das Muster nicht anzuschauen, auch wenn sie es gerne getan hätte. Diese Interaktion zwischen Alec und der Fachkraft wird durch Sonja unterbrochen. Während Fachkraft Selma mit Sonja spricht, merkt Alec an, dass er mit seinem Muster fertig sei. Damit lädt er Fachkraft Selma nun ein, sich das Muster anzuschauen, und erwartet ein Feedback von Fachkraft Selma. Fachkraft Selma, die sich jetzt in einer Interaktion mit Sonja befindet, reagiert jedoch nicht. Im Weiteren geht Fachkraft Selma zunächst zu Robert, so dass Alecs Wunsch, das Muster zu zeigen, unbeachtet bleibt.

Die Fachkraft wendet sich später erneut Alec zu. In der nun folgenden Interaktion missverstehen sich Alec und die Fachkraft. Fachkraft Selma fragt Alec, ob bei ihm alles klar sei. Dabei streichelt sie Alec am Arm. Die Fachkraft spricht damit das emotionale Befinden Alecs an. Alec, der immer noch auf eine Reaktion auf sein Muster wartet, wehrt sich gegen das Streicheln der Fachkraft, indem er den Arm wegzieht. Dann lächelt er und nickt. Über das Lächeln und Nicken bestätigt Alec die Frage der Fachkraft, ob bei ihm alles ok ist. Die emotionale Ebene des Gestreichelt-Werdens lehnt er dagegen ab. Die Fachkraft nickt darauf hin ebenfalls und bestätigt damit die Beantwortung ihrer Frage. Zeitgleich wird Fachkraft Selma von Sonja angesprochen und hebt den Blick in Sonjas Richtung.

Im selben Moment, wie die Fachkraft Sonja den Blick zuwendet, schaut Alec auf die Spiegelfliesen und zeigt mit dem Zeigefinger auf diese.

Damit lenkt er die Frage, ob alles klar ist, auf eine inhaltliche Ebene. Nämlich, dass es ihm gelungen ist, mit den Plättchen und den Spiegeln ein Muster zu produzieren. In dem Zeigen auf dieses Ergebnis, drückt sich erneut die Erwartung eines Feedbacks von der Fachkraft aus. Diese Geste hat Fachkraft Selma aber aufgrund der Ablenkung durch Sonja nicht mitbekommen. Fachkraft Selma schüttelt auf die Frage von Sonja hin den Kopf. Damit lehnt die Fachkraft den Wunsch von Sonja ab, mit dem Fotoapparat ein Quatschbild von ihr zu machen. Dieses Kopfschütteln bezieht Alec jedoch auf sich und lässt die Hand, mit der er auf die Spiegelfliesen gezeigt hat, sinken und wendet den Blick von der Fachkraft ab. Alec hat das Kopfschütteln als eine Verweigerung eines Feedbacks der Fachkraft auf sein Muster aufgefasst.

Dies bekommt Fachkraft Selma jedoch ebenfalls nicht mit, da sie sich weiterhin in Interaktion mit Sonja und Betty über die Quatschbilder befindet. Die Fachkraft sucht dann noch einmal den Blickkontakt zu Alec. Alec erwidert diesen jedoch nur kurz, weil er von Sonja abgelenkt wird, die ihn mit der Fachkraft fotografiert, worüber er sich ärgert. Fachkraft Selma, die ihre Frage beantwortet sieht, beendet die Interaktion mit Alec, indem sie sich von ihm ab-

und Robert zuwendet. Zeigen sich zu Beginn offene Oppositionen, kann die Interaktion aufgrund des verdeckten gegenseitigen Missverstehens, das keine Auflösung findet, zunehmend als divergenter Interaktionsmodus beschrieben werden. Diese Interaktion zwischen Fachkraft und Kind ist im Sinne der dokumentarischen Methode nicht gelungen, da Fachkraft und Kind einander missverstanden haben und es zu einer kognitiv anregenden Interaktion daher nicht kam.

17:01–17:34 & 17:53–18:19 & 18:20 Rahmenkomplementarität: erwachsenenorientiert-responsiver Interaktionsmodus zwischen Fachkraft Selma und Robert
Fachkraft Selma wendet sich an Robert, indem sie auf einen Versuch von Sonja mit den Plättchen und den Spiegelfliesen verweist. Damit rahmt Fachkraft Selma Roberts Tun jedoch fremd, der gerade dabei war, etwas zu fotografieren, und nun den Fotoapparat an ein anderes Kind geben möchte. Robert lässt sich auf Selmas Impuls dennoch ein, indem er bei der Übergabe des Fotoapparats innehält und lächelnd auf die Stelle schaut, auf die Selma zeigt.

Robert konkludiert im Anschluss zunächst seine Beschäftigung mit dem Fotoapparat, indem er ihn einem anderen Kind gibt. Dann konkludiert Robert auch seine vorherige Beschäftigung mit den Spiegeln und den Plättchen, indem er die aneinander geklebten Spiegel anhebt und die Plättchen verschiebt. Dann probiert er selbst den Impuls von Fachkraft Selma „mit einer Spiegelfliese unten" aus, indem er eine einzelne Fliese auf den Tisch legt und die beiden aneinander gelegten Spiegel senkrecht an diese anlegt. Während Fachkraft Selma dann die Orientierung verfolgt, dies mit Robert zusammen auszuprobieren, was sich in dem von ihr verwendeten Plural Majestatis („sollen wir…") ausdrückt, ist Robert offensichtlich der Orientierung verhaftet, es alleine auszuprobieren, denn er geht auf den entsprechenden Impuls der Fachkraft weder verbal noch nonverbal (durch Bestätigung mit „ja", nicken und/oder Blickkontakt) ein. Fachkraft Selma zieht sich darauf hin komplett aus Roberts Tun heraus und wendet sich einem anderen Kind zu. Damit akzeptiert sie Roberts Orientierung, den Versuch ohne ihre Einmischung auszuprobieren.

Robert setzt sein Tun im Anschluss fort, so dass es zu keiner Themenverschiebung, bzw. keinem Abbruch seines Tuns kommt. Im weiteren Verlauf nimmt Fachkraft Selma die Interaktion mit Robert wieder auf. Dabei verfolgt sie erneut einen Handlungsplan, was daran erkenntlich wird, dass sie Robert denselben Impuls gibt wie zuvor Sonja. Mit diesem Impuls schließt Fachkraft Selma nicht unmittelbar an Roberts Versuch an, der beobachtet, was mit dem Teilchen passiert, das er auf den unteren Spiegel gelegt hat. Es ergibt sich jedoch eine Schnittmenge zwischen dem Impuls der Fachkraft Selma und dem Tun von Robert, da die Fachkraft mit ihrem Impuls anregt, zu beobachten, ob man sich selber auch ganz oft im Spiegel sieht. Damit schließt der Impuls der Fachkraft insoweit an Roberts Tun an, als dass es immer noch darum geht zu schauen, ob man ein Objekt dann öfter sieht. Es geht zwar nicht mehr um das Teilchen, aber inhaltlich bleibt das Tun äquivalent. Robert lässt sich auf die Rahmung der Fachkraft entlang ihres Handlungsplans ein. So verbleibt es auch im Folgenden. Die Fachkraft Selma gibt weiterhin Impulse entlang ihres Handlungsplans, die von Robert aufgegriffen werden.

Nachdem Fachkraft Selma die Ziele ihres didaktischen Handlungsplans erreicht hat, erfolgt durch sie eine kommunikative Konklusion, indem sie das Phänomen als „cool" bezeichnet und den vierten Spiegel, den sie hinzugenommen hatte weglegt und sich von Robert abwendet. Durch Robert erfolgt jedoch keine Konklusion.

Er greift erneut nach dem Spiegel, den Fachkraft Selma weggelegt hat, und setzt die Beschäftigung alleine fort. Hier zeigt sich, dass die Impulse der Fachkraft durch Robert zwar angenommen wurden, beide aber unterschiedliche Ziele verfolgen.

Während die Fachkraft didaktische Ziele verfolgt und sie die Interaktion beendet, nachdem sie diese Ziele erreicht hat, ist Robert an den Phänomenen interessiert. Daher ist für ihn die Beschäftigung mit den Spiegeln noch nicht abgeschlossen. Dennoch zeigt sich, dass sich Robert auf die didaktische Rahmung durch die Fachkraft eingelassen hat und auch die Konklusion der Rahmung der Fachkraft Selma akzeptiert, ohne seine eigene Orientierung bereits zu einem Abschluss gebracht zu haben. Das macht das Nebeneinander der unterschiedlichen Orientierungen, das zu keinem Interaktionsabbruch geführt hat erkennbar. Daher existiert in der Interaktion zwischen Fachkraft und Kind eine Rahmenkomplementarität.

Da die Rahmenkomplementarität vor allem darauf beruht, dass sich Robert überwiegend vertrauensvoll an der didaktischen Rahmung der Fachkraft ausgerichtet hat, kann die Interaktion zwischen Fachkraft Selma und Robert als ein erwachsenenorientiert-responsiver Interaktionsmodus beschrieben werden. Die kognitiv anregende Interaktion zwischen Fachkraft und Kind gelingt hier im Sinn der dokumentarischen Methode. Das Kind nimmt dabei Anschluss an die Fachkraft und geht auf die Impulse der Fachkraft ein. Daher können die kognitiv anregenden Impulse der Fachkraft hier zur Entfaltung kommen.

Fachkraft Selma konkludiert die Angebotssituation im kleinen Rahmen, indem sie darauf hinweist, dass sie jetzt die Tür für die anderen öffnen muss. Sie fragt die Kinder, ob sie ihre Beschäftigung dennoch weiterführen wollen. Damit wird aus Fachkraft Selmas Perspektive die Angebotssituation in eine freiwillige, selbstgesteuerte Freispielsituation überführt. Die Kinder bestätigen, dass sie ihre selbstgesteuerte Beschäftigung mit dem Material fortführen wollen. Im Folgenden gehen alle zum Frühstücken, das Material bleibt aber unberührt auf dem Tisch stehen, bzw. liegen, so dass die Kinder sich im Anschluss weiter damit beschäftigen können.

Hier wird erneut das Nebeneinander der didaktischen Orientierung der Fachkraft und der kindspezifischen Orientierung deutlich. Diese findet eine einvernehmlich kommunikative Konklusion durch die Fachkraft und die Kinder.

Es zeigt sich hier, dass die Fachkraft Selma den Kindern kein Ende der eigenen Beschäftigung mit dem Material aufdrückt, nur, weil aus ihrer Perspektive die Zeit der Angebotssituation um ist. Es wäre beispielsweise auch denkbar gewesen, dass sie den Kindern mitteilt, dass sie nun aufräumen müssen, und damit die Beschäftigung mit dem Material auch für die Kinder beendet. Da dies nicht geschieht, sondern den Kindern die Gelegenheit gegeben wird, sich, solange sie Interesse haben, mit dem Material weiter zu beschäftigen und auf diese Weise das Ende der Beschäftigung mit dem Material selbst zu bestimmen, trägt sie der Orientierung der Kinder im Umgang mit dem Material Rechnung und drückt ihnen nicht ihre didaktische Orientierung, die hier eine Konklusion findet, auf. Dies weist auf eine Rahmenkomplementarität zwischen Fachkraft und Kindern innerhalb der Angebotssituation insgesamt hin.

Orientierung

Die Fachkraft ist an einem flexiblen Handlungsplan orientiert. Sie lässt die Kinder individuell und selbständig mit den Formen und den Spiegeln agieren.

Dabei verfolgt sie das pädagogische Ziel, das Denken der Kinder durch Fragen anzuregen. Die Fachkraft spricht den Kindern damit eine aktive Rolle zu, die individuell eigenen Fragestellungen an dem Material folgen können. Ihre Rolle sieht sie in der Beobachtung des kindlichen Tuns und der Unterstützung kindlicher Denkprozesse. Dabei wendet sie sich den Kindern je einzeln zu. Damit schafft die Fachkraft eine Ausgangssituation, die Scaffolding ebenso wie ko-konstruktivistische Interaktionen zwischen Fachkraft und Kindern sowie den Kindern untereinander ermöglicht.

Damit setzt die Fachkraft ein „offenes Angebot" um, wie es im Zusammenhang mit der Mathematikdidaktik aktuell als besonders geeignet für eine kognitive Anregung der Kinder diskutiert wird. Es kommen drei der vier für offene Angebote vorgeschlagene Phasen vor: der gemeinsame Beginn, die Phase der individuellen Beschäftigung und Phasen des Austauschs über die Aktivitäten der Kinder. Lediglich ein gemeinsamer Abschluss, bei dem sich die Kinder gegenseitig ihre Ergebnisse vorstellen erfolgt hier (innerhalb der Aufnahmezeit) nicht.

Günstige Aspekte in der Interaktion zwischen Fachkraft Selma und den Kindern
Die Fachkraft stellt eine mathematische Bildungssituation her, in der die Kinder individuell mit den Spiegeln und den geometrischen Figuren umgehen können.

Dabei müssen sie keinen konkreten, kleinschrittig vorstrukturierten Handlungsschritten der Fachkraft folgen. Das Material ist dabei alltagsnah gewählt. Die Kinder erhalten einen insgesamt sehr offenen, allen gemeinsamen Arbeitsauftrag, der genügend Raum lässt, um individuellen Fragstellungen nachzugehen. Dadurch können die Kinder innerhalb ihrer eigenen Rahmung des Umgangs mit den Spiegeln und Fliesen agieren, ihre Orientierungen also enaktieren. Das Ziel, die Kinder kognitiv anzuregen, gelingt dann, wenn es die Fachkraft schafft, dabei an die Relevanzen der Kinder anzuschließen.

Anderweitig muss das Kind seine Relevanzen zurückstellen und sich an den Relevanzen der Fachkraft ausrichten. Zeigte Fachkraft Selma im Freispiel eine Ambivalenz zwischen Spielbeobachtung und Eingehen in eine Interaktion mit dem Kind, ist sie in der Angebotssituation klar am Kind. Sie hockt neben den Kindern oder sitzt neben ihnen auf einem Stuhl. So gelingt ihr eine Interaktion mit den Kindern auf einer Augenhöhe und sie kann direkt beobachten, womit sich die Kinder beschäftigen, bzw. sehen, was ihr die Kinder erzählen und zeigen wollen.

Ungünstige Aspekte in der Interaktion zwischen Fachkraft Selma und den Kindern
In beiden Sequenzen wurde deutlich, dass die Interaktion zwischen der Fachkraft und den Kindern misslingt, wenn die Kinder innerhalb ihrer eigenen Rahmung einer eigenen Fragestellung folgen und von der Fachkraft Impulse erfolgen, die nicht anschlussfähig sind, die Fachkraft aber versucht diese gegenüber dem Kind durchzusetzen (z.B. in der Interaktion mit Sonja). Oder

wenn die Fachkraft und die Kinder in unterschiedlichen Rahmungen agieren, ohne dies zu erkennen und aneinander vorbei agieren, sich also missverstehen (z.B. in der Interaktion mit Alec).

Die Offenheit des Angebots setzt voraus, dass wenn die Fachkraft mit den Kindern in einen Austausch über ihre Aktivitäten geht, sie an diese auch anschlussfähig ist. Rathgeb-Schnierer (2012) verweist hier darauf, dass die Beobachtung des Tuns der Kinder in offenen Angeboten besonders bedeutsam ist.

Denn so kann sie ihre (vorab überlegten) didaktischen Impulse auf die Aktivitäten der Kinder abstimmen. Dies gelingt dieser Fachkraft nicht immer. Das heißt, dass es zwar günstig ist, wenn sich die Fachkraft im Vorfeld didaktische Impulse überlegt, dass sie aber situativ erkennen muss, womit sich das Kind beschäftigt, welchen Fragestellungen es folgt, und darauf bezogen passende Impulse geben, anstatt diese stereotyp erfolgen zu lassen.

Auf diese Weise können sich Fachkraft und Kind(er) mit ihren unterschiedlichen Orientierungen aneinander anschlussfähig machen. Beide Orientierungen sollten also auf ein gemeinsames Ziel, wenn auch mit unterschiedlichen Intentionen, ausgerichtet sein. Sollte für die Fachkraft über die Beobachtung nicht klarwerden, was das Ziel des Kindes ist, worauf seine Aktivität gerichtet ist, könnte sie dies auch kommunikativ klären, indem sie die Kinder fragt. Auf diese Weise würde sie die Kinder zugleich kognitiv anregen im Sinne eines Anregens zum Formulieren eigener Gedanken und Überlegungen.

Eine weitere Strategie zur kognitiven Anregung, die sich in offenen Angeboten anbietet, ist das Modellieren von Denkprozessen durch die Fachkraft. Dabei soll es nicht darum gehen, dass die Fachkraft Lösungswege für die gestellte Aufgabe vormacht, die die Kinder genauso nachmachen sollen (indem sie bspw. ein Muster vorlegt, die Kinder das nachmachen sollen, und wenig Raum für eigene kreative Lösungsprozesse mehr gegeben ist). Sondern sie könnte genau wie die Kinder für sich (je nachdem was die Aufgabenstellung war) ebenfalls ein Muster legen und dabei ihre Denkprozesse laut ausformulieren (z.B. „Ich frage mich, wie es kommt, dass ich, wenn ich ein Rechteck vor den Spiegel lege, zwei Rechtecke zählen kann". „Hm, wieso wird denn aus einem Dreieck ein Quadrat/ein Rechteck, wenn ich es an den Spiegel halte?").

Dies kann die Kinder dazu animieren, auch in ihren Mustern nach ähnlichen Phänomenen zu suchen und sich entsprechende Fragen zu stellen. Auch auf diese Weise könnte die Fachkraft vorab didaktisch überlegte Impulse zum Einsatz bringen, ohne dass die individuelle Aktivität der Kinder zu einem Abbruch geführt würde. Die Kinder können die Impulse der Fachkraft auf freiwilliger

Ebene aufgreifen und zu ihren eigenen Fragestellungen während der individuellen Lösung der Aufgabe machen.

Darüber hinaus hat die Fachkraft zwar Interaktionen mit den Kindern, bzw. die Kinder mit der Fachkraft Interaktionen initiiert, aber bei den Kindern waren wenige Interaktionen zu erkennen, die im Sinne einer Ko-Konstruktion zwischen den Kindern gedient hätten. Die Kinder sitzen relativ weit auseinander, so dass sie kaum sehen können, was die jeweiligen anderen Kinder tun.

Eventuell wäre es hilfreich gewesen, wenn die Kinder dichter beieinander gesessen hätten, um Impulse von den anderen Kindern aufgreifen, bzw. mit ihnen darüber in Austausch treten zu können. Des Weiteren hätte die Fachkraft auch noch gezielter Interaktionen zwischen den Kindern anregen können, die einem Austausch über die unterschiedlichen Lösungen und Aktivitäten der Kinder hätten dienen können.

Dadurch, dass die Fachkraft als allgemeine Aufgabe formuliert hat, dass die Kinder mit den Spiegeln und den geometrischen Formen machen können, was sie wollen, war die Spanne der möglichen Aktivitäten der Kinder sehr weit gesteckt, so dass eventuell auch ein Austausch über die Wahl der Aktivität mit den Spiegeln ein Interaktionsanlass hätte sein können. Die Kinder hätten sich gegenseitig sowie der Fachkraft erzählen können, was sie machen und welchen Fragen sie nachgehen. Eventuell war die Aufgabenstellung für die Verfolgung didaktischer Ziele auch zu weit gesteckt, so dass der Fachkraft selbst nicht ganz nachvollziehbar war, womit sich die einzelnen Kinder genau beschäftigten.

Ein offenes Angebot meint nicht – wie einführend beschrieben – dass sich die Kinder vollkommen frei ihre Aktivitäten aussuchen sollen, sondern dass eine individuelle kreative Lösung eines vorgegebenen Problems ermöglicht wird. Das heißt, die Aufgabenstellung kann durchaus eingegrenzt sein, sie sollte lediglich kreative, individuelle Lösungswege und verschiedene Darstellungsformen offenhalten.

Fall 5 Geometrische Formen (FK30212M)

Gestaltung kognitiv anregender Interaktionen der Fachkraft Paula und den Kindern im mathematischen Bildungsangebot

Das Mathematikangebot der Fachkraft Paula dauert 00:31:35 Minuten. Die erste gewählte Sequenz findet von Minute 10:44 bis 13:01 statt und dauert 02:17 Minuten. Es erfolgen vier kognitive Anregungen durch Fachkraft: zweimal MI_08 Anregen zum Forschen und Explorieren und zweimal MI_11 Anregen zum Weiterdenken (über die Situation hinaus), weshalb diese Sequenz ausgewählt wurde.

Verlauf der Interaktion zwischen Fachkraft Paula und fünf Kindern in Sequenz 1
Fachkraft Paula und die Kinder befinden sich im Gruppenraum. Sie sitzen um zwei zusammengeschobene Tische herum. Fachkraft Paula sitzt am Kopfende des Tisches. Ihr gegenüber sitzt Jay. Aus Fachkraft Paulas Perspektive links sitzen Marc und Fred an der langen Tischseite. Aus Fachkraft Paulas Perspektive rechts sitzen Aurel und Max an der anderen langen Tischseite (vgl. Abbildung 23).

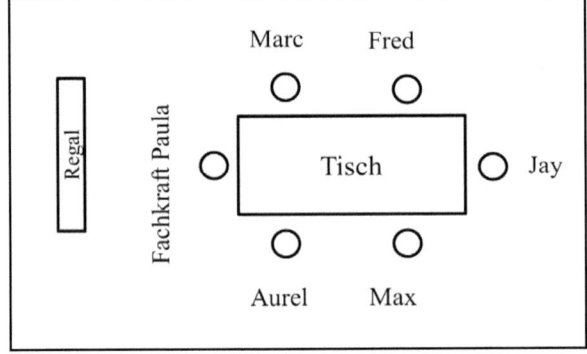

Abbildung 23:   Anordnung der Personen und Dinge in Sequenz 1 und 2

In diesem mathematischen Angebot wird das Thema „Unendlich" besprochen. Die Kinder wurden zunächst gefragt, ob sie etwas darüber wissen, was „unendlich" heißt, was darunter zu verstehen ist. Im Anschluss wird an einem Streifen Tonkarton geschaut, ob dieser unendlich oder endlich ist. Die Kinder haben dann aus den Streifen Tonkarton eine Rolle gebastelt. Indem sie mit ihrem Finger über die Rolle gekrabbelt sind, mit denen sie Ameisen symbolisieren, haben sie geschaut, ob die Ameisen innen und außen auf der Rolle unendlich weiterlaufen können und ob sich zwei Ameisen treffen würden, wenn eine innen und eine außen läuft. Dabei sitzen die Kinder auf ihren Plätzen. Auf dem Tisch stehen Kleber, eine blaue Schale mit Bleistiften und eine durchsichtige Dose. Auf die Rolle wurde in der Mitte eine Linie gezeichnet.

Fachkraft Paula sagt zu den Kindern „Jetzt legt jeder seinen Ring hin, Jay, Ja, eh Fred heb deins. Max, ok. Max, können wir weitermachen? Können wir weitermachen? Marc, bist du bereit? Wer hat eine Idee?" Dabei nimmt sie Marc den Ring weg, mit dem er herumspielt und hält Marc an der Hand fest. Sie legt den Ring vor Marc auf den Tisch und lässt ihn wieder los.

Sie nimmt auch Aurels Ring, der „La la la la la" macht und mit den Fingern über den Ring krabbelt und legt ihn auf den Tisch. Dann schaut sie Jay an, der seinen Ring durch die Luft bewegt und sagt „Ah ich fliege." Dann nimmt sie den Ring von Marc und hält ihn hoch.

Fred steht auf und setzt sich den Ring auf den Kopf. Er sagt „Ich bin ein (Löwe)." Jay hält sich den Ring mit beiden Händen vor sein Gesicht und sagt zu Fred „(unverständlich), oh hallo, ich bin (dein Trainer)." Fachkraft Paula schaut zu Jay und hält dabei weiterhin den Ring von Marc in der Hand. Sie fragt Jay „Möchtest du weiter mitmachen Jay?" Jay hält seinen Ring in beiden Händen auf kinnhöhe fest, schaut Fachkraft Paula an und antwortet „Ja". Fachkraft Paula zeigt zur Tür und sagt „Sonst kannst du auch rausgehen. Du musst nicht mitmachen." Fachkraft Paula fährt an alle Kinder gerichtet fort „so, was würde passieren, wenn ich jetzt diesen großen Ring durchschneide?" Dabei fährt sie mit dem Finger auf dem „Ameisenweg" (der Linie auf der Mitte des Rings) entlang. *Hier regt Fachkraft Paula die Kinder dazu an, über die Situation hinaus weiterzudenken (Variation eines Kausalzusammenhangs). Ihre Erwartung ist, dass die Kinder eine Vermutung darüber benennen, welche mathematisch-geometrische Form der Ring erhält, wenn man ihn durchschneidet.*

Jay meldet sich und antwortet „Ich weiß es. (unverständlich)". Ein weiteres Kind (welches ist nicht zu sehen) antwortet „Dann...." Jay fährt fort „Weil guck, dann kann sie immer noch...". Jay unterbricht sich, als sich Fachkraft Paula zum Regal hinter sich umdreht, so dass kein Blickkontakt zu Fachkraft Paula hergestellt werden kann. *Es wird deutlich, dass die Kinder auf den Impuls der Fachkraft reagieren und beginnen über Vermutungen nachzudenken und zu formulieren.* Marc verfolgt das Tun von Paula und fragt, als er die Scheren sieht, „(unverst.) Kann ich mal machen?" Dabei steht er vom Stuhl auf. *Marc geht dagegen nicht auf den Impuls der Fachkraft ein, sondern macht einen alternativen Handlungsvorschlag, der beinhaltet, auszuprobieren, was passiert, wenn man den Ring durchschneidet.* Fachkraft Paula hält Marc zurück und antwortet ihm „schscht, zuhören." Marc setzt sich wieder auf den Stuhl zurück.

Jay beginnt erneut „Dann kann sie immer noch weiterlaufen, weil dann hätte sie ja durch den Strich und dann hätte es ja noch zw ei zwei eine Seiten noch." Seine Ausführungen begleitet er dabei gestisch. Jay setzt seine zuvor begonnene Vermutung fort. Damit geht er auf den Impuls der Fachkraft ein.

Jedoch beinhaltet seine Vermutung keine konkrete Aussage über die Form, die der Ring annehmen wird. Paula antwortet „Mhm und was passiert aus diesem einen Ring, wenn ich den jetzt auf dem Ameisenweg, pass mal auf Marc, kannst du's mal zeigen. Ich schneid dir mal hier ein, das geht ein bisschen schwierig, jetzt nimmst du eine Schere und jetzt schneidest du mal da auf deinem Ameisenweg durch. Was dann passiert, mit diesem einen Ring." *An der Wiederholung der Frage, was aus dem einen Ring wird, zeigt sich, dass Jays Antwort die Erwartung der Fachkraft nicht getroffen hat. Darafhin regt sie die Kinder zum Forschen und Explorieren an, indem sie Marc auffordert den Ring nun doch durchzuschneiden und die Kinder auffordert zu schauen, was dann passiert.*

Als Paula „mhm" sagt, nickt sie einmal. Nachdem Paula die Frage das erste Mal ausgesprochen hat, meldet sich Marc und sagt „Ich weiß es." Marc nimmt dann die Schere in die Hand und beginnt zu schneiden. Fachkraft Paula hält dabei den Ring für Marc mit fest und sagt „reinstechen, so." Max schaut auf das Tun von Marc und sagt „zicke zacke Hühnerkacke" und macht Zick-zack-Bewegungen mit der Hand. Fachkraft Paula schaut kurz zu Max. Im Anschluss schaut Max auf seinen Ring und beginnt mit ihm herumzuspielen. Fachkraft Paula schaut Max an und sagt „Jetzt schau mal, was der Marc macht, Max." Max lässt den Ring los und schaut zu Marc. Jay schaut Fachkraft Paula an und fragt „Und unsere Schere?" Dabei hält er seine Rolle in der Hand und schiebt sie über den Tisch. Gleichzeitig schaut er dabei auf das Tun von Marc. Fachkraft Paula antwortet Jay „Kommt gleich. Jetzt gucken wir mal beim Marc, was passiert."

Die Kinder werden an dieser Stelle von Fachkraft Paula zum Forschen und Explorieren angeregt. Die Kinder sollen beobachten, was Marc tut, bzw. welche Form der Ring annehmen wird.

Jay steht von seinem Stuhl auf, stützt sich auf dem Tisch ab, beugt sich etwas vor und schaut zu Marc. Aurel stützt sein Gesicht in beiden Händen ab, und schaut auf Marcs Tun. Er sagt „Ah, der Kleb geht ab." und bewegt seinen Kopf in den Händen leicht hoch und runter. *Jay und Aurel kommen der Erwartung zu beobachten, was passiert nach. Aurel formuliert dann eine Vermutung, was aus dem Ring wird. Diese trifft jedoch nicht die Erwartung der Fachkraft, weil sie keine Aussage darüber macht, welche mathematisch-geometrische Form der Ring annehmen wird.*

Fachkraft Paula schaut zu Aurel. Dann schaut sie auf die Rolle, die Marc in den Händen hält und drückt auf die Verbindungsstelle, an der der Papierstreifen zu einer Rolle zusammengeklebt wurde. Sie antwortet Aurel „Hm, der Kleb klebt hier noch." Jay sagt „Ah, das hätte ich auch gewusst." und wippt etwas vor seinem Stuhl stehend vor und zurück.

Fachkraft Paula schaut erst zu Jay, dann auf den Ring und fragt „Aber was wird aus diesem einen Ring?" *Indem Fachkraft Paula die Kinder erneut dazu anregt, über die Situation hinaus nachzudenken (Variation des Kausalzusammenhangs), also eine Vermutung zu formulieren, welche mathematisch-geometrische Form der Ring nach dem Durchschneiden annehmen wird, wird deutlich, dass auch Aurels Vermutung ihre Erwartung nicht getroffen hat. Daher fordert sie die Kinder erneut dazu auf, eine Vermutung zu äußern, mit dem Ziel, eine ihrer Erwartung entsprechende Vermutung zu formulieren.*

Max antwortet „Hu, dann wird es, huiii." Dabei macht er mit der rechten Hand eine Bewegung von oben nach unten. Jay schaut zu Fachkraft Paula und sagt „Ich weiß es". Fachkraft Paula schaut Jay an und fragt ihn „Was denkst du?" Dabei hält sie weiterhin die Rolle fest und Marc schneidet weiter entlang der Linie. Jay antwortet „Es könnte dann Auto werden." *An dieser Stelle bemüht sich Jay darum, eine neue Vermutung zu formulieren, was aus dem Ring wird, wenn man ihn durchschneidet. Diese trifft jedoch erneut nicht Fachkraft Paulas Erwartungen, weil diese nicht beinhaltet, welche mathematisch-geometrische Form (zwei Ringe) der Ring annehmen wird. Stattdessen versucht Jay eine Vermutung mit Rückbezug auf aus seinem Alltag bekannte Dinge (Auto) zu formulieren.*

Fachkraft Paula greift nach zwei Stiften, die links neben Marc auf dem Tisch liegen, schiebt sie etwas von Marc weg und fragt Jay „ein Auto?" *In dieser Frage zeigt sich zum einen, dass die Antwort die Erwartung der Fachkraft nicht trifft, da sie Jays Antwort nicht bestätigt. Zum anderen macht die Rückfrage deutlich, dass die Fachkraft Jay nicht versteht. Dies weist auf einen nicht geteilten konjunktiven Erfahrungsraum hin.*

Jay entgegnet „mhm, mit zwei Rädern." In der Weiterführung seiner Vermutung macht Jay deutlich, dass er davon ausgeht, dass das sich ergebende Auto zwei Räder haben wird anstatt der üblichen vier. *Das zeigt, dass Jay implizit die Erwartung der Fachkraft trifft, weil diese Antwort beinhaltet, dass er davon ausgeht, dass sich zwei Ringe ergeben, die er assoziativ zu Rädern eines Autos macht.* Fachkraft Paula erwidert „Ah, du denkst…" *Auf diese Aussage von Jay, dass es ein Auto mit zwei Rädern wird, geht Fachkraft Paula ein. Dies zeigt, dass sich die Antwort in die von ihr erwartete Richtung entwickelt. Da Fachkraft Paula unterbrochen wird, kommt es zu keiner Klärung.*

Jay unterbricht Fachkraft Paula und fährt fort „nein, das könnte es ja ins Wasser springen." *Jay führt seine Vermutung erneut fort, ohne Bezug auf die von Fachkraft erwartete Frage zu nehmen, welche mathematisch-geometrische Form (zwei Ringe) der Ring nach dem Durchschneiden annehmen wird.*

Fachkraft Paula fragt Jay „Gibt es zwei Räder jetzt?" Dabei schaut Paula Jay an und zeigt auf die Rolle. *Fachkraft Paula geht entsprechend nicht auf die Fortführung von Jays Vermutung ein, sondern verbleibt bei seiner vorherigen Vermutung, dass es ein Auto mit zwei Rädern wird. Sie fragt Jay explizit nach dem sie interessierenden Aspekt, ob es zwei Ringe werden, wenn der Ring durchgeschnitten ist.* Jay antwortet „Ja, weil dann könnte es ja ins Wasser springen und dann so, wie Schlittenfahren. Guck, hier so ein, guck, Paula. Die Füße reinmachen und dann könnte es auch rüber zum anderen Ufer." Fachkraft Paula schaut zu Jay und lächelt dabei. Jay stellt sich neben seinen Stuhl, den Ring in der rechten Hand. Er hebt seinen rechten Fuß und tut so, als würde er ihn in den Ring stellen. Dann nimmt er den Fuß wieder runter und beugt sich etwas über den Tisch und schiebt seinen Ring über den Tisch. Aurel entgegnet „Ein Wasserreifen. Ah, ein Wasserring."

Dabei stellt Aurel seinen Ring auf den Tisch und schaut Fachkraft Paula an. Auch Max sagt „Ein Wasserring, ein Wasserring." Und beugt sich zur linken Seite und hebt seinen rechten Arm nach oben. Dann wiederholt Aurel „Ein Wasserring, ein Wasserring." *Hier wird deutlich, dass Jay zwar kurz bestätigt, dass es zwei Ringe werden, dann aber bei der Fortführung seiner Vermutung verbleibt, bei der er Überlegungen anstellt, bei welchen der ihm bekannten Aktivitäten die Ringe genutzt werden könnten. Darauf steigen weitere Kinder ein. Damit wird Fachkraft Paulas Erwartung, dass eine mathematisch-geometrische Vermutung darüber geäußert wird, was aus dem Ring wird, von den Kindern nicht erfüllt.* Marc hat in der Zwischenzeit den Ring fast zu Ende durchgeschnitten. Fachkraft Paula schaut auf die Teile des Rings und fragt „Was ist passiert?" *In der wiederholten Frage, was passiert, wenn der Ring durchgeschnitten wird, zeigt sich, dass die Kinder die Erwartung der Fachkraft nicht treffen. Ihre Erwartung ist weiterhin, dass die Kinder benennen, welche mathematisch-geometrische Form (zwei Ringe) der Ring nach dem Durch-schneiden annehmen wird.*

Fred schaut zu Marc und antwortet „Ein Ring. Dort geht Kleb ab." *Fred bemüht sich, eine Vermutung zu formulieren. Diese beinhaltet eine mathematisch-geometrische Vermutung, die jedoch nicht richtig ist, weil er davon ausgeht, dass es ein Ring wird. Darüber hinaus beschreibt er, was er beobachten* kann, nämlich, dass der Kleber abgeht, womit er seine Rolle, zu beobachten, was passiert erfüllt, ohne damit der Erwartung der Fachkraft zu entsprechen.

Fachkraft Paula erwidert „Ah, der ist noch mal aufgegangen, der klebt noch nicht so gut" und greift nach dem einen Ring und drückt die Enden wieder aufeinander.

Dann nimmt sie den anderen Ring auch in die Hand, so dass sie in jeder Hand einen hält. Fachkraft Paula hält die Ringe hoch und schaut nach vorne. *In der Antwort der Fachkraft an Fred wird deutlich, dass Fred nicht die von ihr erwartete richtige Antwort, dass es zwei Ringe werden, gegeben hat, auch wenn die Vermutung diesmal die mathematisch-geometrische Ebene getroffen hat. Denn es erfolgt keine Bestätigung dieser Antwort durch die Fachkraft. Indem sie aber auf seine Bemerkung, dass der Kleber abgegangen ist, eingeht, bestätigt sie seine Bemühung, zu beobachten, was aus dem Ring wird. Indem Paula die beiden nun erhaltenen Ringe hochhält und die Kinder anschaut, wird erneut deutlich, dass ihre Erwartung noch nicht erfüllt ist, auch wenn Fred nun eine konkrete Vermutung in der von der Fachkraft erwarteten mathematisch-geometrischen Ebene formuliert hat. Ihre Erwartung ist darüber hinaus, dass die Kinder die richtige Antwort geben, dass es zwei Ringe geworden sind, auf die sie nun wartet, indem sie die beiden Ringe für alle Kinder sichtbar hochhält.*

Jay sagt „Ich weiß es." und schaut Fachkraft Paula an. Zugleich rufen mehrere Kinder „Zwei Ringe." und schauen Paula an. Fachkraft Paula wiederholt „zwei Ringe" und legt die beiden Ringe auf den Tisch. Dann fährt sie fort „Jetzt darf jeder mal. Soll ich jedem den Anfang mal einschneiden?" Die Kinder bejahen. *Diese Antwort der Kinder findet nun Bestätigung durch die Fachkraft. Dies zeigt, dass das Ziel der Fachkraft nun erreicht ist und die Kinder genau die Antwort gegeben haben, auf die sie gewartet hat. Daher kann die Fachkraft nun zum nächsten von ihr geplanten Schritt überleiten.*

Bestimmung des Interaktionsmodus

Exkludierender, divergenter Interaktionsmodus
Die Fachkraft und die Kinder kommen zu keiner einvernehmlichen (kommunikativen) Konklusion. Vielmehr setzt sich die Fachkraft mit ihr zur Verfügung stehenden Mitteln durch – sie macht von ihrer Rahmungsmacht gebrauch.

Daher handelt es sich um eine Rahmeninkongruente Interaktion. Weiterhin erfolgt die Interaktion zwischen Fachkraft Paula und den Kindern in einem divergenten Interaktionsmodus. Fachkraft Paula setzt wiederholt ihre didaktisch-mathematische Rahmung gegenüber den Kindern durch, indem sie auf verschiedene Strategien zurückgreift, die ihr diese Durchsetzung ihrer Rahmung ermöglichen.

Den Kindern blieb kaum eine andere Möglichkeit, als der Rahmung von Fachkraft Paula zu folgen, wenn sie nicht riskieren wollten, exkludiert zu werden. Daher handelt es sich in dieser Interaktion um eine Fremdrahmung durch Fachkraft Paula, die für divergente Interaktionen kennzeichnend ist.

Darüber hinaus haben Fachkraft Paula und die Kinder bis zuletzt aneinander vorbeigeredet. Sie haben bei der Bearbeitung der Frage, bzw. der Bildung einer Hypothese keine gemeinsame Rahmung verfolgt. Die Kinder haben versucht, ihrer Rolle als Beobachter gerecht zu werden, haben aber bei der Beschreibung dessen, was sie sehen, keinen mathematisch-geometrischen Bezug hergestellt (z.B. Kleb geht ab) oder haben die Frage nach der Unendlichkeit weiter bearbeitet anstelle des mathematisch-geometrischen Aspekts, was aus dem Ring wird (z.B. Jay, der äußert, dass die Ameise weitergehen könne, weil sie dann zwei Seiten habe). Des Weiteren hatten die Kinder bei der Beantwortung der Frage einen assoziativen Zugang (z.B. wird ein Auto oder ein Wasserring).

Fachkraft Paula agiert bei der Beantwortung der Frage, bzw. bei der Hypothesenbildung dagegen durchweg in ihrer didaktisch-mathematischen geometrischen Rahmung und hat wiederholt versucht, die Antworten der Kinder auf diese Ebene zu lenken oder in diese einzupassen (z.B. als Jay von dem Auto mit zwei Rädern sprach). Auffällig ist, dass Fachkraft Paula das Thema hinsichtlich des Umgangs mit dem Ring gewechselt hat. Ging es zuvor um die Bearbeitung des Themas Unendlich und darum, dies am Ring zu demonstrieren, geht es nun um die Frage, welche geometrische Form der Ring annehmen wird, ohne dass Fachkraft Paula dies den Kindern explizit mitteilt.

Paula und die Kinder haben also aneinander vorbeigeredet und es erfolgten wiederholt Fremdrahmungen durch Fachkraft Paula, was kennzeichnend für divergente Interaktionen ist. Die Interaktion gelingt also im Sinne der Dokumentarischen Methode nicht. Die Kinder nehmen wenig Anschluss an die Fachkraft und die Fachkraft wenig Anschluss an die Kinder. Die kognitiven Anregungen der Fachkraft werden von den Kindern zwar aufgegriffen, jedoch nicht in der Weise, wie es die Fachkraft erwartet.

Darüber hinaus dienen die eigentlich offenen Fragen eher in Form geschlossener Fragen, indem die Fachkraft die richtige Antwort darauf, was passiert, wenn man den Ring durchschneidet, erwartet.

Verlauf der Interaktion zwischen Fachkraft Paula und fünf Kindern in Sequenz 2

Die zweite Sequenz findet von Minute 26:45 bis 29:02 statt und dauert ebenfalls 02:17 Minuten. In dieser Sequenz erfolgen vier kognitive Anregungen durch die Fachkraft: viermal Item MI_11 Anregen zum Weiterdenken (über die Situation hinaus), weshalb diese Sequenz ausgewählt wurde.

Die Fachkraft verfolgt in dieser Sequenz dieselbe Frage wie in Sequenz 1. Diesmal soll jedoch eine Hypothese darüber gebildet werden, was passiert, wenn ein Möbiusband, das sie ebenfalls zuvor gebastelt haben, in der Mitte durchgeschnitten wird.

Fachkraft Paula schließt an das Thema „geometrische Formen" an. Zuvor hat sie an einer Papierrolle das Thema „geometrische Formen" veranschaulicht. Nun haben Fachkraft Paula und die Kinder ein Möbiusband aus Kartonpapier gebastelt, woran weiterhin das Thema „Unendlich und geometrische Formen" veranschaulicht werden soll. Fachkraft Paula fragt die Kinder „Das Möbiusband, was glaubt ihr, wenn wir das jetzt auch aufschneiden, wie vorher den Kreis, was passiert? Jay?" *Hier regt Fachkraft Paula die Kinder dazu an, über die Situation hinaus weiterzudenken (Variation eines Kausalzusammenhangs). Ihre Erwartung ist, dass die Kinder eine Vermutung dazu formulieren, welche mathematisch-geometrische Form das Möbiusband nach dem Durchschneiden erhalten wird.*

Dabei hält sie das Möbiusband in der einen Hand hoch und hält in der anderen Hand eine Schere. Jay, der mit dem Oberkörper auf dem Tisch liegt, schaut Fachkraft Paula an, meldet sich und sagt „Ah, ich weiß das, dann werden die sich nicht mehr treffen." *Mit dieser Antwort geht Jay auf den Impuls der Fachkraft, eine Vermutung zu formulieren ein, bezieht sich aber nicht darauf, welche mathematisch-geometrische Form der Ring annehmen wird, sondern ob sich zwei Figuren – wie zuvor beim Möbiusband getestet – nach dem Durchschneiden immer noch treffen würden, wenn sie auf diesem entlangliefen. Damit greift er den zuvor bearbeiteten Aspekt der Unendlichkeit auf.* Fred nimmt die rechte Hand, die er auf sein Auge gelegt hatte herunter, schaut Fachkraft Paula an und sagt „Die sind da schon wieder reingekommen." *Auch Aurel geht damit auf den Impuls der Fachkraft ein, eine Vermutung zu formulieren, geht dabei aber ebenso nicht auf die mathematisch-geometrische Form ein, die das Möbiusband nach dem Durchschneiden einnehmen wird. Stattdessen greift auch er den zuvor bearbeiteten Aspekt der Unendlichkeit auf.*

Fachkraft Paula schaut kurz zu Fred, antwortet dann Jay „Die würden sich nicht mehr treffen." und beginnt, das Möbiusband entlang der Linie in der Mitte durchzuschneiden. Jay sagt „Ja, weil nämlich, weil der eine ist auf der einen und der andere ist auf der anderen." Seine Ausführungen begleitet Jay gestisch. Fachkraft Paula unterbricht kurz das Schneiden, schaut Jay an und rollt einmal mit den Augen. Fachkraft Paula antwortet Jay „ok" und führt an Marc gerichtet fort „was denkst du? Was würdest du sagen? *Hier zeigt sich, dass Fachkraft Paula Jays Vermutung zunächst akzeptiert und stehen lässt. Im Folgenden regt Fachkraft Paula Marc zum Weiterdenken über die Situation hinaus (Variation eines Kausalzusammenhangs) an, indem sie ihn fragt, was er vermutet. Ihre Erwartung ist auch hier, dass Marc eine Vermutung formuliert, welche mathematisch-geometrische Form das Möbiusband annimmt, wenn man es durchschneidet.*

Dabei wendet Fachkraft Paul Marc den Blick zu. Marc lächelt und antwortet „Guck, da. Guck, da laufen die so und der andere, guck, die gehen in die gleiche Richtung. Aber die gehen so hoch wo sie sich nicht treffen, wenn's so einzeln ist." Dabei veranschaulicht er, die sprachliche Erklärung begleitend, mit Plastikfiguren. *Marc reagiert auf den Impuls der Fachkraft und formuliert eine Vermutung. Dabei bezieht er sich wie Jay auf die Frage, ob sich zwei Figuren nach dem Durchschneiden des Möbiusbands noch treffen werden oder nicht. Damit formuliert auch er keine Vermutung darüber, welche mathematisch-geometrische Form das Möbiusband annimmt, wie von der Fachkraft erwartet, sondern greift den zuvor bearbeiteten Aspekt der Unendlichkeit auf.*

Max schaut zu Marc und verfolgt mit dem Blick, was Marc sagt und tut. Dabei macht er aber einen Ton und klopft sich mit der Hand unter das Kinn. *Max kommt damit zwar seiner Rolle als Beobachter nach, verhält sich aber zugleich oppositionell zu den Erwartungen der Fachkraft, da er die Situation durch seine Nebenbeschäftigung mit der Erzeugung des Tons stört.* Fachkraft Paula schaut zu Max, woraufhin Max aufhört, das Geräusch zu machen, sich aber weiter unter das Kinn klopft. Die Störung wird durch die Fachkraft entsprechend unterbunden, indem sie zu Max schaut. Max beendet darauf hin die Erzeugung des störenden Tons, führt aber seine Nebenbeschäftigung fort. *Auf diese Weise entzieht sich Max der körperlichen Passivität, die mit dem Beobachten einhergeht.*

Fachkraft Paula antwortet auf Marcs Erläuterung „Mhm Mhm, das mit dem Treffen können wir dann ausprobieren Marc. Aber was passiert jetzt mit meinem Möbiusband?"

An der Antwort der Fachkraft auf die formulierte Vermutung von Marc wird deutlich, dass Marc – und damit auch Jay zuvor – ihre Erwartung nicht getroffen haben. Denn sie verschiebt die Frage, ob sich zwei Figuren nach dem Durchschneiden noch treffen auf einen späteren Zeitpunkt, so dass deutlich wird, dass dieser Aspekt für die Fachkraft noch nicht relevant ist – also von ihr darauf auch nicht abgezielt wird. Stattdessen regt die Fachkraft die Kinder erneut zum Weiterdenken über die Situation hinaus (Variation eines Kausalzusammenhangs) an, indem sie erneut fragt, was aus dem Möbiusband wird. Dies macht erneut deutlich, dass ihre Erwartung ist, dass die Kinder eine Vermutung dazu formulieren, welche mathematisch-geometrische Form das Möbiusband nach dem Durchschneiden annehmen wird.

Fachkraft Paula nickt jeweils als sie „mhm" sagt. Dann stellt sie die zwei Plastikfiguren vor sich und fährt fort, das Möbiusband durchzuschneiden. Max klopft sich unter das Kinn und macht erneut Geräusche dabei. Max geht also nicht auf den Impuls der Fachkraft ein, sondern führt oppositionell seine Nebenbeschäftigung fort, indem er durch die Erzeugung des Tons den Ablauf der Fachkraft stört. Jay sagt „Ich weiß es." Dabei liegt er mit dem Oberkörper auf dem Tisch, die Arme lang ausgestreckt und die Hände ineinander verschränkt und schaut Fachkraft Paula an.

Paula antwortet „Was war vorher mit dem Kreis, den wir durchge… Tut's weh Max? Also, Jay, was war vorher mit dem Kreis, den wir durchgeschnitten haben, was war mit dem passiert?" Fachkraft Paula schaut zu Max, als sie ihn anspricht. Max schüttelt mit dem Kopf und hört daraf hin auf, sich unter das Kinn zu klopfen und das Geräusch zu machen. *Hier wird erneut deutlich, dass Max nicht den Erwartungen der Fachkraft entspricht, was von der Fachkraft als Störung markiert wird. Daraf hin unterbindet sie Max's Verhalten erneut, woraufhin sich Max in die Rahmung der Fachkraft einfügt und seine Nebenbeschäftigung unterlässt.*

Anschließend übergibt sie Jay das Wort, der seine Bereitschaft signalisiert hat, ihrer Erwartung gemäß eine Vermutung zu formulieren. Dabei nimmt sie Rückbezug auf die Frage, was aus dem Ring wurde. Fachkraft Paula wendet dann Jay den Blick zu. Jay antwortet „ähm, da, da."

Dabei liegt er weiterhin mit dem Oberkörper auf dem Tisch und schaut zu Fachkraft Paula. Er legt dann auch ein Bein auf den Tisch. Fachkraft Paula fragt „Was ist da entstanden?" Fachkraft Paula unterbricht das Schneiden und schaut Jay an. Jay sagt daraf hin erneut „Ich weiß es." Fachkraft Paula erwidert

„Ja, dann sag." Jay antwortet „Dann haben die sich getroffen." Er liegt dabei weiter mit dem Oberkörper auf dem Tisch.

Jay geht erneut darauf ein, eine Vermutung zu formulieren. Das „ähm, da, da" zeigt, dass er über eine zufriedenstellende Antwort nachdenken muss. Dann geht er darauf ein, ob sich die zwei Figuren bei dem Ring getroffen haben oder nicht. Damit greift er einen anderen Aspekt, den sie zuvor in Zusammenhang mit dem Thema „unendlich" am Ring bearbeitet haben, auf. Das entspricht jedoch nicht der Erwartung der Fachkraft, die eine mathematisch-geometrische Antwort hören möchte, die beinhaltet, dass aus dem einen Ring zwei Ringe wurden.

Fachkraft Paula entgegnet „Nö, was war, wo wir den Kreis durchgeschnitten haben?" Fachkraft Paula schüttelt den Kopf als sie „nö" sagt. Sie hört auf das Möbiusband durchzuschneiden und beugt sich nach links zum Boden hinunter. *Die Antwort von Jay erfährt entsprechend eine Ablehnung durch Fachkraft Paula, was zeigt, dass Jay ihre Erwartung nicht erfüllt hat.*

Jay liegt weiterhin mit dem Oberkörper auf dem Tisch. Er tippt sich mit der linken Hand auf die Schulter und sagt „Ich weiß es, ich weiß es." Fachkraft Paula entgegnet ihm „Ja, sag. Was kam da raus?" Paula schaut zu Jay und hält einen der Ringe von zuvor hoch. Dann legt sie ihn wieder auf den Boden. Jay antwortet „Da kam, das sah für mich eigentlich so aus wie ein Rad." Jay liegt dabei immer noch auf dem Tisch. Er wendet sich während seiner Antwort von der Seite auf den Bauch. *Jay versucht erneut, eine den Erwartungen der Fachkraft entsprechende Antwort zu geben. Dabei greift er auf seine Assoziation mit dem Auto zurück, bei der er den Ring mit einem Auto mit zwei Rädern verglichen hat. Da er nur von einem Rad spricht und nicht benennt, dass aus dem einen Ring nach dem Durchschneiden zwei Ringe wurden, trifft er die Erwartung der Fachkraft noch nicht.*

Fachkraft Paula erwidert „Ja, Aurel, weißt du, was da war?" *Mittels „ja" lässt Fachkraft Paula zwar Jays Antwort stehen, indem sie aber die Frage dann an Aurel richtet, wird deutlich, dass Jays Antwort sie nicht zufriedengestellt hat.*

Aurel antwortet „Ja" Fachkraft Paula fragt „Was?" und Aurel fährt fort „da war so ein Schwimmring, zum Schwimmen." Aurel lässt einen Streifen Tonpapier los, an dem er herumgespielt hat und legt die Hände bei ausgestreckten Armen flach auf den Tisch. Er schiebt seine Hände auf dem Tisch vor und zurück. Auch Aurel greift auf eine Antwort zurück, die die Kinder zuvor auf die Frage gegeben haben, was aus dem Ring wird, wenn man ihn durchschneidet. Diese Antwort hat die Erwartung der Fachkraft zuvor bereits nicht getroffen und trifft auch hier nicht die Erwartung der Fachkraft, die hören möchte, dass es zwei Ringe wurden.

Fachkraft Paula erwidert an Marc gerichtet „Hol mal deine, was unter deinem Stuhl liegt, mit dem grauen Papier. Das war doch am Anfang ein Ring. Ist da nicht noch ein Teil? Ein Ring, und dann haben wir das durchgeschnitten und dann waren es …"

Fachkraft Paula berührt Marc am Arm und schaut auf den Boden. Marc bückt sich daraf hin und hebt einen Ring auf, den er auf den Tisch legt. Im Anschluss an die Aufforderung von Fachkraft Paula hebt er auch den zweiten Ring auf und legt ihn auf den Tisch. Paula nimmt die beiden Ringe in die linke Hand und hält sie den Kindern hoch. *Daran, dass die Fachkraft erneut fragt, was aus dem Ring wurde, und nun beide Teile hochhält, wird deutlich, dass Aurels Antwort ebenfalls nicht ihre Erwartungen getroffen hat und sie nach wie vor darauf wartet, dass die Kinder benennen, dass es zwei Ringe wurden.*

Jay antwortet „nee, das war (abgegangen.)" Mehrere andere Kinder antworten „zwei". Fachkraft Paula wiederholt „zwei" und legt die Ringe wieder auf den Boden. Jay entgegnet „und dann waren es zwei". Dabei liegt er immer noch mit dem Oberkörper auf dem Tisch. *Während Jay erneut auf eine nicht erwartungsgemäße Antwort zurückgreift, die die Kinder bei der Bearbeitung der Frage danach, was aus dem Ring wird, gegeben hatten, geben andere Kinder nun die von der Fachkraft erwartete Antwort, dass es zwei Ringe wurden. Dies greift dann auch Jay auf, der dann auch die erwartungsgemäße Antwort gibt.*

Fachkraft Paula fragt weiter „Und was denkt ihr, was jetzt hier passiert?" *Nachdem die Kinder benannt haben, dass aus dem einen Ring zwei wurden, regt Fachkraft Paula die Kinder zum Weiterdenken über die Situation hinaus (Variation eines Kausalzusammenhangs) an. Ihre Erwartung ist nun, dass die Kinder analog zu dem Ergebnis des Durchschneidens des Rings benennen, was mathematisch-geometrisch aus dem Möbiusband wird.* Dabei lächelt sie leicht und beginnt wieder das Möbiusband in der Mitte durchzuschneiden.

Aurel schaut auf das Möbiusband und antwortet „Auch zwei." Auch ein weiteres Kind antwortet „Zwei." Auch Max antwortet „Zwei."

Die Kinder geben nun, wie von der Fachkraft erwartet, Vermutungen dazu ab, welche mathematisch-geometrische Form das Möbiusband nach dem Durchschneiden erhalten könnte. Dass aus dem Möbiusband zwei Ringe werden, ist jedoch nicht korrekt. Fachkraft Paula fragt „Soll ich durchschneiden?"

Es fehlt dazu nur noch ein Schnitt. Dabei schaut sie Jay an. *Die Antworten der Kinder, dass aus dem Möbiusband zwei Ringe werden, findet durch die*

Fachkraft keine Bestätigung, was darauf hinweist, dass diese Antwort die Fachkraft ebenfalls nicht zufriedenstellt. Stattdessen schlägt sie vor, das Ergebnis herbeizuführen, wobei sie Jay, indem sie ihn anschaut, noch einmal die Möglichkeit gibt, eine Vermutung zu formulieren. Jay antwortet Fachkraft Paula „Nein, der is, die bleiben dann immer noch frei, ehm, die die treffen sich immer noch, weil hier, guck, hier, das hat sich ja geknotet." Jay hockt auf seinem Stuhl und hebt nun seinen Oberkörper an. Er krabbelt über den Tisch auf Fachkraft Paula zu. *Jay geht auf die Aufforderung der Fachkraft ein und formuliert erneut eine Vermutung. Dabei spricht er einen Aspekt an, der hinsichtlich der richtigen Antwort, was mit dem Möbiusband passiert, wenn man es durchschneidet, relevant ist.* Paula entgegnet Jay „Ja, aber aufm Tisch. Geh mal bitte runter. Geh mal runter. Wichtig …".

Dabei schiebt sie Jay von sich weg und macht eine leichte Bewegung mit dem Kopf von oben nach unten. Jay beginnt sich zu seinem Platz zurück zu schieben. Paul stützt den rechten Arm mit dem Ellenbogen auf dem Tisch ab und zeigt mit dem Zeigefinger nach oben. Sie schaut zu Marc. Jay wiederholt „Das hat sich geknotet." Dabei hat er sich zwar bis zu seinem Platz zurückgeschoben, ist an der Kante des Tisches aber auf dem Tisch sitzen geblieben. Fachkraft Paula antwortet „Ja, wir haben was verdreht." und beginnt wieder das Möbiusband durchzuschneiden. *Jays Antwort, dass zuvor etwas gedreht wurde, um das Möbiusband zu erhalten, findet entsprechend Bestätigung bei der Fachkraft, da dies für die Frage, was aus dem Möbiusband wird, wenn man es durchschneidet relevant ist. Daher geht die Antwort von Jay in die von der Fachkraft erwartete Richtung.*

Jay erwidert „Ja". Fachkraft Paula fragt weiter „also gibt es nicht zwei Teile?" Fachkraft Paula schneidet das Möbiusband durch. In dieser Frage wird deutlich, dass die Fachkraft nicht nur eine passende Vermutung hören will, in denen die Kinder formulieren, welche Form das Möbiusband annimmt (z.B. zwei Ringe, wie von einigen Kindern vermutet), sondern dass es ihr auch hier im Grunde um die richtige Antwort geht. Jay schaut auf das Möbiusband, das sich noch nicht ganz ausgedreht hat, und antwortet „Guck, da gibt's…" Marc schaut auf den jetzt großen, in sich gedrehten Ring, den Paula hochhält und antwortet „Guck, das ist größer geworden." Fachkraft Paula entgegnet „mhm" und nickt. Jay antwortet „Guck einzeln". Fachkraft Paula fragt „Das ist ja cool oder?" Nachdem das Möbiusband durchgeschnitten wurde, können die Kinder das Ergebnis beschreiben, was von der Fachkraft nun Bestätigung findet.

Bestimmung des Interaktionsmodus

Exkludierender, divergenter Interaktionsmodus
Die Interaktion zwischen Fachkraft Paula und den Kindern erfolgt in einem divergenten Interaktionsmodus. Fachkraft Paula setzt wiederholt ihre didaktisch-mathematisch-geometrische Rahmung gegenüber den Kindern durch, indem sie auf verschiedene Strategien zurückgreift, die ihr eine Durchsetzung ihrer Rahmung ermöglichen.

Daher handelt es sich auch in dieser Interaktion um eine Fremdrahmung durch Fachkraft Paula. Des Weiteren haben Fachkraft Paula und die Kinder zunächst weiterhin aneinander vorbeigeredet. Sie haben bei der Bearbeitung der Frage, bzw. der Bildung einer Hypothese nicht aneinander anschließen können.

Die Kinder haben auch hier versucht, ihrer Rolle als Beobachter und Fragenbeantwortende gerecht zu werden, haben dabei aber erneut Fachkraft Paulas Erwartungen – zu benennen, welche geometrische Form das Möbiusband annehmen wird – zunächst nicht erfüllen können. Auch hier hat Fachkraft Paula gegenüber den Kindern nicht explizit benannt, dass es ihr nicht um die Frage nach der Unendlichkeit geht, sondern um die geometrische Form des Möbiusbands, was auch hier zunächst zu einem Missverständnis führte.

Fachkraft Paula agierte bei der Beantwortung der Frage, bzw. bei der Hypothesenbildung durchweg in ihrer didaktisch-mathematisch-geometrischen Rahmung und hat wiederholt versucht, die Antworten der Kinder, die sich auf das Thema „unendlich" bezogen oder von den Kindern zuvor genannte Aspekte aufgriffen, auf diese Ebene zu lenken oder in diese einzupassen. Fachkraft Paula und die Kinder haben also aneinander vorbeigeredet und es erfolgten erneut Fremdrahmungen durch Paula.

Über den Vergleich mit dem Ring ist es Fachkraft Paula in dem Moment, als sie beide Hälften des Rings hochgehalten hat, so dass die Kinder sehen konnten, was aus dem Ring wurde, gelungen, den Kindern zu verdeutlichen, dass sie eine mathematisch-geometrische Antwort erwartet. Die Fachkraft und die Kinder haben nicht mehr aneinander vorbeigeredet. Fachkraft Paula hat aber bis zuletzt ihre Rahmung über die Kinder hinweg angelegt, was vor allem auch an dem Punkt deutlich wird, an dem die Kinder erwartungsgemäße Antworten gegeben haben (es werden zwei/es ist gedreht), die von ihr aber zum Teil übergangen wurden, weil sie innerhalb ihres Handlungsplans auf die richtige Antwort fokussiert war.

Daher hat sie weitergefragt, bis ihr Handlungsplan vollends eingelöst war und sie die korrekte Antwort, was aus dem Möbiusband wird, wenn man es durchschneidet, erhalten hat. Darüber hinaus wurden im Rahmen der Durchsetzung der Rahmung der Fachkraft die emotionalen Zustände der Kinder übergangen. Auch als die Kinder bereits einen sichtlich müden Eindruck machten, wurde der Handlungsplan weiterverfolgt, bis die Fachkraft ihre Ziele erreicht hatte. Die Ziele der Kinder waren für die Fachkraft irrelevant. Aufgrund dieser Fremdrahmung durch die Fachkraft erfolgt diese Interaktion zwischen Fachkraft Paula und den Kindern ebenfalls in einem exkludierenden divergenten Modus. Auch hier gelingt die Interaktion im Sinne der Dokumentarischen Methode nicht. Ebenso wie in Sequenz 1 gehen die Kinder nicht auf die von der Fachkraft erwartete Weise auf die kognitiven Anregungen ein und auch hier dienen die kognitiven Anregungen eher im Sinne einer geschlossenen Frage, bei der es um eine richtige Antwort geht.

Orientierung

Die Fachkraft ist an einem festen Handlungsplan orientiert. Von diesem weicht sie nicht ab und missachtet dabei Bedürfnisse und Handlungsimpulse der Kinder.

Dadurch nimmt die Fachkraft eine dominante Rolle ein, in der die Kinder als aktive Interaktionspartner kaum Raum haben. Den Kindern kommt in dieser Sequenz vor allem eine passive Rolle als Beobachter und Fragenbeantwortenden zu. Die Gedanken und Überlegungen, bzw. Hypothesen der Kinder, die vor dem Hintergrund ihrer bisherigen Erfahrungen aufgestellt werden oder aber nicht das korrekte Ergebnis beinhalten, haben für die Fachkraft keine Gültigkeit.

Die Fachkraft lässt nur die ihr bekannte Lösung als richtige Antwort auf ihre Frage zu. Das Vorgehen ähnelt dem des naturwissenschaftlichen Arbeitens insofern, als Hypothesen formuliert und überprüft werden sollten. Das in der Mathematikdidaktik derzeit für kognitiv anregende Interaktionen diskutierte „Offene Angebot" wurde hier nicht umgesetzt. Sondern im Gegenteil wurde dieses Angebot durch die Fachkraft stark strukturiert. Es bieten sich keine kreativen, individuellen Lösungswege durch die Kinder an. Das Thema „unendlich" und „geometrische Formen" wird eher an alltagsfernem Material demonstriert, das den Kindern wenig bekannt ist und in dieser Form im Alltag nicht begegnet (v.a. Ring und Möbiusband).

Die Phasen „Gemeinsamer Beginn, Phase der individuellen Beschäftigung, Austausch und gemeinsamer Abschluss im Sinne eines offenen Angebots können in dieser Weise nicht aufgezeigt werden.

Günstige Aspekte in der Interaktion zwischen Fachkraft Paula und den Kindern
Fachkraft Paula spricht zwei anspruchsvolle und komplexe mathematische Themen mit den Kindern an („Unendlichkeit" und „Geometrie"). Die Auseinandersetzung mit diesen mathematischen Themen nutzt die Fachkraft um die Kinder im Sinne eines geplanten Angebots kognitiv anzuregen und herauszufordern. Dabei fragt sie die Kinder zu Beginn des Angebots nach ihrem Verständnis von „Unendlichkeit" und in welchen Zusammenhängen sie schon mal davon gehört haben. Auf diese Weise aktiviert sie in einem lockeren Gespräch mit den Kindern das Vorwissen der Kinder.

Ungünstige Aspekte in der Interaktion zwischen Fachkraft Paula und den Kindern
Die Fachkraft stellt hier eine Bildungsangebotssituation her, die sehr stark durch sie strukturiert ist. Dies gilt sowohl für den Gesamtaufbau des Angebots, als auch für die Durchführung der einzelnen vorüberlegten Schritte. Die einzelnen Schritte der Gesamtgestaltung des Angebots beinhalten:

- Gespräch „wer weiß was über „unendlich"?
- An einem Papierstreifen schauen, ob er unendlich ist
- Ring basteln
- An einem Ring schauen ob er unendlich ist
- Den Ring durchschneiden – werden zwei Ringe (Geomtetrie)
- Kinder schneiden eigenen Ring durch
- Möbiusband basteln
- Am Möbiusband schauen, ob es unendlich ist
- Möbiusband durchschneiden – ein großer in sich gedrehter Ring (Geometrie)
- Möbiusband ein zweites Mal durchschneiden – zwei in sich verdrehte große Ringe (Geometrie)
- Ende des Angebots

Auf diese Weise handelt es sich um eine Aneinanderkettung von Handlungsschritten. Dabei wird an Dingen, die den Kindern so im Alltag nicht immer zur Verfügung stehen (v.a. Ring, Möbiusband) getestet, ob sie unendlich sind oder nicht, und geschaut, was aus dem Ring, bzw. dem Möbiusband, geometrisch betrachtet, wird, wenn dieser durchgeschnitten wird. Die Fachkraft greift damit zwei anspruchsvolle Themen auf (Unendlichkeit und Geometrie), die an dem eingesetzten Material demonstriert werden. Des Weiteren wird von der Fachkraft auch nicht immer ein Bezug zum Alltag hergestellt – wann begegnen einem im Alltag solche Formen (Ring, Möbiusband?) und die Transformation dieser Dinge? Wofür ist die Frage, ob man sich trifft, wenn zwei Personen auf einem Ring laufen, im Alltag relevant?

Schwierig erscheint hier der fließende, nicht explizierte Übergang zwischen den zwei mathematischen Themen „Unendlichkeit" und „Geometrie", dem die Kinder offensichtlich schwer folgen können. Es zeigt sich, dass die Kinder dem Thema „Unendlichkeit" in ihrer Antwort auf die Frage nach der geometrischen Transformation des Rings und des Möbiusbands verhaftet bleiben.

Dabei sollen die Kinder, ähnlich wie im naturwissenschaftlichen Denken, Hypothesen bilden, ehe der Ring, bzw. das Möbiusband durchgeschnitten werden. Ein Problem liegt hier darin, dass die Fachkraft die Hypothesen der Kinder nicht annimmt. Es ist vielmehr zu erkennen, dass die Fachkraft die richtige Lösung dafür hören möchte, was passiert. Die Kinder kennen aber die richtige Lösung nicht, so dass sie keine Möglichkeit haben, der Fachkraft gerecht zu werden.

Des Weiteren kommt den Kindern aufgrund dieses Vorgehens lediglich in den Bastelsequenzen sowie beim Durchschneiden des eigenen Rings auf der Handlungsebene eine aktive Rolle zu. Ansonsten haben sie vor allem eine passive Rolle des Beobachters und Fragenbeantwortenden inne. Auch auf die Interaktionsgestaltung haben die Kinder wenig Einfluss. Den aktiven Part füllt vor allem die Fachkraft aus, die die Interaktion gestaltet, Rederechte verteilt und Verschiedenes demonstriert. Die Kinder machen einen zunehmend schlappen Eindruck (liegen auf dem Tisch, stützen ihr Gesicht in beiden Händen ab). Dennoch wird der Handlungsplan der Fachkraft wie geplant durchgeführt. Wie von der Fachkraft zum Ende hin geäußert, wurde die geplante Zeit für die Zielerreichung sogar überzogen.

Diese Faktoren haben insgesamt dazu geführt, dass teils Oppositionen zwischen Fachkraft und Kindern zu beobachten waren, indem die Kinder versucht haben, sich der ihnen zugeschriebenen passiven Rolle zu entziehen (mit dem Ring spielen, Wunsch selber zu schneiden, ans Kinn klopfen und Geräusche machen, u.ä.), was von der Fachkraft wiederholt unterbunden wurde. Da die Fachkraft dabei von ihrer Rahmungsmacht Gebrauch gemacht hat (z.B. Dinge wegnehmen, Androhung von Rauswurf u.ä.) und die Kinder keine Chance hatten ihre eigene Orientierung durchzusetzen, entwickelte sich die Interaktion zu einer divergenten Interaktion. Hierzu zählt auch, dass Fachkraft und Kinder sich beim Bilden der Hypothese missverstanden haben und die Fachkraft auf die richtige Antwort gepocht hat, so dass die Kinder auch hier keine Chance hatten, der Fachkraft gerecht zu werden.

Ungünstige Aspekte in der Interaktion zwischen Fachkraft Paula und den Kindern lassen sich wie folgt zusammenfassen:

- kleinschrittige, durch die Fachkraft stark strukturierte Angebotsplanung,
- wenig eigenaktive Anteile auf der Handlungsebene und Einflussmöglichkeiten der Kinder,
- abstrakte Behandlung der anspruchsvollen Themen „Unendlichkeit" und „Geometrie",
- Vermischung der beiden Themen „Unendlichkeit" und „Geometrie"
- Einsatz von eher alltagsfernem Material (v.a. Rolle, Möbiusband),
- Pochen auf die richtige Antwort, anstatt die Hypothesen der Kinder anzunehmen und erst im Anschluss an den Versuch zu prüfen, ob die Hypothesen eingetreten sind oder nicht. Also zu schauen, was tatsächlich passiert ist, warum und wie man sich das erklären kann,
- durch die Wiederholung der immer gleichen Frage an die Kinder gab es wenig neue Anregungen. Die Anzahl der in der quantitativen Studie kodierten Anregungen ist also auf dieselbe immer wieder gestellte Frage zurückzuführen.

In der Angebotsführung, wie sie hier durchgeführt wurde, wäre es notwendig gewesen, die von den Kindern aufgestellten Hypothesen zunächst anzunehmen, auch wenn sie damit nicht das getroffen haben, worauf die Fachkraft hinauswollte. Denn die Kinder formulierten ihre Hypothesen vor dem Hintergrund ihrer bisher gemachten Erfahrungen. Andere Hypothesen konnten sie bisher nicht formulieren. Darüber hinaus wäre es eventuell günstig gewesen, die Frage nach einer Hypothese konkreter zu stellen. Anstelle zu fragen „was wird aus dem Ring?" hätte sie auch fragen können „Was denkt ihr, wie viele Ringe es werden, wenn man diesen einen durchschneidet?" Dann hätten die Kinder eventuell eher einen Anhaltspunkt welches Ziel die Fachkraft hatte. In jedem Fall ist die von den Kindern formulierte Hypothese jedoch vorläufig erst mal anzunehmen und erst nach Durchführung des Versuchs auf seine Richtigkeit hin zu überprüfen. Auf diese Weise wäre die Durchführung des Angebots auch flüssiger verlaufen und hätte weniger den Charakter eines Ratespiels erhalten.

Die Kinder wären dann auch schneller dazu gekommen, an ihrem eigenen Ring, bzw. Möbiusband den Versuch nachzuahmen, indem sie ihn durchschneiden und das Phänomen noch einmal nachempfinden können. Damit verbunden stellt sich die Frage, ob es günstiger gewesen wäre, entweder das Thema „Unendlichkeit" oder das Thema „Geometrie" zu bearbeiten, oder den Übergang zwischen den beiden Themen deutlicher zu markieren. Den Kindern schien das neue Ziel der Fachkraft nicht klar gewesen zu sein.

Insgesamt stellt sich hier jedoch die Frage, ob für dieses Thema die Gestaltung eines offenen Angebots im mathematikdidaktischen Sinne (vgl. Rathgeb-Schnierer 2012) geeigneter gewesen wäre. Die Fachkraft hätte beispielsweise in das Thema „unendlich" einführen können, indem sie das Thema benennt und fragt, was sich die Kinder darunter vorstellen, bzw. was sie darüber wissen. Dann hätte sie verschiedene Materialien mitbringen können, die die Kinder aus dem Alltag kennen (z.B. Toilettenpapierrollen, Murmeln, Zahnstocher, Papier, u.ä.). Für die Phase der individuellen Beschäftigung hätte sie den Kindern beispielsweise die Aufgabe geben können, sich einige der Materialien auszusuchen und danach zu sortieren, ob sie der Ansicht sind, dass diese endlich, bzw. unendlich sind.

Dies hätte eine aktive und individuelle Beschäftigung der Kinder mit dem Material ermöglicht. Sie hätten dabei eine gemeinsame Aufgabe gehabt, bei der es jedoch individuelle Lösungsmöglichkeiten gegeben hätte. Die Kinder hätten einander beim Lösen der Aufgabe beobachten und aufeinander Bezug nehmen können, und die Fachkraft hätte die Kinder währenddessen kognitiv anregen können. Die von den Kindern vorgenommene Lösung hätte dann für die Phase des Austauschs genutzt werden können. Die Fachkraft hätte eine Interaktion mit den Kindern, aber auch der Kinder untereinander, anregen können, indem die Kinder ihre Lösungen vorstellen und miteinander vergleichen.

Eventuell hätten die Kinder ein gleiches Material unterschiedlich sortiert. Z.B. sortiert Kind A die Toilettenpapierrolle den endlichen Dingen zu, Kind B den unendlichen. Dies hätte zum Anlass genommen werden können, zu besprechen, inwiefern sie unendliche Merkmale besitzt und inwiefern sie endliche Merkmale aufzeigt. Darauffolgend hätte ein gemeinsamer Abschluss erfolgen können. Auf diese Weise

- wäre der Handlungsplan weniger festgelegt und würde in flexiblerer Weise umgesetzt,
- wäre ein bestimmtes Thema „Unendlich" an den Kindern aus dem Alltag bekannten und zugänglichen Materialien bearbeitet worden. Die Kinder hätten so leichter an Vorerfahrungen und Vorwissen anknüpfen können,
- die Kinder hätten eine stärker aktive Rolle innegehabt,
- individuelle Lösungen wären ermöglicht worden,
- es wäre eine intensivere Interaktion zwischen der Fachkraft und den Kindern sowie den Kindern untereinander im Sinne einer Ko-Konstruktion von Wissen entstanden.

Fall 6 Cola – Menthos (FK33722N)

Gestaltung kognitiv anregender Interaktionen der Fachkraft Svea und den Kindern im naturwissenschaftlichen Bildungsangebot
Das naturwissenschaftliche Bildungsangebots-Video dauert insgesamt 00:22:08 Minuten. Die erste Sequenz findet von Minute 06:55 bis 07:37 statt und dauert 00:42 Minuten. Es erfolgen vier kognitive Anregungen durch die Fachkraft: viermal NI_11 (II13) Anregen zum Weiterdenken (über die Situation hinaus), weshalb diese Sequenz ausgewählt wurde.

Verlauf der Interaktion zwischen Fachkraft Svea und vier Kindern in Sequenz 1
Fachkraft Svea und vier Kinder befinden sich draußen. Sie stehen vor einer großen Fensterwand einer Gruppe der Einrichtung. Es wurden zwei Cola-, eine Sprite- und drei Wasserflaschen (mit unterschiedlich viel Kohlensäure) in die Mitte gestellt. Svea hält zwei Rollen Menthos in der Hand. Fachkraft Svea hockt und die Kinder stehen in einem Kreis um die Flaschen herum (vgl. Abbildung 24).

Svea sagt „Ok, jetzt haben wir Menthos und dann haben wir Cola, Menthos, und dann haben wir Cola, Sprite und Wasser. Was könnten wir machen?" *Hier regt Fachkraft Svea die Kinder dazu an. über die Situation hinaus weiterzudenken (Variation eines Kausalzusammenhangs). Ihre Erwartung ist, dass die Kinder Vorschläge äußern, was man mit den Dingen, die vorhanden sind, machen könnte.*

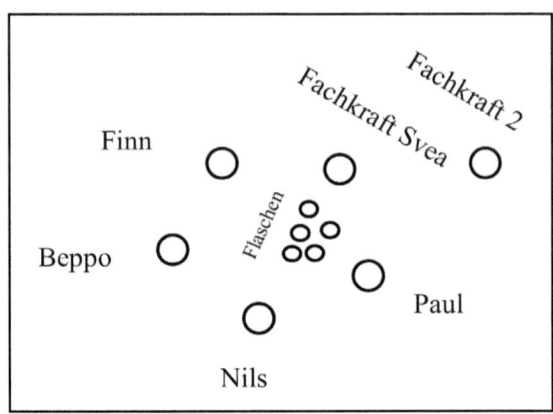

Abbildung 24:   Anordnung der Personen in Sequenz 1 und 2

Fachkraft Svea legt dabei die Menthos, die einige Kinder in ihre Hand gespuckt haben, weg. Beppo antwortet „Da reintun und dann spritzt das da hoch." Dabei zeigt Beppo auf die Colaflasche und bewegt dann seine gespreizte rechte Hand nach oben. *Beppo geht auf den Impuls der Fachkraft ein und macht entsprechend einen Vorschlag, was man machen könnte. Darüber hinaus formuliert er bereits eine Vermutung, was dann passieren wird.* Fachkraft Svea schaut Beppo an und lächelt. Fachkraft Svea entgegnet dann „Aha, ok. Was denkt der Nils?"

Fachkraft Svea lässt Beppos Antwort stehen und regt dann Nils dazu an, über die Situation hinaus weiterzudenken (Variation eines Kausalzusammenhangs). Ihre Erwartung ist, dass er ebenfalls formuliert, was er denkt. Nils erwidert „Auch." Nils geht auf den Impuls der Fachkraft ein und schließt sich der Vermutung von Beppo an. Dabei guckt er zu Fachkraft Svea, dann zu Beppo und wieder zu Fachkraft Svea. Fachkraft Svea schaut auf die Flaschen, macht mit dem linken Zeigefinger eine hin und her Bewegung aus dem Handgelenk heraus und fragt „überall?"

Fachkraft Svea schaut wieder zu Nils und Nils nickt. Fachkraft Svea fragt weiter „Glaubst du überall?" Nils nickt noch einmal und Fachkraft Svea nickt auch einmal. Beppo sagt „Ich glaub nur bei Cola und bei dem." Dabei geht er einen Schritt auf die Flaschen zu, tippt mit dem Zeigefinger auf den Deckel der Colaflasche und tippt dann mit dem Zeigefinger auf den Deckel der Spriteflasche. Fachkraft Svea entgegnet „Ok, bei den zwei. Was sagt der Finn? Hast du eine Idee?" *Nachdem Nils eine konkretere Antwort gegeben hat, regt Fachkraft Svea Finn dazu an, über die Situation hinaus weiterzudenken (Variation eines*

Kausalzusammenhangs). Ihre Erwartung ist, dass auch Finn eine Vermutung formuliert.

Dabei schaut Fachkraft Svea zunächst auf die Flaschen und zeigt mit ausgespreizten Zeige- und Mittelfingern auf diese. Als sie Finn anspricht, wendet sie ihm den Blick zu. Finn zeigt zunächst auf die beiden Colaflaschen. Dann sagt er „Bei den beiden auch." Und legt die eine Hand auf eine Cola- und die andere auf eine Spriteflasche. Auch Finn reagiert auf den Impuls der Fachkraft und formuliert eine Vermutung. Fachkraft Svea erwidert „Bei den auch. Und der Paul?" Fachkraft Svea lässt auch die Vermutung von Finn stehen und regt dann Paul zum Weiterdenken über die Situation hinaus (Variation eines Kausalzusammenhangs) an. Ihre Erwartung ist, dass auch Paul eine Vermutung formuliert. Fachkraft Svea schaut dabei zunächst auf die von Finn gezeigten Flaschen und wendet dann Paul den Blick zu. Dabei befindet sie sich weiterhin in der Hocke. Paul antwortet „Cola", der Rest der Antwort bleibt unverständlich. Dabei zeigt er auf eine Cola- und eine Spriteflasche. Damit geht auch Paul auf den Impuls der Fachkraft ein und formuliert eine Vermutung. Fachkraft Svea entgegnet „Ok, dann darf der Beppo eine Colaflasche nehmen." Beppo geht zu der Colaflasche und hebt sie an. Finn sagt „und sie auf machen" und macht mit der rechten Hand eine Drehbewegung (tut als ob er die Flasche öffnet).

Dabei schaut er zu Beppo. Nachdem die Kinder, wie von der Fachkraft erwartet, Vermutungen dazu geäußert haben, was man mit den Dingen machen könnte und was dann passieren wird, leitet die Fachkraft zum nächsten Handlungsschritt des Experiments über.

Bestimmung des Interaktionsmodus

Rahmenkomplementarität: erwachsenenorientiert-responsiver Interaktionsmodus

Die Fachkraft rahmt die Durchführung des Experiments didaktisch-naturwissenschaftlich und verfolgt dabei einen klaren Handlungsplan. Die Kinder folgen der Rahmung der Fachkraft und bemühen sich, ihren Erwartungen gerecht zu werden, indem sie die an sie gerichteten Aufgaben und Rollen erfüllen. Die Fachkraft und die Kinder nehmen dabei wie selbstverständlich aneinander Anschluss. Dies zeigt sich auch in der Zwischenkonklusion dieser Sequenz. Es erfolgt eine kommunikative Konklusion, indem die Führung der Fachkraft anerkannt wird (dies wird z.B. darin deutlich, dass Beppo direkt nach der Colaflasche greift) und die Überleitung zur Durchführung des Experiments durch die Fachkraft von einem Kind verbal unterstützt wird (als Beppo nach der Flasche greift, sagt er „und aufmachen").

Die anderen beiden Kinder schauen, was geschieht. Dies bringt ein Einverständnis mit dem nun folgenden durch die Fachkraft eingeleiteten Handlungsschritt zum Ausdruck. Die Rollenverteilung zwischen Fachkraft und Kindern scheint geübte Praxis zu sein. Die unterschiedlichen Orientierungen von Fachkraft und Kindern führen hier also nicht zu Missverständnissen. Die Fachkraft macht keinen Gebrauch von ihrer Rahmungsmacht, sondern die Kinder fügen sich ihrer Führung freiwillig. Daher kann hier von einer Rahmenkomplementarität zwischen Fachkraft und Kindern gesprochen werden. Da sich die Kinder nach der Rahmung durch die Fachkraft ausrichten, kann der Interaktionsmodus als ein erwachsenenorientiert-responsiver bezeichnet werden. Diese kognitiv anregende Interaktion gelingt im Sinne der Dokumentarischen Methode. Die Kinder nehmen Anschluss an die Fachkraft und gehen auf die Impulse der Fachkraft ein.

Verlauf der Interaktion zwischen Svea und vier Kindern in Sequenz 2
Die zweite Sequenz findet von Minute 07:30 bis 10:02 statt und dauert 02:02 Minuten. In der Sequenz 2 erfolgen fünf kognitive Anregungen durch die Fachkraft: viermal Item NI_08 Anregen zum Forschen und Explorieren und einmal NI_10 Anregen zum Nachdenken innerhalb der Situation, weshalb diese Sequenz ausgewählt wurde.

Nachdem die Kinder Ideen entwickelt haben, was man mit den Getränken und den Menthos machen könnte und Hypothesen genannt wurden, was bei einer Umsetzung passieren wird, wird nun ein Versuch durchgeführt.

Fachkraft Svea sagt „Ok, dann darf der Beppo eine Colaflasche nehmen." Beppo geht zu der Colaflasche und hebt sie an. Finn sagt „und sie auf machen" und macht mit der rechten Hand eine Drehbewegung (tut als ob er die Flasche öffnet). Dabei schaut er zu Beppo. Fachkraft Svea fährt fort „Stellst sie mal ein bisschen weiter darüber und machst sie auf, schaffst du das?" Fachkraft Svea zeigt mit dem Zeigefinger bei ausgestrecktem Arm vor sich. Beppo geht mit der Colaflasche in die gezeigte Richtung. Er stellt sie auf den Boden und öffnet den Deckel. Dann kehrt er mit dem Deckel zurück zu Fachkraft Svea. Fachkraft Svea sagt ihm „Ok, Deckel legst du einfach zur Seite" Dabei macht sie mit der flachen linken Hand aus dem Arm heraus eine Bewegung hinter sich. Beppo legt den Deckel auf den Boden. Fachkraft Svea fährt fort „Dann macht ihr mal einen großen Kreis drum" und bewegt beide Hände mit Handflächen nach außen aus den Armen heraus von der Körpermitte nach außen.

Die Kinder gehen ein paar Schritte rückwärts. Beppo geht dann mit ausgestreckter rechter Hand zu Fachkraft Svea. Es nieselt leichter Regen. Fachkraft Svea sagt „jetzt wird's, blöd" sie reicht Beppo ein Menthos und sagt „bitte". *Indem Fachkraft Svea Beppo ein Menthos gibt, regt sie die Kinder zum Forschen und Explorieren an. Ihre Erwartung ist, dass Beppo das Menthos in die Colaflasche gibt und beobachtet wird, was passiert.* Beppo geht mit dem Menthos zu der Colaflasche zurück. Fachkraft Svea sagt „Alle einen großen Kreis und du weißt laufen, Beppo wenn du sagst, eh." Beppo lässt das Menthos in die Colaflasche hineinfallen. Im Anschluss geht er ein paar Schritte zurück. Die Cola spritzt in einer Fontaine heraus. Finn antwortet „Ja. Cola spritzt." Dabei hält er sich den linken Zeigefinger an den Mund und schaut auf die Colaflasche. *Die Kinder gehen auf den Impuls der Fachkraft ein. Beppo gibt das Menthos in die Flasche und Finn beschreibt, was er beobachten konnte.* Im Anschluss nimmt er den Zeigefinger vom Mund weg. Fachkraft Svea schaut auf die Colaflasche und nickt.

Dann fragt sie „Warum spritzt die Cola?" *Fachkraft Svea regt hier die Kinder dazu an, über Kausalzusammenhänge innerhalb der Situation nachzudenken. Ihre Erwartung ist, dass die Kinder Begründungen dafür benennen, weshalb die Cola spritzt.*

Dabei wendet sie Finn den Blick zu. Finn zeigt auf die Menthos, die Svea in der Hand hält und antwortet „wegen das da." Fachkraft Svea erwidert „Wegen dem da?", Finn nickt. Fachkraft Svea fährt fort „Ja, was glaubt …" Dabei schüttelt sie die Rolle Menthos, die sie in der Hand hält leicht hin und her.

Paul sagt „Ich will auch mal." Dabei geht er mit ausgestreckten Händen auf Fachkraft Svea zu. Svea entgegnet ihm „Ja, jetzt wartet mal." Dabei streckt sie ihren rechten Arm aus, spreizt die Hand und bewegt sie hoch und runter. Fachkraft Svea redet weiter „Aber glaubst du nur deswegen? Also wegen dem Menthos." Dann schaut sie zunächst auf die Colaflaschen und wendet ihren Blick dann Finn zu. Dabei hebt sie die Menthosrolle hoch, schüttelt sie hin und her und nickt. Finn antwortet ihr „ja" und nickt. Fachkraft Svea fragt „Was ist denn in der Cola drin?" Dabei schaut Fachkraft Svea auf die Colaflasche und zeigt auf diese. Dann schaut sie Finn an. Beppo schaut Svea an, läuft auf sie zu und antwortet „Ehm, Orange." Fachkraft Svea schaut zu Beppo, lacht und entgegnet ihm „Cola küsst Orange, ja" und nickt.

Finn reagiert erwartungsgemäß auf den Impuls der Fachkraft und begründet das Spritzen der Cola mit dem Menthos. Diese Antwort wird dennoch nicht von der Fachkraft bestätigt, sondern in Frage gestellt, woraufhin Finn seine Vermutung erneut durch Nicken bestätigt. Es wird erkennbar, dass der Fachkraft diese Begründung nicht genügt. Dabei wird sie von Paul unterbrochen, der für sich beansprucht auch einmal an die Reihe zu kommen. Pauls Wunsch wird durch „ja" zwar bestätigt, zugleich aber mit „jetzt warte mal" vertröstet, da ihr Ziel, eine Begründung für das Spritzen der Cola zu finden, noch nicht voll erreicht ist. Sie gibt Finn dann eine Unterstützung, eine weiterreichende Begründung für das Spritzen der Cola zu finden, die über das Menthos hinausreicht, indem sie fragt, was in der Cola drin sei. Ihre Erwartung ist hier, dass die Kinder die Kohlensäure als weiteren Grund für das Spritzen der Cola erkennen. Beppo versucht, den Hinweis zu nutzen, und formuliert eine weitere Vermutung, die beinhaltet, dass in der Cola Orange drin sei. Fachkraft Svea nimmt Beppos Begründung lachend auf und stellt einen Bezug her zur Werbung von einem Getränk, das aus einer Mischung aus Cola und Fanta besteht, das mit diesem Slogan „Cola küsst Orange" wirbt. Dass die Fachkraft Beppos Vermutung lachend aufgreift, zeigt, dass es nicht die von ihr erwartete Antwort war und sie dieser Einfall amüsiert.

Darüber hinaus versteht sie Beppos Hinweise auf Orange als eine Bezugnahme auf das Mixgetränk, ohne dass klar wird, ob dies von Beppo beabsichtigt war, er diese Bezugnahme also teilt.

Dann wendet Fachkraft Svea ihren Blick auf eine Wasserflasche, zeigt auf diese und sagt „Na, machen wir's mal, machen wir mal, probieren wir mal ein Wasser." und hockt sich vor dieser hin. Beppo antwortet „ja". Fachkraft Svea sagt dann „Jetzt darf der Paul mal ein Wasser nehmen", dabei bewegt sie die linke flache Hand mit der Handfläche nach unten hoch und runter. Paul geht auf Fachkraft Svea zu. Fachkraft Svea fährt fort „und dann haben wir eine Vergleichsprobe. Nimm mal ein Wasser". Fachkraft Svea schaut auf die Wasserflaschen. Fachkraft Svea leitet, nachdem die Kinder die von ihr erwartete Antwort nicht treffen, zu einem weiteren Versuch mit Wasser über und fordert Paul auf, eine Wasserflasche zu nehmen, die sie im Weiteren als Vergleichsprobe bezeichnet. *Damit regt die Fachkraft die Kinder zum weiteren Forschen und Explorieren an.*

Paul greift eine Wasserflasche und stellt sie vor sich hin. Fachkraft Svea sagt zu Paul „Stell es auch mal darüber, genau" und zeigt mit dem Zeigefinger bei ausgestrecktem Arm auf die Colaflasche. Paul nimmt die Wasserflasche hoch, geht zu der Colaflasche und stellt die Wasserflasche daneben ab. Paul greift den Impuls der Fachkraft auf und beginnt das Experiment mit der Wasserflasche, indem er sie nimmt, sie neben die Colaflasche stellt und versucht, sie zu öffnen.

Es beginnt etwas stärker zu regnen und Fachkraft Svea sagt „Ja, Beppo, du kannst ja mal hier drunter stellen, weil jetzt wird's ein bisschen stärker. Oder Kapuze aufsetzten, wenn du eine hast". Paul versucht, den Deckel der Wasserflasche zu öffnen. Fachkraft Svea schaut zu Paul und fragt „Kriegst du auf oder brauchst du Hilfe?" Fachkraft Svea streckt die Arme aus, die Handflächen nach oben gedreht. Beppo schaut zu Paul, streckt seine Arme nach vorne aus, geht auf Paul zu und fragt „Soll ich's dir aufmachen?" Paul macht einen Bogen um Beppo herum und geht zu Fachkraft Svea. Beppo lässt seine Hände sinken und geht an seinen Platz zurück. Fachkraft Svea antwortet „Nö, komm. Jetzt wird's stärker, das ist blöd." Fachkraft Svea steht kurz auf, schaut auf den Boden.

Dann geht sie wieder in die Hocke. Paul stellt die Wasserflasche vor Fachkraft Svea auf den Boden. Fachkraft Svea schaut auf die Wasserflasche und öffnet diese. Paul sagt zu ihr „Gibst du's mir und dann stell ich's weg." Dabei streckt er die Hände nach der Wasserflasche aus. Fachkraft Svea erwidert Paul „Ja, so, stell's hin." Dabei reicht sie ihm die Flasche und macht den Deckel ganz ab. Ein Kind, welches nicht zu erkennen ist, sagt „oh, oh".

Paul steht immer noch vor Fachkraft Svea. Dabei ist er nur von hinten zu sehen. Fachkraft Svea nickt und sagt zu ihm „Ja, ja stell erstmal die Flasche hin." Paul geht mit der Wasserflasche in Richtung der Colaflasche.

09:16–09:28 Eingelagerte Interaktion
Ein Kind, das gerade mit seinen Eltern den Kindergarten verlässt, bittet Svea um ein Menthos. Das Kind erhält eins.

Finn fragt Fachkraft Svea dann „Frau Grün. Kann ich nach dem Paul?" Dabei schaut er auf die Menthosrolle. Fachkraft Svea schaut ihn an, zeigt mit dem Zeigefinger auf ihn und antwortet „ja".

09:30–09:33 Eingelagerte Interaktion
Fachkraft Svea und ein Elternteil verabschieden sich voneinander.

Beppo und die anderen Kinder schauen auf das Tun von Paul. Paul stellt die Wasserflasche vor den noch nicht getesteten Flaschen auf den Boden. Beppo äußert „Mal gucken, ob das spritzt." und beugt sich kurz in Richtung der Wasserflasche vor. Fachkraft Svea gibt Paul ein Menthos und antwortet „So, jetzt mal gucken, was passiert. Paul, lauf." An dieser Stelle regt Fachkraft Svea die

Kinder zum Forschen und Explorieren an. Ihre Erwartung ist, dass beobachtet wird, was passiert, wenn Paul das Menthos in die Wasserflasche gibt. Währenddessen geht Paul mit dem Menthos in der Hand zu der Wasserflasche, gibt es in die Flasche und tritt dann ein paar Schritte zurück. Nils schaut auf die Wasserflasche und sagt „Ja", als eine leichte Fontaine aus der Wasserflasche sprüht. Finn schaut ebenfalls auf die Wasserflasche und antwortet „Es blubbert nur ein bisschen." Auch Beppo schaut auf die Wasserflasche und sagt „Es, es blubbert nur ein bissle."

Hier zeigt sich, dass die Kinder auf den Impuls der Fachkraft eingehen und gemäß ihrer Rolle als Beobachter beschreiben, was sie gesehen haben. Fachkraft Svea entgegnet „Ok, es blubbert nur ein bissle, genau. Und stärker wie da? Oder stärker, schwächer?". Dabei nickt sie zunächst. Dann zeigt sie abwechselnd auf die Wasser- und Colaflasche. Beppo antwortet „Nee, das da ist stärker." Dabei zeigt er auf die Colaflasche. *Fachkraft Svea bestätigt zunächst die Beobachtung der Kinder und fordert dann einen Vergleich zwischen dem Ergebnis mit der Cola und dem Ergebnis mit dem Wasser ein.*

09:53–09:56 Eingelagerte Interaktion
Fachkraft Svea entgegnet „Beppo, zieh mal Kapuze auf. Paul, komm mal bitte her, weil du hast keine Kapuze. Fachkraft Svea zeigt mit dem rechten Zeigefinger auf Beppo. Dann tippt sie mit dem Zeigefinger in Richtung ihres Kopfes. Fachkraft Svea wendet ihren Blick zu Paul und klopft mit der rechten Hand neben sich an das Fenster. Paul greift nach hinten an seine Jacke und zieht sie ein bisschen hoch. Paul geht dann zu Svea und stellt sich neben sie. Er lässt seine Jacke los.

Fachkraft Svea fährt fort „Das war stärker, ok". Fachkraft Svea wendet ihren Blick nach rechts und zeigt mit dem rechten Zeigefinger auf die Colaflasche. Sie fährt fort „Dann darf der Finn jetzt mal diese Flasche probieren. Mach sie auf". *Die Kinder greifen den Impuls, einen Vergleich zwischen den beiden Experimenten zu ziehen auf. Die Fachkraft bestätigt die Beobachtung der Kinder und regt die Kinder dann erneut zum Forschen und Explorieren an, indem sie Finn auffordert, einen Versuch mit einer anderen Wasserflasche durchzuführen.* Fachkraft Svea schaut im Anschluss auf die Wasserflaschen die vor ihr stehen. Dann greift sie nach einer der Wasserflaschen und gibt sie Finn, der sich vor sie gestellt hat. Finn nimmt die Flasche entgegen und beginnt den Deckel zu öffnen.

Bestimmung des Interaktionsmodus

Rahmenkomplementarität: erwachsenenorientiert-responsiver Interaktionsmodus
Auch hier zeigt sich, dass sich die Kinder vertrauensvoll an der Rahmung durch
die Fachkraft ausrichten. Sie bemühen sich auch hier, die Erwartungen der
Fachkraft zu erfüllen, indem sie die ihnen gestellten Fragen und Aufgaben
beantworten, bzw. ausführen.

Diese Sequenz endet in einer ähnlichen Weise, wie die erste, indem die
Fachkraft, nachdem die Kinder Hypothesen dafür genannt haben, weshalb die
Cola hoch gespritzt ist, zu einem neuen Versuch mit einer anderen Wassersorte
überleitet. Auch hier erfolgen kommunikative Konklusionen. Abschlüsse und
Überleitungen durch die Fachkraft werden von den Kindern fraglos akzeptiert.
Dies wird daran deutlich, dass sie wie in der ersten Sequenz auch, den von der
Fachkraft formulierten Handlungsschritten einvernehmlich z.T. ausschließlich
auf korporierter Ebene (z.B. Flasche nehmen, öffnen und hinstellen oder verbale Fortführungen des Übergangs durch die Fachkraft wie z.B. „und aufmachen") folgen.

Da die Fachkraft keine Rahmungsmacht ausübt und sich die Kinder freiwillig an der Rahmung durch die Fachkraft ausrichten, kann von einer Rahmenkomplementarität zwischen Fachkraft und Kindern gesprochen werden.

Zugleich kann diese Interaktion aus dem Grund, dass sich die Kinder primär
an den Relevanzen der Fachkraft ausrichten, als ein erwachsenenorientiert-
responsiver Interaktionsmodus beschrieben werden. Ebenso wie in Sequenz 1
gelingt auch hier die kognitiv anregende Interaktion im Sinne der Dokumentarischen Methode. Die Kinder nehmen Anschluss an die Fachkraft und gehen
auf ihr Impulse ein. Die kognitiven Anregungen der Fachkraft kommen daher
zur Entfaltung.

Orientierung
Es wird eine Orientierung der Fachkraft an einem festen Handlungsplan erkennbar. Den Kindern wird dabei eine passive Rolle als Beobachter und Fragenbeantwortende zugesprochen, außer wenn sie den Versuch durchführen
dürfen.

Dabei ist die Fachkraft an der Einbeziehung jeden Kindes orientiert. Dies
zeigt sich zum einen daran, dass sie jedem Kind die Möglichkeit gibt, ihre Frage zu beantworten sowie darin, dass sie die Kinder abwechselnd den Versuch
durchführen lässt. Die Fachkraft ist bei der Durchführung des Versuchs an den

Methoden naturwissenschaftlichen Arbeitens ausgerichtet. Sie lässt die Kinder eine Hypothese formulieren. Darauf folgt die Durchführung eines Versuchs. Es wird geschaut, ob die Hypothese eingetroffen ist. Es wird versucht, eine Erklärung dafür zu finden. Darauf folgt ein weiterer Versuch mit einer gezielten Variation. Die Kinder werden zu Vergleichen angehalten und es werden weitere Erklärungen eingefordert, usw. Die Kinder richten sich dabei freiwillig nach der Strukturierung durch die Fachkraft.

Die Fachkraft lässt sich auf Handlungsvorschläge der Kinder ein, wenn diese in ihre Rahmung, bzw. ihren Handlungsplan integrierbar sind. Da sich die Kinder an der Orientierung der Fachkraft ausrichten, können kindliche Orientierungen nicht rekonstruiert werden.

Günstige Aspekte in der Interaktion zwischen Fachkraft Svea und den Kindern
Diese kognitiv anregende Interaktion zwischen Fachkraft und Kindern erfolgt entlang des Handlungsplans der Fachkraft innerhalb ihrer Rahmung.

Die Kinder richten sich in der Interaktion an den Relevanzen der Fachkraft, bzw. an ihrer Rahmung aus. Sie reagieren entsprechend auf die von ihr gestellten Fragen und bemühen sich, ihren Erwartungen gerecht zu werden.

Da die Kinder den Erwartungen der Fachkraft wie selbstverständlich folgen, gelingt die Interaktion zwischen Fachkraft und Kindern. Bedeutsam könnte hier auch sein, dass Beppo den Versuch zu kennen scheint und auch aus diesem Grund in der Lage ist, adäquat auf die Erwartungen der Fachkraft einzugehen. Die anderen Kinder orientieren sich wiederum an ihm. Auffällig ist, dass die Fachkraft hier darum bemüht ist, dass jedes Kind die Möglichkeit erhält, ihre Frage zu beantworten, bzw. den Versuch einmal durchzuführen. Dadurch werden alle Kinder in die Interaktion einbezogen.

Den Kindern kommt hier insgesamt auch eher eine passive Rolle des Beobachters und Fragenbeantwortenden zu. Es sei denn, sie sind an der Reihe, den Versuch durchzuführen. Dies wird von den Kindern jedoch nicht in Frage gestellt. Daran, dass sie darum bitten, als nächstes an die Reihe zu kommen, den Versuch durchzuführen, ist zu erkennen, dass es den Kindern wichtig ist, die Chance einmal aktiv zu sein, nicht zu verpassen. Die Fachkraft, die ohnehin daran ausgerichtet ist, dass jedes Kind einmal an die Reihe kommt, kommt den Wünschen der Kinder bezüglich der Reihenfolge nach.

Auf körperlicher Ebene brauchen die Kinder hier nicht auf Stühlen zu sitzen, sondern stehen in einem Kreis. Dadurch haben die Kinder mehr Möglichkeiten, sich ein wenig zu bewegen, von hier nach dort zu gehen, ihre körperliche Position leicht zu variieren. Daher kommt ihnen auf dieser Ebene keine ganz so passive, bzw. statische Rolle zu, als wenn sie auf einem Stuhl sitzen müssten. Die Kinder sind in beiden Sequenzen bei der Sache und zeigen keine Ablenkungs- oder Ermüdungserscheinungen.

Die kindspezifischen Antworten der Kinder (z.B., dass Orange in Cola enthalten ist) werden von der Fachkraft unabhängig davon, ob es die von ihr erwarteten Antworten sind oder nicht, zunächst angenommen. Die Fachkraft arbeitet stattdessen über den Verlauf der Angebotssituation auf die von ihr abgezielte Antwort hin, indem sie die Kinder zu Vergleichen anregt und sie mittels geeigneten Fragen und Hinweisen zur Lösung hinführt. Dadurch werden die Antworten der Kinder ernst genommen und auf ein zähes Ratespiel, das fortgesetzt wird, bis die richtige Antwort vorliegt, verzichtet. Merkt die Fachkraft, dass die Kinder nicht auf die von ihr gewünschte Antwort kommen, leitet sie zunächst zu einem weiteren Versuch über und versucht, über den Vergleich der durchgeführten Versuche zu der ihr erwünschten Antwort zu kommen. Die einzelnen Passagen erhalten dadurch keine unnötigen Längen, die die Kinder langweilen oder ermüden könnten.

Die dem naturwissenschaftlichen Arbeiten zugrundeliegenden Methoden a) Die (vereinfachte) Modellbildung – Erklärung überlegen, erklären, wie; b) Die Hypothese: Treffen einer Vorhersage – was passiert, wenn; c) Das Experiment - planvolles, systematisches Ausprobieren und d) die Schlussfolgerung – ist die Vorhersage eingetroffen? können in der Durchführung dieses Angebots aufgezeigt werden. Die einzelnen Versuche stellen dabei kein Nebeneinander dar, sondern es erfolgt eine gezielte Variation, durch die das Finden einer Erklärung des Phänomens unterstützt wird. Lediglich die klare Formulierung der Fragestellung – was soll getestet werden? erfolgt nicht.

Die häufigen Anregungen sind hier also darauf zurückzuführen, dass die Fachkraft einerseits jedes Kind einbezieht und andererseits, weil sie die Methoden des naturwissenschaftlichen Arbeitens berücksichtigt. Entsprechend variieren hier die angewendeten kognitiven Anregungen: Anregen zum Forschen und Explorieren, Anregen zum Nachdenken (über Kausalzusammenhänge) innerhalb der Situation und Anregen zum Weiterdenken über die Situation hinaus (Variation eines Kausalzusammenhangs).

Ungünstige Aspekte in der Interaktion zwischen Fachkraft Svea und den Kindern

Die Einstiegsfrage, was man mit den Menthos und den Getränken machen kann, erscheint hier ungünstig, da die Einstiegsfrage Offenheit suggeriert, obwohl die Fachkraft auf etwas Konkretes hinaus möchte.

Die Kinder könnten so auf Ideen kommen, die von der Fachkraft nicht angestrebt werden (z.B. Menthos aufessen, Getränke austrinken; Getränke miteinander mischen u.ä.). Stattdessen wäre eine klare Benennung der Fragestellung, die dem Versuch zugrunde liegt, günstiger gewesen. Dass es dennoch ohne erkennbare Konflikte zu dem von ihr geplanten Versuch kommt, scheint vor allem daran zu liegen, dass Beppo den Versuch kannte und daher den von der Fachkraft erwarteten Vorschlag machte. Die anderen Kinder scheinen sich an ihm zu orientieren, was seine Expertise bezüglich des Versuchs unterstreicht.

Darüber hinaus haben die Kinder bei der Durchführung des Experiments überwiegend eine passive Rolle. Dies ist, auch wenn die Verantwortung für die Durchführung des Versuchs bei der Fachkraft liegt, nicht zwingend nötig. Hier hätte darüber nachgedacht werden können, wie die Kinder durchgängig aktiver sein könnten. Eine Möglichkeit wäre z.B. den Kindern jeweils eigenes Material zur Verfügung zu stellen, so dass die Kinder die jeweiligen Handlungen durchgängig aktiv hätten ausführen können.

Fall 7 Licht (FK31912N)

Gestaltung kognitiv anregender Interaktionen der Fachkraft Cloe und der Kinder im naturwissenschaftlichen Bildungsangebot

Das naturwissenschaftliche Angebots-Video der Fachkraft Cloe dauert insgesamt 00:20:30 Minuten. Die erste Sequenz erfolgt von Minute 09:40 bis 12:14 und dauert 02:34 Minuten.

Es erfolgen acht kognitive Anregungen durch die Fachkraft: viermal NI_09 Anregen zum Formulieren eigener Gedanken und Überlegungen, zweimal NI_10 Anregen zum Nachdenken innerhalb der Situation und zweimal NI_11 Anregen zum Weiterdenken (über die Situation hinaus), weshalb diese Sequenz für die Analyse ausgewählt wurde.

Verlauf der Interaktion zwischen Fachkraft Cloe und vier Kindern in Sequenz 1
Die Fachkraft Cloe und die Kinder befinden sich in einem Raum, in dem in der Mitte ein großer runder Tisch steht. Außen um den Tisch herum sind drei Sofas aufgestellt. Auf den Sofas liegen Kissen. Fachkraft Cloe sitzt der Kamera gegenüber. Aus Fachkraft Cloes Perspektive links sitzen Klaus und Ulrike, rechts Juni und Hanna (vgl. Abbildung 25). Auf dem Tisch liegen verschiedene Gegenstände, wie z.B. ein Tuch, ein Brett oder Plastikfolie, durch die mit der Taschenlampe hindurch geleuchtet werden soll. Dafür stehen zwei Taschenlampen zur Verfügung.

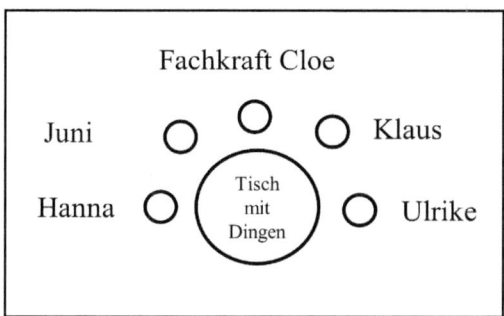

Abbildung 25:   Anordnung der Personen und Dinge in Sequenz 1 und 2

Fachkraft Cloe hat im naturwissenschaftlichen Angebot das Thema Lichtquellen eingeführt. Cloe und die Kinder haben zunächst erörtert, welche natürlichen und künstlichen Lichtquellen es gibt. Im Anschluss haben sie den Raum verdunkelt und die Taschenlampen ausprobiert. Darauffolgend haben sie sich mit der Frage beschäftigt, wovon es abhängt, dass die Sonne durch manche Jalousien durchscheint und durch andere nicht. Dabei haben sie festgestellt, dass die Dichte des Materials eine Rolle spielen könnte. Fachkraft Cloe bringt dann verschiedene Gegenstände ins Spiel, an denen getestet werden soll, ob die Taschenlampe hindurch scheinen kann oder nicht. Sie leitet dies wie folgt ein „Ich hab eine Idee, bevor wir immer schauen ob sie, ob unser Licht durchscheint oder nicht, frage ich euch immer, was ihr glaubt. Und dann probieren wir's aus, ob's auch so ist, ok?" Die Kinder bejahen oder nicken. Fachkraft Cloe und die Kinder haben dann bereits an ein paar Dingen probiert, ob die Taschenlampe durchscheint oder nicht, als diese Sequenz startet.

Fachkraft Cloe fragt „Was probieren wir als nächstes aus, Klaus?" Dabei schauen Fachkraft Cloe und die Kinder auf den Tisch mit den Dingen. Klaus antwortet „Holz". Dabei greift er nach der Holzplatte, die auf dem Tisch liegt. Fachkraft Cloe entgegnet „Holz. Und was glaubst du?"

Fachkraft Cloe regt Klaus dazu an, über die Situation hinaus weiterzudenken (Variation eines Kausalzusammenhangs). Ihre Erwartung ist, dass Klaus eine Vermutung formuliert, ob das Licht durch das Holz durchscheinen wird oder nicht. Dabei schaut sie auf die Plastikfolie und schiebt sie beiseite. Klaus antwortet „Nicht durch." Und schaut erst auf die Holzplatte und dann zu Fachkraft Cloe. *Klaus greift Cloes Anregung auf und formuliert erwartungsgemäß eine Vermutung.* Fachkraft Cloe schaut zu Klaus. Fachkraft Cloe erwidert „Warum glaubst du scheint's nicht durch?" *An dieser Stelle wird Klaus dazu angeregt (über Kausalzusammenhänge) innerhalb der Situation nachzudenken. Klaus soll begründen, weshalb er denkt, dass das Licht nicht durch das Holz durchscheinen wird.*

Dabei schaut Fachkraft Cloe auf das Holz und schüttelt den Kopf. Klaus sagt „Weil's zu stark ist, das Holz." Dabei schauen sie sich gegenseitig an. Auch auf diese Anregung der Fachkraft geht Klaus ein und formuliert eine Begründung für seine Vermutung. Fachkraft Cloe entgegnet „Glaubst du das ist zu dicht. Was glaubst du?" *Mittels dieser Frage regt Fachkraft Cloe Hanna dazu an über Kausalzusammenhänge innerhalb der Situation nachzudenken. Ihr Ziel ist, dass auch Hanna eine Vermutung formuliert.* Fachkraft Cloe schaut dabei zunächst zu Klaus und dann zu Hanna. Hanna antwortet „Nicht durchscheinen."

Hanna greift den Impuls der Fachkraft ebenfalls auf und stellt eine Vermutung auf, ob das Licht durchscheinen wird oder nicht. Fachkraft Cloe lächelt. Fachkraft Cloe wendet sich dann Juni zu und stellt ihr dieselbe Frage „Was glaubst du?" *Fachkraft Cloe lässt Hannas Vermutung wohlwollend stehen und regt dann Juni dazu an (über Kausalzusammenhänge) innerhalb der Situation nachzudenken. Ihre Erwartung ist, dass auch Juni eine Vermutung äußert.* Juni macht „mmm". Dabei schaut sie nach unten. Das „mmm" macht deutlich, dass Juni die Frage der Fachkraft aufgreift, aber noch nachdenkt. Ulrike antwortet „Ich glaub nicht durchscheinen." *Ulrike, die als einzige noch nicht gefragt worden ist, geht unaufgefordert ebenfalls auf die Anregung der Fachkraft ein und formuliert eine Vermutung.*

Cloe schaut zu Ulrike und lächelt. Fachkraft Cloe schaut dann wieder zu Juni. *Fachkraft Cloe lässt auch Ulrikes Antwort wohlwollend stehen (die Fachkraft lächelt) und öffnet dann erneut Juni den Raum, eine Vermutung zu formulieren, indem sie ihr erneut den Blick zuwendet.* Juni sagt „Nicht durchscheinen." und schaut Cloe dabei an. *Juni, die zuvor noch nachdachte, äußert nun erwartungsgemäß eine Vermutung, ob das Licht durch das Holz durchscheinen wird oder nicht.* Fachkraft Cloe antwortet „Glaubst du's auch nicht. Probier's aus Klaus. Schauen wir mal."

Fachkraft Cloe lässt auch Junis Vermutung gelten und regt die Kinder dann zum Forschen und Explorieren an, indem sie Klaus auffordert, das Experiment nun durchzuführen. Ihre Erwartung ist, dass die Kinder beobachten, ob sich ihre Vermutung bestätigen lässt oder nicht.

Cloe schaut dabei zunächst zu Juni und dann auf das Holz. Dann lehnt sie sich etwas zurück und Klaus nimmt die Taschenlampe, die vor Juni steht. Klaus hält das Holz so, dass die Oberseite zu Ulrike zeigt. Alle Kinder schauen auf das Holz. Klaus führt den Versuch durch, indem er die Taschenlampe von Hinten an das Holz hält. Ulrike, die auf die flache Seite des Holzes schauen kann, antwortet „Ich seh nichts." Fachkraft Cloe fragt „Siehst nichts?" Cloe schiebt dabei die Taschenlampe, die vor ihr steht etwas beiseite. Klaus dreht das Holz, so dass er auf die Oberseite schauen kann. Von unten hält er weiterhin die Taschenlampe dagegen. Fachkraft Cloe schaut auf das Holz. Es ist nun ein leichter Lichtpegel auf dem Holz zu sehen und Ulrike sagt „Ich seh nur rot." Fachkraft Cloe sagt „oh". Dann schaut sie zu Klaus. Hanna steht auf und schaut auf das Holz.

Auch Klaus schaut auf das Holz. Klaus antwortet „Scheint durch." Dabei schaut er mit schiefgelegtem Kopf zu Fachkraft Cloe und lacht leicht, bevor er spricht. Fachkraft Cloe schaut im Anschluss zu Hanna.

Fachkraft Cloe erwidert „Scheint durch." Klaus entgegnet „Aber nur ganz wenig." Fachkraft Cloe antwortet „Aber, genau, gar nicht mehr so viel Kraft, das Licht dann, ge? Muss sich wahrscheinlich ganz schön anstrengen durch das Holz." Fachkraft Cloe schaut auf das Holz und nickt leicht. Klaus hält die Taschenlampe an das Holz und entfernt sie dann etwas vom Holz und hält sie dann wieder an das Holz ran.

Die Kinder gehen auf den Impuls der Fachkraft ein. Sie beobachten, was passiert, als Klaus die Taschenlampe an das Holz hält, und verbalisieren, ob sich ihre Vermutung bestätigt oder nicht. Fachkraft Cloe fährt fort „Tun wir's mal, schau mal, weiter weg, und jetzt kommst du immer näher, kommst immer näher, ob sich dann das Licht verändert." *An dieser Stelle regt Fachkraft Cloe, die Kinder zum Forschen und Explorieren an. Ihre Erwartung ist, dass die Kinder beobachten, ob sich, wenn der Abstand zwischen der Taschenlampe und dem Holz variiert wird, etwas an der Lichtdurchlässigkeit verändert.* Fachkraft

Cloe greift nach der Taschenlampe und dem Holz. Klaus lässt beides los. Fachkraft Cloe hält die Taschenlampe weit vom Holz entfernt und gibt sie dann Klaus wieder zurück. Sie hält das Holz mit beiden Händen fest. Ulrike steht auf, kommt näher heran, beugt sich weit vor und schaut auf das Holz. Auch alle anderen schauen vorgebeugt auf das Holz. Ulrike sagt zu Klaus „komm mal näher. Ja".

Dann richtet sich Ulrike wieder auf. Fachkraft Cloe und Hanna antworten gleichzeitig „ja". Cloe schaut dabei zu Hanna und lächelt. Hanna nickt und lächelt ebenfalls. Klaus sagt „Rot. So rot ist auch Lava." Dabei hält Klaus weiterhin die Lampe an das Holz und schaut auf das Holz. Cloe entfernt dann das Holz von der Taschenlampe, lächelt und schaut weiter auf das Holz.

Klaus stellt die Taschenlampe dann mit der Lichtquelle nach unten auf den Tisch. Fachkraft Cloe nimmt das Holz von der Taschenlampe herunter und sagt dann „Also, da kann man sehen, das sind nämlich ganz schön viele Schichten, ge?" Dabei dreht sie das Holz so, dass alle auf die schmale Kante schauen können. Sie streicht mit dem Finger über die Kante. Alle Kinder schauen auf die Kante. Fachkraft Cloe tippt auf die Kante. Hanna nickt.

Alle Kinder – auch Klaus - schauen auf die Kante. Klaus sagt „Mhm" und Hanna nickt. Fachkraft Cloe führt ihre Ausführungen zu den Holzschichten weiter aus „Seht ihr das? Da sind drei Holzschichten. Das ist dann wahrscheinlich ganz schön schwierig." Klaus leuchtet mit der Lampe an die Stelle, auf die Fachkraft Cloe zeigt. Die anderen Kinder schauen, was Fachkraft Cloe zeigt. Klaus stellt die Lampe mit der Lichtquelle nach unten auf den Tisch. Fachkraft Cloe fährt fort „Ok, also hat's jetzt durch's Holz durchgeschient?"

Juni nimmt eine Taschenlampe die vor Fachkraft Cloe steht. Fachkraft Cloe hält das Holz vor sich und schaut Klaus an. Klaus nimmt ein Stück Stoff in die Hand, das er dann auf den Tisch legt und schaut zu Fachkraft Cloe. Alle Kinder, außer Juni, antworten Fachkraft Cloe „ja". *Die Kinder gehen auch hier auf den Impuls der Fachkraft ein und beobachten, was bei der Variation des Abstands zwischen dem Holz und der Taschenlampe hinsichtlich der Lichtdurchlässigkeit passiert. Die Fachkraft und die Kinder resümieren dann ihre Beobachtungen.*

Juni schaut sich währenddessen die Taschenlampe an. Klaus nimmt den Stoff und leuchtet mit der Taschenlampe durch den Stoff. Fachkraft Cloe fragt „Seht ihr hier noch Holz?" Ulrike macht „Öhh" und kommt zum Tisch vor. Klaus macht ebenfalls „Öhh", steht auf und schaut sich auf dem Tisch um. Hanna macht ebenfalls „Öhh".

Fachkraft Cloe klopft auf den Tisch und fragt „Aus was ist der Tisch?" Sie schaut einmal nach links zu Klaus und Ulrike und einmal nach rechts zu Hanna und Juni. Klaus und Ulrike antworten „Aus Holz." Fachkraft Cloe sagt „Probieren wir mal, ob's Licht durch jeden, durch jedes Holz schafft" und schaut zu Klaus. *Mit diesem Impuls regt Fachkraft Cloe die Kinder zum weiteren Forschen und Explorieren an, indem sie die Kinder auffordert zu prüfen, ob das Licht auch durch die Tischplatte hindurch scheint. Die Kinder sollen dies ausprobieren und beobachten, ob das Licht durchscheint oder nicht.*

Klaus scheint mit der Taschenlampe von oben auf den Tisch. Klaus schaut dann unter den Tisch. Fachkraft Cloe nickt einmal. Hanna und Ulrike schauen dann auch unter den Tisch. Klaus richtet sich wieder auf und antwortet „Nein, da schafft's nicht durch." Juni schaut zu Klaus. Fachkraft Cloe schaut auf den Tisch und entgegnet ihm „meinst nicht? Ulrike macht „Uä, uä". Hanna und Ulrike schauen währenddessen immer noch unter den Tisch. Klaus erwidert Fachkraft Cloe „Weil's zu dick ist." Klaus lacht leicht, während er spricht, stellt die Lampe mit der Lichtquelle nach unten auf den Tisch und beugt sich runter. Ulrike antwortet „Das Holz ist ja auch viel zu dick, schau dir das doch mal an."

Dabei befühlt sie die Tischplatte mit beiden Händen und schaut zu Cloe. Hanna hockt sich auf den Boden und klopft mit beiden Händen an den Tisch. Dann verschränkt sie die Arme vor der Brust. Klaus wiederholt „Schau doch selber mal." Dabei hält er die Lampe weiterhin mit der Lichtquelle auf den Tisch und schaut kurz Fachkraft Cloe an. Fachkraft Cloe antwortet „Mhm. Schau mal, ich, ich. Ok, ich schaue auch unten." Dabei schaut Fachkraft Cloe auf die Taschenlampe.

Dann greift Fachkraft Cloe nach der Taschenlampe, lässt sie aber wieder los. Fachkraft Cloe beugt sich nach unten und schaut unter den Tisch. Ulrike, Klaus, Hanna und Juni beugen sich auch unter den Tisch und schauen, ob das Licht durch den Tisch scheint. Dabei sagt Ulrike „Uäh, ich muss (unverst.)." Juni hält eine eingeschaltete Taschenlampe in den Händen, die sie unter den Tisch hält. Fachkraft Cloe erwidert „Nee, ich seh da nichts. Ihr?" Dabei richten sich Cloe, Klaus und Juni wieder auf. Ulrike schaut noch unter den Tisch. Sie antwortet „Ah, ich seh etwas." Daraf hin beugt sich auch Klaus wieder herunter. Fachkraft Cloe und Juni beugen sich auch wieder unter den Tisch. Fachkraft Cloe fragt „Echt? Wo?" Ulrike antwortet „Da bei der Juni, die (unverst.)." Juni hält ihre Lampe währenddessen immer noch unter den Tisch. Fachkraft Cloe, Klaus und Hanna schauen auch wieder hoch. Cloe erwidert „Ach so. Ja, das ..." Dabei lacht Cloe und schaut Juni an. Juni schaut nach unten und leuchtet mit ihrer Taschenlampe unter den Tisch.

Dann beginnen alle laut zu lachen. *Diese Sequenz zeigt, dass sich die Kinder auf den Impuls der Fachkraft eingelassen haben. Sie haben ausprobiert, ob das Licht durch die Tischplatte durchscheint oder nicht und ihre Beobachtungen mitgeteilt. Dabei kommt es zu einem kleinen Scherz zwischen der Fachkraft und den Kindern.* Fachkraft Cloe fährt dann an Juni gewandt fort „Aber schau mal Juni, wenn du jetzt das Licht hier drauf, ist hier Licht?" *Hier regt Fachkraft Cloe Juni zum Forschen und Explorieren an. Ihre Erwartung ist, dass Juni beobachtet, ob das Licht durch die Tischplatte durchscheint oder nicht und ihre Beobachtung mitteilt.* Fachkraft Cloe nimmt dann Junis Taschenlampe. Juni schaut zu Fachkraft Cloe und lächelt. Fachkraft Cloe und Juni schauen dann auf die Taschenlampe. Fachkraft Cloe hält die Taschenlampe hoch und dreht sie mit der Lichtquelle Richtung Tisch. Juni folgt der Bewegung mit den Augen. Fachkraft Cloe zeigt mit dem Zeigefinger auf das Licht. Fachkraft Cloe stellt die Lampe dann mit der Lichtquelle nach unten auf den Tisch und zeigt mit der Hand unter den Tisch. Daraf hin beugen sich alle Kinder unter den Tisch. Mehrere Kinder antworten „Nein". Dabei schauen alle Kinder außer Klaus noch unter den Tisch. *Juni und auch die anderen Kinder gehen auf den Impuls der Fachkraft ein. Sie schauen unter den Tisch um zu prüfen, ob das Licht der Taschenlampe von Juni durch die Tischplatte scheint und teilen ihre Beobachtung mit.*

Fachkraft Cloe entgegnet „Nein. Warum glaubst du ist da kein Licht?" und schaut Juni an. Juni wird hier mittels der Frage von Fachkraft Cloe dazu angeregt, über einen Kausalzusammenhang innerhalb der Situation nachzudenken.

Juni soll begründen, weshalb das Licht nicht durch die Tischplatte durchscheinen kann. Klaus nimmt sich einen Bierdeckel und scheint mit der Taschenlampe hindurch. Ulrike antwortet auf Fachkraft Cloes Frage „Weil's da zu dick ist." Fachkraft schaut Ulrike an und lächelt. Klaus hält immer noch die Taschenlampe an den Bierdeckel und sagt „Hier, ich seh was, dadurch schafft es." Dabei lächelt er und lacht leicht.

Fachkraft Cloe sagt „Ge". Dabei schaut Fachkraft Cloe zu Ulrike und lächelt. Sie schaut dann zu Klaus, greift nach dem Bierdeckel und der Taschenlampe und sagt „Aber Klaus, wir wollen's nacheinander machen, ge." Fachkraft Cloe stellt den Bierdeckel mit der Taschenlampe oben drauf auf den Tisch. *Ulrike greift den Impuls der Fachkraft auf und formuliert eine Vermutung, weshalb das Licht nicht durch die Tischplatte hindurchscheint. Juni selbst gibt der Fachkraft keine Begründung ab. Klaus beteiligt sich ebenfalls nicht daran, zu überlegen, weshalb das Licht nicht durch die Tischplatte scheint. Stattdessen beginnt er selbst einen Versuch mit einem Bierdeckel.*

Fachkraft Cloe, die daran orientiert ist, dass gemeinsam geschaut wird, ob das Licht durch die verschiedenen Dinge durchscheint oder nicht, akzeptiert diese oppositionelle Handlung von Klaus nicht und nimmt ihm die Taschenlampe und den Bierdeckel mit dementsprechender Begründung ab.

Dann fährt sie fort „Sonst da, also der Tisch nä." Dabei klopft sie zweimal auf den Tisch und schüttelt den Kopf. Klaus sagt „Der ist zu dick." Dabei schüttelt er den Kopf und schaut Cloe an. Dann wendet er seinen Blick Ulrike zu. Ulrike wiederholt „Der ist ganz dick." Dabei schaut sie auf die Kante des Tisches. Fachkraft Cloe antwortet „Der ist zu dick, das sind ganz viele Holzschichten, ge." Cloe schaut auf den Tisch und greift mit beiden Händen an die Tischplatte. Dann lässt sie die Tischplatte los und streicht mit dem Zeigefinger an der Kante entlang. Hanna tippt ebenfalls mit dem kleinen Finger an die Kante. Dann fährt sie fort „Ja, so kannst du das auch ausprobieren. Ja, du scheinst ja hinten durch." Klaus greift nach der Taschenlampe und hält sie von unten an die Tischplatte und lacht dabei leicht. Cloe schaut in Klaus' Richtung und dann leicht unter den Tisch. Dann schaut sie kurz vor sich und dann wieder zu Klaus. Während sich Fachkraft Cloe mit Klaus unterhält, hat Ulrike die Finger beider Hände nebeneinander auf den Tisch gelegt. Mit den Daumen greift sie um die Tischplatte. Sie beginnt zu zählen „Eins, zwei, drei, vier, fünf, sechs, sieben."

Dabei macht sie pro Zahl eine Nickbewegung. Während Ulrike spricht sagt Juni „Ein Blatt Papier vielleicht?" und wendet Fachkraft Cloe den Blick zu. Fachkraft Cloe wendet Juni nun den Blick zu und antwortet „ok".

Ulrike steht vom Sofa auf, zeigt bei ausgestrecktem Arm mit dem Zeigefinger auf Fachkraft Cloe und sagt „Hey schau mal wie viele das sind Cloe." Fachkraft Cloe antwortet ihr „ehe" und schaut sie an. Ulrike setzt sich wieder hin, legt die Finger wie zuvor auf den Tisch und beginnt erneut zu zählen „nämlich eins, zwei, drei, vier, fünf, sechs, sieben." Dabei führt sie die rechte Hand dann immer weiter unter den Tisch. Fachkraft Cloe prustet los und lacht. Auch Klaus und Ulrike lachen und Hanna lächelt.

In der Zwischenzeit greift Juni nach dem Blatt und holt es zu sich herüber. Fachkraft Cloe nimmt Klaus und Juni die Taschenlampen ab, wobei sie die Taschenlampe von Juni vor Juni mit der Lichtquelle nach unten auf dem Tisch abstellt. Sie sagt „Schaut mal, die Juni hat noch ne Idee." Klaus wiedersetzt sich dem Eingriff durch die Fachkraft nicht, sondern integriert sich wieder in die Rahmung der Fachkraft, indem er sich wieder an der gemeinsamen Auseinandersetzung, ob das Licht durch den Tisch durscheint oder nicht, beteiligt. Die Fachkraft und die Kinder resümieren ihre Beobachtung, indem sie auf die vielen Schichten des Tisches verweisen, um zu veranschaulichen wie dick der Tisch ist. Dann wird durch Juni zum nächsten Experiment mit Papier übergeleitet, was von der Fachkraft angenommen und unterstützt wird.

Bestimmung des Interaktionsmodus

Rahmenkomplementarität: erwachsenenorientiert-responsiver Interaktionsmodus
Es erfolgte zu Beginn eine kommunikative Klärung der Rahmung, indem die Fachkraft ihren didaktischen Handlungsplan als Vorschlag formuliert („Ich hab eine Idee, bevor wir immer schauen ob sie, ob unser Licht durchscheint oder nicht, frage ich euch immer, was ihr glaubt. Und dann probieren wir's aus, ob's auch so ist, ok?") und die Kinder dem zustimmen (bejahen oder nicken).

Auf diese Weise haben sich Fachkraft und Kinder kommunikativ für eine Ausrichtung an ihren Relevanzen geeinigt. Entsprechend fügen sich die Kinder immer wieder in die Rahmung durch die Fachkraft ein, bemühen sich, ihre Erwartungen zu erfüllen und bestätigen auf diese Weise immer wieder die kommunikative Einigung.

Des Weiteren erfolgt eine kommunikative Konklusion, indem man sich einigt, dass das Licht nicht durch die Tischplatte durchleuchtet und damit dieser Versuch abgeschlossen ist. Es wird dann kommunikativ durch Juni und die Fachkraft zu einem weiteren Versuch übergleitet.

Die kommunikative Konklusion und das gemeinsame Überleiten zum nächsten Versuch verweisen auf eine Rahmenkomplementarität zwischen Fachkraft und Kindern.

Da die gemeinsame Rahmung vor allem durch die Ausrichtung der Kinder an der Orientierung der Fachkraft gelingt, ist diese Interaktion als ein erwachsenenorientiert-responsiver Interaktionsmodus zu bezeichnen. Die kognitiv anregende Interaktion zwischen der Fachkraft und den Kindern gelingt hier also im Sinne der Dokumentarischen Methode. Die Kinder nehmen Anschluss an die Fachkraft und gehen auf ihre Impulse ein. Die kognitiven Anregungen der Fachkraft kommen daher zur Entfaltung.

Verlauf der Interaktion zwischen Fachkraft Cloe und vier Kindern in Sequenz 2
Die zweite Sequenz findet von Minute 13:40 bis 15:05 statt und dauert 01:25 Minuten. Es erfolgen fünf kognitive Anregungen durch die Fachkraft: fünfmal Item NI_08 Anregen zum Forschen und Explorieren, weshalb diese Sequenz ausgewählt wurde.

Fachkraft Cloe und die Kinder haben einige der Materialien, die auf dem Tisch liegen bereits daraf hin überprüft, ob das Licht durchscheint oder nicht. Die Kinder beginnen die bereits getesteten Materialien über der Taschenlampe aufeinander zu stapeln. Fachkraft Cloe unterbricht das Tun der Kinder, nimmt die Dinge von der Lampe herunter und sagt „ihr habt mich auf eine sehr gute Idee gebracht." Sie vollzieht dann mit den Kindern noch einmal nach, dass das Licht durch jedes einzelne Material durchscheinen konnte, während es aufeinandergestapelt nicht mehr durchschien.

Fachkraft Cloe sagt „ Also das Licht scheint durch alles durch. Stapeln wir das mal, schauen wir mal." Fachkraft Cloe schaut Klaus und Ulrike an und nickt. Dann klopft sie mit beiden Händen auf ein Tuch, das vor ihr auf dem Tisch liegt. Klaus legt ein Brett auf das Tuch, nimmt es aber wieder herunter. Juni legt ein Blatt auf das Tuch. Klaus sagt „Hanna. Karton.". Hanna legt ein bräunliches Blatt auf das weiße Blatt von Juni. Ulrike legt eine Folie auf den Stapel. Klaus hält Ulrike am Handgelenk fest und Ulrike zieht die Hand zurück. Sie sagt lachend „Karton". Hanna legt das Stück Folie, das auf dem Stapel zum Liegen gekommen ist, zurecht.

Klaus sagt „Hey, erst kommt das Holz. Die Folie." Dabei lacht Klaus und zieht die Folie vom Stapel herunter. Dann legt er das Holz darauf. Ulrike nimmt die Folie und legt sie auf das Holz.

Klaus greift nach einer Tasse und ist in Begriff, sie auf den Stapel obenauf zu stellen. Fachkraft Cloe sagt zu Klaus „Na, das haben wir ja noch nicht getestet. Also, stellen wir alles drauf oder? Hältst du die Lampe fest?" Fachkraft Cloe schaut dabei zunächst auf die Tasse. Klaus stellt dann die Tasse weg. Cloe stellt die Taschenlampe mit der Lichtquelle nach oben auf den Tisch und greift dann mit beiden Händen nach dem Stapel mit den Dingen. Fachkraft Cloe hält den Stapel über die Taschenlampe. Klaus antwortet „ja" und umgreift mit beiden Händen die Taschenlampe. Fachkraft Cloe stellt den Stapel auf die Taschenlampe. Sie fragt „Und?" *Hier regt Fachkraft Cloe die Kinder zum Forschen und Explorieren an. Ihre Erwartung ist, dass die Kinder beobachten, ob das Licht noch durchscheint, wenn alle Dinge über der Taschenlampe aufeinandergestapelt wurden.*

267

Alle Kinder schauen auf den Stapel. Klaus antwortet „Scheint nicht durch. Hanna fällt mit Klaus ein und sagt „durch". *Die Kinder gehen auf den Impuls der Fachkraft ein und beschreiben, was sie beobachten.* Fachkraft Cloe entgegnet „Wollen wir immer jetzt schauen, an was es liegt? Nehmen wir mal die Folie weg. Nehmen wir mal die Folie weg. Und scheint's durch?".

Mit dieser Frage werden die Kinder von Fachkraft Cloe zum Forschen und Explorieren angeregt. Ihr Ziel ist, dass sie Teil für Teil herunternehmen und schauen, wann das Licht wieder durchscheint. Zunächst reagiert keins der Kinder auf die Aufforderung von Cloe, ein Teil herunter zu nehmen.

Die Kinder nehmen dann die Folie herunter und schauen, ob das Licht durchscheint. Mehrere Kinder schauen auf den Stapel und sagen „Nein, nöö". *Damit reagieren die Kinder dann doch auf den Impuls der Fachkraft und beschreiben, was sie beobachten.* Fachkraft Cloe schaut auf den Stapel und antwortet „Ich kann's immer noch nicht sehen.

Dann nehmen wir mal noch eine Schicht weg oben." Hier regt Fachkraft Cloe die Kinder erneut zum Forschen und Explorieren an. Ihre Erwartung ist weiterhin, die Teile Stück für Stück herunter zu nehmen und zu schauen, wann das Licht wieder durchscheint. Ulrike nimmt das Holz von oben weg und sagt „Das Holz". Alle beugen sich über den Stapel. Klaus antwortet „Scheint nicht durch." Fachkraft Cloe entgegnet „Immer noch nicht, ok". Dabei richtet sie sich wieder auf. Ulrike fasst nach dem Papier und sagt „Nehmen wir das Papier weg." Hanna ahmt dabei Ulrikes Tun nach und greift ebenfalls nach dem Papier. Hanna bekommt das Papier vor Ulrike zu fassen und nimmt es vom Stapel herunter. Fachkraft Cloe macht „Mhm".

Dabei zieht sie das auf der Lampe verbliebene Papier zurecht. Alle Kinder schauen auf den verbliebenen Stapel.

Klaus und Hanna antworten gleichzeitig „Scheint durch." Fachkraft Cloe erwidert „Jetzt scheint's durch. Jetzt ist es nämlich gar nicht mehr so dicht, ge?" Klaus nimmt nun auch das zweite Papier herunter. Es kommt ein Stoff zum Vorschein, der die letzte Lage des Stapels ist. Die Sequenz zeigt, dass die Kinder auf den Impuls der Fachkraft, die Teile Stück für Stück herunter zu nehmen, reagieren und ihre Beobachtungen benennen. Fachkraft Cloe fährt fort „Schau mal, da kann man das sehen. Wie toll der Stoff aufgebaut ist." Mit diesem Impuls regt Fachkraft Cloe die Kinder zum Forschen und Explorieren an. Die Kinder sollen die Struktur des Stoffes hinsichtlich seiner Lichtdurchlässigkeit betrachten. Fachkraft Cloe zieht den Stoff auf der Lampe fest. Fachkraft

Cloe und die Kinder schauen weit vorgebeugt auf die Lampe. Ulrike antwortet Fachkraft Cloe „Ja".

Fachkraft Cloe fährt fort „Der ist ganz, wie du vorher schon gesagt hast, das kommt vielleicht darauf an, ob etwas dicht ist oder nicht. Ist der Stoff hier dicht?" Fachkraft Cloe zeigt mit dem kleinen Zeigefinger auf den Stoff. Fachkraft Cloe zeigt mit dem Zeigefinger auf Ulrike und schaut sie an. Fachkraft Cloe schaut zu Hanna und Juni. Sie zeigt noch zweimal mit dem Zeigefinger auf den Stoff. Klaus antworten auf ihre Frage „Nein" und Ulrike schüttelt den Kopf und sagt „Nöö". Klaus macht das Licht aus und Fachkraft Cloe sagt „Lass das Licht mal an." Die Kinder schauen auf den Stoff. *Die Kinder lassen sich auf den Impuls der Fachkraft ein und untersuchen mit ihr gemeinsam die Struktur des Stoffes und benennen ihre Beobachtungen.* Fachkraft Cloe führt fort „Nee, das ist so, wie so, schaut mal, das kann man auseinanderziehen." *An dieser Stelle regt Fachkraft Cloe die Kinder erneut zum Forschen und Explorieren an. Ihre Erwartung ist, dass die Kinder weiterhin die Struktur des Stoffes untersuchen.*

Dabei schauen alle weit vorne übergebeugt auf den Stoff. Fachkraft Cloe zieht mit beiden Händen an dem Stoff, den sie über der Taschenlampe festhält. Dann fangen alle an zu lachen. Fachkraft Cloe beginnt weiter zu sprechen „Ok", lässt die Taschenlampe los und nickt. Sie fährt fort „Wir haben noch andere Sachen zum Ausprobieren." Klaus nimmt den Stoff von der Taschenlampe herunter und das Licht leuchtet Fachkraft Cloe in die Augen. Fachkraft Cloe macht uahhh." und alle beginnen zu lachen.

Indem die Kinder vorne übergebeugt auf den Stoff schauen und den Ausführungen der Fachkraft folgen, gehen die Kinder auch hier auf den Impuls der Fachkraft ein. Die Fachkraft schließt dann die Überlegungen hinsichtlich der Lichtdurchlässigkeit des Stoffes ab und leitet zu einem Experiment mit dem nächsten Material über. Der Abschluss wird von Klaus mitgetragen, der den Stoff von der Taschenlampe herunternimmt.

Bestimmung des Interaktionsmodus

Rahmenkomplementarität: erwachsenenorientiert-responsiver Interaktionsmodus
Die Interaktion ist dadurch gekennzeichnet, dass die Fachkraft zunächst einen Impuls der Kinder aufgreift und in ihre didaktische Rahmung überführt. Damit verfolgt sie weiterhin ihren didaktischen Handlungsplan.

Die Kinder lassen sich auch hier erneut auf die Rahmung der Fachkraft ein. Impulse der Kinder, die nicht in den Handlungsplan der Fachkraft passen, werden dabei zurückgewiesen (z.B. das Draufstellen der Tasse), wobei die Kinder daraf hin die Rahmung durch die Fachkraft bestätigen, indem sie sich wieder in diese einpassen. Passen die Impulse hingegen in die Rahmung der Fachkraft, wird diesen stattgegeben (z.B., wenn sich die Kinder äußern, ohne an die Reihe genommen worden zu sein, oder wenn sie den nächsten Schritt des Versuchs einleiten.). Auch in dieser Interaktion erfolgt eine einvernehmliche kommunikativ (interaktive) Konklusion, indem die Fachkraft zu einem nächsten Versuch überleitet, woraufhin Klaus auch das Tuch von der Taschenlampe herunternimmt. Auf diese Weise wird der durch die Fachkraft eingeleitete Abschluss von den Kindern geteilt, indem auch sie den Versuch beenden. Es ist also weiterhin eine Rahmenkomplementarität von Fachkraft und Kindern sichtbar. Dabei richten sich die Kinder vor allem an der Orientierung durch die Fachkraft aus und bemühen, sich ihre Erwartungen zu erfüllen (z.B. stellen sie die Tasse wieder weg und erfüllen die von der Fachkraft gestellten Aufgaben).

Daher kann die Interaktion als ein erwachsenenorientiert-responsiver Interaktionsmodus verstanden werden. Ebenso wie in Sequenz 1 gelingt also auch hier die kognitiv anregende Interaktion im Sinne der Dokumentarischen Methode. Die Kinder nehmen Anschluss an die Fachkraft und gehen auf ihre kognitiv anregenden Impulse ein. Die kognitiven Anregungen der Fachkraft kommen daher zur Entfaltung.

Orientierung

Es wird eine Orientierung an einem festen Handlungsplan erkennbar. Dabei folgt die Fachkraft einem strukturierten, schrittweisen Ablauf des Versuchs. Bei der Versuchsdurchführung wurde den Kindern eine eher passive Rolle als Beobachter und Fragenbeantwortende zugesprochen, außer sie waren an der Reihe, den Versuch durchzuführen (z.B. mit der Lampe durchleuchten oder wegnehmen des jeweils obersten Teils).

Dabei ist die Fachkraft an der Einbeziehung jeden Kindes orientiert, was sich zum einen daran dokumentiert, dass sie jedem Kind die Möglichkeit gibt, ihre Frage zu beantworten, zum anderen aber auch darin, dass sie die Kinder abwechselnd den Versuch durchführen lässt. Kindspezifische Orientierungen finden aufgrund der gemeinsam vereinbarten Ausrichtung an der Rahmung durch die Fachkraft, auf deren Einhaltung die Fachkraft achtet, kaum Ausdruck.

Günstige Aspekte in der Interaktion zwischen Fachkraft Cloe und den Kindern

Die Fachkraft legt den Kindern ihren Handlungsplan offen und holt sich das Einverständnis der Kinder für das Vorgehen ein („Ich hab eine Idee, bevor wir immer schauen, ob sie, ob unser Licht durchscheint oder nicht, frage ich euch immer, was ihr glaubt. Und dann probieren wir's aus, ob's auch so ist, ok?").

Dadurch, dass die Kinder dem Handlungsplan der Fachkraft kommunikativ zugestimmt haben, richten sie sich freiwillig nach diesem.

Diese kommunikative Validierung der Rahmung der Fachkraft könnte zum Gelingen der Interaktion im erwachsenenorientiert-responsiven Interaktionsmodus beigetragen haben. Orientierungsgehalte der Kinder kommen daher eher selten und wenn nur kurz zum Vorschein (z.B. als die Kinder beginnen die Dinge aufeinander zu stapeln). Passen die Orientierungsgehalte der Kinder nicht in die Rahmung der Fachkraft, werden diese unterbunden.

Die Kinder lassen sich darauf ein und richten sich immer wieder an der Rahmung der Fachkraft aus. Daher kommt es hier nicht zu exkludierenden Interaktionsmodi, und die Interaktion zwischen Fachkraft und Kindern gelingt. Zugleich zeigt sich in dieser Situation ein hohes Maß an Humor. Sie können sich Späße mit der Fachkraft erlauben. Dies hat einen positiven Einfluss auf die Atmosphäre der Angebotssituation.

Die Fachkraft und die Kinder sitzen dabei in einem Kreis um einen runden Tisch herum. Dies erleichtert den Blickkontakt der Beteiligten zueinander und schließt alle in gleichberechtigter Weise in die Interaktion ein. Es gibt niemanden, der vorne sitzt und dadurch auf rein körperlicher Ebene eine Führungsposition innehätte. Da die Fachkraft, genau wie die Kinder, auf dem Sofa sitzt, befindet sie sich auch mit den Kindern auf einer Augenhöhe. Auch dies vermittelt auf rein körperlicher Ebene eine gleichberechtigte Interaktion zwischen Fachkraft und Kindern. Die kognitiven Anregungen werden vor allem eingesetzt, um die Kinder dazu anzuregen, an verschiedenen Materialien auszuprobieren, ob das Licht durchscheint („Was probieren wir als nächstes aus, Klaus?") und die Kinder im Vorfeld Hypothesen benennen zu lassen, ob sie denken, ob das Licht durchscheint oder nicht („Holz. Und was glaubst du?").

Zum Teil wird auch um eine Begründung für die Hypothese gebeten („Warum glaubst du scheint's nicht durch?"). Auf diese Weise werden die Kinder an ein forschendes Handeln herangeführt. Daher kann diese Interaktion als eine Form des Scaffolding betrachtet werden, in der vermittelt wird, wie man forscht. Die Methoden des naturwissenschaftlichen Arbeitens können hier vor allem in der ersten Sequenz vollständig aufgezeigt werden. Die Fragestellung des Versuchs wurde explizit gestellt (Sequenz 1 „Ich hab eine Idee, bevor wir immer schauen, ob sie, ob unser Licht durchscheint oder nicht, frage ich euch immer, was ihr glaubt. Und dann probieren wir's aus, ob's auch so ist, ok?"/Sequenz 2 „Wollen wir immer jetzt schauen, an was es liegt? Nehmen wir mal die Folie weg. Nehmen wir mal die Folie weg. Und scheint's durch?"). Es wurde um Hypothesen gebeten (Sequenz 1: „Holz. Und was glaubst du?"/das Formulieren von Hypothesen fehlt in Sequenz 2). Es wurde um Erklärungen gebeten („Warum glaubst du scheint's nicht durch?"/das Einfordern von Erklärungen fehlt in Sequenz 2). Der Versuch wurde durchgeführt und es wurde geschaut, was tatsächlich passiert (Schlussfolgerung). Das zeigt auf, dass es der Fachkraft in Sequenz 1, in der ihr geplanter Impuls umgesetzt wird, leichter fällt, auf die Vollständigkeit der einzelnen für das naturwissenschaftliche Arbeiten bedeutsamen Schritte zu achten, als in der sich spontan entwickelnden Situation in Sequenz 2. In dieser stand dann mehr das Explorieren im Vordergrund. Insgesamt sind hier die häufigen Anregungen darauf zurückzuführen, dass die Fachkraft jedes Kind einbezieht und dieselbe kognitiv anregende Frage an jedes Kind richtet, zum anderen aber auch darauf, dass sie die einzelnen Methoden des naturwissenschaftlichen Arbeitens berücksichtigt.

Daher erfolgen hier verschiedene Formen der kognitiven Anregung: Anregen zum Forschen und Explorieren, Anregen zum Formulieren eigener Gedanken und Überlegungen, Anregen zum Nachdenken (über Kausalzusammenhänge) innerhalb der Situation, Anregen zum Weiterdenken über die Situation hinaus (Variation von Kausalzusammenhängen).

Ungünstige Aspekte in der Interaktion zwischen Fachkraft Cloe und den Kindern
Den Kindern kommt bei der Durchführung des Versuchs überwiegend eine passive Rolle des Beobachters und Fragenbeantwortenden zu. Eine aktive Rolle, in der sie selbst die Handlungsschritte durchführen können, haben sie nur inne, wenn sie an der Reihe sind, den Versuch durchzuführen.

Daher wäre auch eine insgesamt aktivere Rolle der Kinder wünschenswert, indem sie die jeweiligen Handlungsschritte aktiver durchführen können. Auch hier hätte allen Kindern das Material (jedes Kind eine Taschenlampe, jedes Kind ein Blatt Papier, jedes Kind ein Brett, usw.) zur Verfügung stehen können, so dass sie jeweils selbst auf aktive Weise den Versuch hätten durchführen können.

Fall 8 Magnete (FK31522N)

Gestaltung kognitiv anregender Interaktionen der Fachkraft Jona und den Kindern im naturwissenschaftlichen Bildungsangebot

Das naturwissenschaftliche Bildungsangebots-Video der Fachkraft Jona dauert insgesamt 00:35:54 Minuten. Die erste Sequenz findet von Minute 02:14 bis 05:52 statt und dauert damit 03:38 Minuten. Es erfolgen zwölf kognitive Anregungen durch die Fachkraft: fünfmal I_08 Anregen zum Forschen und Explorieren, viermal NI_09 Anregen zum Formulieren eigener Gedanken und Überlegungen und dreimal NI_10 Anregen zum Nachdenken innerhalb der Situation, weshalb diese Sequenz ausgewählt wurde.

Verlauf der Interaktion zwischen Fachkraft Jona und vier Kindern in Sequenz 1

Fachkraft Jona und drei Kinder befinden sich in einer Turnhalle. Dort befindet sich ein Sitzkreis aus Teppichfliesen, in dessen Mitte eine Kiste mit Magneten steht. Ein paar Meter davon entfernt steht ein kleiner quadratischer Tisch mit vier Stühlen drum herum, auf dem weitere Materialien stehen. An der Wand etwas von diesem Tisch entfernt stehen Wassergläser, die mit Wasser gefüllt sind (vgl. Abbildung 26).

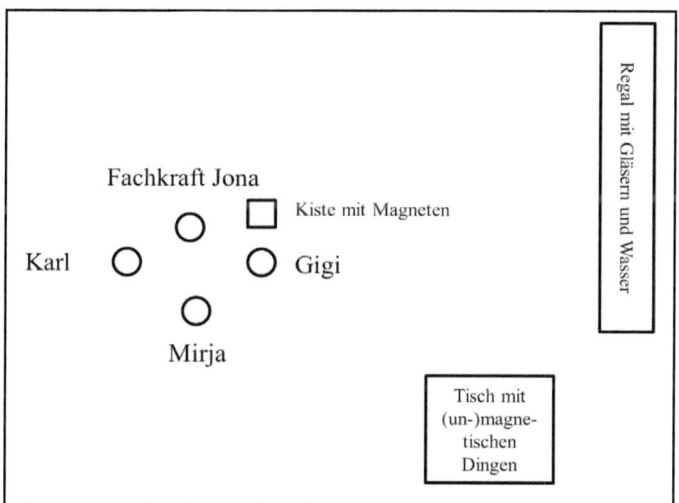

Abbildung 26:   Anordnung der Personen und Dinge in Sequenz 1

Fachkraft Jona hat im Vorfeld noch ein paar organisatorische Aspekte geklärt. Dann beginnt das Angebot. Die Kinder haben bereits ohne Fachkraft Jona begonnen, die Magnete zu betrachten. Als Fachkraft Jona dazu kommt, legen die Kinder die Magneten wieder in die Kiste. Fachkraft Jona sagt den Kindern, dass sie die Magneten ruhig mal ausprobieren können, was die Kinder dann tun. Mirja nimmt zwei Magnete aus der Kiste und hält sie mit der magnetischen Seite aneinander, aber die Magnete stoßen sich ab. Mirja sagt „guck mal" und versucht weiterhin die Magnete aneinander zu bringen. Fachkraft Jona fragt „Was?" und stellt einen Blickkontakt mit Mirja her. Mirja antwortet „Was ich mache." Mirja hält die Magnete weiterhin aneinander und schaut auf die Magnete.

Dabei bewegt sie die Magnete leicht kreisförmig. Fachkraft Jona fragt Mirja „Was machst du jetzt? Das geht ..." Dabei schaut Jona auf die Magnete von Mirja. Karl spricht Fachkraft Jona dazwischen und sagt „Hey cool ..."

Dabei hält er zwei Magnete in der Hand, die sich gegenseitig angezogen haben. Karl spricht jedoch nicht zu Ende, da Gigi beginnt zu reden. Jona wendet Karl den Blick zu. Gigi bewegt die magnetische Fledermaus, die an einem anderen Magneten befestigt ist in der Luft herum und macht dazu Geräusche „Hui, hui, hui, aua, aua, aua, aua." Er ahmt damit eine Tätigkeit von Mirja nach, die zuvor ebenfalls die magnetische Fledermaus an einem Magneten befestigt hatte. Fachkraft Jona schaut kurz zu Gigi.

Dann wendet Fachkraft Jona ihren Blick Mirja zu. Mirja versucht weiterhin, die Magnete aneinander zu bringen. Sie sagt zu Fachkraft Jona „Guck mal". Fachkraft Jona fragt Mirja „Wieso geht das nicht? Vorhin ging's ganz leicht und jetzt? Geht's gar nicht? Hm." *Hier regt Fachkraft Jona Mirja dazu an über Kausalzusammenhänge innerhalb der Situation nachzudenken. Ihre Erwartung ist, dass Mirja eine Begründung dafür findet, weshalb die Magnete einander abstoßen.* Fachkraft Jona und Mirja halten Blickkontakt zueinander. Fachkraft Jona greift nach einem Magneten, der neben Mirja lag. Karl hat immer noch die zwei großen Magnete, die einander anziehen, in den Händen. Oben drauf befindet sich noch ein kleiner Magnet. Er sagt „Hey cooler, coole Kanone." und hält die beiden Magnete, die sich angezogen haben, zu Fachkraft Jona hoch.

Jona wendet Karl den Blick zu und schaut auf seine Magneten. Fachkraft Jona fragt Karl „Was ist bei dir? Was passiert bei dir?" *Mit dieser Frage regt Fachkraft Jona Karl zum Formulieren eigener Gedanken und Überlegungen an. Ihr Ziel ist, dass Karl beschreibt, was mit seinen Magneten passiert.* Dabei schaut Fachkraft Jona auf Karls Magneten und zeigt mit dem Zeigerfinger kurz darauf. Mirja schaut ebenfalls kurz zu Karl und schaut dann wieder auf ihr eigenes Tun. Karl antwortet „Nix." Dabei schaut er auf seine Magneten und dreht sie ein wenig hin und her.

Auch wenn Karl keine Idee hat, was mit seinen Magneten passiert, geht er auf den Impuls der Fachkraft ein, indem er seine Magneten von allen Seiten betrachtet und eine Antwort gibt. Fachkraft Jona fragt Karl „Wieso hält das zusammen? Hast du das zusammengeklebt?" *An dieser Stelle wird Karl von Fachkraft Jona dazu angeregt, über Kausalzusammenhänge innerhalb der Situation nachzudenken. Karl soll darüber nachdenken, weshalb seine Magnete aneinanderhalten.* Karl nickt und schüttelt seine Magnete. *Karl geht auch hier auf den Impuls der Fachkraft ein, indem er bestätigt, dass die Magnete festkleben und zur Demonstration die Magnete schüttelt.*

Fachkraft Jona fährt fort „Ja?" Gigi greift nach dem einen Magneten von Karl. Karl zieht den anderen Magneten zurück. Die Magnete lösen sich, so dass Gigi nun den einen und Karl den anderen Magneten in der Hand hält. Fachkraft Jona fragt „Ah und jetzt?" *Mit diesem Impuls regt Fachkraft Jona Gigi und Karl zum Formulieren eigener Gedanken und Überlegungen an. Ihre Erwartung ist, dass die Kinder erneut überlegen, wie sich die Magnete verhalten, da sich die Magnete voneinander gelöst haben. Dies wäre nicht möglich, wären die Magnete, wie von Jona gefragt und von Karl betätigt, aneinandergeklebt.*

Dabei schaut sie auf die beiden Magnete, die Gigi und Karl in der Hand halten. Gigi befestigt, wie Karl zuvor, andere Magnete an dem Magneten, den er von Karl genommen hat. Die beiden Magnete ziehen sich an. Gigi schaut zu Fachkraft Jona, hält den Magneten zu ihr hoch und sagt „Da". Fachkraft Jona schaut auf seine Magnete. Dabei macht sie einmal den Mund auf und wieder zu. Karl nimmt den dritten, kleinen Magnet, der an seinem anderen großen Magnet befestigt war, ab. Dann hält er Fachkraft Jona den Magnet hin und sagt „Magnet". Gleichzeitig schaut er Fachkraft Jona an. Fachkraft Jona antwortet Karl „Genau" schaut ihn an und nickt. Karl lässt den Magnet in eine Kiste fallen. *Gigi und Karl gehen insofern auf den Impuls der Fachkraft ein, als dass sie Magnete aneinanderhalten und schauen, ob sie halten oder nicht. Karl benennt dabei die Magnete als Magnete.*

Fachkraft Jona fährt fort „das ist ein Magnet, stimmt. Kennst du das? Hast du das schon mal irgendwo gesehen?" Fachkraft Jona nimmt den Magnet wieder heraus. *Indem Fachkraft Jona Karl bestätigt, dass es sich um einen Magneten handelt, wird deutlich, dass Karl ihren Erwartungen entsprochen hat.*

Fachkraft Jona stellt dann einen Bezug zum Alltag der Kinder her und fragt sie, wo sie solche Magnete schon mal im Kindergarten gesehen haben.

Karl schaut auf den Magneten und nickt. Mirja schaut ebenfalls auf den Magneten. Auch Gigi schaut kurz auf den Magneten, den Jona in der Hand hält, obwohl er nebenbei mit eigenen Magneten beschäftigt ist. Mirja antwortet „Das war da drüben." Dabei zeigt sie bei ausgestrecktem Arm hinter sich. Fachkraft Jona nickt einmal leicht und erwidert „Das ist aus dem Rabennest. Wo hängt so etwas? Äh Karl?" Karl schaut weiterhin auf den Magnet in Jonas Händen. Auch Gigi und Mirja schauen auf diesen.

Gigi entgegnet „Immer an der Tafel." Fachkraft Jona schaut auf den Magnet, nickt und sagt zu Gigi „An der Tafel, genau oder wo noch? Wer sieht das manchmal am Maltisch? Und hängt was auf? Hm? Am Maltisch hängt auch so ein schwarzer Streifen und da hängen wir die Bilder immer auf, ge." Während Fachkraft Jona spricht, öffnet sie mehrfach den Klipp des Magneten, so dass es ein paarmal klickt. Mirja schaut zu dem Magneten.

Karl greift nach einem Magnet aus der Kiste, an dem genauso ein Magnet klebt, wie Fachkraft Jona ihn in der Hand hält und lacht. Karl schaut zu Fachkraft Jona und hält ihr den Magnet hin und lacht weiter. Fachkraft Jona wendet Karl ihren Blick zu und lächelt mit zusammen gekniffenen Lippen. Dann wendet sie ihren Blick Mirja zu. Karl wedelt mit seinem Magneten hin und her. Fachkraft Jona hebt den rechten Arm mitsamt dem Magneten in der Hand hoch. Sie macht eine Faust und streckt Zeigefinger und Daumen aus und fährt mit dem Arm von links nach rechts. Mirja schaut zu Jona. Jona hält den Magneten auf Augenhöhe vor sich und öffnet mehrmals den Klipp des Magneten. *Mirja und Gigi gehen auf den Impuls der Fachkraft, zu überlegen, wo in der Einrichtung sie schon mal solche Magnete gesehen haben ein, und bieten dementsprechende Antworten an. Karl ist zwar bei der Sache, bietet aber keine konkrete Antwort an.*

Gigi sagt „Wisch, wisch, wisch" und bewegt seine Magnete nach links und rechts hin und her. Gigi sagt zu Karl „Krieg ich jetzt (unverst.)" und nimmt Karl gleichzeitig auch den zweiten Magneten aus der Hand. Karl wehrt sich nicht dagegen und fragt Fachkraft Jona „Was machen wir jetzt?" Jona legt den Magnet, von dem sie wissen wollte, wo die Kinder ihn schon mal gesehen haben, in die Kiste. Dann hebt sie einen weiteren vom Boden auf. Fachkraft Jona antwortet Karl „Ich sag's euch gleich." Gigi hat beide Magnete, die er von Karl genommen hat, in der Hand und führt sein Spiel fort. Er sagt zu Fachkraft Jona „Guck jetzt, witsch witsch witsch." Dabei schaut er auf seine Magnete, die er mehrfach aneinander titschen lässt. Fachkraft Jona fällt Gigi ins Wort und sagt „Ich habe nämlich letzte Woche allen Erzieherinnen erzählt, dass ich Magnete suche. Ihr habt nämlich recht, das sind Magnete.

Und dann hat jede Erzieherin was mitgebracht." Mirja schaut zu Jona, während sie weiterhin versucht, die Magnete aneinander zu bringen. Karl schaut auf den Magnet in Fachkraft Jonas Händen. Gigi spielt mit seinen Magneten, während Jona spricht.

Mirja sagt „Funktioniert nicht. Guck". Fachkraft Jona macht zustimmend „Mhm". Dabei schaut sie auf die Magnete von Mirja und nickt einmal. Gigi beschäftigt sich weiter mit seinen Magneten.

Seine Magnete ziehen einander an. Gigi sagt zu Fachkraft Jona „Oah, Jona." Fachkraft Jona antwortet „Guck mal Gigi, bei dir halten die so gut zusammen und bei der ähm Mirja überhaupt nicht. Ja, was ist jetzt hier? Guck mal, die Mirja strengt sich richtig an. Probier mal, ob die bei dir zusammengehen."

Hier regt Fachkraft Jona Gigi zunächst dazu an, über Kausalzusammenhänge innerhalb der Situation nachzudenken und regt dann Karl zum Forschen und Explorieren an. Die Erwartung ist, dass Gigi eine Begründung dafür benennt, weshalb bei ihm die Magnete einander anziehen und bei Mirja nicht, und dass Karl, mit den gleichen Magneten, wie die, die Mirja in den Händen hält, ausprobiert, ob sie bei ihm halten oder nicht. Fachkraft Jona zeigt auf die Magneten von Gigi und Mirja. Karl schaut je zu den Magneten von Gigi und Mirja. Dann reicht Fachkraft Jona Karl zwei gleiche Magnete, wie Mirja in den Händen hält. Karl versucht, sie aneinander zu bringen, aber sie stoßen sich ab. Gigi hält seine Magnete rechtwinklig aneinander. Dabei spricht er Fachkraft Jona an „Ey, Jona." und schaut zu ihr. Fachkraft Jona entgegnet Gigi „Mhm, da baut man sogar damit?". Gigi antwortet „Damit kann man auch ..." Gigi unterbricht sich, weil Karl etwas sagt.

Karl versucht, die Magnete, die Fachkraft Jona ihm gegeben hat, aneinander zu bringen. Dabei sagt er „Was ist das hier?" Auch Mirja versucht die Magnete aneinander zu bringen, die sich aber abstoßen. Sie sagt „Meins geht nicht zusammen." und schaut Fachkraft Jona an. Fachkraft Jona erwidert Mirja „Mhm guck mal bei dem Karl, das geht nicht zusammen." Dabei zeigt Fachkraft Jona auf Karl und greift dann in die Kiste. Gigi und Mirja schauen zu Karl. Karl versucht weiterhin, seine Magnete zusammen zu bekommen. Dabei sagt er etwas Unverständliches. Mirja sagt „Meins geht auch nicht zusammen." Gigi legt seine Magnete auf den Boden und greift nach Mirjas Magneten. Mirja hält ihre Magnete fest. Gigi sagt „auch zusammen.", lässt aber Mirjas Magnete los.

Mirja zieht die Magnete weg und sagt „Nein". *Karl greift den Impuls von Fachkraft Jona auf und beobachtet, was passiert, wenn man die Magnete aneinanderhält, und verbalisiert seine Beobachtung. Auch Mirja geht dieser Frage weiterhin nach. Gigi greift den Impuls der Fachkraft, eine Begründung dafür zu benennen, weshalb seine Magnete halten, die von Mirja aber nicht, nicht auf. Aber er probiert, indem er versucht, die Magnete von Mirja zu bekommen und aneinander zu halten, demselben Impuls nachzugehen, den Fachkraft Jona Karl gegeben hat.* Fachkraft Jona sagt „Was passiert, wenn man hingeht? Probier mal zwei solche Teile, wie es bei denen ist, wenn du die zusammenhältst."

Hier regt Fachkraft Jona Mirja dazu an, eigene Gedanken und Überlegungen zu formulieren und regt Gigi zum Forschen und Explorieren an. Mirja soll benennen, was passiert, wenn sie die beiden Magnete, die sie in den Händen hält, aneinanderhält. Gigi soll mit Magneten, die sie ihm gegeben hat, schauen, ob die einander anziehen oder nicht.

Dabei schaut sie zunächst Mirja an. Dann hält sie Gigi einen Magnet hin. Gigi nimmt stattdessen einen anderen Magneten und hält ihn an den Magnet, den er schon in der Hand hält. Die Magnete halten nicht zusammen.

Gigi legt den Magnet wieder weg und nimmt noch so einen Magneten, wie er ihn schon in der Hand hielt. Diese halten aneinander. *Gigi verwendet zwar nicht den von der Fachkraft angebotenen Magneten, geht aber dennoch der Frage nach, welche Magnete aneinanderhalten und welche nicht.*

04:25–04:28 Eingeschobene Interaktion

Ein Kind macht die Tür der Turnhalle auf, sagt „Hää" und schlägt sie dann wieder zu. Jona und die Kinder schauen kurz zur Hallentür, ehe sie sich wieder der Beschäftigung mit den Magneten zuwenden.

Mirja versucht weiterhin, die Magnete aneinander zu bringen und sagt zu Fachkraft Jona „Du guck". Fachkraft Jona antwortet ihr „Mhm" und nickt einmal. Währenddessen hält sie selbst zwei Magnete aneinander und schaut auf diese. Mirja versucht weiter, die Magnete aneinander zu bringen. Dabei sagt sie „Das wirbelt da so rum." Fachkraft Jona erwidert „Hast du das Gefühl, das wirbelt so." Dabei führt sie gestisch eine Kreisbewegung aus. Mirja versucht weiterhin, ihre Magnete aneinander zu bringen und sagt „guck". Fachkraft Jona schaut auf Mirjas Magnete, nickt und sagt „mhm." *Hier geht Mirja auf den von der Fachkraft zu Beginn formulierten Impuls ein und versucht eine Begründung zu formulieren, weshalb ihre Magnete einander abstoßen.* Karl ist ebenso weiterhin damit beschäftigt, die Magnete aneinander zu bringen. Er sag zu Fachkraft Jona „guck mal, was passiert." Dabei lässt er einen Magneten los, der dann herunterfällt. Fachkraft Jona schaut zu Karl. Sie antwortet ihm „Mhm, bei dem Karl ist das genauso. Guck mal die Mirja hat gerade gesagt, das fühlt sich so an, als wenn das so herumwirbelt. Geht dir das auch so?"

Karl erwidert „Mhm." Fachkraft Jona fährt fort „Die wollen einfach nicht zusammen. Wenn man die zusammenhält, die sind wohl nicht magnetisch oder? Aber hält das dann was Anderes? Kann man da was Anderes fest machen damit?" Dabei schauen Fachkraft Jona und Karl auf die Magnete von Mirja. Jona schaut dann auf die zwei Magnete, die sie selbst in den Händen hält. Gigi beugt sich vor und nimmt einen Magneten aus der Kiste. Karl legt seine Magnete in die Kiste und greift nach dem Magnet in Fachkraft Jonas Hand.

Mirja greift nach dem zweiten Magneten in Fachkraft Jonas Hand. Fachkraft Jona schaut in die Kiste und greift hinein. Auch Karl schaut in die Kiste und greift hinein. Fachkraft Jona hält einen Fledermaus-Magnet in der Hand. Karl befestigt einen Magnet an dem Magnet, den er von Fachkraft Jona genommen hat.

Mirja lässt den Magnet, den sie von Fachkraft Jona genommen hat, auf den Boden fallen. Gigi spricht Fachkraft Jona mit „Hey guck mal" an und hält ihr zwei Magnete hin, die einander anziehen. Mirja hält den Magnet, den sie von Fachkraft Jona genommen hat und einen weiteren Magnet aneinander. Fachkraft Jona schaut Karl an und antwortet „Das geht?" Dann zeigt Fachkraft Jona mit dem Zeigefinger auf die Magnete von Gigi und fährt fort „Und was hast du jetzt gemacht? Ah guckt, hier geht's wieder." *Hier regt Fachkraft Jona Gigi zum Formulieren eigener Gedanken und Überlegungen an. Ihre Erwartung ist, dass Gigi überlegt, was er verändert hat, und die anderen beiden Kinder bei Gigi schauen, dass die Magnete halten.*

Karl und Mirja schauen auf die Magnete von Gigi. Gigi hebt seine Magnete hoch. Karl hält zwei andere Magnete aneinander und sagt „Hier geht's auch wieder." Er hebt die Magnete an, wobei ihm dann ein Magnet herunterfällt. Fachkraft Jona schaut zu Karl. Karl befestigt den Magneten, der ihm runtergefallen ist, wieder an dem anderen Magnet. Mirja tauscht die Magnete aus und schaut, ob sie sich anziehen. Fachkraft Jona hat einen Magnet in der Hand und schaut, ob die sich anziehen. Karl hat den einen Magnet wieder an dem anderen befestigt und hält ihn Fachkraft Jona hin. Dabei sagt er „Haaa." *Es ist nicht zu erkennen, ob Gigi Überlegungen anstellt, weshalb diese Magnete nun halten. Es ist aber zu sehen, dass Mirja und Karl der Erwartung der Fachkraft nachkommen und schauen, wie bei Gigi die Magnete aneinanderhalten, die Gigi präsentiert, indem er diese hochhält. Darüber hinaus hat Karl nun einen anderen Magnet gefunden, der nun hält, was er der Fachkraft präsentiert, indem er diesen hochhält und „Haaa" sagt.* Fachkraft Jona erwidert Karl „He. Genau, dreh's mal um."

Dabei stellt sie die Bewegung des Umdrehens gestisch dar. *Mit diesem Impuls regt Fachkraft Jona Karl zum Forschen und Explorieren an. Karl soll beobachten, ob der Magnet auch dann hält, wenn er ihn nach unten hält.* Mirja hat zwei neue Magnete genommen und sagt „Aber bei mir geht das einfach nicht." Gigi holt sich einen anderen Magnet aus der Kiste. Fachkraft Jona sagt zu Karl „Guck, so herum" und Karl dreht mit Unterstützung von Jona den Magnet um und der Magnet hält.

Hier zeigt sich, dass Karl dem Impuls der Fachkraft nachkommt und beobachtet, ob der Magnet auch dann hält, wenn er nach unten zeigt. Fachkraft Jona schaut Mirja an und führt an Mirja gerichtet fort „Bei dir geht's einfach nicht. Probier mal ob was Anderes hält. Ob was Anderes magnetisch ist." Gigi verbindet zwei Magnete miteinander, die genauso aussehen wie die von Karl.

Gigi hält die Magnete so, wie Jona es Karl gezeigt hat und sagt „Ah bei mir hält das." Mirja versucht weiterhin, die beiden Magnete zusammen zu bringen, die einander abstoßen.

Fachkraft Jona antwortet Gigi „Bei dir geht's auch", schaut auf Gigis Magnete und zeigt mit dem Zeigefinger auf sie. Sie fährt an Mirja gerichtet fort „Probier mal das" und hält ihr auf der flachen Hand einen Magnet hin. *Mirja wird an dieser Stelle von Fachkraft Jona zum Forschen und Explorieren angeregt. Ihre Erwartung ist, dass Mirja probiert, ob es Magnete gibt, die einander anziehen.* Fachkraft Jona sagt weiter „Auf das müsst ihr ein bisschen aufpassen, das ist aus so etwas ähnlichem wie Ton, dass das nicht runter fällt." Mirja nimmt den Magnet von Fachkraft Jona und befestigt ihn an ihrem Magnet, so dass er nach oben zeigt. Fachkraft Jona sagt zu ihr „Dreh's mal um. Dreh's mal um." Dabei schaut Fachkraft Jona zu Mirja, macht die Hand zu einer Faust und dreht sie nach unten, so dass der Daumen nach unten zeigt. Mirja dreht die Magnete um, so dass der obere Magnet nun nach unten zeigt. Fachkraft Jona antwortet ihr „Es hält. Das ist jetzt magnetisch, ge?" *Es zeigt sich, dass auch Mirja auf den Impuls der Fachkraft, zu schauen, ob es Magnete gibt, die einander anziehen, und zu beobachten, ob sie auch dann halten, wenn der eine Magnet nach unten zeigt, eingeht.*

Dann sagt sie an alle Kinder gerichtet „Ich habe dort drüben auf dem Tisch ganz viele Sachen aufgebaut, an denen ihr mal das Magnet ausprobieren könnt.

Nehmt euch mal da so ein gelbes mit oder auch das und dann probieren wir mal aus." *Hier regt Fachkraft Jona die Kinder zum Forschen und Explorieren an. Ihre Erwartung ist, dass die Kinder einen Magnet mitnehmen und mit anderen Sachen, die sie noch mitgebracht hat, weiter explorieren.* Gigi nimmt einen Magnet aus der Kiste. Mirja steht in die von Jona gezeigte Richtung von ihrer Teppichfliese auf.

Karl greift nach einem Magnet am Boden und sagt „ich nehm das." Fachkraft Jona antwortet „Ich hab auch noch mehr. Ich hab noch mehr Magnete." *Die Kinder gehen auf den Impuls der Fachkraft ein und reagieren erwartungsgemäß, indem sie sich einen Magnet greifen und in Richtung des Tisches mit den weiteren Sachen zum explorieren gehen.*

Bestimmung des Interaktionsmodus

In der Interaktion zwischen Fachkraft Jona und den Kindern ist insgesamt eine Rahmenkomplementarität zu erkennen. Die Interaktion zwischen Fachkraft Jona und den Kindern wird über eine einvernehmliche kommunikative Konklusion abgeschlossen. Diese erfolgt durch Fachkraft Jona, indem sie einen Ortswechsel (von dem Sitzkreis zum Tisch mit neuen Materialien) ankündigt.

Die Kinder stehen auf und gehen zum Tisch und nehmen, wie von Jona aufgefordert, einen Magneten mit.

Rahmenkomplementarität: erwachsenenorientiert-responsiv zwischen Fachkraft Jona und Karl
Fachkraft Jona geht auf die Magnete in Karls Händen ein, die sich anziehen. Dabei reagiert sie jedoch nicht auf seinen assoziativen Vergleich mit einer Kanone, sondern lenkt das Gespräch auf ihr didaktisches Ziel hin, zu schauen, ob sich die Magnete anziehen oder nicht. Karl lässt sich darauf ein und bemüht sich im weiteren Verlauf darum, Fachkraft Jonas Erwartungen gerecht zu werden. Karl fragt dabei sogar explizit nach Fachkraft Jonas Zielen, so dass es hier zu einer kommunikativen Abklärung der Rahmung kommt. Damit richtet er sich an der Orientierung von Fachkraft Jona aus. Hier wird die Rahmenkomplementarität zwischen Fachkraft Jona und Karl deutlich. Da sich Karl an den Relevanzen der Fachkraft ausrichtet, erfolgt die Interaktion zwischen Fachkraft Jona und Karl in einem erwachsenenorientiert- responsiven Modus. Im Sinne der Dokumentarischen Methode gelingt hier also die kognitiv anregende Interaktion. Das Kind nimmt an die Fachkraft Anschluss und geht auf ihre kogniti-

ven Anregungen ein. Die kognitiven Anregungen der Fachkraft kommen daher zur Entfaltung.

Rahmenkomplementarität: reziprok zwischen Fachkraft Jona und Gigi
Zwischen Fachkraft Jona und Gigi existiert eine Rahmenkomplementarität. Dies wird daran deutlich, dass sie wie selbstverständlich aneinander Anschluss nehmen, ohne dabei über eine gemeinsame Orientierung zu verfügen. Gigi greift dabei wiederholt Jonas Impulse auf (z.B. als Gigi schauen will, wie sich die Magnete voneinander abstoßen), und Jona geht umgekehrt auf Gigi ein (z.B. mhm, da baut man sogar was draus"), ohne dass es zu Konflikten oder Interaktionsabbrüchen kommt. Daher passen sie sich wechselseitig in die Rahmung des anderen im Umgang mit den Magneten ein. Aus diesem Grund kann die Interaktion weiterhin als eine im reziproken Modus bezeichnet werden. Auch hier gelingt die kognitiv anregende Interaktion im Sinne der Dokumentarischen Methode. Hier nimmt die Fachkraft Anschluss an das Kind und das Kind nimmt Anschluss an die Fachkraft und greift ihre kognitiv anregenden Impulse auf. Die kognitiven Anregungen der Fachkraft kommen hier daher zur Entfaltung.

Rahmenkomplementarität: reziprok zwischen Fachkraft Jona und Mirja
Auch zwischen Fachkraft Jona und Mirja ist eine Rahmenkomplementarität zu erkennen. Dies zeigt sich daran, dass sich sowohl Fachkraft Jona in die Orientierung von Mirja, als auch Mirja sich in die Orientierung der Fachkraft einfügt. Mirja und Fachkraft Jona reagieren wechselseitig aufeinander und richten sich wechselseitig an den Orientierungsgehalten des jeweils anderen aus, ohne dass es zu Konflikten oder Interaktionsabbrüchen kommt (z.B. Mirja hält Fachkraft Jona die Magnete hin, die einander abstoßen und sagt „guck mal." Fachkraft Jona geht darauf mit einem Impuls ein „Wieso geht das nicht, vorhin ging das doch noch ganz leicht? Geht's gar nicht? Hm?" Worauf Mirja wiederum eingeht und eine Vermutung äußert, weshalb die Magnete einander abstoßen „das wirbelt da so rum"). In dem Moment, als Fachkraft Jona den Impuls setzt, zu schauen, welche Magnete sich anziehen, nachdem sie festgestellt haben, dass sich bestimmte Magnete abstoßen, nimmt Mirja den Impuls der Fachkraft zunächst nicht an und verfolgt ihre eigene Orientierung. Damit agiert sie zunächst oppositionell zu der Orientierung der Fachkraft. Nachdem Fachkraft Jona den Impuls zu einem späteren Zeitpunkt noch einmal gibt, nimmt Mirja diesen aber doch an. So verbleibt es auch im Folgenden.

Daher erfolgt diese Interaktion in einem reziproken Interaktionsmodus. Ebenso kann diese Interaktion im Sinne der Dokumentarischen Methode als gelingend gelten. Die Fachkraft nimmt Anschluss an das Tun und die Impulse des Kindes. Das Kind nimmt seinerseits Anschluss an die Fachkraft und geht auf die kognitiv anregenden Impulse der Fachkraft ein. Daher kommen auch hier die kognitiven Anregungen der Fachkraft zum Ausdruck.

Verlauf der Interaktion zwischen Fachkraft Jona und vier Kindern in Sequenz 2
Die zweite Sequenz findet von 07:42 bis 08:44 statt und dauert 01:02 Minuten. In dieser Sequenz erfolgen sechs kognitive Anregungen durch die Fachkraft: zweimal Item NI_08 (II10) Anregen zum Forschen und Explorieren, dreimal NI_09 (II11) Anregen zum Formulieren eigener Gedanken und Überlegungen und einmal NI_11 (II12) Anregen zum Weiterdenken (über die Situation hinaus), weshalb diese Sequenz ausgewählt wurde.

Fachkraft Jona und die Kinder sind zum Tisch übergewechselt. Jona sitzt am linken Ende des Tisches. Gigi sitzt rechts, Mirja links und Karl gegenüber von ihr. Auf dem Tisch steht eine Schale mit verschiedenen Materialien, von denen einige magnetisch (z.B. Büroklammern) sind und andere nicht (z.B. Stoff, vgl. Abbildung 27).

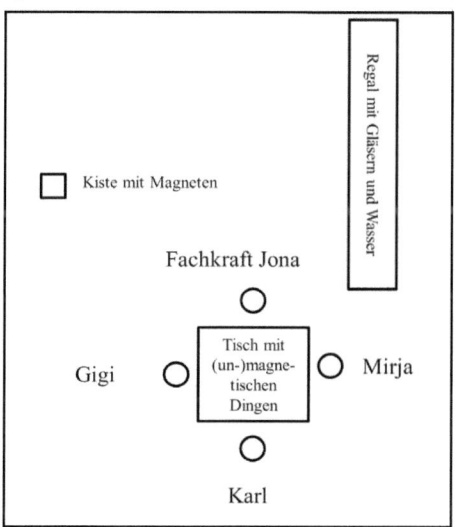

Abbildung 27:   Anordnung der Personen und Dinge in Sequenz 2

Die Kinder testen mit ihren Magneten, welche Materialien von den Magneten angezogen werden und welche nicht. An Mirjas Magnet bleibt ein Stück Stoff hängen, der eigentlich nicht magnetisch ist.

Mirja schließt an die Beschäftigung mit den Magneten an, indem sie schaut, welche Dinge von dem Magneten angezogen werden und welche nicht. Es bleibt ein Tuch zusammen mit einer Schraube an dem Magneten hängen. Mirja hält den Magneten mit dem Tuch und der Schraube Fachkraft Jona entgegen und sagt „Hä." Fachkraft Jona fragt Mirja „Was ist denn mit den Stoff?" Dabei wendet sie Mirja den Blick zu. Sie beugt sich dann leicht nach links und schaut auf das Tuch. Mirja antwortet „Das hält auch noch." Fachkraft Jona fragt Mirja „Was hält denn da?" *Hier regt Fachkraft Jona Mirja zum Formulieren eigener Gedanken und Überlegungen an. Ihre Erwartung ist, dass Mirja überlegt, wie es kommt, dass der Stoff an dem Magnet hält, obwohl er nicht magnetisch ist.* Mirja sagt „Guck" und dreht den Magnet um, so dass man die Schraube auf dem Stoff sehen kann. Fachkraft Jona schaut auf den umgedrehten Magnet und sagt zustimmend „mhm."

Mirja schaut auf den umgedrehten Magnet mit dem Tuch und der Schraube oben drauf. Sie sagt „das hält." *Mirja geht auf den Impuls der Fachkraft ein, indem sie den Magnet mit dem Stoff umdreht, so dass die Schraube, die den Stoff hält, sichtbar wird, und sagt, dass es deshalb hält.* Fachkraft Jona fragt „Was hält?" *Mit dieser Frage regt Fachkraft Jona Mirja erneut zum Formulieren eigener Gedanken und Überlegungen an. Ihr Ziel ist, dass Mirja konkret benennt, dass es die Schraube ist, die den Stoff hält.* Mirja entgegnet „Die Schraube mit dem Stoff." Dabei hält sie den Magnet mit dem Stoff und der Schraube vor sich. *Mirja formuliert entsprechend der Erwartung der Fachkraft aus, dass es die Schraube ist, die den Stoff hält.*

Jona erwidert „Mhm, guck mal, die Mirja hat sogar einen Stoff zum Festhalten gebracht." *An dieser Stelle regt Fachkraft Jona Gigi und Karl zum Forschen und Explorieren an. Sie sollen beobachten, wie Mirja den Stoff zum Halten gebracht hat.* Gigi kommt an den Tisch und schaut auf Mirjas Magnet mit dem Tuch. Karl schaut woanders hin. Mirja erwidert „Guck." Sie schaut dann in die Kamera und lächelt. *Gigi greift den Impuls der Fachkraft auf und schaut auf Mirjas Magnet mit dem Tuch und der Schraube. Karl kommt dem hingegen nicht nach. Mirja präsentiert Gigi und Karl entsprechend ihren Magnet und fordert sie ebenfalls auf zu gucken.* Jona fragt „Und wenn du den Stoff jetzt alleine probierst? Ob der magnetisch ist?"

Mittels dieser Frage regt Fachkraft Jona Mirja zum Weiterdenken über die Situation hinaus an (Variation eines Kausalzusammenhangs). Ihre Erwartung ist, dass Mirja prüft, ob der Stoff an sich magnetisch ist.

Dabei schaut und zeigt Fachkraft Jona auf den Magnet mit dem Stoff. Mirja schielt zu Jona rüber, ohne ihren Kopf von dem Magneten abzuwenden und nimmt dann die Schraube ab, woraufhin das Tuch herunterfällt. Gigi hat auch etwas gefunden, das am Magnet hält. Er hält Jona den Magnet hin, schaut sie an und sagt „Hey guck mal das ist auch." Jona schaut zu Mirja und sagt zu ihr „Probier's noch mal." Mirja hält das Tuch noch einmal an den Magnet. Mirja lässt das Tuch dann los und als es runterfällt sagt sie „Nee". *Mirja geht auch auf diesen Impuls der Fachkraft erwartungsgemäß ein und schaut, ob das Tuch auch ohne die Schraube am Magnet hält und beschreibt ihre Erwartung.*

Mirja und Jona schauen einander an. Fachkraft Jona fragt „Nee, sondern, wie müsstest du das machen, dass der Stoff hält?" Mirja wird hier von Fachkraft Jona dazu angeregt eigene Gedanken und Überlegungen zu formulieren. Das Ziel der Fachkraft ist, dass Mirja überlegt, wie sie das Tuch zum Halten bekommen hat. Dabei schaut Jona zu Mirja und schüttelt leicht den Kopf.

Dann wendet Jona ihren Blick zu Gigi. Gigi der seinen Magnet weiterhin zu Fachkraft Jona hingehalten hat, sagt „hey guck." Fachkraft Jona nickt und macht bejahend „mhm". Mirja legt das Tuch auf den Magnet und befestigt es mit einer Schraube. Dabei sagt sie „So, und jetzt eine Schraube." Mirja geht auf den Impuls der Fachkraft ein und demonstriert und erklärt, wie es ihr gelungen war, das Tuch zum Halten zu bringen. Jona wendet Mirja wieder ihren Blick zu. Sie sagt „Mhm und jetzt eine Schraube. Und jetzt? Ah, guck mal, das müsstet ihr auch mal ausprobieren. Vielleicht geht das mit dem Taschentuch auch?" Hier regt Fachkraft Jona Gigi und Karl zum Forschen und Explorieren an. Ihre Erwartung ist, dass Gigi und Karl auch einmal ausprobieren, ein Tuch an ihrem Magneten zum Halten zu bringen. Karl und Gigi schauen auf das Tun von Mirja. Mirja sagt „Ne Schraube und so was und dann so was dranhängen und dann so was." Mirja schaut in die Schale und hält dabei den Magnet mit dem Tuch und der Schraube in der linken Hand. Dann schaut sie wieder auf ihren Magnet mit dem Tuch. Mirja schaut wieder in die Schale und macht eine Kreisbewegung mit dem rechten Arm. Dann schaut Mirja noch mal auf den Magnet mit dem Tuch.

Fachkraft Jona schaut zu Mirja und erwidert „Genau, dann hält es, zieht der Magnet durch den, die Schraube das an." Mirja antwortet „ja". Dabei dreht sie den Magnet mit dem Tuch um und schaut auf die Schraube.

Fachkraft Jona sagt zu Karl „Guck mal Karl, ich habe noch etwas gefunden, das könntest du einmal ausprobieren." und hält ihm eine Dose mit Nadeln hin. *Mirja geht weiterhin auf den Impuls der Fachkraft ein, indem sie weiterhin erklärt, wie sie das Tuch zum Halten gebracht hat. Gigi und Karl gehen dagegen nicht auf den Impuls der Fachkraft ein, auszuprobieren, wie sie ein Tuch zum Halten bringen können. Daraf hin gibt Fachkraft Jona Karl einen anderweitigen Impuls zum Explorieren und Forschen.*

Bestimmung des Interaktionsmodus

Rahmenkomplementarität: reziproker Interaktionsmodus

Fachkraft Jona greift den Impuls von Mirja auf und nutzt diesen, um sie kognitiv anzuregen. Fachkraft Jona lässt sich dabei auf die Relevanz von Mirja ein, die bezüglich des Phänomens in Erstaunen geraten ist und sich dieses nicht erklären kann. Mirja lässt sich ihrerseits auf die didaktische Zielsetzung der kognitiven Anregung durch Fachkraft Jona ein.

Dies geschieht auf eine Weise, in der sie sich wie selbstverständlich zu verstehen scheinen, ohne dass eine gemeinsame Orientierung vorliegt. Daher kann von einer Rahmenkomplementarität zwischen Fachkraft Jona und Mirja gesprochen werden. Da sie sich wechselseitig in die Orientierung des anderen einfügen und die Erwartungen des jeweils anderen zu erfüllen versuchen, handelt es sich weiterhin um eine Interaktion im reziproken Interaktionsmodus. Diese kognitiv anregende Interaktion gelingt im Sinne der Dokumentarischen Methode. Die Fachkraft nimmt Anschluss an das Tun und die Impulse des Kindes. Das Kind nimmt seinerseits Anschluss an die Fachkraft und greift die kognitiv anregenden Impulse der Fachkraft auf.

Orientierung

Fachkraft Jona ist an einem flexiblen Handlungsplan orientiert. Die Fachkraft übernimmt dabei die Rolle, das individuelle Tun der Kinder zu beobachten, auf Impulse der Kinder zu reagieren und begleitend kognitiv anregende Impulse zu geben. Des Weiteren sind bei Fachkraft Jona eine Orientierung an der selbständigen Konfliktklärung zwischen den Kindern, an einer gewaltfreien, bzw. bedrohungsfreien Umgebung in ihrer Gruppe sowie an einer Teilhabe aller Kinder und Wertschätzung des Tuns der Kinder, zu beobachten.

Die Kinder haben dabei eine aktive Rolle inne und können sich individuell mit dem Material beschäftigen. Sie brauchen dabei keine kleinschrittigen Handlungsanweisungen der Fachkraft zu folgen. Sie stellen Beobachtungen an, zeigen und verbalisieren ihr Tun sowie ihre gemachten Beobachtungen.

In den beiden Sequenzen wurden auch kindspezifische Orientierungen im Umgang mit den Magneten rekonstruierbar. Die Kinder sind an einem phänomenalen Zugang (z.B. Mirja, deren Magnete nicht zusammengehen: „Das wirbelt da so rum.“), einem spielerischen Zugang (z.B. Gigi, der einen Fledermaus-Magnet an einem anderen befestigt, mit dem er die Fledermaus durch die Luft bewegt und das sprachlich begleitet: „Hui, hui, hui, aua, aua, aua, aua“) oder an einem assoziativen Zugang (z.B. Karl der seine Magnet-Konstruktion als Kanone bezeichnet), orientiert. Fachkraft Jona gestaltet kognitiv anregende Interaktionen, die weniger darauf ausgerichtet sind, einen vorab kleinschrittigen Handlungsplan abzuarbeiten. Die Kinder können vielmehr frei und auf ihre individuelle Art die Magnete und Materialien erkunden. Damit gestaltet Fachkraft Jona ein naturwissenschaftliches Angebot, das als gemäßigt strukturiert bezeichnet werden kann. Dabei setzt Fachkraft Jona neue Impulse, indem sie den Kindern unterschiedliches Material zur Verfügung stellt, das jenachdem magnetisch ist oder nicht. Fachkraft Jona schafft auf diese Weise kognitiv anregende Interaktionen, bei denen sowohl Fragestellungen und Impulse der Kinder, als auch jene der Fachkraft den Anlass für eine kognitiv anregende Fachkraft-Kind-Interaktion sein können.

Indem sie einen Bezug zwischen den Beobachtungen der Kinder herstellt und die Kinder dazu anregt aufeinander Bezug zu nehmen, bemüht sie sich ko-konstruktivistische Interaktionen zwischen den Kindern zu initiieren (z.B. „Guck mal Gigi, bei dir halten die so gut zusammen und bei der ähm Mirja überhaupt nicht. Ja, was ist jetzt hier? Guck mal, die Mirja strengt sich richtig an. Zu Karl: Probier mal, ob die bei dir zusammengehen.“).

Darüber hinaus zeigt Fachkraft Jona Ansätze zur Modellierung, indem sie selbst Magneten nimmt und diese aneinander zu führen versucht. Solche Modellierungen könnten noch stärker dazu genutzt werden, Denkprozesse zu modellieren oder über das eigene Tun kognitiv anregende Impulse zu setzen. Auf diese Weise könnten auch didaktisch vorüberlegte Impulse gesetzt werden, ohne dass das eigene Tun der Kinder unterbrochen würde. Die Kinder können diesen Impuls dann für das eigene Tun aufgreifen, müssen es aber nicht. Auf diese Weise können beide Orientierungen, der didaktischen der Fachkraft und die kindspezifischen der Kinder, noch stärker zur Geltung kommen und dazu genutzt werden, einander zu bereichern.

Günstige Aspekte in der Interaktion zwischen Fachkraft Jona und den Kindern
Fachkraft Jona schafft eine Angebotssituation, in der sich die Kinder individuell mit den Magneten beschäftigen können. Dadurch wird den Kindern Raum für eine Enaktierung ihrer Orientierungen geboten. So zeigen sich unterschiedliche Zugänge der Kinder im Umgang mit den Magneten. Weiterhin müssen die Kinder so keine von der Fachkraft eng vorgegebenen Handlungsschritte durchführen und erhalten eine gewisse Wahlfreiheit für ihre Aktivität. Dabei können sie sich als selbstwirksam und aktiv erleben, was die intrinsische Motivation der Kinder in der Beschäftigung mit den Magneten unterstützt.

Die Fachkraft wartet, bis sich die Kinder an sie wenden (z.B. hält Mirja zwei Magnete aneinander, die sich gegenseitig abstoßen. Sie sagt zu Fachkraft Jona „Guck mal"). Fachkraft Jona greift den Impuls der Kinder auf und regt die Kinder kognitiv an, indem sie sich auf das vom Kind Wahrgenommene bezieht (z.B. „Wieso geht das nicht? Vorhin ging's ganz leicht und jetzt? Geht's gar nicht? Hm"). Auf der anderen Seite gibt auch sie selbst innerhalb ihrer didaktischen Rahmung Impulse vor, ohne dass sich diese auf einen kindlichen Impuls beziehen, auf die sich wiederum die Kinder einlassen („Aber hält das dann was Anderes? Kann man da was Anderes fest machen damit?). Daher gelingt die Interaktion zwischen Fachkraft und Kindern, deren Rahmungen und Orientierungsgehalte hier gleichermaßen zum Ausdruck kommen können.

Mit Blick auf Karl lässt sich die Fachkraft hingegen nicht auf die kindspezifische Rahmung (assoziativer Zugang zum Material) ein. Karl hat seine Magnetkonstruktion assoziativ mit Kanonen verglichen. In diesem Fall geht die Fachkraft nicht auf den von Karl hergestellten Vergleich ein, sondern lenkt die Aufmerksamkeit auf das Phänomen „Magnetismus". Damit lehnt sie nicht grundsätzlich den assoziativen Zugang des Kindes im Umgang mit dem Material ab als vielmehr die Assoziation als Kanone bezeichnet hat. In ihrer Rolle als Pädagogin kann sie ein Spiel mit Kanonen, das mit Gewalt gegenüber anderen einhergeht, nicht akzeptieren. Daher lenkt sie auf das Phänomen „Magnetismus" ab. Karl lässt sich darauf ein und bestätigt so die didaktische Rahmung der Fachkraft, weshalb die Interaktion dennoch gelingt.

Bei Mirja ist zu erkennen, dass sie sich zunächst nicht auf den didaktisch gerahmten Impuls durch die Fachkraft einlässt, sondern weiterhin ausprobiert, die Magnete, die einander abstoßen, zusammen zu bringen. Als die Fachkraft Mirja einen anderen Magnet anbietet, nimmt sie diesen jedoch entgegen und lässt sich auf den Impuls ein, so dass auch hier die Interaktion letztendlich gelingt. Es gibt kaum einen Impuls der Kinder, der von der Fachkraft ignoriert wird. Sie wendet dem Kind mindestens den Blick zu und schaut, ob von dem Kind eine Reaktion ihrerseits erwartet wird oder nicht und agiert entsprechend.

Mit Blick auf die Sitzordnung sitzen die Fachkraft und die Kinder zunächst in einem Kreis um eine Kiste mit Magneten herum auf dem Boden. Dies erleichtert den Blickkontakt der Beteiligten zueinander und schließt alle in gleichberechtigter Weise in die Interaktion ein. Es gibt niemanden, der vorne sitzt und dadurch rein auf körperlicher Ebene eine Führungsposition innehätte.

Da die Fachkraft, genau wie die Kinder, auf dem Boden sitzt, befindet sie sich auch mit den Kindern auf einer Augenhöhe. Auch dies vermittelt auf rein körperlicher Ebene eine gleichberechtigte Interaktion zwischen Fachkraft und Kindern.

Im weiteren Verlauf setzen sich die Fachkraft und die Kinder an einen Tisch. Dies ist ein kleinerer quadratischer Tisch, an dessen vier Seiten je einer sitzt. Auch hier können die Beteiligten gut den Blickkontakt zueinander halten.

Da der Tisch klein ist, besteht eine geringe Distanz zwischen den Beteiligten, was den Blickkontakt ebenfalls erleichtert. Auch hier gibt es niemanden, der vorne sitzt und auf diese Weise auf rein körperlicher Ebene eine Führungsposition einnimmt. Indem die Fachkraft, genau wie die Kinder, auf einem Stuhl sitzt, befindet sie sich auch hier auf einer Augenhöhe mit den Kindern, was eine gleichberechtigte Interaktion vermittelt. Dabei toleriert die Fachkraft, dass die Kinder auch von ihrem Stuhl aufstehen und z.B. im Stehen weitermachen oder zu der Kiste gehen und sich andere Magnete aussuchen. Dadurch erhalten die Kinder auch auf körperlicher Ebene eine gewisse Handlungsfreiheit und brauchen nicht statisch auf ihrem Stuhl sitzen zu bleiben. Auch durch den Ortswechsel von dem Sitzkreis auf dem Boden zu dem Tisch enthält die Angebotssituation eine kurze, erlösende Pause mit Bewegungsanteil. Die Kinder können sich kurz entspannen und bewegen.

Ungünstige Aspekte in der Interaktion zwischen Fachkraft Jona und den Kindern
Kauertz (2012) weist darauf hin, dass Kindern das Ziel beim freien Explorieren unklar erscheinen kann und sie daher wenig Sinn in dieser Beschäftigung sehen. In Karls Frage „Was machen wir jetzt?" könnte eine solche Unsicherheit über das Ziel, bzw. den Sinn der Beschäftigung deutlich werden. Daher erscheint es auch für die Gestaltung kognitiv anregender Interaktionen, die auf ein freieres Explorieren der Kinder innerhalb eines Angebots abzielen, die Benennung eines groben Ziels als günstig (z.B. zu schauen, was man mit den Magneten machen kann oder was im Rahmen des Angebots insgesamt stattfinden soll).

7.2.2 Komparative Analyse

Fall „Magnete" (Fachkraft Jona) im Vergleich mit Fall „Spiegel und geometrische Formen" (Fachkraft Selma)

Orientierung

Gestaltung der kognitiv anregenden Interaktion
Wird die Art und Weise der Gestaltung kognitiv anregender Interaktionen zwischen Fachkraft Jona im Fall „Magnete" mit der Gestaltung kognitiv anregender Interaktionen von Fachkraft Selma im Fall „Spiegel und geometrische Formen" verglichen, zeigen beide eine Orientierung an einem flexiblen Handlungsplan. Beide stellen mit einer offen formulierten Aufgabenstellung den Kindern Material für eigenständiges Explorieren zur Verfügung. Ihre eigene Rolle beinhaltet in beiden Fällen das Beobachten und Begleiten des Tuns der Kinder und das Geben von spielbegleitenden kognitiven Anregungen.

Sitzordnung
Bei Fachkraft Jona im Fall „Magnete" sitzen die Kinder zunächst in einem kleinen Sitzkreis und später an einem kleinen quadratischen Tisch. Dies ermöglicht einen guten Sichtkontakt zu einander. Die Kinder können gut beobachten, womit sich die anderen beschäftigen.

Bei Fachkraft Selma im Fall „Spiegel und geometrische Formen" sitzen die Kinder an zwei aneinander geschobenen Tischen. Dadurch, dass jedes Kind an einer eigenen Tischseite sitzt (außer Betty und Sonja, die nebeneinander an einer kurzen Seite des Tisches sitzen), sitzen sie relativ weit voneinander entfernt, was den Blickkontakt, bzw. das Beobachten des Tuns der anderen Kinder erschwert.

Sie müssen sich (wie z.B. Alec) weit zu den anderen hinüberlehnen oder aufstehen und zu den Kindern gehen, um sehen zu können, was sie mit ihren Spiegeln und geometrischen Formen tun.

Rolle der Fachkraft
Fachkraft Selma regt dabei wenige Interaktionen zwischen den Kindern an und macht sie wenig auf das Tun untereinander aufmerksam. Anders bei Fachkraft Jona. Sie macht die Kinder explizit auf das gegenseitige Tun aufmerksam und stellt Bezüge zwischen den Beobachtungen der Kinder her („Guck mal Gigi,

bei dir halten die so gut zusammen und bei der ähm Mirja überhaupt nicht. Ja, was ist jetzt hier? Guck mal, die Mirja strengt sich richtig an.). Weiterhin setzt Fachkraft Jona überwiegend dann kognitiv anregende Impulse, wenn sich die Kinder z.B. mit einer Frage oder einer Beobachtung an sie richten. Dabei wählt sie kognitiv anregende Impulse aus, die direkt an das vom Kind Gezeigte, Beobachtete usw. anschließen. Impulse, die nicht in irgendeiner Weise an das Tun eines Kindes anschließen, erfolgen selten. Fachkraft Selma hingegen wartet nicht ausschließlich, bis sich die Kinder an sie wenden und regt sie dann kognitiv an. Sie geht auch aktiv zu den einzelnen Kindern hin und initiiert Interaktionen. Sie setzt dabei kognitiv anregende Impulse, die sowohl an das Tun des Kindes anschließen, setzt aber auch unterschiedlichen Kindern gleiche Impulse, unabhängig davon, ob es zu dem Tun der Kinder passt. Das scheinen von der Fachkraft vorüberlegte Impulse zu sein, die sie stereotyp einzusetzen versucht (z.B. als sie sowohl Sonja, als auch Robert den Impuls gibt, zu schauen, wie oft sie sich selbst im Spiegel sehen können). Fachkraft Jona versucht sich, wenn sie von den Kindern angesprochen wird, ein Bild davon zu machen, worauf sie Bezug nehmen soll, womit sich die Kinder also gerade beschäftigen (z.B. Mirja sagt „guck mal" und versucht die Magnete aneinander zu bringen. Fachkraft Jona fragt „Was?" Mirja „Was ich mache."). Fachkraft Selma macht sich nicht erst ein Bild davon, womit sich die Kinder aktuell beschäftigen (z.B. als sie mit Robert in Interaktion tritt, der mit etwas Anderem beschäftigt war, als mit dem, wozu sie ihn anregt).

Rolle der Kinder
In beiden Fällen wird den Kindern eine eigenaktive, selbstbestimmte Auseinandersetzung mit dem zur Verfügung gestellten Material ermöglicht.

Fall „Magnete" (Jona) im Vergleich mit Fall „Cola-Menthos" (Fachkraft Svea), Fall „Licht" (Fachkraft Cloe) und Fall „Grün mischen" (Fachkraft Hanni)

Orientierung

Gestaltung der kognitiv anregenden Interaktionen
Wird die Gestaltung kognitiv anregender Interaktionen zwischen Fachkraft Jona im Fall „Magnete" mit der Gestaltung kognitiv anregender Interaktionen der Fachkraft Svea im Fall „Cola-Menthos", der Fachkraft Cloe im Fall „Licht"

und der Fachkraft Hanni im Fall „Grün mischen" miteinander verglichen, fällt auf, dass Fachkraft Jona ein gemäßigt strukturiertes Angebot gestaltet, bei dem sie Material zur Verfügung stellt, mit dem sich die Kinder individuell beschäftigen können, während Fachkraft Svea, Cloe und Hanni ein stark strukturiertes Angebot durchführen. Fachkraft Jona gestaltet auf diese Weise kognitiv anregende Interaktionen, die vor allem stärker ko-konstruktivistische Interaktionen zwischen Fachkraft und Kindern sowie den Kindern untereinander zulassen. Fachkraft Svea, Cloe und Hanni fokussieren dagegen auf konkrete naturwissenschaftliche Versuche, die in ihrem Ablauf mit einer starken Strukturierung und viel Instruktion einhergehen. Diese eignen sich vor allem für Interaktion im Sinne eines Scaffolding, indem die Fachkraft ihr Vorwissen bezüglich des Phänomens sowie der Methoden des naturwissenschaftlichen Arbeitens gezielt einsetzt, um diese den Kindern zu vermitteln.

Die Gestaltung kognitiv anregender Interaktionen unterscheidet sich zwischen Fachkraft Hanni und den Fachkräften Svea sowie Cloe insofern, als dass Fachkraft Hannis Angebot spontan aus dem Freispiel der Kinder heraus entstand, während die Fachkräfte Svea und Cloe das Angebot im Vorfeld als solches geplant haben. Das Vorhandensein einer Forscherecke in der Einrichtung von Fachkraft Hanni kann als ein gemäßigt strukturiertes naturwissenschaftliches Angebot im Rahmen des Freispiels betrachtet werden, indem den Kindern Materialien für ein eigenständiges Explorieren zur Verfügung gestellt werden.

Der von Hanni vorgeschlagene Versuch „mit Krepp und Wasser verschiedene Grüntöne mischen" stellt hingegen ein stark strukturiertes Angebot dar, da hierzu die Einhaltung einer bestimmten Abfolge, die a) Modellbildung, b) Fragestellung, c) Hypothese, d) Experiment, e) Schlussfolgerung, erforderlich ist, um systematisch zu Erkenntnissen zu gelangen.

Bei Fachkraft Hanni sollten die Kinder dazu befähigt werden, den Versuch direkt im Anschluss eigenständig durchzuführen. Bei Fachkraft Svea und Cloe war dies nicht das Ziel.

Rolle der Fachkraft

Die Fachkräfte Svea und Cloe moderieren dabei die Durchführung des Versuchs, indem sie den Kindern Handlungsanweisungen geben und ihnen entlang der Methoden des naturwissenschaftlichen Denkens kognitiv anregende Fragen stellen. Fachkraft Hanni demonstriert und erklärt den Versuchsablauf eher und begleitet dann das eigenaktive Tun der Kinder und regt sie dabei kognitiv an. Die Methoden des naturwissenschaftlichen Arbeitens werden bei ihr insofern weniger berücksichtigt, als die entsprechenden Anregungen mehr dazu genutzt werden, den Versuchsablauf zu erraten und nicht, um Erkenntnisse zu gewinnen. Dadurch dienen die einzelnen oben benannten Methoden nicht dem systematischen Erkenntnisgewinn, wie es für strukturierte Versuchsabläufe als sinnvoll erachtet wird, und werden von Fachkraft Hanni auch nicht vollständig eingesetzt. Im Fall „Magnete" begleitet Fachkraft Jona das Tun der Kinder und regt die Kinder während ihrer eigenaktiven Beschäftigung mit dem Material an.

Rolle der Kinder
Während den Kindern in der Gestaltung kognitiv anregender Interaktionen bei Fachkraft Jona eine aktive Rolle zukommt, in der sie eigenaktiv und individuell mit dem Material umgehen können, kommt den Kindern bei den Fachkräften Svea, Cloe und Hanni eine passivere Rolle zu, in der sie vor allem zum Beobachten und Beantworten von Fragen angehalten werden.

Bei Fachkraft Hanni stand den Kindern jeweils das benötigte Material zur Verfügung, mit dem sie im Anschluss an die Demonstration durch Hanni eigenaktiv umgehen konnten. Kam den Kindern bei Fachkraft Hanni zunächst eine passive Rolle (beobachten, Fragen beantworten) zu, erhielten sie im Anschluss eine aktive Rolle (Versuch von Fachkraft Hanni nachmachen). Bei Fachkraft Svea und Cloe konnten die Kinder hingegen immer nur dann eigenaktiv sein, wenn sie an der Reihe waren, den Versuch durchzuführen.

Fall „Spiegel und geometrische Formen" (Fachkraft Selma) im Vergleich mit Fall „Geometrische Formen" (Fachkraft Paula)

Orientierung

Gestaltung der kognitiv anregenden Interaktionen
Wird die Gestaltung mathematischer kognitiv anregender Interaktionen von Fachkraft Selma im Fall „Spiegel und geometrische Formen" und der im Fall „geometrische Formen" der Fachkraft Paula miteinander verglichen, fällt auf, dass Fachkraft Selma ein „offenes Angebot" durchführt, bei dem sie den Kindern Materialien (Spiegel und geometrische Formen) zur Verfügung stellt, mit dem sich die Kinder entlang einer offenen Aufgabenstellung (ihr könnt damit machen, was ihr wollt und mir das mal erzählen) individuell beschäftigen können.

Fachkraft Selma regt auf diese Weise kognitiv an, indem sie ko-konstruktivistische Interaktionen zwischen Fachkraft und Kindern sowie den Kindern untereinander zulässt. Fachkraft Paula gestaltet hingegen ein stark durchstrukturiertes Angebot. So folgen aufeinander verschiedene Handlungsschritte (besprechen, was unendlich heißt, am Papierstreifen schauen, ob er unendlich ist, einen Ring basteln, schauen, ob er unendlich ist, usw.). Die einzelnen Schritte sind dabei in sich ebenfalls stark strukturiert, die in Form von Versuchen durchgeführt werden (z.B. Ring, bzw. Möbiusband durchschneiden und schauen, was passiert). Die Durchführung der Versuche würde sich – wie bei den Fachkräften Svea und Cloe – vor allem dazu eignen, dass die Fachkraft ihr Vorwissen bezüglich des Phänomens und der Methoden des naturwissenschaftlichen Arbeitens gezielt im Sinne eines Scaffolding nutzt. Allerdings muss hier die Frage gestellt werden, ob ein solches Vorgehen mathematik-didaktisch gesehen günstig ist.

Für eine kognitive Anregung im mathematischen Bereich wird derzeit vor allem die Gestaltung „offener Angebote" als förderlich diskutiert (Schütte, 2011; Schütte, 2008; Rathgeb-Schnierer, 2012). Bei Fachkraft Selma lässt sich eine wie von der Mathematik-Didaktik geforderte Gestaltung eines „offenen Angebots" erkennen. Sie stellt Material in verschiedenen Ausführungen (Spiegel und verschiedene geometrisch geformte Plättchen) zur Verfügung. Des Weiteren sind die verschiedenen Phasen, die für die Durchführung eines offenen Angebots gefordert werden, erkennbar: a) Gemeinsamer Beginn, b) Phase der individuellen Beschäftigung, c) Phase des Austauschs.

Lediglich ein gemeinsamer Abschluss ist im Rahmen der Dauer der Videoaufnahme nicht zu erkennen. Vielmehr erhalten die Kinder die Möglichkeit, ihre Aktivitäten im Freispiel fortzuführen. Wie in Kapitel 3.3 genauer beschrieben, steht der individuelle, kreative Lösungsprozess der Kinder sowie die Präsentation und Besprechung der Lösungen in der Förderung des mathematischen Denkens im Vordergrund (Schütte, 2001; Schütte, 2008; Rathgeb-Schnierer, 2012).

Bei Fachkraft Paula sind diese Aspekte nicht in der für die Gestaltung offener Angebote geforderten Weise zu erkennen. Vor allem die individuelle Beschäftigung der Kinder mit dem Material, das Überlegen individueller Lösungen einer gestellten Fragestellung sowie das Präsentieren und Besprechen der Ergebnisse sind hier nicht erkennbar. Darüber hinaus fällt auf, dass Fachkraft Selma Materialien verwendet, die den Kindern im Alltag begegnen können. Fachkraft Paula wählte ein komplexeres, weniger greifbares und damit herausforderneres Thema (unendlich und geometrische Formen) als Fachkraft Selma, das jedoch mehr an Materialien (Papierstreifen, Papierring, Möbiusband) veranschaulicht wurde. Das Material (vor allem die gebastelten Papierringe, bzw. Möbiusbänder) begegnet den Kindern eher nicht in dieser Form als Spielgabe im Kindergartenalltag und kann insofern als alltagsferner betrachtet werden.

Rolle der Fachkraft
Während die Rolle von Fachkraft Selma darin besteht, das Tun der Kinder zu beobachten und spielbegleitend Impulse zu geben, ist die Rolle von Fachkraft Paula eine stärker strukturierende und instruierende. Sie entscheidet über die folgenden Handlungsschritte, verteilt Aufgaben, verteilt das Rederecht und stellt Fragen an die Kinder.

Rolle der Kinder
Während die Kinder bei Fachkraft Selma eine aktive Rolle erhalten, indem sie sich individuell auf mathematische Weise mit dem Material beschäftigen, erhalten die Kinder bei Fachkraft Paula eine passivere Rolle, in der sie vor allem beobachten, Fragen beantworten, bzw. gestellte Aufgaben ausführen. Eine individuelle Auseinandersetzung mit den Materialien durch die Kinder ist bei ihr nicht vorgesehen.

Eine aktive Rolle der Kinder steht bei dieser Fachkraft in keinem Zusammenhang mit einer mathematischen Beschäftigung mit dem Material, sondern eher in Form einer Bastelaktivität.

Fall „Magnete" (Fachkraft Jona) im Vergleich mit Fall „Waage" (Fachkraft Selma), Fall „Spiegel und geometrische Formen" (Fachkraft Selma) und Fall „Hochhaus" (Fachkraft Carola)

Orientierung

Gestaltung der kognitiv anregenden Interaktionen
Wird die Gestaltung kognitiv anregender Interaktionen zwischen Fachkraft Jona im naturwissenschaftlichen Angebot im Fall „Magnete" und Fachkraft Selma im Freispiel (Fall „Waage") und im mathematischen Angebot (Fall „Spiegel und geometrische Formen") mit der Gestaltung kognitiv anregender Interaktionen der Fachkraft Carola im Freispiel (Fall „Hochhaus") miteinander verglichen, fällt auf, dass alle drei an einem flexiblen Handlungsplan orientiert sind. Alle drei stellen Material zur Verfügung mit dem sich die Kinder indivi-

duell beschäftigen können. Dabei unterscheidet sich die Gestaltung der kognitiv anregenden Interaktion zwischen Fachkraft Carola und Jona sowie Selma (in beiden Settings) insofern, als die Kinder bei Fachkraft Jona und Selma individuelle Ziele verfolgen, während die Kinder bei Fachkraft Carola freiwillig ein gemeinsames Ziel verfolgen. So tun die Kinder bei Fachkraft Jona und Selma je eigenes mit den Magneten oder der Waage und legen z.B. jeder für sich ein eigenes Muster mit den Plättchen vor den Spiegeln.

Bei Fachkraft Carola verwenden die Kinder das Material zwar auch individuell, gestalten aber gemeinsam das Hochhaus. Sie tragen also individuell etwas zur Lösung des „Problems Hochhausbauen" bei. Die Kinder treten dazu (ausgesprochen oder auch unausgesprochen) in einen Austausch miteinander und in einen Austausch mit der Fachkraft.

Rolle der Fachkraft
Alle drei Fachkräfte haben dabei die Rolle, das Tun der Kinder zu beobachten und sie spielbegleitend kognitiv anzuregen.

Rolle der Kinder
Die Kinder haben in allen drei Fällen eine eigenaktive Rolle inne und können sich individuell mit dem zur Verfügung gestellten Material beschäftigen.

7.2.3 Typenbildung

Sinngenetische Typenbildung
Die Art und Weise der Gestaltung kognitiv anregender Interaktionen kann in zwei Typiken unterschieden werden. Eine Orientierung an einem festen Handlungsplan und eine Orientierung an einem flexiblen Handlungsplan. Vier Fälle können der Orientierung an einem festen Handlungsplan und vier weitere können der Orientierung an einem flexiblen Handlungsplan zugeordnet werden (vgl. Tabelle 15).

Typik 1: Orientierung an einem festen Handlungsplan
Fachkräfte mit einer Orientierung an einem festen Handlungsplan haben einen klaren Ablauf geplant, der in einzelne Schritte strukturiert ist, die abgearbeitet werden. Die Fachkraft achtet dabei auf die Einhaltung der einzelnen von ihr geplanten Schritte. Handlungsziele der Kinder werden nur berücksichtigt, wenn

diese in den Handlungsplan der Fachkraft passen und häufig erst an der Stelle umgesetzt, an der es in den Handlungsplan der Fachkraft passt.

Die Fachkraft stellt dabei Fragen an die Kinder (z.B. eine Hypothese zu bilden, oder Begründungen zu nennen), die in der quantitativen Studie als kognitiv anregend definiert wurden.

Diese sind häufig an alle beteiligten Kinder zugleich gerichtet oder es werden alle Kinder nacheinander um eine Antwort gebeten. Den Kindern kommt auf der Handlungsebene eine überwiegend passive Rolle zu, die keine individuelle Auseinandersetzung mit dem Material vorsieht. Ihre Aufgabe ist es zu beobachten, zuzuhören und die Fragen der Fachkraft zu beantworten. Eine aktive Rolle haben sie eher selten, z.B. dann, wenn sie an der Reihe sind, den Versuch durchzuführen. Kindspezifische Orientierungen konnten hier nicht rekonstruiert werden. Interaktionen, in denen eine Rahmenkomplementarität hergestellt werden konnte, sind durch eine Ausrichtung der Kinder an der Rahmung der Fachkraft – also durch einen erwachsenenorientiert-responsiven Interaktionsmodus – gekennzeichnet. Nicht gelingende Interaktionen zeigen sich in diesem Typus vor allem in Form divergenter Interaktionen. Die Fachkraft setzt ihre Rahmung durch, das Handeln der Kinder wird fremdgerahmt oder Fachkraft und Kind(er) agieren aneinander vorbei. In Anbetracht des kleinschrittigen Handlungsplans der Fachkraft, mit einem konkreten von der Fachkraft vorgesehenen Ziel, gelingen die Interaktionen also dann, wenn sich die Kinder auf diesen didaktischen Handlungsplan der Fachkraft einlassen und versuchen, ihre Erwartungen zu erfüllen. Dieser Typ kann in zwei Untertypen unterschieden werden. Typ 1a) Homogene Aktivitäten mit inhärenter Strukturierung und Typ 1b) Homogene Aktivitäten mit erzeugter Strukturierung.

In Typ 1a) ist vor allem die Durchführung von naturwissenschaftlichen Versuchen zu finden. Dabei sind alle Beteiligten zugleich mit ihrer Aufmerksamkeit auf den Versuch ausgerichtet – alle beschäftigen sich zur gleichen Zeit mit dem Gleichen (homogene Aktivität).

Mit der Durchführung von systematischen Versuchen geht ein bestimmter Ablauf, bzw. die Einhaltung von bestimmten Methoden des naturwissenschaftlichen Arbeitens einher: a) Fragestellung, b) Modellbildung, c) Hypothese, d) Experiment, e) Schlussfolgerung. Daher ist der Durchführung von systematischen Versuchen eine Strukturierung inhärent (Kauertz, 2012). Scaffolding-Interaktionen erweisen sich dann als geeignete, qualitätsvolle Form der kognitiven Anregung der Kinder, wenn die Fachkraft gegenüber den Kindern einen Wissensvorsprung bezüglich des Themas hat und ihr das Ziel der Förderung bekannt ist. So kennt die Fachkraft die Methoden des naturwissenschaftlichen Arbeitens, also wie man systematisch forscht, und kann den Kindern diese vermitteln.

Kauertz (2012) verweist daher darauf, dass sich die Durchführung von systematischen Versuchen für Scaffolding-Interaktionen im Sinne einer Förderung in der Zone der nächsten Entwicklung eignet. Da die Fachkräfte diese Interaktionen initiieren und dabei im Sinne eines Scaffolding ein bestimmtes Ziel verfolgt haben, gelangen diese Interaktionen in den vorliegenden Fällen vor allem dann, wenn sich die Kinder auf diese Orientierung der Fachkraft einließen und den Erwartungen der Fachkraft nachkamen, bzw. nachkommen konnten. Dies geht entsprechend mit einem erwachsenenorientierten Interaktionsmodus einher. Orientierungen der Kinder im Umgang mit dem Material konnten dementsprechend nicht rekonstruiert werden.

In Typ 1b) findet sich ein mathematisches Angebot, das durch die Fachkraft kleinschrittig strukturiert und durchgeführt wurde.

Auch hier sind alle Beteiligten mit ihrer Aufmerksamkeit zur gleichen Zeit auf das Gleiche ausgerichtet. Selbst eigenaktive Anteile der Kinder (z.B. Ring basteln oder Ring durchschneiden) sind für alle Kinder identisch und werden von allen Kindern zur gleichen Zeit durchgeführt. Die von der Fachkraft erzeugte Strukturierung findet hier ihren Ausdruck darin, dass zunächst ein Gespräch geführt wurde, an einem Papierstreifen das Thema „Unendlich" besprochen, bzw. demonstriert wurde, die Kinder aus dem Streifen einen Ring basteln sollten, geschaut wurde ob der unendlich ist, geprüft wurde, was passiert, wenn man den Ring in der Mitte durchschneidet, usw. Diese Strukturierung ergibt sich hier – im Gegensatz zu der Durchführung von naturwissenschaftlichen systematischen Versuchen – nicht notwendiger Weise. Das Thema „unendlich und geometrische Formen" hätte didaktisch auch anders aufbereitet werden können. Daher zeigt sich in diesem Typus eine von der Fachkraft erzeugte kleinschrittige Strukturierung.

Die Interaktion verläuft hier divergent, indem die Fachkraft ihre Orientierung, bzw. ihren Handlungsplan gegenüber den Kindern durchsetzt, kindspezifische Orientierungen wurden auch hier eher unterdrückt. Entsprechend werden die Kinder durch die Fachkraft gelenkt und erhalten Handlungsanweisungen.

Die kognitiven Anregungen durch die Fachkraft dienen vor allem dazu, von den Kindern eine von ihr gewünschte Hypothese, bzw. die richtige Antwort dafür zu erhalten, was tatsächlich aus dem Ring, bzw. Möbiusband wird (z.B. zwei Ringe). Die von den Kindern formulierten Hypothesen hatten keine Geltung. Die kognitiv anregenden (eigentlich offenen) Fragen verlieren ihren Wert, weil diese wie eine geschlossene Frage eingesetzt wurden.

Darüber hinaus wird ein anspruchsvolles Thema anhand Materialien eher veranschaulicht, wobei das Material zu diesem Zweck hergestellt wurde und den Kindern im Alltag eher nicht wiederholt in dieser Form begegnet und insofern alltagsferner ist (vor allem die Papierrolle und das Möbiusband).

Dies erschwert es den Kindern, einen entsprechenden Bezug zu ihrem Alltag herzustellen und mit ihrem Vorwissen anzuknüpfen. Damit ging es hier weniger um eine kreative Problemlösung als vielmehr um eine Veranschaulichung des Phänomens „unendlich und geometrische Formen". In der mathematik-didaktischen Diskussion werden aktuell alltagsintegrierte, offene Angebote, die auf ko-konstruktivistischen Interaktionen beruhen, für eine kognitive Anregung diskutiert. Hier wird die Alltagsnähe der gewählten Materialien (z.B. Perlen, Knöpfe, u.ä.), bzw. des Themas sowie die Offenheit des Lösungswegs, bzw. der Vorgehensweisen, die Offenheit der Entdeckungen sowie die Offenheit der Darstellun, bzw. Dokumentation hervorgehoben (Schütte, 2008; Schmitt, 2009; Hoenisch und Niggemeyer, 2004; Hülswitt, 2007; Lee, 2010; Rathgeb-Schnierer, 2012). Dies wurde hier nicht umgesetzt. Insgesamt bietet diese kleinschrittige, stark durch die Fachkraft festgelegte Strukturierung der Interaktion, mit bedingter Nähe zum Alltag der Kinder und wenig Offenheit der oben genannten Aspekte kaum Möglichkeiten für anregende Interaktionen im Sinne eines Scaffolding oder der Ko-Konstruktion.

In der Gestaltung kognitiv anregender Interaktionen zwischen Fachkraft und Kindern in diesem Typus erwies sich als günstig, wenn

- sich die Kinder auf die Rahmung der Interaktion durch die Fachkraf eingelassen haben, den Kindern das Ziel der Fachkraft, bzw. der Durchführung des Versuchs klar war,
- wenn die Methoden des naturwissenschaftlichen Arbeitens erkennbar waren (Fragestellung, Hypothese, Experiment, Schlussfolgerung, Modellbildung),
- wenn die Interaktion in einem Kreis stattfand (Fall „Cola-Menthos": Stehkreis; Fall „Licht": kreisförmige Sitzordnung um einen runden Tisch herum) und dadurch ein guter Blickkontakt und eine gute Sicht auf den Versuch gegeben war,
- alle Kinder von der Fachkraft einbezogen wurden (alle Kinder wurden angesprochen, alle Kinder durften den Versuch einmal durchführen).

In der Gestaltung kognitiv anregender Interaktionen zwischen Fachkraft und Kindern in diesem Typus erwies sich als ungünstig, wenn den Kindern das Ziel des Versuchs/der Fachkraft nicht klar war,

- die Kinder sich nicht auf die Ziele der Fachkraft einlassen (konnten), sich Fachkraft und Kinder missverstanden haben,
- die Fachkraft ihre Ziele gegen die der Kinder durchgesetzt hat,
- die Methoden des naturwissenschaftlichen Arbeitens nicht erkennbar waren,
- das Material lediglich zur Veranschaulichung genutzt wurde und wenig Alltagsnähe aufwies,
- kein Bezug zum Alltag der Kinder hergestellt wurde,
- das naturwissenschaftliche Denken eigentlich nicht im Vordergrund stand (sondern das mathematische Denken), aber dennoch die Techniken des naturwissenschaftlichen, anstatt des mathematischen Denkens fokussiert wurden,
- im mathematischen Angebot wenig Offenheit für kreative Lösungsprozesse gegeben war,
- die formulierten Hypothesen, Antworten und Ideen der Kinder keine Geltung hatten
- und die Fachkraft auf die richtige Lösung des Versuchs fokussierte,
- der Blickkontakt zueinander und die Sicht auf den Versuch erschwert wurde,
- nicht alle Kinder gleichermaßen einbezogen wurden (weder bezüglich der Rederechte noch bezüglich der Durchführung der Versuche),
- die Kinder eine sehr passive Rolle (vor allem des Beobachters) innehatten,
- die Kinder in eigenständiges Experimentieren entlassen wurden, ohne dass ihnen das Ziel des Versuchs und der Versuchsablauf klargeworden sind (aber die Fachkraft die Kinder dennoch hinsichtlich des von ihr geplanten Ziels und Ablaufs zu lenken versucht),
- die Fachkraft eigentlich keine Zeit hat, den Versuch konkret vorzubereiten und die Kinder konzentriert zu begleiten (z.B. spontan im Freispiel) und die Fachkraft evtl. noch nicht routiniert genug ist, den Versuch auch spontan didaktisch strukturiert durchzuführen,
- von der Fachkraft eine starke, kleinschrittige Strukturierung erzeugt wird.

Typik 2: Orientierung an einem flexiblen Handlungsplan

Fachkräfte mit einer Orientierung an einem flexiblen Handlungsplan verfügen über einen weniger kleinschrittigen Handlungsplan, der nicht Schritt für Schritt im Plenum abgearbeitet wird. Stattdessen wird den Kindern das Material zur Verfügung gestellt und sie können sich individuell mit dem Material beschäftigen. Dadurch wird den Kindern die Möglichkeit gegeben, sich mit individuellen Fragestellungen auseinanderzusetzen.

Die Rolle der Fachkraft ist eine die Kinder individuell begleitende und spielbegleitend kognitiv anregende Impulse gebende. Das Setting bietet auf diese Weise auch Raum für individuelle Fachkraft-Kind-Interaktionen sowie für Interaktionen der Kinder untereinander. Die Impulse der Fachkraft werden dabei an einzelne Kinder gerichtet und nicht an alle Kinder zugleich.

Dabei werden die Impulse entweder auf das Tun des Kindes ausgerichtet oder entlang des Handlungsplans gestellt. Im ersteren Fall richtet die Fachkraft ihre Impulse nach dem Tun des Kindes aus, indem es das Tun im Vorfeld beobachtet oder versucht, herauszufinden, worum es dem Kind geht. Zum Teil warten die Fachkräfte, bis sie von den Kindern angesprochen werden.

Dass Impulse entlang eines Handlungsplans gegeben werden, wird daran sichtbar, dass unterschiedlichen Kindern, z.T. unabhängig von ihrem Tun, ähnliche Impulse gegeben werden. Des Weiteren sind die Fachkräfte hier an einer aktiven Rolle des Kindes orientiert. Die Kinder sind durchgängig eigenaktiv und können selbständig mit dem Material umgehen. Dabei entscheiden die Kinder selbst, welches Ziel sie dabei verfolgen. Neben der pädagogisch-didaktischen Orientierung der Fachkräfte konnten hier auch kindspezifische Orientierungen rekonstruiert werden. Kindspezifische Orientierungen, die hier zum Ausdruck kamen, sind a) ein mathematisch-ästhetischer Zugang, b) ein mathematisch-problemlösender Zugang, c) ein naturwissenschaftlich spielerisch-phantasievoller Zugang, d) ein naturwissenschaftlich assoziativer Zugang, e) ein naturwissenschaftlicher am Phänomen orientierter Zugang zum Material. Damit konnten hier ähnliche kindspezifische Orientierungen gezeigt werden, wie Nentwig-Gesemann et al. (2012) im Rahmen naturwissenschaftlicher Angebotssituationen rekonstruiert haben. Diese Settings bieten, aufgrund ihrer Offenheit (individuelle Beschäftigung und Lösungswege, nicht zwingend ein bestimmtes Ziel vorgegeben, Vorwissen der Fachkraft spielt eine geringere Rolle) eine Basis für ko-konstruktivistische Interaktionen – sowohl zwischen Fachkraft und Kindern als auch zwischen den Kindern untereinander.

Ein Indiz für ko-konstruktivistische Interaktionen zwischen Fachkraft und Kindern können daher Interaktionen im reziproken Modus darstellen, weil dann sowohl die Orientierung der Kinder, als auch die der Fachkraft Raum finden und sowohl Impulse, Fragestellungen, Gedanken und Überlegungen der Kinder, als auch jene der Fachkraft zum Ausdruck kommen und sich Fachkraft und Kinder gegenseitig ko-konstruktivistisch bereichern können.

Nicht gelingende Interaktionen finden sich in diesem Typus sowohl im oppositionellen als auch im divergenten Modus.

Diese beruhen darauf, dass Fachkraft und Kind aneinander vorbei agieren oder je ihre eigene Rahmung durchzusetzen versuchen. Dieser Typus kann weiterhin in zwei Untertypen unterschieden werden. Typ 2a) Individuelle Ziele der Kinder und 2b) Kollektive Ziele der Kinder. In Typik 2a) schafft die Fachkraft eine Situation, in der den Kindern Material zur Verfügung steht und sich die Kinder individuell damit beschäftigen können. Dabei verfolgen die Kinder je eigene Ziele (z.B. mit den Plättchen vor den Spiegeln Muster legen). Die Fachkraft begleitet sie dabei individuell und regt sie kognitiv an. In Typik 2b) verfolgen die Kinder (und die Fachkraft) ein gemeinsames Ziel (z.B. ein Hochhaus bauen). Zu dem Ziel können die Kinder jedoch individuell (je nach eigenen Vorstellungen, nach individuellem Ermessen) beitragen und müssen sich nach keinen Handlungsanweisungen durch die Fachkraft richten. Auch hier begleiten die Fachkräfte die Kinder dabei und regen sie kognitiv an. Auch dyadische Fachkraft-Kind-Interaktionen werden realisiert.

In der Gestaltung kognitiv anregender Interaktionen zwischen Fachkraft und Kindern in diesem Typus erwies sich als günstig, wenn

- die didaktischen Ziele der Fachkraft und die individuellen Ziele der Kinder aneinander anschlussfähig waren,
- Fachkraft und Kind(er) ohne große Distanz auf einer Augenhöhe miteinander kommuniziert haben,
- sich die Kinder als aktiv, kompetent und selbstwirksam erleben konnten, das Tun der Kinder von der Fachkraft wertgeschätzt wurden,
- die Fachkraft die Kinder auch auf das Tun der jeweiligen anderen Kinder aufmerksam machte,
- die Fachkraft Interaktionen zwischen den Kindern initiierte,
- die Fachkraft auf Impulse der Kinder wartete, auf die sie ihrerseits mit passenden kognitiv anregenden Impulsen eingegangen ist,

- sich die Fachkraft ein Bild davon machte, was die Kinder taten, bzw. worauf sie sie aufmerksam machen wollten,
- die Fachkraft einen Bezug zwischen den beobachteten Phänomenen der Kinder hergestellt hat,
- wenn die Fachkraft die Methoden des naturwissenschaftlichen Denkens eingefordert hat (z.B. Erklärungen einfordern oder zum Forschen und Explorieren anregen),
- wenn die Fachkraft alltagsnahes Material verwendete,
- wenn die Fachkraft auf die Phasen des offenen mathematischen Angebots achtete,

In der Gestaltung kognitiv anregender Interaktionen zwischen Fachkraft und Kindern in diesem Typus erwies sich als ungünstig, wenn

- die Fachkraft vorüberlegte Impulse gab, die nicht an das aktuelle Tun, bzw. Ziel des Kindes anschließen und sich das Kind nicht darauf einlässt,
- sich die Fachkraft kein Bild davon machte, womit sich das Kind beschäftigt,
- die Fachkraft in der Interaktion mit dem Kind ambivalent war,
- die Fachkraft ihre Fragen selbst beantwortete, bzw. voreilig selber Vorschläge machte,
- sich die Kinder nicht als selbstbestimmt und selbstwirksam erleben konnten,
- die Fachkraft richtige Antworten der Kinder in Frage stellte,
- Fachkraft und Kind je ihre eigenen Ziele gegenüber dem anderen durchzusetzen versuchten,
- Fachkraft und Kind(er) aneinander vorbeiredeten und/oder agierten,
- aufgrund größerer Distanzen zwischen den Beteiligten das gegenseitige Beobachten und der Blickkontakt zueinander erschwert und damit auch ein Austausch sowie eine Bereicherung der Kinder untereinander erschwert (und auch nicht angeregt) wurde (wenig ko-konstruktivistische Interaktionen zwischen den Kindern).

Tabelle 15: Sinngenetische Typenbildung

Typik 1 Orientierung an einem festen Handlungsplan			Typik 2 Orientierung an einem flexiblen Handlungsplan		
Typ A Homogene Aktivitäten Inhärente Strukturierung	Typ B Homogene Aktivität Erzeugte Strukturierung	Interaktionsmodus	Typ A Individuelle Ziele	Typ B Kollektives Ziel	Interaktionsmodus
	Geometrische Formen (Mathematik)	Divergent		Hochhaus (Freispiel)	Erwachsenenorientiert Kindorientiert
Grün mischen (Freispiel)		Erwachsenenorientiert Divergent	Magneten (Naturwissenschaften)		Erwachsenenorientiert reziprok
Cola-Menthos (Naturwissenschaften)		Erwachsenenorientiert	Waage (Freispiel)		Oppositionell
Licht (Naturwissenschaften)		Erwachsenenorientiert	Spiegel und geometrische Formen (Mathematik)		Oppositionell Erwachsenenorientiert Divergent

Hinweise auf die Soziogenese der Typiken

Der Blick auf die vier oben beschriebenen Typiken der Orientierungen gibt interessante Hinweise. In der Typik 1a (Orientierung an einem festen Handlungsplan: homogene Aktivität, inhärente Strukturierung) sind vor allem Fachkräfte mit fachschulischer Ausbildung sowie eine Kindheitspädagogin vertreten. Weiterhin haben die Fachkräfte bis auf eine in dieser Typik in den letzten zwei Jahren mindestens eine Fortbildung im naturwissenschaftlichen Bereich besucht. Allen Fachkräften dieser Typik ist gemeinsam, dass sie wenig Berufserfahrung haben (ca. ein Jahr). Ihr durchschnittliches Alter liegt bei 28 Jahren (22–36 Jahre) (vgl. Tabelle 16). Auf grober inhaltlicher Ebene werden hier vor allem Versuche durchgeführt.

In Typik 1b (Orientierung an einem festen Handlungsplan: homogene Aktivität, erzeugte Strukturierung) ist eine Fachkraft mit fachschulischer Ausbildung vertreten, die 56 Jahre alt ist und über viel Berufserfahrung verfügt (23 Jahre). Zugleich hat sie die meisten Fortbildungen im naturwissenschaftlichen Bereich sowie darüber hinaus als einzige eine Fortbildung im mathematischen Bereich in den letzten zwei Jahren besucht. Auf grober inhaltlicher Ebene werden hier mehrere Aspekte (z.B. Gespräch, Basteln, Veranschaulichen) bearbeitet (vgl. Tabelle 16).

Die Fachkräfte in Typik 1a) und Typik 1b) unterscheiden sich daher vor allem bezüglich ihrer Berufserfahrung. In der Typik 1 „Orientierung an einem festen Handlungsplan" können insgesamt keine oder nur rudimentär kindspezifische Orientierungen rekonstruiert werden. Gelingende Interaktionen erscheinen hier in einem erwachsenenorientiert-responsiven Modus. Nicht gelingende Interaktionen ergeben sich hier in Form von Divergenzen und sind durch eine Durchsetzung der Orientierung der Fachkraft gekennzeichnet.

In Typik 2a (Orientierung an einem flexiblen Handlungsplan: Verfolgen individueller Ziele) sind Fachkräfte mit einem kombinierten Abschluss (fachschulischen sowie akademischen zum Kindheitspädagogen) vertreten, die durchschnittlich 46.33 Jahre alt sind (42–55 Jahre) und über viel Berufserfahrung verfügen (26.5 Jahre; 20–33 Jahre). Fortbildungen im naturwissenschaftlichen oder mathematischen Bereich haben diese Fachkräfte in den letzten 2 Jahren nicht besucht (vgl. Tabelle 16). Auf grober inhaltlicher Ebene steht das Explorieren im Vordergrund.

In Typik 2b (Orientierung an einem flexiblen Handlungsplan: Verfolgen eines kollektiven Ziels) ist ebenfalls eine Fachkraft mit akademischer Ausbildung zum Kindheitspädagogen vertreten (ohne zusätzliche fachschulische Ausbildung), die im Vergleich zu den Kindheitspädagogen aus Typik 2a) jünger ist (29 Jahre) und über weniger Berufserfahrung verfügt (9 Jahre). Gegenüber den Fachkräften aus Typik 1a verfügt sie hingegen über mehr Berufserfahrung (9 Jahre versus 1 Jahr).

Fortbildungen im mathematischen oder naturwissenschaftlichen Bereich wurden von dieser Fachkraft ebenfalls nicht besucht (vgl. Tabelle 16). Auf grober inhaltlicher Ebene steht hier die Konstruktion im Vordergrund.

Gelingende Interaktionen zeigen sich insgesamt in Typus 2 ebenso wie in Typik 1 im erwachsenenorientiert-responsiven Interaktionsmodus, darüber hinaus aber auch im reziproken sowie im kindorientiert-responsiven Modus. Das weist darauf hin, dass die kindspezifischen Orientierungen lediglich in Typik 2 rekonstruiert werden konnten. Nicht gelingende Interaktionen finden sich hier ebenso wie in der ersten Typik in Form von Divergenzen. Diese beruhen hier jedoch vor allem darin, dass die Fachkraft und Kind(er) aneinander vorbeiagieren. Weiterhin findet sich in dieser Typik auch der oppositionelle Interaktionsmodus in Form eines Wettstreits der Orientierung von Fachkraft und Kind(ern) (vgl. Tabelle 16).

Es wird deutlich, dass hier keine einzelnen Faktoren Einfluss auf die Interaktionsgestaltung zwischen Fachkraft und Kindern haben. Vielmehr unterscheiden sich die Fachkräfte bezüglich mehrerer Merkmale. Am deutlichsten unterscheiden sich die Fachkräfte in Typik 1a von den Fachkräften der übrigen drei Typiken mit Blick auf ihre Berufserfahrung, die hier mit durchschnittlich einem Jahr Berufserfahrung am geringsten ausfällt. Kauertz (2012) verweist darauf, dass stark strukturierte Angebotsformen die Fachkräfte entlasteten, weil sie weniger spontan auf das Handeln der Kinder reagieren müssten. Daher könnte eine Vermutung sein, dass die Fachkräfte dieses Typs aufgrund geringerer Routine auf vorab durchgeplante Versuchsdurchführungen zurückgreifen, um eine kognitive Anregung der Kinder zu realisieren. Auf diese Weise sind sie mit weniger Spontaneität durch die Kinder konfrontiert und brauchen weniger spontan und individuell auf die einzelnen Kinder einzugehen. Dies bietet in gewisser Hinsicht Handlungssicherheit. Dieser Aspekt könnte auch in Anbetracht der Erhebungssituation, in der die Fachkräfte in Interaktion mit den Kindern gefilmt wurden, eine Rolle spielen.

Weiterhin ist auffällig, dass die Mehrheit der Fachkräfte in Typik 1 mindestens eine naturwissenschaftliche Fortbildung in den letzten zwei Jahren besucht haben. Die Fachkräfte aus Typik 2 haben dagegen keine Fortbildung in den letzten zwei Jahren besucht. Daher könnte es hier von Interesse sein, welche Inhalte in den Fortbildungen vermittelt wurden. Eventuell werden im Rahmen von Fortbildungen eher Versuchsdurchführungen mit Kindern vermittelt als die Begleitung von Explorationen der Kinder sowie die Gestaltung spontaner Angebote.

Da nicht bekannt ist, welche Fortbildungsangebote von den Fachkräften wahrgenommen wurden und welchen Inhalts diese waren, kann hier keine abschließende Antwort darauf gegeben werden, inwieweit der Besuch einer Fortbildung im naturwissenschaftlichen Bereich für die Gestaltung der kognitiv anregenden Interaktionen im naturwissenschaftlichen Bereich eine Rolle spielen könnte.

Die Fachkräfte unterscheiden sich zwar bezüglich ihrer Ausbildung, allerdings spielt diese dennoch vermutlich eher keine Rolle bei der Gestaltung kognitiv anregender Interaktionen. Denn in Typik 1 ist neben den fachschulisch ausgebildeten Fachkräften auch eine Fachkraft mit akademischer Ausbildung zum Kindheitspädagogen vertreten. In Typik 2 sind zwar ausnahmslos Fachkräfte mit akademischer Ausbildung zum Kindheitspädagogen enthalten, jedoch verfügen zwei der Kindheitspädagogen darüber hinaus über eine im Vorfeld absolvierte fachschulische Ausbildung. Daher unterscheiden sich die Typiken hinsichtlich ihrer Ausbildung nicht so deutlich. In beiden Typiken sind sowohl Freispiel- als auch (mathematische sowie naturwissenschaftliche) Angebotssituationen vorhanden, so dass diesbezüglich keine Unterschiede zwischen den beiden Typiken bestehen. Auch die Trägerschaft, der pädagogische Schwerpunkt der Einrichtung sowie der Ort und das Bundesland, in dem die Einrichtungen sind, spielen keine Rolle. Alle in die qualitative Analyse einbezogenen Fachkräfte sind weiblich. Unterschiede können sich also nicht bezüglich des Geschlechts der Fachkräfte ergeben. Auch die Anzahl der in der Episode insgesamt beteiligten Kinder hat keinen Einfluss. Alle Fachkräfte haben es mit kleinen Kindergruppen (3–9 Kinder) zu tun. Das Geschlecht der Kindergruppen hat ebenfalls keinen Einfluss auf die Interaktionsgestaltung. Eine Systematik bezüglich der zeitlichen Abstände, in denen die kognitiv anregenden Interventionen durch die Fachkräfte stattfinden, lässt sich nicht erkennen. Die Interaktionen lassen sich nicht durch ein bestimmtes Auftretensmuster der Interventionen beschreiben. So kann z.B. nicht angenommen werden, dass Interaktionen, in denen alle 10 Sekunden eine kognitiv anregende Intervention erfolgt, misslingt. Ebenso wenig findet sich für die jeweiligen Typiken ein bestimmtes Auftretensmuster. Z.B. kann nicht angenommen werden, dass Fachkräfte, die einer der beiden Typiken („Orientierung an einem festen Handlungsplan" oder „Orientierung an einem flexiblen Handlungsplan") angehören, kognitiv anregende Impulse im 10-Sekundentakt geben.

Tabelle 16: Hinweise auf die Soziogenese der Typiken

	Ausbildung	Mittel-wert Alter in Jahren	Mittelwert Berufserfah-rung in Jahren	Anzahl Fort-bildungen Mathematik & Naturw. (in letzten 2 Jahren)
Orientierung an einem festen Handlungsplan: Typik 1A				
Grün mischen 30712F	Fachschulisch	28.00	0.93	3 Naturw.
Licht 31912N				0
Cola-Menthos 33722N	Kindheitspädagoge			2 Naturw.
Orientierung an einem festen Handlungsplan: Typik 1B				
Geometrische Formen30212M	Fachschulisch	56.00	23.00	1 Mathe 6 Naturw.
Orientierung an einem flexiblen Handlungsplan Typik 2A				
Magneten 31522N	Fachschulisch & Kindheitspädagoge	46.33	24.33	0
Waage 33622F				0
Spiegel & geo-metrische Formen 33622M				0
Orientierung an einem flexiblen Handlungsplan Typik 2B				
Hochhaus 11322F	Kindheitspädagogin	29.00	9.00	0

7.3 Triangulation der quantitativen und qualitativen Daten

Die Ergebnisse der quantitativen Daten sind auf zwei Ebenen interessant. Zum einen, weil sich die Stichprobe der qualitativen Studie aus den Ergebnissen der quantitativen Studie ergibt. So wurden jene Fachkräfte in die qualitative Studie einbezogen, die die Kinder laut den quantitativen Analysen besonders häufig kognitiv angeregt haben. Da die Schweizer Kindergartenlehrpersonen die Kinder signifikant seltener kognitiv angeregt haben als die beiden deutschen Fachkräftegruppen, wird deutlich, weshalb in der qualitativen Studie keine Schweizer Kindergartenlehrpersonen enthalten sind. Zum anderen ist es interessant, die Ergebnisse der quantitativen Studie hinsichtlich der Merkmale der Fachkräfte mit den Ergebnissen der qualitativen Studie hinsichtlich der Merkmale der Fachkräfte zu vergleichen.

Die quantitative Studie ergab, dass sich die Fachkräfte hinsichtlich ihrer Ausbildung signifikant voneinander unterschieden, so regen die Schweizer Fachkräfte die Kinder, wie gerade bereits genannt, signifikant seltener an, als die beiden deutschen Fachkräftegruppen. Zwischen den beiden deutschen Fachkräftegruppen (fachschulisch ausgebildete und akademisch ausgebildete) ergab sich dagegen kein signifikanter Unterschied. Die Hinweise auf eine Soziogenese der Typiken im Rahmen der qualitativen Studie macht zunächst den Eindruck als bestünde ein Unterschied der Typik 1 und Typik 2 hinsichtlich der Ausbildung der beiden deutschen Fachkräftegruppen. So befinden sich in Typik 1 überwiegend Fachkräfte mit einer fachschulischen Ausbildung. Lediglich eine der hier vertretenen Fachkräfte verfügt über eine akademische Ausbildung. In Typik 2 befinden sich dagegen ausschließlich Fachkräfte mit einer akademischen Ausbildung. Bei genauerer Betrachtung der Ausbildungen der Fachkräfte zeigt sich aber, dass fast alle Fachkräfte die der 2. Typik angehören vorab der akademischen Ausbildung eine fachschulische Ausbildung absolviert haben. Nur eine der Fachkräfte verfügt ausschließlich über eine akademische Ausbildung. Daher ist schlussendlich schwer zu sagen, inwieweit die fachschulische bzw. akademische Ausbildung eine Rolle für die Unterscheidung dieser beiden Typiken spielt.

Des Weiteren unterschieden sich die drei Fachkräftegruppen in der quantitativen Analyse nicht signifikant hinsichtlich ihrer Berufserfahrung voneinander. Die Hinweise auf eine Soziogenese der Typiken im Rahmen der qualitativen Studie deuten jedoch auf einen Unterschied der Typiken hinsichtlich der Berufserfahrung der Fachkräfte hin. So befinden sich in Typik 1a Fachkräfte, die im Schnitt über eine ungefähr einjährige Berufserfahrung verfügen. In Typik 1b und Typik 2a und b befinden sich dagegen Fachkräfte mit einer durchschnittlichen Berufserfahrung von 9 bis 24 Jahren. Das weist daraf hin, dass Fachkräfte mit einer geringeren Berufserfahrung dazu tendieren, stark strukturierte naturwissenschaftliche Angebote durchzuführen. Kauertz (2012) weist an dieser Stelle daraf hin, dass dies darauf zurückzuführen sein könnte, dass diese Form der Angebote mit einer höheren Planungssicherheit einherginge und weniger flexibel auf Ideen der Kinder eingegangen werden müsse, als z.B. bei offenen oder teilstrukturierten Angebotsformen bei denen z.B. ein freies Explorieren stärker im Vordergrund stünde. Daher griffen vor allem Fachkräfte mit weniger Berufserfahrung auf stark strukturierte Angebotsformen im Sinne einer Durchführung von konkreten Versuchen zurück.

In Typik 2 finden sich vor allem Fachkräfte mit einer höheren durchschnittlichen Berufserfahrung.

Diese Fachkräfte sind an einem flexibleren Handlungsplan orientiert als die Fachkräfte der 1. Typik. In den von diesen Fachkräften gestalteten Interaktionssituationen steht das freie Explorieren stärker im Vordergrund. Dies kann demzufolge damit erklärt werden, dass sich diese Fachkräfte eventuell aufgrund ihrer höheren Berufserfahrung eher zutrauen auch spontaner auf Ideen und Gedankengänge der Kinder einzugehen.

Da von jeder dieser Fachkräfte lediglich die Analyse einer Bildungsangebotssituation (Mathematik und Naturwissenschaften) sowie einer Freispielbegleitung vorliegen, ist es an diesem Punkt schwierig zu sagen, ob die Fachkräfte aus Typik 1 per se an einem festen Handlungsplan orientiert sind und überwiegend auf strak strukturierte Angebote im Sinne einer Durchführung von konkreten naturwissenschaftlichen Versuchen zurückgreifen oder ob die Fachkräfte ihre Angebotssituationen variieren.

Dasselbe gilt auch für die Fachkräfte der 2. Typik, auch hier kann nicht geklärt werden, inwieweit die Fachkräfte in der Gestaltung der Freispiel- und Angebotssituationen per se an einem flexiblen Handlungsplan orientiert sind und eine Exploration durch die Kinder in den Vordergrund stellen, oder ob diese variierend gestaltet werden, also mal stärker mal weniger stark strukturiert. Im Rahmen des Forschungsprojekts PRIMEL wurde darüber hinaus geprüft, ob die Anzahl der besuchten Weiterbildungen in den Bereichen Kunst-Ästhetik, Bewegungserziehung, Mathematik, Naturwissenschaften und Pädagogik einen Einfluss auf die Häufigkeit der kognitiven Anregung der Kinder durch die Fachkräfte in den vier Settings Kunst-Ästhetik, Bewegungserziehung, Mathematik, Naturwissenschaften und Freispiel hat. Hier ergab sich jedoch kein signifikanter Zusammenhang, so dass die Anzahl der besuchten Fortbildungen keinen Einfluss auf die Zahl der kognitiven Anregungen in dem jeweiligen Setting aufzeigte.

Die Hinweise auf die Soziogenese der Typenbildung ergeben dagegen, dass die Fachkräfte der 1. Typik überwiegend mindestens eine Fortbildung in Mathematik oder Naturwissenschaften in den letzten zwei Jahren besucht haben. Lediglich eine dieser Fachkräfte hat keine Fortbildungen besucht. Die Fachkräfte der 2. Typik haben dagegen durchgängig in den letzten zwei Jahren keine Fortbildung in Mathematik oder Naturwissenschaften besucht.

Hier kann die Frage gestellt werden, welchen Inhalts die Fortbildungen waren, ob den Fachkräften hier z.B. vor allem nahegebracht wird, wie Versuche mit den Kindern durchgeführt werden können, aber weniger, wie mit den Kindern gemeinsam exploriert werden kann.

Sollte den Fachkräften in den Fortbildungen vor allem gezeigt werden, wie konkrete Versuche mit den Kindern durchgeführt werden können, könnten die Fachkräfte dieses methodische und inhaltliche Wissen gezielt einsetzen, um die Kinder kognitiv anzuregen. Den Fachkräften der 2. Typik könnte dieses Wissen aufgrund nicht besuchter Fortbildungen fehlen, so dass sie eher auf ein freies Explorieren mit den Kindern zurückgreifen, bei dem weniger Vorwissen von Nöten ist (Kauertz, 2012).

Da jedoch nicht klar ist, welchen Inhalts die besuchten Fortbildungen waren, kann dieser Aspekt nicht abschließend geklärt werden. Auch muss die Tatsache, dass die Fachkräfte der 2. Typik in den letzten zwei Jahren keine Fortbildung besucht haben nicht bedeuten, dass die Fachkräfte nicht in weiter zurückliegender Zeit Fortbildungen besucht haben und doch auf Vorwissen zurückgreifen konnten. Aus diesem Grund ist an dieser Stelle nicht schlussendlich zu klären, inwieweit der Besuch von Fortbildungen in Mathematik und Naturwissenschaften eine Rolle der Entstehung der beiden Typiken spielt.

8. Diskussion der Ergebnisse und des methodischen Vorgehens sowie Ausblick

Abschließend sollen in diesem Kapitel die Ergebnisse der quantitativen und qualitativen Analyse sowie das methodische Vorgehen diskutiert werden. Darüber hinaus wird ein Ausblick bezüglich folgender Forschungsmöglichkeiten formuliert.

8.1 Diskussion des methodischen Vorgehens und Ausblick

Die Ergebnisse zeigen, dass sich die Analyse mittels eines Kategoriensystems dazu eignet, solche Fachkraft-Kind-Interaktionen heraus zu kristallisieren, die ein Potential für kognitiv anregende Interaktionen bergen.

Auffällig ist, dass auf diese Weise vor allem Interaktionen aus dem mathematischen (z.B. Fall Waage, Fall Spiegel und geometrische Formen), aus dem naturwissenschaftlichen (z.B. Fall „Grün mischen", Fall „Licht") oder dem mathematisch-technischen Bereich (Fall „Hochhaus") identifiziert werden konnten, in denen die ausgewählte Form verbaler kognitiv anregender Interventionen besonders häufig auftraten. Andere Situationen, wie z.B. Rollenspiele, künstlerisch-ästhetische Aktivitäten, u.a. sind dagegen nicht unter den Freispielinteraktionen, in denen am häufigsten in der die Dissertation interessierenden Weise kognitiv angeregt wurde.

Während sich die drei Gruppen der Fachkräfte bezüglich der Häufigkeit kognitiv anregender Interventionen nicht unterschieden haben, zeigen sich in der qualitativen Analyse Unterschiede in der Art und Weise sowie der Qualität der Gestaltung kognitiv anregender Interaktionen. Die Bedingungen für eine Entfaltung der kognitiv anregenden Interventionen sind dabei sehr vielfältig, und es konnten verschiedene günstige, bzw. ungünstige Aspekte, die dazu beigetragen haben, herausgearbeitet werden.

Insgesamt hat sich die quantitative Analyse mittels des Kategoriensystems gut geeignet, die interessierenden Interaktionen zu identifizieren. Der Vorzug der qualitativen Analyse mittels der Dokumentarischen Methode ist dann in seiner Detailliertheit der Einschätzung der Qualität der Interaktion zu sehen.

Vor allem die Herausarbeitung solcher Aspekte, die nicht auf der Sicht-ebene liegen, bleiben der qualitativen Analyse vorbehalten, da dies eine genaue Analyse des Einzelfalls (ggf. im Vergleich zu anderen Fällen) notwendig macht (wie z.b. die Herausarbeitung der Orientierungen der Beteiligten).

Meines Erachtens ergänzen sich an diesem Punkt die quantitativen und qua-litativen Verfahren der Analyse von Fachkraft-Kind-Interaktionen optimal.

Eine gleichermaßen tiefgehende und die individuellen Bedingungen der Situation berücksichtigende Einschätzung der Qualität der Fachkraft-Kind-Interaktion ist mit quantitativen Verfahren nicht einlösbar, jedoch auch nicht deren Ziel. Eine quantitative Analyse ist auf die Sichtebene angewiesen. Nicht direkt beobachtbare Aspekte, wie z.B. die Orientierung der beteiligten Perso-nen, sind quantitativ nicht erfassbar. Der Vorzug quantitativer Methoden liegt auch darin, über einen großen Datenkorpus mit vergleichsweise geringerem Aufwand Antworten bezüglich vorab definierter Hypothesen zu erhalten. Ein deduktives Vorgehen sowie die Herausarbeitung allgemeingültiger Aussagen über den beforschten Personenkreis, bzw. das beforschte Thema kennzeichnen quantitative Analysen.

Qualitative Herangehensweisen sind dagegen durch ein induktives Vorge-hen sowie das Interesse an den Besonderheiten ausgewählter Fälle charakteri-siert (vgl. z.B. Bortz und Schuster, 2010). Da die Qualität der Fachkraft-Kind-Interaktionen von vielfältigen Bedingungen abhängt, ist die Einschätzung der Qualität tiefergehend nur auf individueller Ebene und damit qualitativ möglich. Vor allem ist eine qualitative Analyse dann vorzuziehen, wenn latente Sinnge-halte (z.B. die Orientierung von Personen), die nicht auf der direkten Sichtebe-ne liegen, herausgearbeitet werden sollen.

Auch wenn sich die Orientierung sowie der Interaktionsmodus der Beteilig-ten nicht quantitativ herausarbeiten lässt, gibt es auch auf der Sichtebene Hin-weise auf Rahmeninkongruenzen, auf die im Rahmen einer quantitativen Ana-lyse geachtet werden kann, um Aufschluss über die Anschlussfähigkeit von Fachkraft und Kindern zu erhalten: wenn ein Kind z.B. eine Frage stellt, eine Antwort gibt, eine Idee äußert, auf die (von der Fachkraft) nicht eingegangen wird; wenn die Fachkraft z.B. eine Frage stellt, einen Impuls gibt, auf den die Kindern nicht eingehen; wenn in der Interaktion kein Blickkontakt hergestellt wird; wenn kein Blickkontakt hergestellt und geschwiegen wird; wenn sich Kinder an der Interaktion nicht beteiligen; wenn die Kinder anderes tun, als von der Fachkraft geäußert; wenn die Fachkraft Konsequenzen (z.B. wenn du das nicht tust, dann …) formuliert; wenn körperliche Ausgrenzungen zu erkennen sind.

Allerdings kann allein mit dem Identifizieren solcher Hinweise auf Rahmeninkongruenzen noch nicht gesagt werden, ob sich schließlich tatsächlich ein divergenter oder oppositioneller Interaktionsmodus realisiert oder ob doch noch eine Rahmenkomplementarität hergestellt werden kann.

Die Dokumentarische Methode eignet sich hier besonders dazu, die Art und Weise, „wie" Fachkraft und Kinder die Interaktion gestalten, zu analysieren und die Qualität der Interaktionen je individuell einzuschätzen. Darüber hinaus bietet die Dokumentarische Interpretation über die komparative Analyse eine geeignete Methode des kontrollierten Fallvergleichs sowie für eine Typenbildung der Art und Weise, wie Fachkraft und Kinder Interaktionen gestalten.

Für die Anwendung dieses Verfahrens in Settings, die durch asymmetrische Interaktionen (z.B. zwischen Fachkraft und Kindern im Kindergarten, aber auch zwischen Lehrern und Schülern) gekennzeichnet sind, besteht derzeit ein großer Diskussionsbedarf. Diese Methode wurde ursprünglich für die Interpretation von Gruppendiskussionen entwickelt.

Von Interesse war, herauszuarbeiten, ob einige der beteiligten Personen über gemeinsame Orientierungen verfügen. Entsprechend wurden solche Personen, die innerhalb einer Gruppendiskussion eine gemeinsame Orientierung, also eine Rahmenkongruenz, aufweisen, als eine Gruppe bezeichnet.

Diese verstehen einander also unhinterfragt, also konjunktiv, die Interaktion zwischen ihnen gelingt. Interaktionen in Settings mit asymmetrischen Beziehungen zwischen den Interaktionspartnern liegt zunächst jedoch keine gemeinsame Orientierung zugrunde, denn Fachkraft und Kinder im Kindergarten verfügen über unterschiedliche Orientierungen – einer didaktischen und einer kindspezifischen. Nach der bisherigen Definition gelingender Interaktionen müssten Fachkraft-Kind-Interaktionen daher per definitionem als rahmeninkongruent, also als exkludierend, divergent oder oppositionell bezeichnet werden.

Divergente oder oppositionelle Interaktionen sind jedoch durch rituelle Konklusionen (z.B. Interaktionsabbrüche) gekennzeichnet. Martens und Asbrand (subm.) konnten in ihren Studien jedoch aufzeigen, dass Lehrer-Schüler-Interaktionen nicht per definitionem misslingen. Vielmehr zeigen sich Interaktionen zwischen ihnen, in denen sie trotz nicht geteilter Orientierungen wie selbstverständlich aneinander anschließen. Diese Interaktionen als misslingend im Sinne einer divergenten oder oppositionellen Interaktion zu bezeichnen erscheint daher unangemessen, denn zu einer rituellen Konklusion kommt es nicht.

Die Diskussion, wie diese asymmetrischen, gelingenden Interaktionen zwischen Fachkraft und Kindern innerhalb des Inventars der Dokumentarischen Methode charakterisiert werden können, steht noch am Anfang. So ist ein erster Vorschlag von Martens und Asbrand (subm.), diese Interaktionen zwar als exkludierend, jedoch nicht im Modus einer Rahmeninkongruenz, sondern vielmehr im Modus einer Rahmenkomplementarität zu bezeichnen. Wird entschieden, diese Interaktionen einem neuen Modus zuzuordnen, gilt es das gesamte Begriffsinventar zur Bestimmung der Interaktionsorganisation daran anzupassen.

Martens und Asbrand (subm.) plädieren dafür, den Begriff der Proposition beizubehalten. Anstelle von Elaborationen erfolgen dann vielmehr „Rekontextualisierungen", indem die jeweiligen Personen Bezug auf die Orientierung des Anderen nehmen, ohne dass die Orientierung deshalb geteilt wird. Anstelle von (synthetischen) Konklusionen konnten Martens und Asbrand (subm.) in Rahmenkomplementären Interaktionen „kommunikative Konklusionen" beobachten. Die Beteiligten haben sich also über den Abschluss besprochen.

Da die Frage des Umgangs mit Interaktionen dieser Art noch nicht abgeschlossen ist, befindet sich die Diskussion noch im Wandel, in diese Dissertation ist der aktuelle Stand der Diskussion eingeflossen. In meiner Arbeit hat sich beispielsweise auch eine Art der „kommunikativen Proposition", bzw. der „kommunikativen Validierung" gezeigt. Fachkraft und Kinder haben sich bezüglich der Rahmung der Interaktion kommunikativ abgesprochen, wobei die Fachkraft einen Handlungsplan unterbreitet („Ich hab eine Idee: Bevor wir immer schauen, ob sie, ob unser Licht durchscheint oder nicht, frage ich euch immer, was ihr glaubt. Und dann probieren wir's aus, ob's auch so ist, ok?") und die Kinder haben dem kommunikativ zugestimmt (bejahende Bestätigung oder Nicken). Nentwig-Gesemann und Nicolai (2014) haben für rahmenkomplementäre Interaktionen drei Modi herausgearbeitet: den kindorientiert-responsiven, den erwachsenenorientiert-responsiven und den reziproken Interaktionsmodus. Mit Watzlawick et al. (2011) kann ein kindorientiert-responsiver Interaktionsmodus auch als metakomplementär bezeichnet werden, da die Fachkräfte den Kindern gestatten, die superiore Position einzunehmen und selbst die inferiore Position in der Interaktion akzeptieren. Eine Ausrichtung der Fachkräfte an den Orientierungen der Kinder steht dann im Vordergrund.

Der erwachsenenorientiert-responsive Interaktionsmodus kann dann mit Watzlawick et al. (2011) als komplementär bezeichnet werden, da die Fachkräfte die superiore Position einnehmen und die Kinder dies akzeptieren und entsprechend die inferiore Position einnehmen. Die Ausrichtung an den Orientierungen der Fachkräfte steht dann hier im Vordergrund.

Der reziproke Interaktionsmodus kann mit Watztlawick et al. (2011) auch als pseudosymmetrisch bezeichnet werden, da die Fachkräfte den Kindern dann gestatten, eine symmetrische Position einzunehmen. Damit erhält keiner von beiden eine superiore oder inferiore Position, sondern Fachkräfte und Kinder werden vielmehr als gleichberechtigte Interaktionspartner betrachtet. Aus diesem Grund können dann sowohl die Orientierungen der Kinder als auch die der Fachkräfte gleichberechtigt zum Ausdruck kommen.

Der divergente Interaktionsmodus stellt dann nach Watzlawick et al. (2011) eine komplementäre Interaktion dar, bei der das Kind gezwungen wird, eine inferiore Position einzunehmen, damit die Fachkraft ihre superiore Position aufrechterhalten kann, was zu einer Rahmeninkongruenz führt.

Der oppositionelle Interaktionsmodus kann mit Watzlawick et al. (2011) als eine Aushandlung zwischen Fachkraft und Kindern um die superiore oder eine pseudosymmetrische Positionierung aufgefasst werden, wobei die Aushandlung nicht gelingt und sich weder Fachkräfte noch Kinder gegenüber dem anderen durchsetzen, was ebenfalls zu einer Rahmeninkongruenz führt.

Das macht insgesamt deutlich, dass hinsichtlich der Anwendung der Dokumentarischen Methode in asymmetrischen Settings noch weiterer Forschungsbedarf besteht.

Darüber hinaus hält König (2013) fest, dass mittlerweile zwar Forschungen zur allgemeinen Interaktionsqualität auf Gruppenebene vorliegen. Forschungen, die dagegen die Adaptivität des pädagogischen Handelns der Fachkräfte bezogen auf jedes individuelle Kind in den Blick nehmen, fehlten dagegen noch. Weiterhin sei noch wenig darüber bekannt, wie sich das kognitive Potential der Kinder und die Interaktionsqualität einander bedingen. Insgesamt zeige sich im Rahmen der Diskussion um die kognitive Anregung von Kindern im Elementarbereich ein verstärkter Forschungsbedarf bezüglich mikroanalytischer Betrachtungen der kognitiv anregenden Interaktion zwischen Fachkräften und einem Kind, bzw. kleineren Kindergruppen. Die vorliegende Dissertation hat hier angeknüpft und herausgearbeitet, wie solche Interaktionen, in denen kognitive Anregungen durch die Fachkräfte erfolgen, von Fachkraft und Kind(ern) gestaltet werden und in welcher Weise sie dabei aneinander Anschluss nehmen.

8.2 Diskussion der quantitativen Ergebnisse

Die Ergebnisse der quantitativen Analyse weisen aus, dass kognitive Anregungen durch die Fachkräfte insgesamt gegenüber anderen Formen der Lernprozessgestaltung seltener vorkommen.

Dabei treten kognitive Anregungen durch die Fachkräfte im Freispiel (3.6%) und im mathematischen Bildungsangebot (5.1%) deutlich seltener auf als im naturwissenschaftlichen Angebot (35.6%). Dieser Befund wurde im Rahmen einer Varianzanalyse signifikant. Dies weist daraf hin, dass Fachkräfte eher ein Verständnis davon haben, die Kinder in naturwissenschaftlichen Angeboten kognitiv anzuregen als im Freispiel oder im mathematischen Angebot.

In der Freispielbegleitung und der Gestaltung des mathematischen Angebots kann dagegen eher ein Defizit in der Anwendung kognitiv anregender Impulse durch die Fachkräfte aufgezeigt werden. Auch die REPEY-Studie (Siraj-Blatchford et al., 2002b) im englischsprachigen Raum gelangt zu dem Ergebnis, dass kognitive Anregungen insgesamt eher selten erfolgen. Sie berichten, dass hochwertige kognitiv anregende Interaktionen im Sinne eines Sustained Shared Thinking selbst in exzellenten Einrichtungen bei Fachkräften mit akademischer Ausbildung sehr selten, nämlich lediglich zu 5%, beobachtet werden konnten (Siraj-Blatchford et al., 2002b; Textor, o.J.). Dieser Befund wird von König (2006; 2009) im Rahmen ihrer Videostudie zu Fachkraft-Kind-Interaktionen im deutschsprachigen Raum bestätigt. Sie konnte aufzeigen, dass Interaktionen von Fachkraft und Kindern vor allem durch Handlungsanweisungen geprägt sind, während langanhaltende kognitiv anregende Fachkraft-Kind-Interaktionen kaum auftraten.

Der Befund, dass in der vorliegenden Studie in dem naturwissenschaftlichen Angebot vergleichsweise häufig kognitive Anregungen beobachtet werden konnten, liegt konträr zu Erkenntnissen von Leuchter und Saalbach (2014) zu kognitiv förderlichen, verbalen Unterstützungsmaßnahmen in naturwissenschaftlichen Angebotssituationen. Sie konnten in ihrer Studie vielmehr herausstellen, dass verbale kognitive Anregungen durch die Fachkräfte eher selten vorkommen.

Die deutlich häufigeren Kodierungen einer kognitiven Anregung durch die Fachkräfte im naturwissenschaftlichen Angebot können auch als ein Hinweis darauf verstanden werden, dass sich, wie Hopf (2011) hinwies, das naturwissenschaftliche Angebot für die Anwendung kognitiv anregender Interventionen aufgrund des typischen Vorgehens besonders eignet. Das Bilden von Hypothesen, das Beobachten und Überprüfen der Hypothesen u.ä. sind einem naturwissenschaftlichen Vorgehen beim Durchführen von Versuchen und Experimenten inhärent und hoch bedeutsam. Dass sich naturwissenschaftliche Angebote daher besonders für eine kognitive Anregung eignen, scheint sich hier zu bestätigen.

Die Varianzanalyse ergab weiterhin, dass sich die Hypothese, dass Fachkräfte mit einer akademischen Ausbildung (Kindheitspädagoge aus Deutschland und Schweizer Kindergartenlehrpersonen) häufiger kognitiv anregende Interventionen zeigen, nicht bestätigen lässt. Vielmehr wurden für die Schweizer Kindergartenlehrpersonen in allen drei Bereichen signifikant seltener kognitive Anregungen ausgewiesen, wobei der Unterschied im naturwissenschaftlichen Angebot am deutlichsten hervortrat.

Dieses Ergebnis liegt konträr zu Erkenntnissen von Sylva et al. (2003; 2004) im Rahmen der EPPE-Studie im englischsprachigen Raum. Sie konnten aufzeigen, dass Fachkräfte mit einer höheren (akademischen) Ausbildung mehr kognitiv anregende Interaktion (Sustained Shared Thinking) zeigen als Fachkräfte mit einer geringeren Qualifikation. Im deutschsprachigen Raum werden dagegen kontroverse Ergebnisse berichtet (vgl. für eine Zusammenfassung Fröhlich-Gildhoff et al., 2014).

Dass in der vorliegenden Studie kein Unterschied zwischen den akademisch und den fachschulisch ausgebildeten Fachkräften aus Deutschland aufgezeigt werden kann, ist unter Umständen darauf zurückzuführen, dass sich die Gruppe der akademisch ausgebildeten Fachkräfte heterogener zusammensetzt als geplant. Ziel war es, vor allem Fachkräfte mit der neueren akademischen Ausbildung des BA KindheitspädagogIn in die Studie einzubeziehen. Da jedoch nicht genügend Teilnehmer gefunden werden konnten, wurden Fachkräfte mit anderweitiger akademische Ausbildung mit pädagogischem Bezug (z.B. Sozialpädagogen) in die Studie mit aufgenommen. Dies kann dazu geführt haben, dass der vermutete Effekt nicht eingetreten ist.

In der Schweiz wurde etwa seit 10 Jahren eine akademische Ausbildung zur Kindergartenlehrperson etabliert. Trotzdem liegen bisher wenige Studien zur Prozessqualität in Schweizer Einrichtungen vor (Edelmann, Brandenberg und Mayr, 2013). Das macht eine Einordnung der vorliegenden Ergebnisse schwer.

Das Ergebnis, dass durch die schweizerischen Kindergartenlehrpersonen in allen drei Bereichen signifikant seltener kognitiv anregende Interventionen erfolgten als bei den beiden Fachkräftegruppen aus Deutschland, erstaunt dennoch. Dieser Effekt ist vermutlich weniger auf die Ausbildung der Kindergartenlehrpersonen zurückzuführen als vielmehr auf die strukturellen Bedingungen, unter denen diese Fachkräfte arbeiten. Während in Deutschland mindestens zwei Fachkräfte pro Gruppe für die Kinder verantwortlich sind, betreuen Kindergartenlehrpersonen ähnlich große Kindergruppen alleine.

Dadurch werden Angebote in kleinen Gruppen oder eins zu eins Interaktionen zwischen Fachkraft und Kindern erschwert, was einen Einfluss auf kognitiv anregende Interaktionen haben könnte. Auf einen Einfluss der Fachkraft-Kind-Relation auf die Prozessqualität verweisen z.b. Viernickel und Schwarz (2009), die verschiedene Studienergebnisse referieren, die einen Einfluss der Fachkraft-Kind-Relation auf die Prozessqualität berichten (z.b. „Cost Quality and Outcomes Study" (CQC Team, 1995), „National Child care Staffing Study" (Blau, D.M., 1999), „European child care and Education Study" (Cryer, Tietze, Burchinal, Leal und Palacios, 1999).

Je günstiger die Fachkraft-Kind-Relation, je mehr Gelegenheiten böten sich für dyadische Fachkraft-Kind-Interaktionen und desto länger könne sich die Fachkraft einzelnen Kindern, bzw. kleinen Kindergruppen zuwenden. Dies biete günstige Voraussetzungen für Kommunikation und kognitiv anregende Interaktionen zwischen Fachkraft und Kindern (Viernickel, Nentwig-Gesemann, Nicolai, Schwarz und Zenker 2013). Daher könnte die ungünstige Fachkraft-Kind-Relation in Schweizer Einrichtungen einen Einfluss auf das schlechtere Abschneiden der Kindergartenlehrpersonen bezüglich kognitiv anregender Interventionen haben.

Die Kovariate „Berufserfahrung" wurde für keine der drei Ausbildungsgruppierungen signifikant. Damit liegt das Ergebnis konträr zu von Smidt (2012) berichteten Studien, deren Ergebnisse in uneinheitlicher Weise mal positive, mal negative Effekte einer längeren Berufserfahrung auf die zielkindbezogene Qualität berichten.

8.3 Diskussion der qualitativen Ergebnisse

Für die qualitative Analyse wurden die Ergebnisse der quantitativen Analyse insofern zugrunde gelegt, als dass die Fälle für die qualitative Analyse hinsichtlich der Häufigkeit der kognitiv anregenden Interventionen ausgewählt wurden. Im Rahmen der qualitativen Analyse des Videomaterials mittels der Dokumentarischen Methode konnten zwei sinngenetische Typen der Gestaltung kognitiv anregender Interaktionen herausgearbeitet werden.

Typus 1 „Orientierung an einem festen Handlungsplan", wobei sich hier zwei Untertypiken andeuten 1a „Orientierung an einem festen Handlungsplan: homogene Aktivität, inhärente Strukturierung" und 1b „Orientierung an einem festen Handlungsplan: homogene Aktivität, erzeugte Strukturierung".

Die Untertypik 1b kann jedoch nicht durch weitere Fälle gestützt werden. Auch der Typus 2 „Orientierung an einem flexiblen Handlungsplan" kann in zwei Untertypiken unterschieden werden.

Typik 2a „Orientierung an einem flexiblen Handlungsplan: verfolgen individueller Ziele" sowie Typik 2b „Orientierung an einem flexiblen Handlungsplan: Verfolgen eines kollektiven Ziels". Auch hier kann Typik 2b nicht durch weitere Fälle gestützt werden.

Es lässt sich nicht aufzeigen, dass eine der Typiken qualitätsvollere kognitiv anregende Interaktionen gestaltet als die andere.

Vielmehr spielt hier das Setting (Freispiel, mathematisches, bzw. naturwissenschaftliches Angebot) mit eine Rolle. So erwies sich die Durchführung eines strukturierten Versuchs im Rahmen der hier dargestellten Freispielsituation als wenig günstig, weil sowohl Zeit für eine genauere Planung als auch Zeit für eine gezielte Begleitung der Kinder fehlte. Kindspezifische Orientierungen ließen sich dabei nur in den der Typik 2 zugeordneten Fällen rekonstruieren, die einen freieren Umgang der Kinder mit dem Material erlaubten. Diese ähneln den von Nentwig-Gesemann et al. (2012) im Rahmen naturwissenschaftlicher Angebotssituationen identifizierten Orientierungen.

Insgesamt muss festgehalten werden, dass eine über diese einzelne Situation hinausgehende Beurteilung der Gestaltung kognitiv anregender Interaktionen nicht möglich ist, da von jeder Fachkraft lediglich die Auswertung einer Freispielbegleitung sowie eine Durchführung des mathematischen, bzw. naturwissenschaftlichen Angebots vorliegt. So ist es z.B. schwer, eine Aussage darüber zu treffen, ob die Fachkräfte naturwissenschaftliche Angebote an verschiedenen Tagen unterschiedlich stark strukturiert gestalten (stärker strukturiert, gemäßigt strukturiert, spontan) und so eine vielseitige Förderung der Kinder stattfindet oder ob punktuell nur eine Angebotsform durchgeführt wird. Lediglich bei einzelnen Fachkräften finden sich hier nebenbei Hinweise, wie z.B. im Fall „Grün mischen" durch das Vorhandensein der Experimentierecke, die als gemäßigt strukturiertes Angebot gelten kann.

Um zu beurteilen, wie die Fachkräfte kognitiv anregende Interaktionen in den drei Settings im Generellen gestalten, und diesbezüglich eine Aussage treffen zu können, müssten mehrere der jeweiligen Situationen einer Fachkraft analysiert werden.

So kann nur festgehalten werden, dass die Fachkräfte überwiegend kognitiv anregende Interaktionen gestalten, die sich für Interaktionen im Sinne eines Scaffolding, bzw. für eine stärker ko-konstruktivistische Interaktion, also hochwertige Interaktionen im Sinne eines Sustained Shared Thinking, eignen.

Insgesamt können daher instruktive Momente im Sinne eines Scaffolding oder stärker ko-konstruktivistische Interaktionen in jeder der drei Settings (Freispiel, Mathematik, Naturwissenschaften) nicht als grundsätzlich besser oder schlechter einander gegenübergestellt werden (vgl. dazu Kapitel 2.4). Vielmehr verweisen Siraj-Blatchford et al. (2002b) im Rahmen des Sustained Shared Thinking oder auch Reinmann und Mandl (2006) auf die Vorzüge sowohl instruktiver Momente im Sinne eines Scaffolding, bzw. einer Förderung in der nächsten Zone der Entwicklung nach Wygotsky sowie stärker ko-konstruktivistischer Interaktionen.

So eigne sich Scaffolding, bzw. eine Förderung in der nächsten Zone der Entwicklung nach Wygotsky vor allem dann, wenn die Fachkraft bezüglich eines bestimmten Aspekts einen Wissensvorsprung habe (sie weiß z.B., wie ein bestimmtes Problem oder eine bestimmte Aufgabe zu lösen ist) und diesen Wissensvorsprung nutzt, um das Kind zu befähigen, diesen Aspekt in Zukunft selbständig lösen zu können. Hier stünde dann das Lehren gegenüber einem gemeinsamen Lernen stärker im Vordergrund. Stärker ko-konstruktivistische Interaktionen böten sich vor allem dann an, wenn sowohl Fachkraft als auch Kinder über wenig Wissen bezüglich des interessierenden Themas verfügten.

Hier stünde dann das gemeinsame Lernen gegenüber einem Lehren im Vordergrund (vgl. auch König, 2006; 2009; Hopf, 2011).

Die Ergebnisse der qualitativen Analyse deuten aber darauf hin, dass sich Interaktionen im Sinne eines Scaffolding darüber hinaus dann zu eignen scheinen, wenn der Erwerb prozeduralen Wissens – also die Frage, wie etwas Bestimmtes gemacht wird – im Vordergrund steht. Über Wissensinhalte dieser Art lässt sich, je stärker die Automatisierung der Handlungsschritte, nur bedingt kommunikativ austauschen. Daher erweist sich hier das Vormachen in Kombination mit einer Erklärung, wie es im Sinne eines Scaffolding erfolgt, besonders geeignet.

Darauf weist auch hin, dass Wood et al. (1976) den Ansatz des Scaffolding und die Rolle des Tutors anhand eines Problems erarbeitet haben, das vor allem auf das „Wie" der Lösung des Problems gerichtet war (die Kinder sollten aus

Konstruktionsspielzeug mit einem bestimmten Stecksystem, das nur einen richtigen Lösungsweg hat, eine Pyramide bauen).

Hierunter können dann sowohl Themen fallen, wie etwas Konkretes zu bauen, zu lösen ist (z.B. mit Konstruktionsspielzeug etwas nach Plan zu bauen oder erste Worte, Zahlen schreiben, mathematische Rechnungen korrekt aufschreiben, u.ä.), aber z.B. auch, wie man an Wissen kommt (z.B. mittels der Methoden des naturwissenschaftlichen Denkens, oder wie man generell an Informationen herankommt oder wie man denkt).

Für die Gewinnung komplexeren deklarativen Wissens und Erkenntnisse scheinen sich dagegen stärker ko-konstruktivistische Interaktionen zu eignen, da hier Wissen über einen gemeinsamen Austausch bezüglich eines Themas, Aspekts, einer Frage hergestellt werden kann (z.B. weshalb gewittert es?, Welche Aufgaben hat ein Bäcker?, Welche verschiedenen Lösungswege für ein Problem gibt es?, Hinsichtlich welcher Aspekte unterscheiden sich bestimmte Dinge?, Was kann beobachtet werden?, usw.).

Für die Gewinnung weniger komplexen deklarativen Wissens kann sich dagegen eher eine konkrete Vermittlung als günstig erweisen (z.B. auf die Frage „Was ist das?" eines Kindes, das eine Pipette in der Hand hält, konkret zu antworten: „Das ist eine Pipette"). Ein Wissen dieser Art ko-konstruieren zu wollen, erscheint wenig sinnvoll (z.B. auf die Frage des Kindes zu antworten: „Das ist eine interessante Frage, lass uns das mal gemeinsam herausfinden"), da es hier genau eine richtige, konkrete Antwort gibt. Diese kann dem Kind dann auch direkt mitgeteilt werden, da es diesbezüglich keine unterschiedlichen Vorstellungen oder kontroversen Diskussionen gibt. Dies gilt z.B. auch für die Benennung von anderen Dingen, wie z.B. Zahlen (die Ziffer Zwei als solche zu benennen), Farben (die Farbe Rosa als solche zu benennen), usw. Diese können vielmehr als ein Fakt gesehen werden.

Mit Blick auf die Soziogenese fällt auf, dass sich die Typiken vor allem hinsichtlich der Berufserfahrung der Fachkräfte unterscheiden. So verfügen die Fachkräfte aus Typik 1a (Orientierung an einem festen Handlungsplan: inhärente Strukturierung) lediglich über eine einjährige Berufserfahrung, während die Fachkräfte der anderen drei Typiken eine Berufserfahrung von mindestens neun Jahren ausweisen. Kauertz (2012) verweist darauf, dass die Durchführung von strukturierten Angeboten in Form eines planvollen Versuchs die Fachkräfte entlaste. Der Ablauf sei voraus planbar, es komme kaum zu spontanen Reaktionen der Kinder, auf die sie ebenso spontan eingehen müssten.

Daher kann es möglich sein, dass die Durchführung von strukturierten Versuchen es den Fachkräften mit einer geringen Berufserfahrung ermöglicht, in einer für sie sicheren Weise die Kinder im naturwissenschaftlichen Arbeiten kognitiv anzuregen.

Interessant ist aber darüber hinaus, dass alle Fachkräfte aus Typik 1 bis auf eine Fachkraft in den letzten zwei Jahren Fortbildungen im naturwissenschaftlichen Bereich besucht haben. Die Fachkräfte in Typik 2 haben dagegen in den letzten zwei Jahren keine Fortbildungen im mathematischen oder naturwissenschaftlichen Bereich besucht. Daher kann auch die Frage gestellt werden, was den Fachkräften im Rahmen von Fortbildungen zur Förderung des naturwissenschaftlichen Arbeitens der Kinder vermittelt wird. Eventuell wird hier stärker die Durchführung von Versuchen vermittelt als eine Förderung während des freien Explorierens oder wie spontane, von den Kindern entdeckte naturwissenschaftliche Phänomene und Fragen zum Ausganspunkt einer kognitiven Anregung genutzt werden können. Da nicht bekannt ist, welche Fortbildungen von den Fachkräften besucht wurden und welchen Inhalt diese hatten, kann diese Frage hier nicht abschließend beantwortet werden.

Die quantitativen Ergebnisse haben ergeben, dass sich die Schweizer Kindergartenlehrpersonen von den deutschen Fachkräftegruppen dahingehend unterscheiden, dass durch sie signifikant seltener kognitive Anregungen in allen drei Settings (Freispiel, mathematisches und naturwissenschaftliches Angebot) erfolgen. Dass sich die akademisch ausgebildeten Fachkräfte (aus Deutschland und der Schweiz) von den fachschulisch ausgebildeten unterscheiden, konnte nicht bestätigt werden. In der Hinsicht, dass häufiger kognitiv anregende Interventionen, die auf eine Gestaltung kognitiv anregender Interaktionen mit den Kindern hinweisen, zeigen die deutschen Fachkräfte also eine höhere Qualität als die Schweizer Kindergartenlehrpersonen.

In der qualitativen Studie, in der jene Videos einbezogen wurden, in denen die Fachkräfte die meisten kognitiven Anregungen gegeben haben, sind Schweizer Kindergartenlehrpersonen entsprechend nicht repräsentiert, sondern lediglich Fachkräfte aus Deutschland, und hier vor allem Fachkräfte mit fachschulischer und akademischer Ausbildung zum BA KindheitspädagogIn, vertreten. Diese unterscheiden sich laut quantitativer Analyse bezüglich der Häufigkeit als Qualitätsmerkmal der Gestaltung kognitiv anregender Interaktionen nicht signifikant voneinander. Die qualitative Analyse zeigt dagegen, dass sich die Fachkräfte aber hinsichtlich der Qualität in der Gestaltung kognitiv anregender Interaktionen unterscheiden.

Eine Rolle spielen dabei die Settings (Freispiel, mathematisches oder naturwissenschaftliches Angebot) und die in diesen vertretene Vorstellung von der Gestaltung hochwertiger kognitiv anregender Interaktionen der Fachkräfte mit den Kindern.

So gelingt z.B. ein und derselben Fachkraft die kognitiv anregende Interaktion mit den einzelnen Kindern, bzw. Kindergruppen unterschiedlich gut. Die Fachkräfte unterscheiden sich also bezüglich der Häufigkeit der kognitiv anregenden Interventionen als Qualitätsmerkmal nicht voneinander, jedoch zeigen sich Unterschiede hinsichtlich der Gestaltung der kognitiv anregenden Interaktionen als Qualitätsmerkmal.

Werden die Ergebnisse der Studie zusammenfassend betrachtet, ist mit Nentwig-Gesemann und Nicolai (2014) abschließend anzumerken, dass das Formulieren von Schema F-Formeln, die für jedwede (kognitiv anregende) Interaktion Gültigkeit haben, nicht möglich ist. Dies trage im Gegensatz eher wenig zu einem professionellen Handeln der Fachkräfte bei. Vielmehr sollten die Fachkräfte im Rahmen von Aus- und Weiterbildung durch Explizieren des Impliziten für typische Interaktionsmodi sensibilisiert werden. Die Fachkräfte seien in der Interaktion mit den Kindern wiederholt mit unterschiedlichen Dilemmata konfrontiert, denen sie professionell begegnen können müssten.

Entsprechend sind die hier vorgestellten Ergebnisse als Hinweise zu lesen und nicht als Dogmen, wie zum Gelingen kognitiv anregender Interaktionen zwischen Fachkraft und Kindern beigetragen werden kann. Der tatsächliche Nutzen muss sich vielmehr in den jeweiligen konkreten Interaktionen erst noch erweisen. Daher wird eine hohe Fähigkeit zur Reflexion der eigenen Handlungspraxis durch die Fachkräfte hervorgehoben. Über Eigenwahrnehmung und Reflexion müssten die Fachkräfte den Verlauf der Interaktion nachvollziehen und ihr Handeln entsprechend ausrichten (Fröhlich-Gildhoff et al., 2011; Nentwig-Gesemann, Fröhlich-Gildhoff und Richter 2011; Fröhlich Gildhoff et al., 2014).

Abbildungsverzeichnis

Tabellenverzeichnis

Literatur

Ahnert, L. (2008). Bindungsbeziehungen außerhalb der Familie: Tagesbetreuung und Erzieherinnen-Kind-Bindung. In Ahnert, L. (Hrsg.). *Frühe Bindung. Entstehung und Entwicklung.* München: Reinhardt, S. 256–277.

Alemzadeh, M. (2014). *Interaktionen im Frühpädagogischen Feld. Ethnographische Bildungsforschung zu Interaktions- und Spielprozessen und deren Bedeutung für eine Didaktik der frühen Kindheit am Beispiel der Lernwerkstatt Natur.* (veröff. Dissertation), Universität zu Köln.

Alexander, R. (2004). *Towards dialogic teaching: rethinking classroom talk.* Cambridge: Dialogos UK.

Anders, Y. (2013). Stichwort: Auswirkungen frühkindlicher institutioneller Betreuung und Bildung. *Zeitschrift für Erziehungswissenschaft, 16*(2), S. 237–275. http://link.springer.com/article/10.1007/s11618-013-0357-5 [02.06.2015].

Anders, Y., Große, C., Roßbach, H.-G., Ebert, S. & Weinert, S. (2012a). Preschool and Primary School Influences on the Development of Children's Early Numeracy Skills Between the Ages of 3 and 7 Years in Germany. *School Effectiveness and School Improvement: An International Journal of Research, Policy and Practice,* Routledge DOI:10.1080/09243453.2012. 749794.

Anders, Y., Roßbach, H.-G., Weinert, S., Ebert, S., Kuger, S. & Maurice, J. von (2012b). Learning environments at home and at preschool and their relationship to the development of numeracy skills. *Early Childhood Research Quarterly, 27, S.* 231–244.

Andresen, S. & Diehm, I. (2006). *Kinder, Kindheiten, Konstruktionen: Erziehungswissenschaftliche Perspektiven und Sozialpädagogische Verortungen.* Wiesbaden: VS-Verlag.

Appleton, K. (2008). Elementary science teaching. In: Abell, S.K. & Ledermann, N.G. (Hrsg.). *Handbook of research on science education.* New York: Routledge, S. 493–535.

Arn, A. (2006). Mathematik bauen und begreifen. *4–8*(4), S. 24–25. Baecker, J., Borg-Laufs, M., Duda, L. & Matthies, E. (1992). Sozialer Konstruktivismus – eine Perspektive in der Psychologie. In: Schmidt, S.J. (Hrsg.). *Kognition und Gesellschaft. Der Diskurs des Radikalen Konstruktivismus.* 2. Auflage, Frankfurt a.M., S. 116–145.

Bateson, G. (1935). *Culture Contact and Schismogenesis.* Man 35, 178.

Bateson, G. (1936). *Naven.* Cambridge: University Press. URL: https://archive.org/ details/naven033591mbp [01.06.2015]

Bateson, G. (1985). *Ökologie des Geistes.* Frankfurt a.M.: Suhrkamp.

Bateson, G. (1990). *Geist und Natur.* 2. Auflage. Frankfurt a.M.: Suhrkamp.

Bateson, G. & Don, D.J. (1964). Some Varieties of Pathogenic Organisation, In: Rioch, D. McK. (Hrsg.). *Disorder of Communication.* Band 42, Research Publications. Association for Research in Nervous and Mental Disease, S. 270–283.

Becker-Stoll, F. (2009). Von der Eltern-Kind-Bindung zur Erzieherin-Kind-Beziehung. In: Brisch, K.H. & Hellbrügge, T. (Hrsg.). *Wege zu sicheren Bindungen in Familie und Gesellschaft. Prävention, Begleitung, Beratung und Psychotherapie.* Stuttgart: Klett-Cotta, S. 152–167.

Bernstein, N. (1967). *The Coordination and Regulation of Movement. Oxford:* Pergamon Press.

Billmeier, U. & Ziroli, S. (2014). Bewegungsbildung in der frühen Kindheit. Zur Begleitung und Gestaltung von Bewegungssituationen. Kucharz, D., Mackowiack, K., Dieck, M., Kauertz, A., Rathgeb-Schnierer, E. & Ziroli, S. (Hrsg.). *Professionelles Handeln im Elementarbereich (PRIMEL).* Eine deutsch-schweizerische Videostudie. Münster, New York: Waxmann, S. 123–144.

Blaseio, B. (2009). Natur in den Bildungsplänen des Elementarbereichs. In: Lauterbach, R., Giest, H. & Marquardt-Mau, B. (Hrsg.). *Lernen und kindliche Entwicklung. Elementarbildung und Sachunterricht.* Bad Heilbrunn: Klinkhardt Verlag, S. 85–92.

Blau, D.M. (1999). The effect of childcare characteristics on child development. *Journal of Human Resources, 34,* S. 786–822.

Bodrova, E. & Leong, D.J. (1996). *Tools of the Mind. The Vygotskian Approach to Early Childhood Education.* Columbus, Ohio [u.a.]: Merrill.

Bohnsack, R. (2007). Typenbildung, Generalisierung und komparative Analyse: Grundprinzipien der dokumentarischen Methode. In: Bohnsack, R., Nentwig-Gesemann, I. & Nohl, A.-M. (Hrsg.). *Die dokumentarische Methode und ihre Forschungspraxis.* 2., erweiterte und aktualisierte Auflage, Wiesbaden: VS-Verlag, S. 225–254.

Bohnsack, R. (2011). *Qualitative Bild- und Videointerpretation.* 2. aktualisierte Auflage, Opladen [u.a.]: Budrich.

Bohnsack, R. (2014). *Rekonstruktive Sozialforschung: Einführung in qualitative Methoden.* 9., überarb. und erw. Auflage, Opladen [u.a.]: Budrich.

Bohnsack, R., Marotzki, W. & Meuser, M. (2011). *Hauptbegriffe Qualitative Sozialforschung. Ein Wörterbuch.* 3., durchges. Auflage, Opladen [u.a.]: Budrich.

Bornewasser, M., Hesse, M.F., Mielke, R. & Schmidt, H.D. (1976). *Einführung in die Sozialpsychologie.* Heidelberg: Quelle & Meyer.

Bourdieu, P. (1982). Der Sozialraum und seine Transformationen. In: *Die Feinen Unterschiede – Kritik der gesellschaftlichen Urteilskraft.* Frankfurt am Main, S. 171–210.

Bourdieu, P. (1996). Die Praxis der reflexiven Anthropologie. In: Ders., Wacquant, Loïc J.D. (Hrsg.). *Reflexive Anthropologie*, Frankfurt a.M., S. 251–294.

Bourdieu, P. (1997). *Zur Genese der Begriffe Habitus und Feld.* In: Bourdieu, P., Ders. *Der Tote packt den Lebenden*, Hamburg.

Bönig, D. (2010). Mit Kindern Mathematik entdecken – Aspekte der Mathematischen Frühförderung. In: Bönig, D., Schlag, B. & Streit-Lehmann, J. (Hrsg.). *Bildungsjournal Frühe Kindheit – Mathematik, Naturwissenschaft & Technik.* Berlin: Cornelsen Scriptor, S. 7–13.

Brandes, H. (2008). *Selbstbildung in Kindergruppen. Die Konstruktion von sozialen Beziehungen.* München: Reinhardt.

Bruner, J.S. (1961). The act of discovery. *Havard Educational Review 31*, S. 21–32.

Bruner, J.S. (1985). Vygotsky: A historical and conceptual perspective. In: Wertsch, J.V. (Hrsg.). *Culture, communication and cognition: Vygotskian perspectives.* Cambridge, Cambridge University Press, S. 21–34.

Bruner, J.S. (1996). *The Culture of Education.* Cambridge, MA: Harvard University Press.

Caiati, M., Delac, S. & Müller, A. (1994). *Freispiel – freies Spiel? Erfahrungen und Impulse.* München: Don Bosco.

Casey, B.J., Tottenham, N., Liston, C. & Durston, S. (2005). Imaging the development brain. What have we learned about cognitive development. *Trends in Cognitive Neurosciences, 9*, S. 104–110.

Chaiklin, S. (2003). The Zone of proximal development in Vygotsky's analysis of learning and instruction. In: Kozulin, A., Gindis, B., Ageyev, V. & Miller, S. (Hrsg.). *Vygotsky's educational theory and practice in cultural context.* Cambridge: Cambridge University Press., S. 39–64.

Cooley, C.H. (1926). The Roots of Social Knowledge. *American Journal of Sociology 32*, 1926/27, S. 59–79.

Cooley, C.H. (1966). The significance of communication. In: Berelson, B. & Janowitz, B. (Hrsg.). *Reader in public opinion and communication*. New York: Free Press, S. 147–155.

CQC Team: Cost, Quality and Outcomes Study Team (1995). *Cost quality and child outcomes in child care centers*. Denver: Department of Economics, Center for Research in Economic and Social Policy.

Crott, H. (1979). *Soziale Interaktion und Gruppenprozesse*. Stuttgart [u.a.]: Kohlhammer.

Cryer, D., Tietze, W., Burchinal, M.R., Leal, T. & Palacios, J. (1999). Predicting process quality from structural quality in preschool programs: a cross-country comparison. *Early Childhood Research Quarterly, 14*, S. 339–361.

Csikszentmihalyi, M. (2014a). *Flow and the Foundations of Positive Psychology. The Collected Works of Mihaly Csikszentmihalyi*. Dodrecht: Springer. http://link.springer.com/book/10.1007/978-94-017-9088-8 [11.03.2015].

Csikszentmihalyi, M. (2014b). *Flow: Das Geheimnis des Glücks*. 17. Auflage, Stuttgart: Klett-Cotta.

Deci, E.L. & Ryan, R.M. (1993). Die Selbstbestimmungstheorie der Motivation und ihre Bedeutung für die Pädagogik. *Zeitschrift für Pädagogik*, 39. Jg. 1993, Heft 2, Klett Cotta, S. 223–238.

Delfos, M.F. (2004). *„Sag mir mal ... " Gesprächsführung mit Kindern (4 bis 12 Jahren)* Weinheim, Basel: Beltz Verlag.

Der Paritätische Gesamtverband; Diakonisches Werk der EKD e.V.; Gewerkschaft Erziehung und Wissenschaft (Hrsg.). 2., korrigierte Auflage. http://www.gew.de/Binaries/Binary47887/expertise_gute_betreuung_web.pdf [26.03.2015]

Deutsches Jugendinstitut e.V. (DJI) (Hrsg.) (2011*). Frühe Bildung – Bedeutung und Aufgaben der pädagogischen Fachkraft. Grundlagen für die kompetenzorientierte Weiterbildung*. München.

Devereux, J. (2002). "Developing thinking skills through scientific and Mathematical experiences in the early years". In: Miller, L, Drury, R. & Campbell, R. (Hrsg.). *Exploring Issues in Early Years education and care*. London: Fulton, S. 52–61.

Dewey, J. (1916). *Democracy and Education*. New York: The Macmillan Company.

Dewey, J. (1993). *Demokratie und Erziehung* (hrsg. von J. Oelkers). Weinheim, Basel: Beltz.

Dewey, J. [1986] (2002). *Logik – die Theorie der Forschung.* Frankfurt a.M.: Suhrkamp. Dinkelaker, J. & Herrle, M. (2009). *Erziehungswissenschaftliche Videographie.* Wiesbaden: VS-Verlag.

Duffy, T.M. & Jonassen, D.H. (1991). Constructivism: New implications for instrucational technology? Educational Technology, *31*(5), S. 7–12.

ECCE Study Group (1997). *European Child Care and Education Study: Cross National Analyses of the quality and effects of early childhood programmes on children's development.* Free University Berlin.

Edelmann, D., Brandenberg, K. & Mayr, K. (2013). Frühkindliche Bildungsforschung in der Schweiz. In: Stamm, M. (Hrsg.). *Handbuch frühkindliche Bildungsforschung.* Wiesbaden: Springer VS., S. 165–181. http://www.springer.com/us/book/9783531184746 [02.06.2015].

Ellermann, W. (2013). *Bildungsarbeit im Kindergarten erfolgreich planen.* In: Thiesen, P. (Hrsg.). Berlin [u.a.]: Cornelsen.

Elschenbroich, Donata (2005). *Weltwunder. Kinder als Naturforscher.* München: Verlag Antje Kunstmann.

English, A. (2008). Wo doing aufhört und learning anfängt. John Dewey über Lernen und die Negativität in Erfahrung und Denken. In: Mitgutsch, K., Sattler, E., Westphalm, K. & Breinbauer, I. (Hrsg.). *Dem Lernen auf der Spur. Die pädagogische Perspektive.* Stuttgart: Klett-Cotta.

Fend, H. (2008). *Neue Theorie der Schule. Einführung in das Verstehen von Bildungssystemen.* Wiesbaden: VS-Verlag.

Fernyhough, C. (2012). Getting Vygotskian about Theory of Mind: Mediation, Dialogue, and the Development of Social Understanding. In: Siraj-Blatchford, I. & Mayo, A. (Hrsg.). *Early Childhood Education,* Volume I., Los Angeles [u.a.]: Sage, S. 31–76.

Flick, U. (2011). *Qualitative Sozialforschung. Eine Einführung.* 4. Auflage, Reinbek bei Hamburg: Rowohlt Taschenbuch.

Foerster, H. von (1960). On Self-Organizing Systems and their Environment. In: Yovits, M.C. & Cameron, S. (Hrsg.). *Self-Organizing Systems,* London, 31–50. (dt. In: Foerster 1985, S.115–130).

Foerster, H. von (1985). *Sicht und Einsicht. Versuche zu einer operativen Erkenntnistheorie,* Braunschweig, Wiesbaden: Vieweg.

Frey, K. (1990). *Die Projektmethode.* 3. überarb. und erw. Auflage. Weinheim: Beltz.

Friedrich, G. & Bordihn, A. (2003). Spot: So geht's – Spaß mit Zahlen und Mathematik im Kindergarten. Sonderheft der Zeitschrift Kindergarten heute. Freiburg: Herder.

Friedrich, G. & Galgóczy, V. (2004). Komm mit ins Zahlenland. Eine spielerische Entdeckungsreise in die Welt der Mathematik. Freiburg: Christophorus.

Fröhlich-Gildhoff, K., Nentwig-Gesemann, I. & Pietsch, S. (2011). *Kompetenzorientierung in der Qualifizierung frühpädagogischer Fachkräfte.* München: DJI/WiFF. http://www.weiterbildungsinitiative.de/uploads/media/WiFF_ Expertise_Nr_19_Froehlich_Gildhoff_ua_Internet__PDF.pdf [02.06.2015].

Fröhlich-Gildhoff, K., Weltzien, D., Kirstein, N., Pietsch, S. & Rauh, K. (2014). *Expertise:Kompetenzen früh-/kindheitspädagogischer Fachkräfte im Spannungsfeld von normativen Vorgaben und Praxis.* Verfügbar unter: https://www.bmfsfj.de/blob/86378/67fa30384a1ee8ad097938cbb6c66363/ 14-expertise-kindheitspaedagogische-fachkraefte-data.pdf [17.10.2016].

Freudenthal, H. (1981). Kinder und Mathematik. *Grundschule, 13*(3), S. 100–102.

Fthenakis, W.E. (Hrsg.). (2003). *Elementarpädagogik nach PISA – Wie aus Kindertagesstätten Bildungseinrichtungen werden können.* Freiburg [u.a.]: Herder.

Fthenakis, W.E. (2009a). *Frühe mathematische Bildung.* Troisdorf: Bildungsverlag Eins.

Fthenakis, W.E. (2009b). *Frühe naturwissenschaftliche Bildung.* Troisdorf: Bildungsverlag Eins.

Garrison, J. (1998). Toward a pragmatic social constructivism. In: Larochelle, M., Bednarz, N. & Garrison, J. (Hrsg.). *Constructivism and education.* Cambridge: University Press.

Gergen, K.J. (1991). *The Saturated Self.* USA: Basik Books.

Gerstenberg, F. (2014). Die Frage als Diskursbewegung in (pädagogischen) Praktiken. Zu den Möglichkeiten einer Gesprächsanalyse der Dokumentarischen Methode. In: Fröhlich-Gildhoff, K., Nentwig-Gesemann, I. & Neuss, N. (Hrsg.). *Forschung in der Frühpädagogik VII. Schwerpunkt: Profession und Professionalisierung,* Freiburg: FEL-Verlag, S. 277–306.

Gerstenmaier, J. & Mandl, H. (1995). Wissenserwerb unter konstruktivistischer Perspektive. *Zeitschrift für Pädagogik, 41*(6), S. 867–888.

Gisbert, K. (2004). Lernen lernen. Lernmethodische Kompetenzen von Kindern in Kindertageseinrichtungen fördern. In: Fthenakis, W.E. (Hrsg.). *Beiträge zur Bildungsqualität*. Weinheim, Basel: Beltz.

Glasersfeld, E. von (1974). Piaget and the Radical Constructivist epistemology. In: Smock, C.D. & Glasersfeld, E. von (Hrsg.). *Epistemology and Education*, Athens, GA: Follow Through Pub.

Glasersfeld, E. von (1981). Einführung in den radikalen Konstruktivismus. In: Watzlawick, P. (Hrsg.). *Die erfundene Wirklichkeit*. München, Zürich: Piper, 16–38.

Glasersfeld, E. von (1996). *Radikaler Konstruktivismus. Ideen, Ergebnisse, Probleme*. Frankfurt am Main: Suhrkamp.

Gloger-Tippel, (2005). Kindheit und Bildung. In: Tippelt, R. (Hrsg.). *Handbuch Bildungsforschung*. Wiesbaden: VS-Verlag, S. 477–494.

Graumann, C.F. (1972). Interaktion und Kommunikation. In: Graumann, C.F. (Hrsg.). *Handbuch der Psychologie*, Bd. 7, Sozialspychologe, 2. Halbband: Forschungsbereiche, Göttingen: Hogrefe, S. 1109–1262.

Haan, G. de & Rülcker, T. (Hrsg.) (2009). *Der Konstruktivismus als Grundlage für die Pädagogik*. Frankfurt a.M. [u.a.]: Peter Lang. Hannover, B., Zander, L. & Wolter, I. (2014). Entwicklung, Sozialisation und Lernen. In: Seidel, T. & Krapp, A. (Hrsg.). *Pädagogische Psychologie*. 6., vollständig überarbeitete Auflage, Weinheim, Basel: Beltz, S. 139–164.

Hardy, I., Jonen, A., Möller, K. & Stern, E. (2006). Effects of Instructional Support Within Constructivist Learning Environments for Elementary School Students' Understanding of „Floating and Sinking". *Journal of Educational Psychology* 2006, Vol. 98, No. 2, S. 307–326.

Hardy, I. & Kempert, S. (2011). Entwicklung und Förderung früher naturwissenschaftlicher Kompetenzen im Elementarbereich. In: Vogt, F., Leuchter, M., Tettenborn, U.H., Jäger, M. & Wannack, E. (Hrsg.). *Entwicklung und Lernen junger Kinder*. Münster [u.a.]: Waxmann, S. 23–36.

Hardy, I. & Steffensky, M. (2014). Prozessqualität in Bildungseinrichtungen des Elementarbereichs. *Unterrichtswissenschaft, 42*(2) Weinheim: Beltz Juventa, S. 101–116.

Harms, T., Clifford, R.M., & Cryer, D. (2005). *Early childhood environment rating scale – Revised*. NY: Teachers College Press.

Hartinger, A. (2003). Experimente und Versuche. In: Reeken, D. von (Hrsg.). *Handbuch Methoden im Sachunterrichts*. Dimensionen des Sachunterrichts Band 3. Hohengehren, S. 68–75.

Haus der kleinen Forscher (2015). http://www.haus-der-kleinen-forscher.de/de/praxisideen/experimente-versuche/ [01.06.2015].

Helle, H.J. (2001). *Theorie der symbolischen Interaktion. Ein Beitrag zum verstehenden Ansatz in Soziologie und Sozialpsychologie.* 3., überarbeitete Auflage. Wiesbaden: Westdeutscher Verlag GmbH.

Hellmich, F. (2008). Förderung mathematischer Vorläuferfähigkeiten im vorschulischen Bereich – Konzepte, empirische Befunde und Forschungsperspektiven. In: Hellmich, F. & Köster, H. (Hrsg.) (2008). *Vorschulische Bildungsprozesse in Mathematik und Naturwissenschaften.* Bad Heilbrunn: Klinkhardt, S. 83–102.

Helmke, A. (2012). *Unterrichtsqualität und Lehrerprofessionalität. Diagnose, Evaluation und Verbesserung des Unterrichts.* Seelze: Klett/Kallmeyer.

Hentig, H. von (1996). *Bildung.* München: Hanser.

Herrle, M. (2013). *Ermöglichung pädagogischer Interaktion: Disponibilitätsmanagement in Veranstaltung der Erwachsenen-/Weiterbildung.* Wiesbaden: Springer VS.

Hoenisch, N. & Niggemeyer, E. (2004). *Mathe-Kings: Junge Kinder fassen Mathematik an.* Weimar: Berlin.

Homas, G.C. (1960). *Theorie der sozialen Gruppe.* Köln: Westdeutscher Verlag.

Honig, M.-S. (2010). Geschichte der Kindheit im „Jahrhundert des Kindes". In: Heinz-Hermann, K. & Grunert, K. (Hrsg.). *Handbuch Kindheits- und Jugendforschung.* 2. aktualisierte und erw. Aufl. Wiesbaden: VS-Verlag, S. 335–358.

Hopf, M. (2011). *Sustained Shared Thinking im frühen naturwissenschaftlich-technischen Lernen.* (unveröff. Dissertation), Bergische Universität Wuppertal.

Hoyoung, C. (2005). *Zu einer gemäßigten Perspektive des Konstruktivismus.* (veröff. Dissertation), Freie Universität Berlin.

Hugener, I., Pauli, C. & Reusser, K. (2007). Inszenierungsmuster, kognitive Aktivierung und Leistung im Mathematikunterricht. Analysen aus der schweizerisch-deutschen Videostudie. In: Lemmermöhle, D., Tothgangel, M., Bögeholz, S., Hasselhorn, M. & Watermann, R. (Hrsg.). *Professionell Lehren–Erfolgreich Lernen.* Münster: Waxmann, S. 109–212.

Hülswitt, K.L. (2007). Freie mathematische Eigenproduktionen: Die Entfaltung entdeckender Lernprozesse durch Phantasie, Ideenwanderung und den Reiz unordentlicher Ordnungen. In: Graf, U. & Moser Opitz, E. (Hrsg.). *Diag-*

nostik und Förderung im Elementarbereich und Grundschulunterricht. Baltmannsweiler: Schneider, S. 150–164.

Hüttel, C. & Rathgeb-Schnierer, E. (2014). Lernprozessgestaltung in mathematischen Bildungsangeboten. In: Kucharz, D., Mackowiack, K., Dieck, M., Kauertz, A., Rathgeb-Schnierer, E. & Ziroli, S. (Hrsg.). *Professionelles Handeln im Elementarbereich (PRIMEL)*. Eine deutsch-schweizerische Videostudie. Münster, New York: Waxmann, S. 145–166.

Jonassen, D.H. (1994). Thinking technology: Towards a constructivist design model. *Educational Technology, 34*(4), S. 34–37.

Jordan, B. (2009). Scaffolding learning and co-constructing understandings. In: Anning, A., Cullen, J. & Fleer, M. (Hrsg.). *Early childhood education. Society and culture.* 3d. Los Angeles: SAGE, S. 39–52.

Kamlah, W. und Lorenzen, P. (1967). *Logische Propädeutik oder Vorschule des vernünftigen Redens.* Mannheim.

Kauertz, A. (2012). Naturwissenschaftliches Denken. In:Kucharz, D. (Hrsg.). *Elementarbildung.* Weinheim [u.a.]: Beltz, S. 86–123.

Kauertz, A. & Gierl, K. (2014). Naturwissenschaften im Elementarbereich. Analyse von Angeboten im naturwissenschaftlichen Bildungsbereich. In: Kucharz, D., Mackowiack, K., Dieck, M., Kauertz, A., Rathgeb-Schnierer, E. & Ziroli, S. (Hrsg.). *Professionelles Handeln im Elementarbereich (PRIMEL)*. Eine deutsch-schweizerische Videostudie. Münster, New York: Waxmann Verlag, S. 167–178.

Kerschensteiner, G. (1907). *Grundfragen der Schulorganisation.* Leipzig: Teubner.

Klauer & Leutner (2007). Lehren und Lernen. Einführung in die Instruktionspsychologie. Weinheim: Beltz Psychologie Verlags Union.

Kleemann, F., Krähnke, U. & Matuschek, I. (2009). *Interpretative Sozialforschung – Eine praxisorientierte Einführung.* Wiesbaden: VS Verlag für Sozialwissenschaften, S. 154–197.

Klein, K. & Oettinger, U. (2007). *Konstruktivismus. Die neue Perspektive im (Sach-)Unterricht.* 2., überarbeitete Auflage. Baltmannsweiler: Schneider.

Klieme, E. (2006). Empirische Unterrichtsforschung: aktuelle Entwicklungen, theoretische Grundlagen und fachspezifische Befunde. Einführung in den Thementeil *Zeitschrift für Pädagogik 52*(6), S. 765–773. http://www.pedocs. de/volltexte/2011/4487/pdf/ZfPaed_2006_Klieme_Empirische_Unterrichts forschung_Einleitung_D_A.pdf [02.06.2015].

Klieme, E., Lipowsky, R., Racozy, K. & Ratzka, N. (2006). Qualitätsdimensionen und Wirksamkeit von Mathematikunterricht – Theoretische Grundlagen und ausgewählte Ergebnisse des Projekts „Pythagoras". In: Prenzel, M. & Allolio-Näcke, L. (Hrsg.). *Untersuchung zur Bildungsqualität von Schule. Abschlussbericht des DFG-Schwerpunktprogramms.* Münster, New York [u.a.]: Waxmann, S. 127–146.

Knoblauch, H., Tuma, R. & Schnettler, B. (2010). Interpretative Videoanalyse in der Sozialforschung. In: Maschke, S. & Stecher, L. (Hrsg.). *Enzyklopädie Erziehungswissenschaft Online.* Weinheim [u.a.]: Juventa, S. 2–40. https://content-select.com/media/moz_viewer/52824835-d598-49dd-a812-11372efc1343 [15.07.2015].

KMK (2005). Sekretariat der Ständigen Konferenz der Kultusminister der Länder in der Bundesrepublik Deutschland (Hrsg.) (2005). *Beschlüsse der Kultusministerkonferenz: Bildungsstandards im Fach Mathematik für den Primarbereich: Beschluss vom 15.10.2004.* München, Neuwied: Luchterhand.

Kucharz, D. (Hrsg.) (2012). *Elementarbildung.* Weinheim [u.a.]: Beltz.

Kucharz, D. & Mackowiak, K. (2011). Sprachförderung in Kindergarten und Grundschule. Das Modell der Stadt Fellbach. *Die Grundschulzeitschrift, 242*, S. 42–43.

Kucharz, D., Mackowiack, K., Dieck, M., Kauertz, A., Rathgeb-Schnierer, E. & Ziroli, S. (2014). Theoretischer Hintergrund und aktueller Forschungsstand. In: Kucharz, D., Mackowiack, K., Dieck, M., Kauertz, A., Rathgeb-Schnierer, E. & Ziroli, S. (Hrsg.) (2014). *Professionelles Handeln im Elementarbereich (PRIMEL). Eine deutsch-schweizerische Videostudie.* Münster, New York: Waxmann, S.11–48.

Kucharz, D., Mackowiak, K., Ziroli, S., Kauertz, A., Rathgeb-Schnierer, E. & Dieck, M. (Hrsg.) (2014). *Professionelles Handeln im Elementarbereich (PRIMEL). Eine deutsch-schweizerische Videostudie.* Münster, New York: Waxmann.

Kuger, S. & Kluczniok, K. (2008). Prozessqualität im Kindergarten – Konzept, Umsetzung und Befunde. In: Roßbach, H.G. & Blossfeld, H.P. (Hrsg.). *Frühpädagogische Förderung in Institutionen.* Wiesbaden: VS-Verlag, S. 159–178.

König, A. (2006). *Dialogisch-entwickelnde Interaktionsprozesse zwischen ErzieherIn und Kind(-ern): Eine Videostudie aus dem Alltag des Kindergartens.* (veröff. Dissertation). Zugriff am 20.10.2014. https://eldorado.tu-dortmund.de/bitstream/2003/24563/1/Diss_veroeff.pdf [26.03.2015].

König, A. (2009). *Interaktionsprozesse zwischen Erzieherinnen und Kindern – Eine Videostudie aus dem Kindergartenalltag.* Wiesbaden: VS-Verlag. [Elektronische Version]. http://link.springer.com/book/10.1007%2F978-3-531-91412-1 [02.06.2015].

König, A. (2013). Die Bedeutung sozio-kultureller Theorien für die Elementarpädagogik – Von Wygotsky bis zur dialogisch-entwickelnden Interaktion. In: Wustmann, C., Karber, A. & Giener, A. (Hrsg.). *Kindheit aus sozialwissenschaftlicher Perspektive.* Graz: Grazer Universitätsverlag, S. 57–68.

Köster, H. (2008). Physik in Kindertagesstätten – Grenzen und Möglichkeiten. In: Hellmich, F. & Köster, H. (Hrsg.). *Vorschulische Bildungsprozesse in Mathematik und Naturwissenschaften.* Bad Heilbrunn: Klinkhardt, S. 195–209.

Kricke, M. & Reich, K. (2015). Konstruktivistische Ansätze. In: Braun, N. & Saam, N.J. (Hrsg.). *Handbuch Modellbildung und Simulation in den Sozialwissenschaften.* Wiesbaden: Springer VS, S. 155–180.

Laewen, H.-J. (2002a). Was Bildung und Erziehung in Kindertageseinrichtungen bedeuten können. In: Laewen & Andres (Hrsg.). *Forscher, Künstler, Konstrukteure.* Neuwied [u.a.]: Luchterhand, S. 33–69.

Laewen, H.-J. (2002b). Bildung und Erziehung in Kindertageseinrichtungen. In: Laewen, H.-J. & Andres, B. (Hrsg.). *Bildung und Erziehung in früher Kindheit.* Weinheim: Beltz, S. 16–102.

Laewen, H.-J. & Andres, B. (Hrsg.) (2002a). *Forscher, Künstler, Konstrukteure.* Neuwied [u.a.]: Luchterhand.

Laewen, H.-J. & Andres, B. (Hrsg.) (2002b). *Bildung und Erziehung in früher Kindheit.* Weinheim: Beltz

Laewen, H.-J. & Andres, B. (2003). *Forscher, Künstler, Konstrukteure, Werkstattbuch zum Bildungsauftrag von Kindertageseinrichtungen,* Weinheim: Beltz.

Laewn, H.-J. & Andres, B. (2007). Das Infans-Konzept der Frühpädagogik. In: Neuß, N. (Hrsg.). *Bildung und Lerngeschichten im Kindergarten. Konzepte und Methoden-Beispiele.* Berlin [u.a.]: Cornelsen Scriptor, S. 73–100.

Langenscheidt online Fremdwörterbuch, https://woerterbuch.langenscheidt.de/ssc/search/free.html [02.06.2015].

Lankes, E.M., Steffensky, M. & Carstensen, C.H. (2011). Das didaktische Potential von Materialien zum Experimentieren mit Kindern im Vorschulalter. *Zeitschrift für Grundschulforschung, 4*(1), S. 86–99.

Lauer, R.S. & Handel, W.H. (1977). *Social Psychology: The theory and applications of symbolic interaction.* Boston: Houghton Mifflin.

Lauterbach, R., Giest, H. & Marquardt-Mau, B. (Hrsg.) (2009). *Lernen und kindliche Entwicklung. Elementarbildung und Sachunterricht.* Bad Heilbrunn: Klinkhardt Verlag.

Lee, K. (2010). *Kinder erfinden Mathematik. Gestaltendes Tätigsein mit gleichem Material in großer Menge.* Weimar, Berlin: verlag das netz.

Leinhardt, G. (1993). On teaching. *Advances and instructional psychologie.* Vol. 4 Hillsdale, N.J.: Erlbaum.

Leu, H.R. (2008). Beobachtung von Bildungs- und Lernprozessen in der frühpädagogischen Praxis. In: Thole, W., Roßbach, H.G., Fölling-Albers, M. & Tippelt, R. (Hrsg.). *Bildung und Kindheit. Pädagogik der frühen Kindheit in Wissenschaft und Lehre.* Opladen & Farmington Hills: Budrich, S. 165–179.

Leuchter, M. & Saalbach, H. (2014). Verbale Unterstützungsmaßnahmen im Rahmen eines naturwissenschaftlichen Lernangebots in Kindergarten und Grundschule. *Unterrichtswissenschaft, 42*(2), S. 117–131.

Leuders, T. & Holzäpfel, L. (2011). Kognitive Aktivierung im Mathematikunterricht. *Unterrichtswissenschaft* 39, S. 213–230. https://home.ph-freiburg.de/leudersfr/preprint/2011_leuders_holzaepfel_kognitive_aktivierung_im_mu_vorfassung.pdf [02.06.2015]

Lewin, K. (1936). *Principles of topological psychology.* New York: McGraw-Hill.

Lewin, K. (1963). *Feldtheorie in den Sozialwissenschaften.* Bern: Hans Huber.

Liegle, L. (2008). Erziehung als Aufforderung zur Bildung. In: Thole, W., Roßbach, H.-G., Fölling-Albers, M. & Tippelt, R. (Hrsg.). *Bildung und Kindheit.* Opladen [u.a.]: Budrich, S. 85–114.

Liegle, L. (2009). Wir brauchen die Didaktik einer indirekten Erziehung. In: *betrifft Kinder*, Heft 9, S. 6–13.

Liegle, L. (2012). Kind und Kindheit. In: Fried, L. & Roux, S. (Hrsg.). *Pädagogik der frühen Kindheit.* Weinheim: Beltz, S. 14–56.

Lorentz, G. (1999). *Freispiel im Kindergarten.* Freiburg [u.a.]: Herder.

Lowyck, J. (1991). The fild of instructional design. In: Lowyck, J., DePotter, P. & Elen, J. (Hrsg.). *Proceedings of the I.B.M., V.U. Leuven Conference,* La Hulpe, Dec. 17–19, pp 1–30.

Lowyck, J. & Elen, J. (1991). Wandel in der theoretischen Fundierung des Instruktionsdesigns. *Unterrichtswissenschaft, 19*, S. 218–237.

Luckmann, T. (1990). Eine verfrühte Beerdigung des Selbst. *Psychologische Rundschau 41*, S. 203–205.

Lück, G. (2006). Naturwissenschaftliche Bildung. In: Fried, L. & Roux, S. (Hrsg.). *Pädagogik der frühen Kindheit*. Weinheim [u.a.]: Beltz, S. 200–205.

Lück, G. (2008). Warum ist der Himmel blau? Naturwissenschaftliches Bildung und Erziehung. In: Eber, S. (Hrsg.). *Die Bildungsbereiche im Kindergarten. Orientierungswissen für Erzieherinnen*. Freiburg im Breisgau: Herder, S. 161–186.

Luhmann, N. (1984). *Soziale Systeme*. Frankfurt a.m.: Suhrkamp.

Mackowiak, K. (2014). Einleitung. In: Kucharz, D., Mackowiack, K., Dieck, M., Kauertz, A., Rathgeb-Schnierer, E. & Ziroli, S. (Hrsg.). *Professionelles Handeln im Elementarbereich (PRIMEL). Eine deutsch-schweizerische Videostudie*. Münster, NewYork: Waxmann, S. 7–10.

Mackowiak, K. Wadepohl, H. & Bosshart, S. (2014). Analyse der Kompetenzen von pädagogischen Fachkräften – Ausgewählte Ergebnisse zur Triangulation der Daten. In: Kucharz, D., Mackowiack, K., Dieck, M., Kauertz, A., Rathgeb-Schnierer, E. & Ziroli, S. (Hrsg.). *Professionelles Handeln im Elementarbereich (PRIMEL). Eine deutsch-schweizerische Videostudie*. Münster, New York: Waxmann, S. 179–204.

Mackowiak, K., Kucharz, D., Ziroli, S., Wadepohl, H., Billmeier, U., Bosshart, S., Burkhardt Bossi, C., Dieck, M., Gierl, K., Hüttel, C., Janßen, M., Kauertz, A., Lieger, C., Lindenfelser, C., Rathgeb-Schnierer, E. & Tournier, M. (2015). Anregung kindlicher Lernprozesse durch pädagogische Fachkräfte in Deutschland und der Schweiz im Freispiel und in Bildungsangeboten. In: König, A., Leu, H.R. & Viernickel, S. (Hrsg.), *Forschungsperspektiven auf Professionalisierung in der Frühpädagogik. Empirische Befunde der AWiFF-Förderlinie*. (S. 163–178). Weinheim: Beltz.

Magnusson, (1990). Personality development from an interactional perspective. In: Pervin, L.A. (Hrsg.). *Handbook of personality: Theory and measurement*. New York: Guilford, S. 193–222.

Mandl, H. & Kopp, B. (2005). Aspekte didaktischen Handelns von Lehrenden in der Weiterbildung. Forschungsbericht. Department Psychologie. Institut für Pädagogische Psychologie 180. München: Ludwig Maximilians Universität.

Mannheim, K. (1964). Beiträge zur Theorie der Weltanschauungsinterpretation. In: Ders.: *Wissenssoziologie*. Neuwied, S. 91–154. (Original: 1921–1922 in: Jahrbuch für Kunstgeschichte XV, 4).

Mannheim, K. (1980). *Strukturen des Denkens*. Frankfurt am Main: Suhrkamp.

Martens, M. & Asbrand, B. (subm.). Passungsverhältnisse: Methodologische und theoretische Reflexionen zur Interaktionsorganisation des Unterrichts.

Martens, M., Petersen, D. & Asbrand, B. (2015). Die Materialität von Lernkultur. Methodische Überlegungen zur dokumentarischen Analyse von Unterrichtsvideografien. In: Bohnsack, R., Fritzsche, B. & Wagner-Willi, M. (Hrsg). *Dokumentarische Film und Videointerpretation. Methodologie und Forschungspraxis* 2. Durchges. Aufl. Opladen: Budrich., S. 179–203.

Maturana, H. & Varela, F. (1987). *Der Baum der Erkenntnis: Die biologischen Wurzeln des menschlichen Erkennens*, 2. Auflage, Bern, München: Scherz.

Mayer, R. (2004). Should there be a three-strikes rule against pure discovery learning? The case for guided methods of instruction. *American Psychologist. 59*(1), S. 14–19. http://apps.fischlerschool.nova.edu/toolbox/instructionalproducts/8001/EDD8001/SUM12/2004-Mayer.pdf [02.06.2015].

Mayring, P. (2002). *Einführung in die qualitative Sozialforschung*. 5., überarb. und neu ausgestattete Auflage, Weinheim [u.a.]: Beltz.

Mayring, P. (2010). *Qualitative Inhaltsanalyse: Grundlagen und Techniken*. 11., aktualisierte und überarb. Auflage, Weinheim [u.a.]: Beltz.

McCall, G. & Simmons, J.L. (1974). *Identität und Interaktion*. Düsseldorf. Pädag. Verlag Schwann.

McCorsky, J.C. (1968). An introduction to rhetorical communication. *Englewood Cliffs*, New Jersey: Prentice-Hall.

Mead, G.H. [1934] (1968). *Geist, Identität und Gesellschaft aus der Sicht des Sozialbehaviorismus*. Frankfurt: Suhrkamp.

Meixner, J. (1997). *Konstruktivismus und die Vermittlung produktiven Wissens*. Neuwied [u.a.]: Luchterhand.

Melzer, C. & Methner, A. (2012). *Gespräche führen mit Kindern und Jugendlichen: Methoden schulischer Beratung*. Stuttgart: Kohlhammer.

Meuser, M. (2007). Repräsentation sozialer Strukturen im Wissen. Dokumentarische Methode und Habitusrekonstruktion. In: Bohnsack, R., Nentwig-Gesemann, I. & Nohl, A.-M. (Hrsg.). *Die dokumentarische Methode und ihre Forschungspraxis*. 2., erweiterte und aktualisierte Auflage, Wiesbaden: VS-Verlag, S. 209–224.

Mercer, N. (2000). *Words & Minds*. London: Routledge.

Ministerium für Kultus, Jugend und Sport Baden-Württemberg (2010). *Lehrplan für Fachschulen für Sozialpädagogik (Berufskolleg). Schulversuch 41-6623.28/179 vom 08.09.2010.*

Montie, J.E., Claxton, J. & Lockhart, S.D. (2007*)*. A multinational study supports child-initiated learning. Using the findings in your chassroom. *Young Children*, 2007, *62*(6), S. 22–26.

Möller, K. (2012). Konstruktion vs. Instruktion oder Konstruktion durch Instruktion? Konstruktionsfördernde Unterstützungsmaßnahmen im Sachunterricht. In: Giest, H., Heran-Dörr, E. & Archie, C. (Hrsg.). *Lernen und Lehren im Sachunterricht. Zum Verhältnis von Konstruktion und Instruktion* Kempten: Klinkhardt, S. 37–50.

Möller, K. & Hardy, I. (2014). Prozessqualität in Bildungseinrichtungen des Elementarbereichs. *Unterrichtswissenschaft, 42*(2) Weinheim: Beltz Juventa, S. 98–100.

Möller, K. & Steffensky, M. (2010). Naturwissenschaftliches Lernen im Unterricht mit 4–8-jährigen Kindern. In: Leuchter, M. (Hrsg.). *Didaktik für die ersten Bildungsjahre. Unterricht mit 4–8-jährigen Kindern.* Seelze: Kallmeyer/Klett, S. 163–197.

Moser Opitz, E. (2010). Mathematik (k)ein Inhalt für 4–6-jährige Kinder? In: Leuchter, M. (Hrsg.). *Didaktik für die ersten Bildungsjahre. Unterricht mit 4–8-jährigen Kindern.* Seelze: Kallmeyer/Klett, S. 147–162.

Nentwig-Gesemann, I. (2006). Regelgeleitete, habituelle und interaktionistische Spielpraxis. Die Analyse von Kinderspielkultur mit Hilfe videogestützter Gruppendiskussionen. In: Bohnsack, R., Przyborsky, A. & Schäffer, B. (Hrsg.). *Das Gruppendiskussionsverfahren in der Praxis.* Opladen: Barbara Budrich, S. 25–44.

Nentwig-Gesemann, I. (2007a). Die Typenbildung der dokumentarischen Methode. In: Bohnsack, R., Nentwig-Gesemann, I. & Nohl, A.-M. (Hrsg.). *Die dokumentarische Methode und ihre Forschungspraxis.* 2., erweiterte und aktualisierte Auflage, Wiesbaden: VS-Verlag, S. 277–302.

Nentwig-Gesemann, I. (2007b). Sprach und Körperdiskurse von Kindern. Verstehen und Verständigung zwischen Textförmigkeit und Ikonizität. In: Friebertshäuser, B., Felden, H. von & Schäffer, B. (Hrsg.). *Bild und Text – Methoden und Methodologien visueller Sozialforschung in der Erziehungswissenschaft.* Opladen [u.a.]: Budrich, S. 105–120.

Nentwig-Gesemann, I., Fröhlich-Gildhoff, K. & Richter, S. (2011). *Professionelle Haltung – Identität der Fachräfte für die Arbeit mit Kindern in den ersten drei Lebensjahren.* München: DJI/ WiFF.

Nentwig-Gesemann, I., Fröhlich-Gildhoff, K. & Wedekind, H. (Hrsg.) (2012). *Forschung in der Frühpädagogik V. Schwerpunkt: Naturwissenschaftliche Bildung – Begegnungen mit Dingen und Phänomenen.* Freiburg: FEL-Verlag.

Nentig-Gesemann, I. & Nicolai, K. (2014). Dokumentarische Videointerpretation typischer Modi der Interaktionsorganisation im Krippenalltag. In: Bohnsack, R., Fritzsche, B. & Wagner-Willi, M. (Hrsg.). *Dokumentarische Video- und Filminterpretation.* Opladen [u.a.]: Budrich, S. 45–72.

Nentwig-Gesemann, I., Wedekind, H., Gerstenberg, F. & Tengler, M. (2012). Die vielen Facetten des „Forschens". Eine ethnografische Studie zu Praktiken von Kindern und PädagogInnen im Rahmen eines naturwissenschaftlichen Bildungsangebots. In: Nentwig-Gesemann, I., Fröhlich-Gildhoff, K. & Wedekind, H. (Hrsg.). *Forschung in der Frühpädagogik V. Schwerpunkt: Naturwissenschaftliche Bildung – Begegnungen mit Dingen und Phänomenen.* Freiburg: FEL-Verlag, S. 33–64.

Newcomb, T.M., Turner, R.H. & Converse, P.E. (1965). *Social Psychology: The study of human interaction.* New York [u.a.]: Rinehart & Winston.

NICHD ECCRN (2000). Characteristics and quality of child care for toddlers and preschoolers. *Applied Development Science, 4*(3), S. 116–135. http://www.tandfonline.com/doi/pdf/10.1207/S1532480XADS0403_2#.VW1H3bGZyxo [02.06.2015].

NICHD ECCRN (2005a). Predicting individual differences in attention, memory, and planning in first graders from experiences at home, child care, and school. *Developmental Psychology, 41*, S. 99–114.

NICHD ECCRN (2005b). Early child care and children's development in the primary grades: Follow-up results from the NICHD Study of Early Child Care. *American Educational Research Journal, 42*, S. 537–570.

NICHD SECCYD (2015). https://www.nichd.nih.gov/research/supported/seccyd/Pages/biblio.aspx [01.06.2015].

Nohl, A.-M. (2007). Komparative Analyse: Forschungspraxis und Methodologie dokumentarischer Interpretation. In: Bohnsack, R., Nentwig-Gesemann, I. & Nohl, A.-M. (Hrsg.). *Die dokumentarische Methode und ihre Forschungspraxis.* 2., erweiterte und aktualisierte Auflage, Wiesbaden: VS-Verlag, S. 255–276.

Nohl, A.-M. (2009). *Interview und Dokumentarische Methode. Anleitungen für die Forschungspraxis*. 3. Auflage, Wiesbaden: VS-Verlag.

Nolda, S. (2000). *Interaktion in pädagogischen Institutionen*. Opladen: Leske & Burich.Nolda, S. (2007). Videobasierte Kursforschung. *Zeitschrift für Erziehungswissenschaft*, 10. Jg., Heft 4/2007, S. 478–492.

Neuß, N. (Hrsg.) (2007). *Bildung und Lerngeschichten im Kindergarten. Konzepte- und Methoden Beispiele*. Berlin [u.a.]: Cornelsen Scriptor.

Oberhuemer, P. (2010). Frühpädagogische Abschlüsse in den EU-Staaten: Qualifikationsniveaus und Qualifikationsprofile. *Journal für Lehrer/innenbildung, 10*(1), S. 32–37.

OECD (2000a). *Measuring Student Knowledge and Skills. The PISA 2000 Assessment of Reading, Mathematical and Scientific Literacy*. OECD. Paris. http://www.oecd.org/education/school/programmeforinternationalstudentass essmentpisa/33692793.pdf [02.06.2015].

OECD (2000b). *Reading for Change: Performance and Engagement across Countries Results from PISA 2000*. OECD. Paris. http://www.oecd.org/edu/ school/programmeforinternationalstudentassessmentpisa/33690904.pdf [02.06.2015].

OECD (2001). *Starting Strong: Early Childhood Education and Care. Education and Skills*. OECD. Paris.

OECD (2003). Problem Solving for Tomorrow's World – First Measure of Cross Curricular Competencies from PISA 2003. OECD. Paris.

OECD (2004a). *Learning for Tomorrow's World – First Results from PISA 2003*. OECD.Paris. http://www.oecd.org/education/school/programmeforinternational studentassessmentpisa/34002216.pdf [02.06.2015].

OECD (2004b). *Die Politik der frühkindlichen Betreuung, Bildung und Erziehung in der Bundesrepublik Deutschland. Ein Länderbericht der Organisation für wirtschaftliche Zusammenarbeit und Entwicklung*. OECD. Paris.

OECD (2004c). Starting Strong. Die Politik der frühkindlichen Betreuung, Bildung und Erziehung in der Bundesrepublik Deutschland. OECD. Paris.

OECD (2005). *Problem Solving for Tomorrow's World: First Measures of Cross-Curricular Competencies from PISA 2003*. OECD. Paris. http://www.oecd-ilibrary.org/docserver/download/960413Ie.pdf?expires= 1433227287&id=id&accname=ocid49014605&checksum=F5A1BD1B83D 73BDA2ADE352F678CA2D2 [02.06.2015].

OECD (2006). *Assessing Scientific, Reading and Mathematical Literacy: A framework for PISA 2006*. OECD. Paris. http://edu.au.dk/fileadmin/www.

dpu.dk/omdpu/centerforgrundskoleforskning/internationaleundersoegelser/ andreundersoegelser/pisa/om-dpu_institutter_paedagogisk-psykologi_pisa_ 20071109154105_framework2006.pdf [02.06.2015].

OECD (2013). *Starting Strong III. Eine Qualitäts-Toolbox für die Frühkindliche Bildung, Betreuung und Erziehung.* Deutsches Jugendinstitut e.V. (Hrsg.). München. http://www.fruehe-chancen.de/fileadmin/PDF/starting_ strong.pdf [02.06.2015].

Oevermann, U. (1981). *Fallrekonstruktionen und Strukturgeneralisierung als Beitrag der objektiven Hermeneutik zur soziologisch-strukturtheoretischen Analyse.* Unveröff. Manuskript, Frankfurt a.M.

Oevermann, U. (2002). *Klinische Soziologie auf der Basis der Methodologie der Objektiven Hermeneutik – Manifest der objektiv hermeneutischen Sozialforschung.* Frankfurt a.M. http://www.ihsk.de/publikationen/Ulrich_Oevermann-Manifest_der_objektiv_hermeneutischen_Sozialforschung.pdf [15.07.2015].

Oevermann, U., Allert, T., Konau, E. & Krambeck, J. (1979). Die Methodologie einer „objektiven Hermeneutik" und ihre allgemeine forschungslogische Bedeutung in den Sozialwissenschaften. In: Soeffner, H.-G. (Hrsg.). *Interpretative Verfahren in den Sozial- und Textwissenschaften.* Stuttgart: Metzler, S. 352–434.

Osgood, C.E. & Sebeok, T.A. (1965). *Psycholinguistics.* Bloomington, Indiana: Indiana University Press.

Pädagogische Hochschule St.Gallen (2014). *Studienplan Ausbildung für Kindergarten- und Primarschullehrkräfte* Studiengang Kindergarten und Primarschule. http://www.phsg.ch/Portaldata/1/Resources/kiga_primar/ausbildung/ 1_studium/studienplan/Studienplan_2014.pdf [02.06.2015].

Panofsky, E. (1975). Ikonnographie und Ikonologie. Eine Einführung in die Kunst der Renaissance. In: Ders.: *Sinn und Deutung in der bildenden Kunst.* Köln, S. 36–67 (Original: 1955: Meaning in the Visual Arts. New York). unter: http://eprints.ioe.ac.uk/5309/1/sylva2004EPPEfinal.pdf [01.08.2014].

Pauli, C., Drollinger-Vetter, B., Hugener, S. & Lipowsky, F. (2008). Kognitive Aktivierung im Mathematikunterricht. *Zeitschrift für Pädagogische Psychologie, 22*(2), 2008, S. 127–133.

Perrez, M., Huber, G.L. & Geißler, K.A. (2006). Psychologie der pädagogischen Interaktion. In: Krapp, A. & Weidemann, B. (Hrsg.). *Pädagogische Psychologie.* Ein Lehrbuch. 5., vollständig überarbeitete Auflage. Weinheim: Beltz, S. 357–419.

Pianta, R.C. & Hamre, B.K. (2009). Conceptualization, Measurement, and Improvement of Classroom Processes: Standardized Observation Can Leverage Capacity. *Educational Researcher 2009*(38), S. 109–119. Sage Journals. http://edr.sagepub.com/content/38/2/109.full.pdf+html [03.06.2015].

Pianta, R.C., Hamre, B.K. & La Paro, K.M. (2008). *Classroom assessment scoring system (CLASS). Manual. K-3.* Baltimore: Brookes.

Potthoff, U., Steck-Lüschow, A. & Zitzke, E. (1995). *Gespräche mit Kindern: Gesprächssituationen, Methoden, Übungen, Kniffe, Ideen.* Frankfurt am Main: Cornelsen Scriptor.

Preiß, G. (2004). *Leitfaden Zahlenland 1. Verlag: Zahlenland.* Kirchzarten: Eigenverlag.

Prenzel, M. & Allolio-Näcke, L. (Hrsg.) (2006). *Untersuchung zur Bildungsqualität von Schule. Abschlussbericht des DFG-Schwerpunktprogramms.* Münster, New York [u.a.]: Waxmann.

Przyborsky, A. (2004). *Gesprächsanalyse und Dokumentarische Methode. Qualitative Auswertung von Gesprächen, Gruppendiskussionen und anderen Diskursen.* Wiesbaden: VS-Verlag.

Rathgeb-Schnierer, E. (2012). Mathematische Bildung. In: Kucharz, D. (Hrsg.). *Elementarbildung.* Weinheim [u.a.]: Beltz, S. 50–85.

Rauschenbach, T. (2002). Der Bildungsauftrag des Kindergartens. In: Ministerium für Frauen, Jugend, Familie und Gesundheit des Landes Nordrhein-Westfalen. Sozialpädagogisches Institut des Landes Nordrhein-Westfalen (Hrsg.). *Lebensort Kindertageseinrichtung. Bilden – Erziehen – Fördern. Frühkindliche Bildung im Kindergarten. Chancen und Möglichkeiten nach der PISA-Studie. Dokumentation*, S. 13–22. http://www.spi.nrw.de/material/doku_ws5.pdf [02.06.2015].

Reich, K. (2004). Konstruktivismus – Vielfalt der Ansätze und Berührungspunkte zum Pragmatismus. In: Hickman, L., Neubert, S. & Reich, K. (Hrsg.). *John Dewey – Zwischen Pragmatismus und Konstruktivismus.* Münster, New York [u.a.]: Waxmann, S. 28–45.

Reich, K. (2010). *Systemisch-Konstruktivistische Pädagogik. Einführung in die Grundlagen einer interaktionistisch-konstruktivistischen Pädagogik.* 6., neu ausgestattete Auflage, Weinheim & Basel: Beltz Verlag.

Reigeluth, C.M. & Stein, F.S. (1983). The elaboration theory of instruction. In: Reigeluth, C.M. (Hrsg.). *Instructional design theories and models: An overview of their current status.* Hillsdale, N.J.: Erlbaum, S. 335–382.

Reinmann, G. & Mandl, H. (2006). Unterricht und Lernumgebungen gestalten. In: Krapp, A. & Weidemann, B. (Hrsg.). *Pädagogische Psychologie*. 5., vollständige überarbeitete Auflage, Weinheim, Basel: Beltz.

Renkl, A. (1996). Träges Wissen: Wenn Erlerntes nicht genutzt wird. *Psychologische Rundschau, 47*(2), S. 78–92.

Renkl, A. (2010). Lehren und Lernen. In: Tippelt, R. & Schmidt, B. (Hrsg.). *Handbuch Bildungsforschung*. Wiesbaden: VS-Verlag, S. 737–751.

Remsperger, R. (2011). *Sensitive Responsivität – Zur Qualität pädagogischen Handelns im Kindergarten*. Wiesbaden: VS-Verlag.

Resnick, L.B. (1987). Shared Cognition: Thinking as social practice. In: Resnick, L.B. (Hrsg.). *Knowing, learning, and instruction*. Hillsdale: Erlbaum, S. 1–20.

Resnick, L.B., Williams, S.M. & Hall, M. (1998). Learning organizations for sustainable eduction reform. *Daedalus, 127*(4), S. 89–118.

Reusser, K. (2006). Konstruktivismus – vom epistemologischen Leitbegriff zur Erneuerung der didaktischen Kultur. In. Baer, M., Fuchs, M., Füglister, P., Reusser, K. & Wyss, H. (Hrsg.). *Didaktik auf psychologischer Grundlage: Von Hans Aeblis kognitionspsychologischer Didaktik zur modernen Lehr-Lernforschung*. Bern: h.e.p., S. 151–168.

Robert Bosch Stiftung (2008). *Frühpädagogik Studieren – ein Orientierungsrahmen für Hochschulen*. Stuttgart: Robert Bosch Stiftung GmbH. http://www.bosch-stiftung.de/content/language2/downloads/PiK_orientierungsrahmen_druckversion.pdf [02.06.2015].

Rogoff, B., Mistry, J., Göncü, A. & Mosier, C. (1993). Guided participation in cultural activity by toddlers and caregivers. *Monographs of the Society for Research in Child Development, 58*(7), No. 236.

Rose, A.M. (1967). Systematische Zusammenfassung der Theorie der symbolischen Interaktion. In: Hartmann, H. (Hrsg.). *Moderne amerikanische Soziologie: Neuere Beiträge zur soziologischen Theorie*. Stuttgart: Enke, S. 264–283.

Roßbach, H.G. & Blossfeld, H.P. (Hrsg.) (2008). *Frühpädagogische Förderung in Institutionen*. Wiesbaden: VS-Verlag.

Roth, G. (1996). Das Gehirn der Menschen. In: Roth, G. & Prinz, W. (Hrsg.). *Kopf-Arbeit, Gehirnfunktionen und kognitive Leistung*, Heidelberg: Spektrum Akademische Verlag, S. 119–180.

Salomon, G. (1993). *Distributed Cognitions: Psychological & Educational Considerations,* Cambridge: Cambridge University Press.

Schäfer, G.E. (1999). Frühkindliche Bildungsprozesse. *Neue Sammlung, 39*(2), S. 213–226.

Schäfer, G.E. (2003). Was ist frühkindliche Bildung. In: Schäfer, G.E. (Hrsg.). *Bildung beginnt mit der Geburt. Förderung von Bildungsprozessen in den ersten sechs Lebensjahren*, Weinheim: Beltz, S. 10–42.

Schäfer, G.E. (2004). *Vorlesungsmanuskript „Einführung in die Pädagogik der frühen Kindheit".* www.uni-köln.de/ew-fak/paedagogik/frühekindheit/texte/einfuehrung.html. [16.07.2015].

Schäfer, G.E. (2007). *Bildung beginnt mit der Geburt. Ein offener Bildungsplan für Kindertageseinrichtungen in Nordrhein-Westfalen.* Berlin: Cornelsen.

Schäfer, G.E. (2011). *Was ist frühkindliche Bildung? Kindlicher Anfängergeist in einer Kultur des Lernens.* Weinheim [u.a.]: Juventa.

Schäfer, K.-H. (2005). *Kommunikation und Interaktion. Grundbegriffe einer Pädagogik des Pragmatismus.* Wiesbaden: VS-Verlag.

Schelle, R. (2011). *Die Bedeutung der Fachkraft im frühkindlichen Bildungsprozess: Didaktik im Elementarbereich: Eine Expertise der Weiterbildungsinitiative Frühpädagogische Fachkräfte (WiFF).* München: DJI. http://www.weiterbildungsinitiative.de/uploads/media/WiFF_Expertise_18_Schelle_Internet_PDF.pdf [02.06.2015].

Scherer, K.R. (1970). *Non-Verbale Kommunikation: Ansätze zur Beobachtung und Analyse der außersprachlichen Aspekte von Interaktionsverhalten.* Hamburg: Buske.

Schmitt, A. (2009). Mathematik und Naturwissenschaften im Elementarbereich. In: Becker-Stoll, F. & Nagel, B. (Hrsg.). *Bildung und Erziehung in Deutschland. Pädagogik für Kinder von 0–10 Jahren.* Berlin [u.a.]: Cornelsen Scriptor, S. 76–84.

Scholz, G. (1994). *Die Konstruktion des Kindes. Über Kinder und Kindheit.* Opladen: Westdeutscher Verlag.

Schuler, S. (2010). Das Bohnenspiel. Ein Regelspiel zur Förderung des Zahlbegriffs im Kindergarten und am Schulanfang. *Grundschulunterricht, 1,* S. 11–16.

Schütte, S. (2001). Offene Lernangebote – Aufgabenlösungen auf verschiedenen Niveaus. *Grundschulunterricht,* 11/2001, S. 4–8.

Schütte, S. (2004). Rechenwegsnotation und Zahlenblick als Vehikel des Aufbaus flexibler Rechenkompetenzen. *Journal für Mathematik-Didaktik, 25*(2), S. 130–148.

Schütte, S. (2008). *Qualität im Mathematikunterricht der Grundschule sichern – Für eine zeitgemäße Unterrichts- und Aufgabenkultur.* München: Oldenbourg.

Shannon, C.E. & Weaver, W. (1949). The mathematical Theory of Communication. Chicago, London: Urban.

Sigel, I.E. (2000). Kommentar: Was Wygotsky der Frühpädagogik (nicht) bietet. In: Fthenakis, W.E. & Textor, M.R. (Hrsg.). *Pädagogische Ansätze im Kindergarten.* Weinheim, Basel: Beltz, S. 84–92.

Siraj-Blatchford, I. (2005). *How do we support sustained shared thinking? Manuscript of the presentation at the TACTYC Annual Conference, 'Birth to Eight Matters! Seeking Seamlessness – Continuity? Integration? Creativity?'* 5 November 2005, Cardiff. https://lifeofaneducator.files.wordpress.com/2014/01/shared_thinking.pdf [19.03.2015]

Siraj-Blatchford, I. (2007). Effektive Bildungsprozesse: Lehren in der frühen Kindheit. In: Becker-Stoll, F. & Textor, M.R. (Hrsg.). *Die Erzieherin-Kind-Beziehung.* Berlin [u.a.]: Cornelsen, S. 97–114.

Siraj-Blatchford, I. (2009). Conceptualising progression in the pedagogy of play and sustained shared thinking in early childhood education: a Vygotskian perspective. *Educational and Child Psychology, 26*(2), S. 77–89. http://eprints.ioe.ac.uk/6091/1/Siraj-Blatchford2009Conceptualising77.pdf [19.03.2015]

Siraj-Blatchford, I., Sylva, K., Muttock, S., Gilden, R. & Bell, D. (2002a). *Researching Effective Pedagogy in The Early Years.* Research Brief No: 356. https://www.ioe.ac.uk/REPEY_research_brief.pdf [01.06.2015].

Siraj-Blatchford, I., Sylva, K., Muttock, S., Gilden, R. & Bell, D. (2002b). *Researching Effective Pedagogy in the Early Years (REPEY).* Research Report No. 356. Norwich: Queen's Printer. Verfügbar unter: http://www.ioe.ac.uk/ REPEY_research_report.pdf [01.06.2015]

Smidt, W. (2012). *Zielkindbezogene pädagogische Qualität im Kindergarten: eine empirisch-quantitative Studie.* Münster [u.a.]: Waxmann.

Soeffner, H.-G. (Hrsg.) (1979). *Interpretative Verfahren in den Sozial- und Textwissenschaften.* Stuttgart: Metzler.

Speck-Hamdan, A. (2009). Förderung lernmethodischer Kompetenzen – eine Aufgabe für den Elementarbereich. In: Becker-Stoll, F. & Nagel, B. (Hrsg.). *Bildung und Erziehung in Deutschland. Pädagogik für Kinder von 0–10 Jahren.* Berlin [u.a.]: Cornelsen Scriptor, S. 129–139.

Spitzer, M. (2002). *Lernen – Gehirnforschung und die Schule des Lebens.* Heidelberg, Berlin, Spektrum, Akademischer Verlag.

Stamm, M. (2010). *Frühkindliche Bildung, Betreuung und Erziehung.* Bern [u.a.]: Haupt.

Steffensky, M. (2008). Einen naturwissenschaftlichen Blick entwickeln: naturwissenschaftliches Lernen im Kindergarten. In: Hellmich, F. & Köster, H. (Hrsg.). *Vorschulische Bildungsprozesse in Mathematik und Natruwissenschaften.* Bad Heilbrunn: Julius Klinkhardt, S. 179–194.

Steffensky, M. & Lankes, E.-M. (2011). *Naturwissenschaftliches Lernen im Übergang vom Kindergarten zur Grundschule.* Handreichung des Programms SINUS an Grundschulen. Steigerung der Effizienz mathematisch-naturwissenschaftlichen Unterrichts. http://www.sinus-an-grundschulen.de/ fileadmin/uploads/Material_aus_SGS/Handreichung_Steffensky_Lankes_2011. pdf [02.06.2015].

Steffensky, M., Lankes, E.-M., Carstensen, C.H. & Nölke, C. (2012). Alltagssituationen und Experimente: Was sind geeignete naturwissenschaftliche Lerngelegenheiten für Kindergartenkinder? *Zeitschrift für Erziehungswissenschaften,* 15, S. 37–54.

Steiner, G. (1995). Lernverhalten, Lernleistung und Instruktionsmethoden. In: Weinert, F.E. (Hrsg.). *Psychologie des Lernens und der Instruktion.* Göttingen [u.a.]: Hogrefe, S. 279–318.

Steinweg, A.S. (2008). Zwischen Kindergarten und Schule – Mathematische Basiskompetenzen im Übergang. In: Hellmich, F.& Köster, H. (Hrsg.). *Vorschulische Bildungsprozesse in Mathematik und Naturwissenschaften.* Bad Heilbrunn: Klinkhardt, S. 143–159.

Studiengangsdatenbank (2015). http://www.weiterbildungsinitiative.de/nc/studium -und-weiterbildung/studium/studiengangsdatenbank/ [02.06.2015].

Sylva, K., Melhuish, E., Sammons, P., Siraj-Blatchford, I. & Taggart, B. (2004). *The Effective Provision of Pre-School Education (EPPE) Project. Final Report.* http://eprints.ioe.ac.uk/5309/1/sylva2004EPPEfinal.pdf [26.03.2015].

Sylva, K., Melhuish, E., Sammons, P., Siraj-Blatchford, I., & Taggart, B. (2011). Pre-school quality and educational outcomes at age 11: Low quality has little benefit. *Journal of Early Childhood Research,* 9(2), S. 109–124.

Sylva, K., Melhuish, E., Sammons, P., Siraj-Blatchford, I., Taggart, B. & Elliot, K. (2003). *The effektive Provision of Pre-School Education (EPPE) Pro-*

ject: *Findings From The Pre-School Perriod.* Research Brief, Brief No: RBX15-03. http://www.ioe.ac.uk/RB_Final_Report_3-7.pdf [02.06.2015]

Sylva, K., Roy, D. & Painter, M. (1980). *Childwatching at Playgroup and Nursery School.* Oxford: Blackwell.

Sylva, K., Stein, A., Leach, P., Barnes, J., Malmberg, L-E., & the FCCC Team (2011). Effects of early child-care on cognition, language, and task-related behaviours at 18 months: An English study. *British Journal of Developmental Psychology, 29*(1), S. 18–45.

Taggart, G., Ridley, K., Rudd, P. & Benefield, P. (2005). *Thinking skills in the Early Years: a literature review.* National Foundation for Educational Research. https://www.nfer.ac.uk/publications/TSK01/TSK01.pdf [01.06.2015].

Textor, M.R. (o.J.). Forschungsergebnisse zur Effektivität frühkindlicher Bildung: EPPE, REPEY und SPEEL. *Kindergartenpädagogik – Online-Handbuch.* http://www.kindergartenpaedagogik.de/1615.html [01.06.2015].

Textor, M.R. (2000). Lew Wygotsky. In: Fthenakis, W.E. & Textor, M.R. (Hrsg.). *Pädagogische Ansätze im Kindergarten.* Weinheim, Basel: Beltz, S. 71–83.

Tietze, W., Becker-Stoll, F., Bensel, J., Eckhardt, A.G., Haug-Schnabel, G., Kalicki, B., Keller, H. & Leyendecker, B. (2012). *NUBBEK – Nationale Untersuchung zur Bildung, Betreuung und Erziehung in der frühen Kindheit. Fragestellungen und Ergebnisse im Überblick.* http://www.nubbek.de/media/pdf/NUBBEK%20Broschuere.pdf [26.03.2015].

Tietze, W., Meischner, T., Gänsfuß, R., Grenner, K., Schuster, K.-M. & Völkel, P. & Roßbach, H.-G. (1998). *Wie gut sind unsere Kindergärten? Eine Untersuchung zur pädagogischen Qualität in Kindergärten.* Neuwied: Luchterhand.

Tietze, W., Roßbach, H.-G. & Grenner, K. (2005). Kinder von 4 bis 8 Jahren. *Zur Qualität der Erziehungs- und Bildungsinstitution Kindergarten, Grundschule und Familie.* Weinheim: Beltz.

Tietze, W., Schuster, K.M. & Roßbach, H.-G. (1997). *Kindergarten Einschätzskala KES.* Deutsche Fassung der Early Childhood Environment Rating Scale von Harms, T. & Clifford, R.M. (Hrsg.). Neuwied: Luchterhand.

Tietze, W., Schuster, K.-M., Grenner, K. & Roßbach, H.-G. (2007). *Kindergarten-Skala (KES-R). Feststellung und Unterstützung pädagogischer Qualität in Kindergärten.* Berlin: Cornelsen.

Tietze, W. & Viernickel, S. (Hrsg.). (2007). *Pädagogische Qualität in Tageseinrichtungen für Kinder: Ein nationaler Kriterienkatalog* (3. Aufl.). Weinheim: Beltz.

Tournier, M., Wadepohl, H. & Kucharz, D. (2014). Analyse des pädagogischen Handelns in der Freispielbegleitung. In. Kucharz, D., Mackowiack, K., Dieck, M., Kauertz, A., Rathgeb-Schnierer, E. & Ziroli, S. (Hrsg.). *Professionelles Handeln im Elementarbereich (PRIMEL)*. Eine deutschschweizerische Videostudie. Münster, New York: Waxmann, S. 99–122.

Treagust, D.F. & Duit, R. (2008). Compability between cultural studies and conceptual change in science education: There is more to acknowledge than to fight straw men! *Cultural Studies of Science Education, 3*(2), S. 387–395.

Tröbst, S., Robisch, C., Stephan-Gramberg, S., Hardy, I. & Möller, K. (2012). Förderung schlussfolgernden Denkens im Kindergarten und in der Grundschule – bei naturwissenschaftlichen Inhalten. In: Hellmich, F. (Hrsg.). *Bedingungen des Lehrens und Lernens in der Grundschule*. Wiesbaden: VS-Verlag, S. 237–240.

Tzankoff, M. (1995). *Interaktionstheorie, Geschlecht und Schule*. Opladen: Leske & Budrich.

Ulich, D. (1979). *Pädagogische Interaktion. Theorien erzieherischen Handelns und sozialen Lernens*. Weinheim, Basel: Beltz Verlag.

Venville, G.J. (2002). 'Enhancing the quality of thinking in Year 1 Classes'. In: Shayer, M. & Adey, P. (Eds). *Learning intelligence: cognitive acceleration across the curriculum from 5 to 15 years*. Buckingham: Open University.

Viernickel, S., Nentwig-Gesemann, I., Nicolai, K., Schwarz, S. & Zenker, L. (2013). *Schlüssel zu guter Bildung, Betreuung und Erziehung – wissenschaftliche Parameter zur Bestimmung der pädagogischen Fachkraft-Kind-Relation*. In: Der Paritätische Gesamtverband; Diakonisches Werk der EKD e.V.; Gewerkschaft Erziehung und Wissenschaft (Hrsg.). 2., korrigierte Auflage.http://www.gew.de/Binaries/Binary47887/expertise_gute_betreuung_web.pdf [29.07.2014]

Viernickel, S. & Schwarz, S. (2009). *Schlüssel zu guter Bildung, Betreuung und Erziehung – wissenschaftliche Parameter zur Bestimmung der pädagogischen Fachkraft-Kind-Relation*. In: Der Paritätische Gesamtverband; Diakonisches Werk der EKD e.V.; Gewerkschaft Erziehung und Wissenschaft (Hrsg.). 2., korrigierte Auflage. http://www.gew.de/Binaries/Binary47887/expertise_gute_betreuung_web.pdf [26.03.2015]

Vygotsky, L.S. (1978). *Mind & Society: The development of higher mental process,* Cambridge, MA, Harvard University Press.

Vygotsky, L.S. [1971] (1987). Thinking and speech (N. Minick, Trans.). In: Rieber, R.W. & Carton, A.S. (Hrsg.). *The collected works of L.S. Vygotsky: Vol. 1. Problems of general psychology.* New York: Plenum Press, S. 39–285. (Original work published 1934).

Vygotsky, L.S. (1998). The problem of age (M. Hall, Trans.). In: Rieber, R.W. (Hrsg.). *The collected works of L.S. Vygotsky: Vol. 5. Child psychology.* New York: Plenum Press, S. 187–205. (Original work written 1933–1934).

Vygotsky, L.S. [1987] (2003). Arbeit zur Entwicklung der Persönlichkeit. In: Lompscher, J. (Hrsg.). *Lev Vygotsij – Ausgewählte Schriften Band II.* Berlin: Lehmanns Media LOB.de.

Wadepohl, H., Mackowiak, K. & Bosshart, S. Billmeier, U., Burkhardt Bossi, C., Dieck, M., Gierl, K., Hüttel, C., Janßen, M., Kauertz, A., Kucharz, D., Lieger, C., Lindenfelser, C., Rathgeb-Schnierer, E., Tournier, M., Ziroli, S. (2014). Das Forschungsprojekt PRIMEL: Fragestellung und Methoden. In: Kucharz, D., Mackowiack, K., Dieck, M., Kauertz, A., Rathgeb-Schnierer, E. & Ziroli, S. (Hrsg.). *Professionelles Handeln im Elementarbereich (PRIMEL). Eine deutsch-schweizerische Videostudie.* Münster, New York: Waxmann, S. 49–84.

Wagenschein, M. (1973). *Verstehen lehren. Genetisch – sokratisch – exemplarisch.* 4. Aufl., Weinheim: Beltz.

Walsh, G., Murphy, P. & Dunbar, C. (2007). *Thinking Skills in the Early Years: a Guide for Practitioners.* Belfast: Stranmillis University College CCEA. http://www.nicurriculum.org.uk/TSPC/doc/ThinkingSkillsintheEarlyYears_Report.pdf [23.03.2015].

Walter, A. & Fasseing, K. (2002). Das Unterrichtskonzept des deutschschweizerischen Kindergartens. *Kindergarten: Grundlagen aktueller Kindergartendidaktik* Winterthur: ProKiga, S. 135–158.

Watzlawick, P., Beavin, J.H., Jackson, D.D. (1969). *Menschliche Kommunikation.* Stuttgart: Huber.

Watzlawick, P., Beavin, J.H. & Jackson, D.D. (1985). *Menschliche Kommunikation.* 7. Auflage. Bern u.a.: Huber.

Watzlawick, P., Beavin, J.H. & Jackson, D.D. (2011). *Menschliche Kommunikation: Formen, Störungen, Paradoxien.* 12. unveränd. Auflage. Bern: Huber Verlag.

Weber, M. (1956). *Wirtschaft und Gesellschaft.* Tübingen: Mohr.

Wedekind, H. (2012). Einführung: Naturwissenschaftlich-technische Bildung im Elementarbereich – der Versuch eines Überblicks. In: Fröhlich-Gildhoff, K., Nentwig-Gesemann, I. & Wedekind, H. (Hrsg.). *Forschung in der Frühpädagogik. Schwerpunkt: Naturwissenschaftliche Bildung – Begegnung mit Dingen und Phänomenen.* Materialien zur Frühpädagogik, Band 10, Freiburg: FEL Verlag, S. 13–32.

Weinert, F.E. (1995). Lerntheorie und Instruktionsmodelle. In: Weinert, F.E. (Hrsg.). *Psychologie des Lernens und der Instruktion.* Hogrefe: Verlag für Psychologie, S. 1–48.

Wells, G. (1999). *Dialogic Inquiry: Towards a Socio-cultural Practice & Theory of Education.* Cambridge University Press.

Weltzien, D. (2014). *Pädagogik: die Gestaltung von Interaktionen in der Kita. Merkmal – Beobachtung – Reflexion.* Weinheim: Beltz Juventa.

Wernet, A. (2009). *Einführung in die Interpretationstechnik der Objektiven Hermeneutik.* 3. Auflage, Wiesbaden: VS-Verlag.

Wernet, A. (2011). *„Mein erstes Zeugnis“ Zur Methode der Objektiven Hermeneutik und ihrer Bedeutung für die Rekonstruktion pädagogischer Handlungsprobleme.* In: http://www.fallarchiv.uni-kassel.de/wp-content/uploads/2010/07/wernet_objektive_hermeneutik.pdf, 10.07.2011 [14.07.2015].

Westerholt, F. (2012). *Kommunikation im Kindergarten.* Weinheim: Beltz.

Windt, A. (2010). *Naturwissenschaftliches Experimentieren im Elementarbereich. Evaluation verschiedener Lernsituationen.* Dissertation, Technische Universität Dortmund, Berlin: Logos.

Winn, W. (1993). A constructivist critique of the assumption of instructional design. In: Duffy, T.M., Lowyck, J., Jonassen, D.H. & Welsh, T.M. (Hrsg.). *Designing environments for constructive learning.* Berling: Springer, S. 189–212.

Winterhalter-Salvatore, D. (2009). Förderung naturwissenschaftlicher und mathematischer Kompetenz in der Praxis. In: Becker-Stoll, F. & Nagel, B. (Hrsg.). *Bildung und Erziehung in Deutschland. Pädagogik für Kinder von 0 bis 10 Jahren.* Berlin [u.a.]: Cornelsen Scriptor, S. 85–89.

Wittmann, (2004). Design von Lernumgebungen zur mathematischen Frühförderung. In: Faust, G., Götz, M., Hacker, H. & Roßbach, H.-G. (Hrsg.). *Anschlussfähige Bildungsprozesse im Elementar- und Primarbereich.* Bad Heilbrunn: Klinkhardt, S. 49–63.

Wodzinski, R. (2004). Fragen an die Natur. *Grundschulmagazin,* 72(5), S. 8–11.

Wodzinski, R. (2012). Experimentieren im Sachunterricht. In: Kaiser A. & Pech, D. (Hrsg.). *Basiswissen Sachunterricht*. Band 5: Unterrichtsplanung und Methoden. Baltmannsweiler: Schneider, S. 124–129.

Wood, D., Bruner, J.S. & Ross, G. (1976). The Role of Tutoring in Problem-Solving. *Journal of Child Psychology and Psychiatry*, 17, S. 89–100. http://onlinelibrary.wiley.com/doi/10.1111/j.1469-7610.1976.tb00381.x/pdf [19.03.2015]

Youniss, J. (1994). *Soziale Konstruktion und psychische Entwicklung*. In: Krappmann, L. & Oswald, H. (Hrsg.). Frankfurt am Main: Suhrkamp.

Zimmermann, M. (2013). Ein Fortbildungskonzept zur frühen naturwissenschaftlichen Bildung für Erzieher – Methoden, Begleitforschung und Forschungsergebnisse. In: Textor, M.R. (Hrsg.). *Kindergartenpädagogik: Online-Handbuch*. Abgerufen von http://www.kindergartenpaedagogik.de/2259.pdf [02.06.2015].